U0864226

王可

新闻文集

杨霞 编

中国石油大学出版社
CHINA UNIVERSITY OF PETROLEUM PRESS
山东·青岛

图书在版编目（CIP）数据

王可新闻文集 / 杨霞编. -- 青岛：中国石油大学出版社，2022. 11

ISBN 978-7-5636-7658-3

Ⅰ. ①王… Ⅱ. ①杨… Ⅲ. ①新闻学－文集 Ⅳ. ① G210-53

中国版本图书馆 CIP 数据核字（2022）第 223943 号

书　　名：王可新闻文集
WANGKE XINWEN WENJI

编　　者：杨　霞
责任编辑：高建华（电话　0532-86981536）

封面设计：姜　岸
出 版 者：中国石油大学出版社
（地址：山东省青岛市黄岛区长江西路 66 号　邮编：266580）
网　　址：http://cbs.upc.edu.cn
电子邮箱：gaojianhua6@163.com
印 刷 者：泰安市成辉印刷有限公司
发 行 者：中国石油大学出版社（电话　0532-86983437）
开　　本：787 mm × 1 092 mm　1/16
印　　张：18. 5
插　　页：8
字　　数：510 千字
版 印 次：2022 年 11 月第 1 版　2024 年 1 月第 2 次印刷
书　　号：ISBN 978-7-5636-7658-3
定　　价：68.00 元

·王可新闻文集·

WANGKE XINWEN WENJI

KE

WANG

杨霞 编

四川乐山电视台
王可

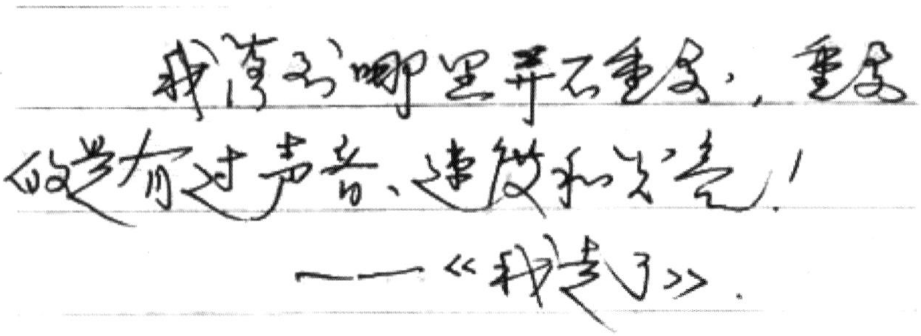
我落到哪里并不重要，重要的是有过声音、速度和光亮！
——《我走了》.

我落到哪里并不重要，重要的是有过声音、速度和光亮！

——**《我走了》（摘自 王可笔记本）**

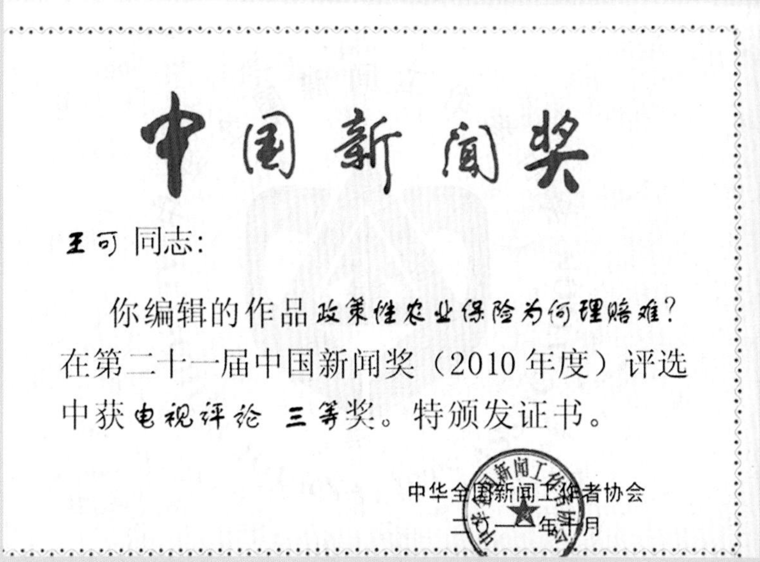

中国新闻奖

王可同志：

你编辑的作品政策性农业保险为何理赔难？在第二十一届中国新闻奖（2010年度）评选中获电视评论 三等奖。特颁发证书。

中华全国新闻工作者协会

二〇一一年十月

◀ 王可编辑的新闻作品《政策性农业保险为何理赔难？》在第二十一届中国新闻奖（2010年度）评选中获电视评论三等奖

证 书

王 可：

在四川省第七届“十佳电视艺术工作者”评选活动中，您以优异的成绩，当选为“十佳电视艺术工作者”。希望今后再接再励，为四川省电视艺术事业的发展，再创佳绩。

特发此证，以资鼓励。

四川省电视艺术家协会

2011年10月

▲ 王可当选四川省第七届“十佳电视艺术工作者”

▲ 王可在四川省第七届“十佳电视艺术工作者”领奖现场（四川电视台2011年报道）

证 书

授予 乐山广播电视台编委、公共·新农村频道总监、高级记者 王可：

乐山市第八批市级拔尖人才称号，特颁发此证书。

中共乐山市委 乐山市人民政府

2013 年12月

证书号：201327

▲ 王可获“乐山市第八批市级拔尖人才”称号

◀ 王可担任总制片人的《七彩城乡·现场说法》栏目荣获2009年度中国广电协会第三届“纪录·中国”银牌

◀ 王可参与制作的《创造生命的奇迹》节目荣获2009年度中国广电协会第三届“纪录·中国”铜牌

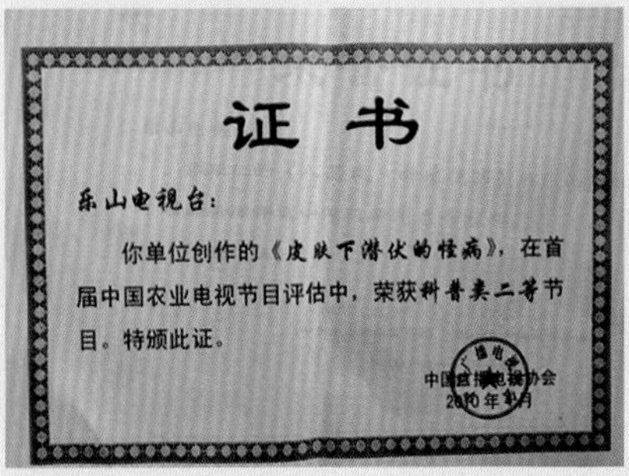

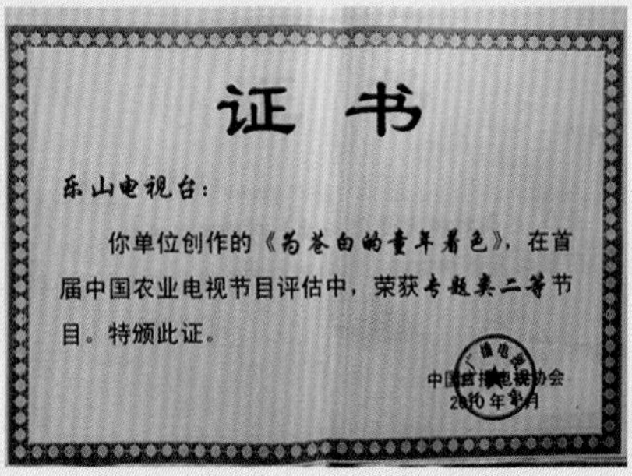

▲ 王可部分获奖证书

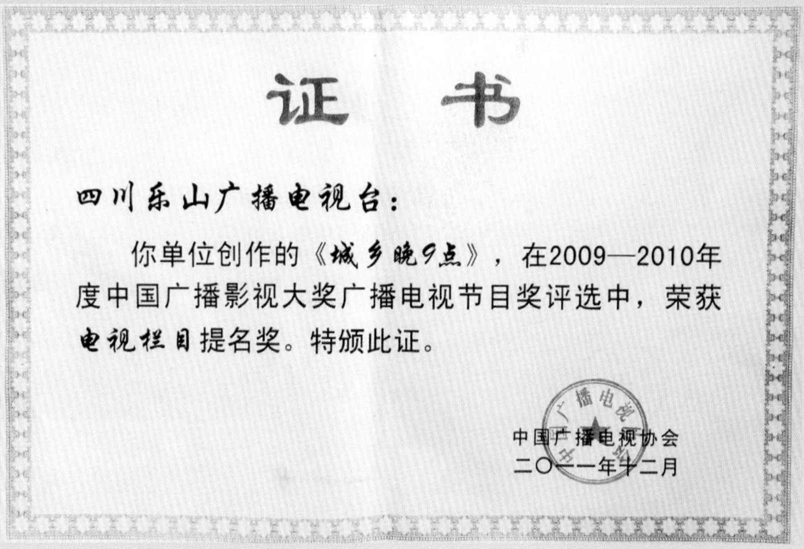

证 书

四川乐山广播电视台：

你单位创作的《城乡晚9点》，在2009—2010年度中国广播影视大奖广播电视节目奖评选中，荣获电视栏目提名奖。特颁此证。

中国广播电视协会
二〇一一年十二月

◀ 王可担任公共·新农村频道总监、总制片人创作的栏目《城乡晚9点》荣获2009—2010年度中国广播影视大奖广播电视节目奖提名奖

荣誉证书

乐山电视台

经2011名优电视栏目推选委员会推选，《欢乐乡村竞技赛》被评为“2011十大品牌电视”栏目

特颁此证，以资鼓励

中国电视艺术家协会电视节目制作委员会
二〇一一年十一月十六日

▲ 王可主持编制的《欢乐乡村竞技赛》栏目被中国艺术家协会评为“2011十大品牌电视栏目”

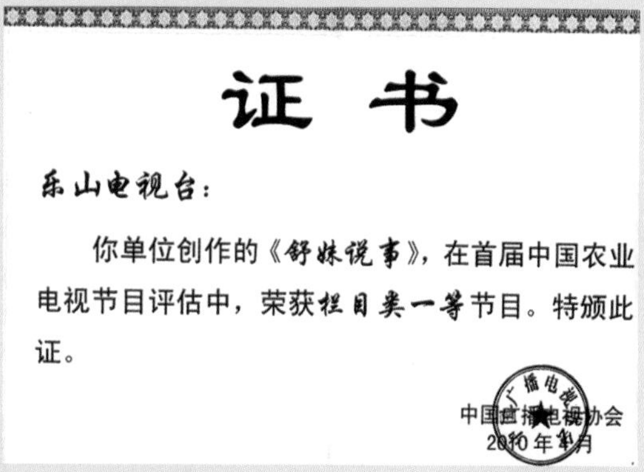

证 书

乐山电视台：

你单位创作的《舒妹说事》，在首届中国农业电视节目评估中，荣获栏目类一等节目。特颁此证。

中国广播电视协会
2010年4月

▲ 王可主持编制的《舒妹说事》在首届中国农业电视节目评估中荣获“栏目类一等奖”

▲ 原乐山广电大楼——钟楼

▲ 现乐山广电中心大楼

▲ 王可父亲王顺江

全国劳动模范、共产党员、五队高级工程师王顺江，于9月23日肩负全局职工的重托和我省其他劳动模范、先进工作者一起赴京参加盛况空前的全国群英表彰大会后，与地矿部门全国劳动模范一起集中于北戴河交流经验。

图为今年9月王顺江在大风山矿区。

安峰摄

▲ 王顺江在大风山矿区（《青海地质报》1989年10月15日）

▲ 1989年9月中华人民共和国国务院授予王顺江“全国劳动模范”称号；同年4月青海省人民政府授予王顺江“青海省劳动模范”称号

▲ 1961年王可幼儿时在太行山与父母合影

▲ 姑父闵光裕

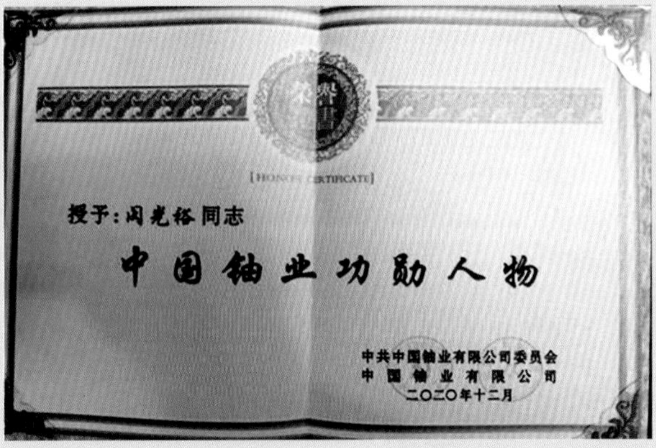

◀ 2020年中国铀业有限公司授予闵光裕“中国铀业功勋人物”称号；是我国西南地区铀矿找矿工作重要贡献者之一

▲ 王可小学照

▲ 王可中学照

▲ 1985年王可参加大学里的乐队演出

▲ 1976年王可刚参加工作时在青海省地质五队汽车队

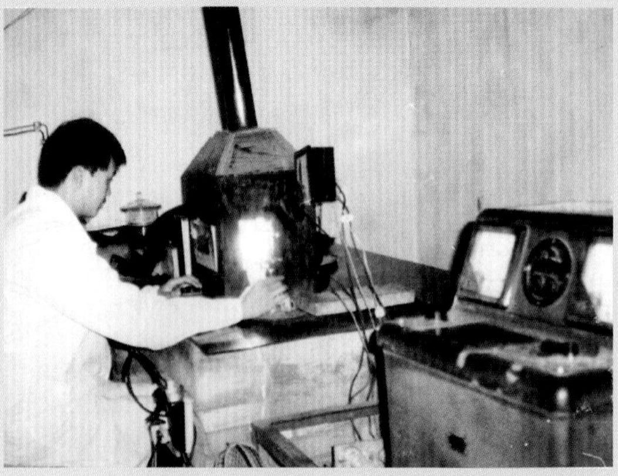

▲ 1978年王可在青海省地质五队化验室进行光谱分析

▲ 1993年王可初入乐山有线电视台工作

▲ 1994年王可在办公室学习

▲ 王可在乐山有线电视台播《CATV》新闻

▲ 王可在乐山有线电视台播音时的截图（因磁带年久，保护不善，画质受损）

▲ 1995年王可和同事们在峨眉山拍摄专题片

▲ 2003年11月王可跟随乐山市政府代表团参加“四川—香港合作周”的采访工作

▲ 1995年王可在乐山大佛前主持拍摄专题片

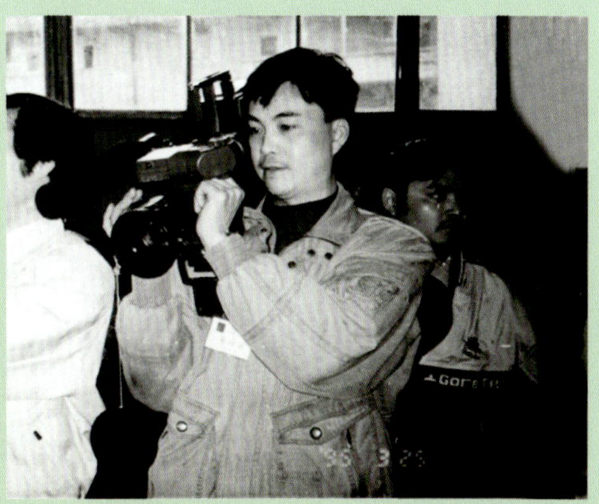

▲ 1995年王可参加乐山市“两会”的采访报道工作

▲ 2007年王可在夹江县界牌镇凤山村《欢乐乡村竞技赛》现场

▲ 2008年乐山市市中区牟子镇拍摄《欢乐乡村竞技赛——推南瓜》节目

▲ 2011年王可被选中参演电视剧《天下无贼》，饰演刑警队长

▲ 2010年王可在茅桥镇大型惠农活动《欢乐乡村——春之行》中与农民交流

▲ 2008年苏稽镇举行的《欢乐乡村行——骑士大比拼》决赛

▲ 2008年金口河区共安彝族乡林峰村（寨）举行《欢乐乡村竞技赛——三项夺魁》

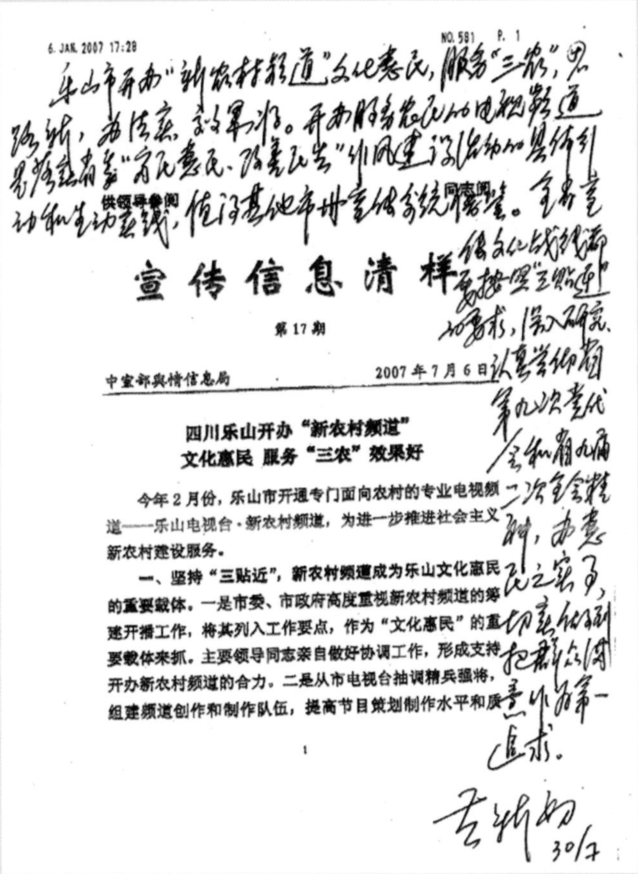

6. JAN. 2007 17:28 NO. 581 P. 1

宣传信息清样

第 17 期

中宣部舆情信息局 2007 年 7 月 6 日

四川乐山开办“新农村频道” 文化惠民 服务“三农”效果好

今年 2 月份，乐山市开通专门面向农村的专业电视频道——乐山电视台·新农村频道，为进一步推进社会主义新农村建设服务。

一、坚持“三贴近”，新农村频道建成为乐山文化惠民的重要载体。一是市委、市政府高度重视新农村频道的筹建开播工作，将其列入工作要点，作为“文化惠民”的重要载体来抓。主要领导同志亲自做好协调工作，形成支持开办新农村频道的合力。二是从市电视台抽调精兵强将，组建频道创作和制作队伍，提高节目策划制作水平和质

1

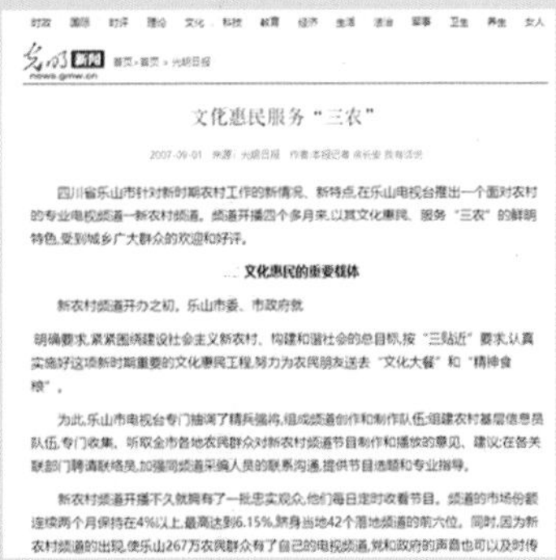

文化惠民服务“三农”

文化惠民的重要载体

今日视点：做一道农民“致富大餐”

文化惠民服务“三农”

文化惠民的重要载体

▲ 乐山公共·新农村频道的经验和做法，经中宣部舆情信息局2007年第17期《宣传信息清样》登载后，引起了多方面的关注。时任四川省委常委、宣传部部长黄新初在该期《宣传信息清样》上专门做批示：“乐山市开办新农村频道，文化惠民，服务‘三农’，思路新，办法实，效果好。开办服务农民的电视频道是落实省委‘富民惠民、改善民生’作风建设活动的具体行动和生动实践，值得其他市州宣传系统借鉴。”

▲ 王可及同事们与来乐山有线电视台考察的央视主持人邢质斌合影

序

——怀念王可

时间过得真快，转眼王可离开我们已经五年了。他那英俊挺拔、如玉树临风的身姿，俊朗的面容和明亮的双眼，略带腼腆的微笑，一口字正腔圆又略带磁性的标准普通话，以及较真的做事态度，一切都仿佛就在眼前。

初识王可是在原乐山有线电视台(钟楼)的院子里，时间是1998年的春天，院子外面，滨江路上的李花一片雪白。我看见他把袖子挽得很高，正在认真擦洗一台老旧的富康轿车。别人介绍说，他就是王可——有线电视台新闻部主任。他站起身来，略带腼腆地微笑着，非常礼貌地仔细把手擦干，再与我握手致意。这个细节，体现了一个人良好的教养。

后来，乐山有线电视台与无线台合并，同城的两家电视台从竞争伙伴到合二为一。两个台的新闻部合并，成立了新闻中心，他担任新闻中心副主任。由于工作的原因，我们之间的接触多了起来。我得知，他好像是山东人，所学专业是地质，成天跟大山和石头打交道；乐山有线电视台成立后，招播音员，他以第一名的优异成绩考进来，从播音员、新闻部主任、新闻中心副主任、公共·新农村频道总监、电视台编委一路走来，一步一个脚印，走得坚定而踏实。一个钻山沟的地质工作者，以"咬定青山不放松"的精神，锲而不舍，孜孜求索，最终成长为全省都小有名气的电视媒体专家，谁知道他付出了多少艰辛和努力啊！可以说，是乐山电视台造就了他的成长，他的才干也为乐山电视台的发展做出了应有的贡献！

十几年的合作过程中，无数次的探讨、实践、切磋、争论甚至互不相让的争吵，共享成功的喜悦和挫折的苦恼，王可始终是我认识的熟悉的陌生人。工作和业务范围之外的话题，几乎从不参与。当同事们热烈讨论某一件与工作无关的事情的时候，他总是默默地坐在旁边充当一个听众。可是，一旦话题涉及工作和业务，他马上双眸发亮，精神振奋，话语滔滔不绝而且妙语连珠，绝不放过任何发表意见的机会。在我的记忆里，他除了工作和业务，对其他都没什么兴趣，甚至让人怀疑他是不是有点木讷和无趣。有一次，我们在一起讨论如何按照上级领导的审批意见修改一个专题片时，他显得很激动，一直坚持他的专业意见，即必须从传媒学的视角和镜头美学的立场来选择审视和评价节目的标准。我知道，在这方面他是内行，是专家，他的意见无疑是对的。但站在我的角度却又无法支持他，必须听"上面"的，理解要执行，不理解也要执行。我看实在说服不了他，只好亮出底牌，冷冷地说了一句：这种片子，谁的官大，谁说了算！他立马愣住了，满脸的不解和迷惘，还有一点痛苦，无奈地接受了事实。事后，我试图向他解释，但此时他已想明白了，淡淡地说了一句：我懂。

王可对工作的热情，来源于对电视传媒事业的热爱。他勤于钻研业务，善于把工作中的经验总结归纳，然后上升到理论层面，再从理论的角度指导工作实践，知其然还知其所以然，在地方电视台具有非常强的可操作性。从业二十几年，除了亲自担纲制作乐山电视台十几档有影响力的节目外，还笔耕不辍，相继在中央级、省级刊物发表了几十篇有关广播电视专业的学术研究文章。经他手制作的电视节目、专题栏目和发表的文章多次获得大奖。凭着过人的勤奋、卓越的才华和厚实的专业素养，他被乐山师范学院聘为客座教授，多次被四川省广播电视局聘为节目评选导师。

王可非常具有开拓进取精神和家国情怀。他担任乐山电视台新闻中心副主任时，率先倡导并亲自操刀，在地方台创办了乐山电视台的招牌栏目——民生类节目《都市报道》，引起了领导和市民关注。《都市报道》后来发展成为乐山电视台的王牌栏目《新闻天天报》。王可的蓝缕之功，值得乐山的媒体人铭记。他在担任公共频道总监时，率先在全国改版成面向“三农”——农村、农业、农民的公共·新农村频道，并推出了一档《舒妹说事》面向普通民众的民生类脱口秀栏目，扩大了乐山电视台在农村的影响力，也受到了中宣部和四川省委宣传部的关注并受到表扬。

王可不仅努力从实践和理论上提升自己，由一个播音爱好者成长为全省小有名气的广播电视媒体专家、乐山师范学院客座教授，而且还乐意传道、授业、解惑，多次在台内外开设讲座，分享自己的心得。他曾多次主持乐山电视台新进人员的招聘工作，从文字出题到面试考核都参加。今天的乐山电视台很多中坚骨干，无论是乐山师范学院时就成为他的学生，还是经他亲手考试考核招进电视台的，都不同程度接受过王可的耳提面命，迷津导航。

我与王可十几年的合作，无论是共同研究，共同切磋，还是互不相让争论问题，大家都坚守了理解和尊重的底线。也许还有一点，就是两个内心强大的男人之间的彼此欣赏（这是我的感觉，因为我很欣赏他，以己度人，我猜他肯定也欣赏我）。我们之间很少杯酒言欢，更没有私下里世俗朋友的交接，十几年君子之交淡如水。他从来不知道我的家朝东朝西，我到他家拜访也只有一次：他辞世的噩耗传来，我怀着沉痛的心情去他的家，向他的遗像做最后的告别。

王可已经远去天国，但他留在我们记忆深处的，是一个男人伟岸的背影。这背影，激励着更多的后来者。

胡加伦（原乐山市广播电视局局长、电视台台长）
2022 年 3 月 1 日

人物介绍

人只有献身于社会，才能找出那实际上是短暂而有风险的生命的意义。

——爱因斯坦

王可（1960—2017），大学学历，1985年加入中国共产党，四川省乐山广播电视台的高级记者（正高），生前最后任四川省乐山市乐山广播电视台党委委员、台编委、公共·新农村频道总监。

1992年11月，四川省乐山有线电视台面向全市公开招聘播音员，王可以播音和上镜双第一名的身份考入了乐山有线电视台，至2017年6月因病离世，在乐山电视一线奋战了25年。

25年里，王可先后任乐山有线电视台记者兼播音员、新闻部主任、乐山电视台新闻中心副主任、对外宣传中心主任、乐山广播电视台党委委员、台编委、公共·新农村频道总监、乐山市影视艺术家协会第三届理事会副主席、中国广播电视协会电视文艺研究委员会理事会理事、四川省广播电视协会理事、四川省电视艺术家协会会员、四川省电视与传播研究所特约研究员等职务。

25年里，王可也逐渐从新闻行业的"门外汉"（地质勘察队员）成长为一名优秀的电视新闻人。他先后多次被乐山市机关党委、乐山市广播电视局直属机关党委评为优秀共产党员；多次被乐山市广播电视局评为先进工作者，并获市优秀新闻工作者、市级广电系统"突出贡献奖"；当选乐山市首届学术和技术带头人，入选乐山市第八批"市级拔尖人才"；获四川省优秀新闻工作者、"省十佳电视艺术工作者"称号。

25年里，王可同志一直在电视新闻一线里深耕。他去世后的讣告里写道：

他一直致力于地方电视台广播电视文艺栏目及活动的策划、组织和实施，有着丰富的理论素养和实践经验，取得了显著的工作业绩。

主播电视新闻达8年之久。共主播新闻节目2 000多组，先后为40多部电视专题片解说。

策划、采编成果显著。王可同志具有较强的策划、采编播一体和开拓创新能力，在长期的新闻实践中，形成了鲜活、生动、严谨的电视采编风格，出色地完成了历次重大的策划和采编任务。

王可同志采访的稿件有2 000多件，采访摄制了50多部电视专题片。编辑新闻节目2 000多组，其中，30多件在中央电视台播出，200多件在四川电视台播出。主创或参与主创的消息、特写、评论、连续报道、系列报道、专题报道、电视纪录片等100多件作品获全国、省、市各类新闻奖。其中，电视评论《政策性农业保险为何理赔难？》荣获第二十一届中国新闻奖三等奖，开乐山广播电视台之先河，其他国家级和省级一等奖30多件。2011年5—9月，担任乐山有史以来最具影响力的美食评选——《乐山味道》大型电视美食评选活动的总导演，活动受到省内外的广泛关注。

创办十多档具有影响力的栏目。王可同志先后创办了乐山有线电视台的《CATV新闻》《都市报道》和乐山广播电视台的《晚间报道》《公共时空》《共同家园》《八面风》《舒妹说事》《非常冲壳子》《七彩城乡》《欢乐乡村竞技赛》《欢乐乡村行》《城乡晚9点》等栏目，参与创办了《乐山新闻联播》《财经报道》等栏目。

1998年5月，他策划、创办并主编的《都市报道》，开本地新闻杂志性节目之先河，在广大的观众中产生了较大的影响，荣获“首届乐山市广播电视局直属台新闻节目第一名”。

2001年他创办的《晚间报道》（后改版为《新闻天天报》），又报道民生新闻以及“说”新闻风格之先河。这档节目在广大观众中产生了较大的影响，连续三年获得“四川广播电视新闻节目十佳栏目奖”。

2005年他创办的《共同家园》获第二届全国“城市之星”电视节目评选优秀栏目奖。

2007年他创办的《舒妹说事》和《七彩城乡》栏目开乐山电视台大时段、大版块栏目之先河，成为乐山观众最喜爱的品牌栏目，荣获当年乐山市第十九届好新闻评选“特别奖”和2008年度“名牌栏目奖”。《舒妹说事》2010年荣获“全国农业电视栏目类一等奖”和四川省第二届“农村艺术节优秀对农电视栏目一等奖”，2012年荣获“四川广播电视十佳新闻栏目奖”。

2008年他创办的原创型乡村大众娱乐竞技栏目《欢乐乡村竞技赛》，荣获由中国电视艺术家协会授予的“2011中国电视综艺类十大品牌栏目”称号。该栏目已累计有数十万的观众现场观看或参与，很快成为当地一档大受欢迎的户外农民娱乐节目。

2010年他创办的《城乡晚9点》，由《七彩城乡》更名而来，荣获2009—2010年度“中国广播影视大奖广播电视节目提名奖”。这是乐山广播电视台获得的广播影视类评奖的最高奖，该栏目还连续两次获“四川广播电视十佳新闻栏目奖”。

成功探索出地市台开办对农专业频道的路子。2007年乐山广播电视台开办了全国首家对农专业频道——新农村频道。王可同志以创新的思维、大胆的探索、进取的精神和求真务实的工作作风，带领一支年轻的采编队伍，以创品牌栏目为突破口，在不到一年的时间里，把一个少有问津的边缘频道打造成了乐山广播电视台的主流频道。尤其是自办栏目《舒妹说事》《七彩城乡》《欢乐乡村竞技赛》《城乡晚9点》等以朴实亲切、充满乡土气息的风格和贴近农村、服务“三农”的节目内容成为农民朋友最喜爱的品牌栏目，乐山267万农民朋友有了自己的电视频道。特别是倾力推出的现代农家小妹“舒妹”的形象已家喻户晓。一档栏目带活一个频道，频道收视份额一直在乐山市落地的49个频道中名列前茅；培养了一支热爱新农村、基本能驾驭对农题材报道、甘愿奉献“三农”的专业采编队伍。2007年11月，该频道团队荣获“四川省新闻工作先进集体”称号，受到省委宣传部、省记协的表彰。

对农频道的经验和做法，经中宣部舆情信息局2007年第17期《宣传信息清样》登载后，引起了多方面的关注。时任四川省委常委、宣传部部长黄新初在该期《宣传信息清样》上专门做了批示，要求全省各电视台借鉴乐山广播电视台的经验。先后有《光明日报》、《四川日报》、《中国新闻出版报》、新华网、人民网、中国新闻出版网等媒体从不同的角度对乐山广播电视台公共·新农村频道进行了专题报道。同时，频道经验和做法也引起了省内多位专家学者的关注和研究。这在乐山广播电视台发展史上还是第一次，有效地提高了乐山广播电视台在全省和全国的知名度。王可同志的多篇相关研究论文先后在《电视研究》《南方电视学刊》《中国国际农业影视》《视听界》《北方传媒研究》《西部广播电视学刊》刊载。2010年4月，王可组织策划和实施的《欢乐乡村——春之行》大型惠农活动取得巨大成功，一个小小的茅桥镇，竟一下子吸引和汇集了5万多各地来的群众前往“赶大集，看大戏”，成为乐山有史以来规模最大的惠农活动。

专业理论和研究成果显著。王可同志对所从事的新闻工作和广播电视事业的现状、发展、存在的问题等，都做了较多的思考，有些问题还做了较深入的研究，主要研究方向为电视新闻、电视栏目和电视媒体决策与管理。王可同志先后在省级以上各类专业刊物上发表专业论文和文章56篇，其中有13篇发表在核心期刊，2篇获“国家广播电视最高专家奖优秀奖”，1篇获第六届全国农业电视节目、电视论文评选特等奖，1篇获“中国农业影视中心、中国农业影视协会年度评选优秀论文奖”，1篇入选《四川新跨越发展论坛》，2篇获省级奖，1篇获“乐山市第十次社会科学成果优秀奖”。参加了《中国广播电视评优论》课题和四川省哲学社会科学“十五”规划项目的子课题项目研究，其成果或获奖或被出版。2006年1月，王可同志入选《中国电视艺术年鉴2006卷·电视艺术人物篇》。2006年3月，《试论电视新闻策划与选题创新》一文入选《2005年度中国广播电视年鉴》。2006年8月，王可同志入选“中国广播电视协会理论人才库”。

王可同志工作认真，爱岗敬业。他在病重期间，还一直念念不忘广播电视工作，针对电视台广播电视节目存在的不足，经常提出卓有见地的意见和建议。就在他离开我们的半个月前，他还为电视台音乐交通频率广播音乐节目的改善提升撰写了意见和建议，这些意见和建议饱含着他无比珍贵的心血。

王可同志一生勤勤恳恳，任劳任怨。他无论是在哪个工作岗位上，总是一心扑在工作和事业上，干一行、爱一行，钻一行、精一行。

王可同志一生善于学习，刻苦钻研，他不断地把握时代脉搏，攻坚克难，勇于创新，展现了一位优秀新闻工作者的责任和情怀。

王可同志对工作踏踏实实，一丝不苟。工作期间，各项事务有条有理，清清楚楚。他认真执行各项规定，敢于坚持原则。……

这些对我们来说虽然已经成为过往，但是他办的电视节目仍然使乐山观众想起来都津津乐道。他主创并导演的乐山市最具影响力的美食评选——《乐山味道》大型电视美食评选活动，使“乐山味道”成为乐山市又一张亮丽的名片，寻找“乐山味道”已成为乐山旅游年年开展的传统节目，至今商家们依然挂着“乐山味道”的招牌吸引食客；2022年6月24日，在乐山师范学院开幕的2022年川－渝大学美食文化季，“乐山味道”官方新媒体矩阵又正式上线。而《欢乐乡村竞技赛》使广大农民有了自己的娱乐项目，让城里人也开怀大笑。《欢乐乡村——春之行》大型惠农活动依然被农民期盼……

每个人的成长都是有源头的

1960年12月26日，王可出生在太行山，父母先后在华北地质局汾西煤矿勘查队、山西地质局富铁矿勘查队进行地质勘查工作，在吕梁山西翼和太行山西安里大型富铁矿勘探，为新中国的建设寻找煤矿。后来，父母又调到内蒙古白云鄂博地质勘查队寻找特大稀有矿床。由于白云鄂博气候恶劣，父母又要出去进行勘查工作，不得已把年幼的他寄养在当时在重庆大学找矿系教书的姑姑家。可是不到一年，因姑姑、姑父被调到海南省地质队（后又调到云南），他又不得不回到父母身边。20世纪60年代中期，父母响应国家的号召支援大西北，先后又到了甘肃的永登县和青海省地矿局及西部海西州大柴旦地质五队。父亲在青海省地质五队工作期间，经勘探提出了大风山天青石特大型矿床，为大风山天青石[①]矿立下了汗马功劳。

① 天青石：提取锶的主要矿物原料，也是生产碳酸锶、氯化锶、氢氧化锶、氧化锶等化合物不可缺少的原料。锶作为新型材料的工业原料，素有“金属味精”之称，其中90%以上用于生产碳酸锶，可广泛应用于电子信息、化工、轻工、医药、陶瓷、玻璃、烟火、冶金、军事等许多领域.

地质勘查队员为国家建设寻找急需的矿藏，在野外不畏艰难险阻，跋山涉水，风餐露宿，生活极为艰苦。王可从小跟着父母过着居无定所、四处漂泊的生活，但学习从来没有耽误，成绩一直拔尖，特别喜欢读书，自学能力很强。父亲给他树立了榜样。近40年的地质工作中，父亲勤勤恳恳，任劳任怨，一心扑在工作上，1989年4月被青海省人民政府授予"青海省劳动模范"称号，同年9月被授予"全国劳动模范"称号[①]。父亲的言传身教，"以献身地质事业为荣、以艰苦奋斗为荣、以找矿立功为荣"的精神，"敬业尽职、奉献担当、吃苦耐劳"的品质，从小就深深地感染着他。1976年他子承父业在青海省地质五队参加工作。1984年又考入青海省地质高等专科学校，在学校里他刻苦学习，成绩始终名列前茅。他的毕业论文《青海锡铁山块状硫化物铅锌矿床成因初探》获得优秀，后发表在《矿物岩石》上。

1991年6月因照顾父母，我们调入了四川省207地质队，王可任1:5万区域地质调查地质组组长。

1992年随着有线电视、卫星电视、数字技术的出现，有线广播电视台开始了大规模发展的时期，乐山有线电视台成立。11月的一天，同事给了我一张《乐山日报》，上面登载着乐山有线电视台要招播音员的消息，建议我去报考。我觉得在大凉山里风餐露宿找石头的地质勘查队员王可更适合，他身高1.8米，一张标准的国字脸，高挺的鼻梁，剑眉下一双乌黑闪亮的大眼睛常常透着睿智的光，他的普通话也很标准，尤其是他低沉浑厚、富有磁性的声音非常吸引人。

经过播音、上镜和面试，在500多名竞争者中王可以播音和上镜双第一名的成绩考入了乐山有线电视台。

王可本来是以播音员的身份考入电视台的，但是他入职填表时，乐山有线电视台的台长王泽伦跟他说："你填记者兼播音员。"因为在招考面试的时候，王台长觉得他不仅形象好，而且思维敏捷，逻辑性强，口才表达能力强，是一个新闻部主任的理想人选。不管做记者还是播音员对他来说都是全新的领域，他开始了新的跋涉，新闻采访、编辑、播音、制作、策划……

他买来央视播音员的教学磁带，每天在家不停地听，有时间就练习，连两岁的小女儿都挥着小手跟着他说"弥……漫……"。他在家里练习播音时，邻居都分不清楚他是在电视里还是在家里。刚开始乐山观众觉得他在电视上就像"瓜儿"，后来却称他为乐山的"罗京"！

虽然电视台离家很近，但是他中午从来都不回家。他在别人吃午饭的间隙，抓紧时间学习，了解摄像机、编辑机的各项技术指标和使用技巧。

除了播音，只要有时间他就跟着老记者们去采访学习，帮着扛摄像机，在采访过程中他自始至终不漏掉任何一个细节，而且还提出自己的看法。

随着信息多元化时代快速发展，广大群众观看电视的习惯和方式也随之改变，给广大的电视记者带来了极大挑战。他一直有紧迫感。为了使新闻的传播模式随之而变，不至于被行业淘汰，他如饥似渴地学习专业理论知识，在实践中不断地提升、创新，朝夕不倦，笔耕不辍，还虚心向同行学习。

他长期订阅、购买许多有关电视新闻的杂志和书籍，他是乐山师范学院图书馆的常客；只要有点空闲时间，就在书房灯下一待几个小时。要么就去看电视，他一看电视别人就没法看，因为他看电视是几个频道来回换，看看每个频道有什么节目，每个节目大概是什么形式，有什么特点和新意……他说，这是他的工作。

---

① 王可父亲资料来源于青海省地质勘查局总工会.

他认为"忧劳可以兴国,逸豫可以亡身"。而时代也给了他施展才华的机会。

在他的新闻生涯里,随着我国改革开放的不断深入,面临新世纪的到来、我国加入世界贸易组织、西部大开发等,乐山电视行业在体制与机制创新上进行了不间断的探索,经过局台分离、局台合一、有线台与无线台合一、广电集团频道专业化、制片人制、频道总监制、主播制、制播分离、会议报道加领导人的报道等,不断在改革创新中前进,取得了一些成绩。王可有幸参与其中,做出了应有的贡献。

他始终在对专业理论的学习和研究之上,寻找着新闻报道、节目策划编排制作的规律,不断地进行着思考,在实践中大胆创新。

电视事业的发展人才是最重要的

他认为电视台从业人员的思想素质、业务能力和人文素养,人才队伍结构是否合理等直接影响着新闻宣传的质量和水平。要通过培养人、选拔人、尊重人、关心人、激励人,调动人的积极性、创造性来做好工作。他自己不仅刻苦学习、钻研,还为乐山电视行业培养了一批批新闻专业人才。多年来他经常为乐山电视台及区县新闻工作者开办培训讲座,传授专业理论知识和实际工作经验。2004 年乐山师范学院新闻专业刚成立,缺乏专业教师,特聘他为客座教授。2004—2006 年,他白天上班,晚上为师院第一届新闻专业的学生讲授"电视采访""电视编辑"和"新闻评论学"三门主干课程,他深入浅出、理论与实践相结合、风趣幽默、接地气的授课方式,受到学生的普遍好评。乐山媒体的一些年轻记者知道后,也到他的课堂学习。

他以自己的深切体会告诉学生和年轻的记者们,苦和累是记者的家常便饭,记者属于"重脑力劳动者",24 小时待命;记者不仅在个人生活和家庭生活方面要做出不少牺牲,还时常与危险相伴。但是记者工作苦中有乐,其乐无穷,因为每天都有一个新的太阳,记者还能够亲眼看到许多历史性的场面。

他不仅培养人才,还重视选拔人才。他认为在人才选拔中应当坚持任人唯贤这一最基本的选拔原则和德才兼备的选拔标准尤为重要。他注重在省内外高校选拔记者和播音员,还将乐山师范学院第一批新闻专业的优秀人才,推荐到乐山电视台和报纸等媒体单位,现在这些学生都已成长为单位的骨干。

乐山电视台胡加伦台长曾说:"电视台招人专业方面基本是王可负责考核工作。"

他特别重视带好队伍。他认为:"一个电视台的人才成长环境应该是建设性的,而不应该是破坏性的。要努力营造一个最大限度地发挥人才作用的良好环境,这样的环境应该是有人才施展才干的空间,有关心爱护人才的倾斜政策,有人才劳动价值和智能得到承认的氛围。"

他不仅在业务上帮助带动年轻记者,以新理念激励人,以事业凝聚人心,以发展鼓舞士气,同时在生活上关心他们。每天回到家吃饭已经很晚了,还一边吃饭一边打电话给有思想问题或心情不好的同事做工作。

无论是他负责的新闻部工作,还是他主持的公共•新农村频道的外宣工作都年年受到上级表彰。在创办公共•新农村频道的前夕,他与全体频道人员真诚而推心置腹地说道:

咱们电视台频道制改革第一轮"双选"结果昨天下班前已张榜公布,有 17 位同志来到咱们公共服务频道。首先我代表我们两位副总监,真诚地感谢各位选择了我们,选择了公共服务频道!感谢大家伙儿对我们的信任,也热诚地欢迎大家加入我们的创业团队中来。

回想起这些日子,我感觉到这次"双选"竞争之激烈,乐山电视台前所未有。可能有些同志,以前总觉得自己是默默无闻很平常的一员，而这次“双选”你们觉得自己就是人才！你们这些年的辛勤工作，换来了自身价值的一次充分体现。

你们当中有工作经验丰富的老同志，也有才出大学校门不久，但工作出色的新同志，到处都争着要你们。这些天一些同志经历了一次十分痛苦的心理历程，个别同志甚至用生死抉择来形容都不过分，还有一些同志对各个岗位进行了再三的权衡和掂量，但最终选择了公共服务频道。有不少同志对我说，我来公共服务频道是冲着这里的环境，冲着这里的团队精神。的确原来的外宣中心的同志除了一位准备退休和一位被台里抽去搞包装以外，其他同志没有一个离开公共频道的，我非常感动。这同时也给了我一个启示：一种非常好的团队精神产生的是一种很强的凝聚力，有了这种凝聚力我们才能真正把公共服务频道的事情做好。

我们公共服务频道不比新闻综合频道，新闻综合频道是主流频道，台里这些年投入了大量的人力、物力、财力以提高它的影响力。我们也不比影视频道，影视频道的结构单一，投入小，见效快。我们的这个频道自从诞生的那天起就被边缘化了。但这次从市委领导到台领导都非常重视公共频道，从它的定位和节目设置都亲自过问，台里第一次投入这么大的人力、物力、财力。所以我前面说，我们这支队伍是一支创业队伍，希望能够通过我们这支队伍的努力改变公共频道的地位，提高它的影响力。我觉得我们大家有这么一次机会，也算是我们在自己的工作经历中，一次很有挑战性的尝试，非常有意义。人生难得几回搏啊！我们这次就认认真真地搏它一次，再一次体现一回我们自身的价值，我相信大家伙都会有这个信心的。在这里，我代表两位副总监给大家表个态，从职位上讲我们是负责的，从职责上讲我们是服务者，就像我们这个服务频道服务于城乡观众一样，我们为在座的每一位服好务。我的管理理念是：为大家创造既和谐友好，又奋发向上、勇于创新的工作环境，只要大家围绕工作提出的一切合理化建议和合理的创新思路和方法，我们都接受；也请相信我们公共服务频道，一定会有一个全新的面貌展现在观众面前。

在王可的主持下，公共•新农村频道经过不断地加强采编人员的学习，提高了业务水平，增强了采编队伍的向心力、凝聚力。通过充满人性化却又不失严格规范的管理，深入细致的思想政治工作以及行之有效的选题策划、业务研讨等制度，大家认识到，自己正在进行着一项开拓性的工作，光荣而有意义。频道内出现了心往一处想、劲往一处使的局面，每个人都有一种荣誉感和责任感，被台里公认为是一个凝聚力强的团队，是一支热爱新农村、能驾驭对农题材报道、甘愿奉献“三农”的专业采编队伍。有这样一支高绩效的团队，又增强了频道的核心竞争力。

电视节目不断推陈出新

王可认为要使新闻节目有生命力，就必须创新意；他始终坚持采制理念：变则通。

他进入乐山有线电视台后，开始每周播两组新闻，后来创办了每周播五组的《CATV 新闻》；1998 年他策划、创办并主编了新闻杂志性节目《都市报道》，每日播出。大都市建筑群雕似的小片头，立即吸引了广大观众的眼球；形成一档完整的独立播出的电视新闻节目，开了本地之先河，产生了较大的影响。

《乐山新闻联播》是乐山电视台的传统节目，但是他认为在新世纪到来之际应该有新的面貌。于是 2001 年元旦那天，虽然办公室与家就是一个楼道之隔，但是他整整一天都没有回家，直到把一个风格新颖的《乐山新闻联播》编排播出，让乐山观众看到了一个崭新的《乐山新闻联播》节目后，才拖着疲倦的身体回家。自从他做了新闻部负责人、频道总监后，每天晚上无论怎样都只有等到节目正常播出无误后，他才回家吃饭，这是常态。乐山有线电视台王泽伦台长曾说："他做新闻部主任，我一百个放心，从来没出过任何问题。"

他创编的《晚间报道》是在创新上的大胆尝试。它突破了那种仅为联播新闻的精编和补充的模式，体现了注重平民新闻和增加深度报道这两大特色，并且体现了"说"新闻和"讲"新闻的风格。

他负责公共频道后，对《公共时空》《共同家园》和《财经报道》三档栏目进行了大胆的创新，使这个边缘频道得到县区观众和上级领导的好评。特别是2007年创办的公共·新农村频道更成为主流频道。作为全国首创，没有成功的经验可资借鉴，公共·新农村频道在创办之初，确实需要一点"吃螃蟹"的精神，这是王可又一次"吃螃蟹"——开办全国第一家地市级专业对农频道。随后的发展证明了他们这条路走对了。

公共·新农村频道荣获乐山市2007年度宣传思想工作最佳创新奖。中共四川省委宣传部、四川省新闻工作者协会授予乐山电视台公共·新农村频道团队"新闻工作先进集体称号"。

但是他们并没有止步于此，每一年他们都根据观众的需求进行改版。那些年他们不仅要做好当天的节目，节目播出后，他们还要继续策划、编排、制作改版的新节目，这才有了他们的《舒妹说事》《欢乐乡村竞技赛》《城乡晚9点》等栏目。这些栏目几乎年年改版，并频频获奖。

他不仅自己努力学习创新，还带领他的队伍一起互相学习，向同行学习。他特别注重向兄弟台学习：到无锡广播电视集团和徐州广播电视总台学习考察，了解到两台靠常年开展大型活动来提高影响力、扩大收视份额、增加收入的做法；还有湖北荆州台《垄上行》栏目经常性在农村开展各种形式活动的做法，都给他留下了深刻的印象。他专门请《八面风》《七彩城乡》的采编人员在网上观摩讨论，增强了他们要探索一条适合自己的、长年不断的、以观众广泛参与为主要诉求的节目形态的路子的信心。通过调查走访、反复讨论，最终确定了"劳动竞技、趣味展现、大众参与"，主题鲜明"张扬乡村特色、秀出农家风采"的《欢乐乡村竞技赛》栏目。它创造性地将乡村生产、生活场景融入真人秀节目中，让普通农民登上竞技舞台，制造一种具有乡村特色的竞技场面。这对原有的《八面风》《七彩城乡》栏目的运作理念，又进行了一次彻底的颠覆。

始终关注民生，满足观众需求

"联播式"的新闻节目即新闻综合节目，集中报道本地的政治、经济、社会等领域的大事要闻，就是把党和政府的声音及时、准确、充分地传达出来，使"领导满意"。但王可思考更多的是电视节目如何也让"观众满意"。为此，他又创编了《晚间报道》，《晚间报道》节目的定位与联播不同，它定位在关注百姓身边事上，它的视觉更与联播不同，平民化的视觉，大量报道发生在百姓身边的新闻故事，也就是民生新闻。其中的小版块《晚间短镜头》，是省内电视新闻报道形式的独创。

例如：2003年，他受乐山市广播电视局、台派遣，随乐山市经贸代表团赴香港参加川港合作发展周活动，圆满地完成了采访报道任务，采制的长达20多分钟的系列专题报道《乐山魅力耀香江》（共5集）在《乐山新闻联播》中连续播发。同时，他还挤出时间，专门采访了一条《香港见闻：行人不闯红灯》，在《晚间报道》中播发，让乐山观众了解了香港的另一面。

随着社会的不断发展，电视台的人力、物力得以增强。2005年11月8日，他们将2001年创办的《晚间报道》改为《新闻天天报》并正式开播，成为乐山市电视台新闻综合频道的一档民生日播新闻栏目。栏目坚持以"关注公共利益、关心百姓冷暖、关爱弱势群体、传递最新资讯"为理念，把着力点和工作重点放在了解和传播民生、民情、民意上。

关注百姓需求，帮着百姓解决问题。这也是王可作为新闻工作者始终坚持和遵循的“贴近实际、贴近生活、贴近群众”原则之一。他特别注意关注民生现场，贴近百姓生活，记录百姓的生活状态、生活矛盾、情感困惑，在新闻报道中勾勒百姓生活全景图，使观众感到亲近与信赖。

2009年10月19日，《城乡晚9点》作为其全新打造的民生服务类新闻栏目在每天晚上的21点准时和观众见面（栏目时长30分钟）。栏目无论从形式上还是内容上都是乐山电视媒体的又一次创新，特别是双人对播的形式，更是开创乐山民生新闻类栏目主持形式的先河。栏目一经推出，以其鲜明的贴近性和服务性，迅速成为乐山最具影响力的品牌新闻栏目之一。

又如：

关注百姓，作品连续三次报道《六头生猪上税罚款1 000多，该不该？》。

《老胡的麻烦》为我们讲述的麻烦并不是老胡一个人的麻烦，而是在致富道路上许多农民朋友遇到的麻烦或是困惑。

《冬梅》则是关注了一个特殊家庭的孩子。

《政策性农业保险为何理赔难？》中的政策性农业保险是政府实施的一项惠民工程。从2007年开始，乐山市政府在全市范围内开始政策性农业保险的试点和推广工作，但是，因其理赔难，引起群众强烈不满。记者通过走访参保农户、保险公司、银行、当地政府部门等，从多个方面展开调查，形成了丰富的论据，并运用多种电视表现手法，进行了充分的论证，客观分析了政策性农业保险理赔难产生的根源，并就解决问题的思路和方法进行了较为深入的采访。它反映了农民的强烈愿望。稿件播出后，引起广大观众的广泛关注，也引起政府相关部门的高度重视，产生了良好的社会效果。该栏目获第二十一届中国新闻奖新闻评论三等奖。2022年春节后我和曾任四川省广播新闻协会的会长杨飚说起这个作品时，他说：“我知道，这个作品从创作到获奖我都很清楚，即使现在来看都有很强的现实意义。”

还有公共·新农村频道的《舒妹说事》《欢乐乡村竞技赛》直接关注农民朋友的栏目，这些栏目无不体现着王可办电视节目要让“观众满意”的人文情怀。

通过王可和同事们的不懈努力，频道的影响力逐步向外拓展。中宣部舆情信息局2007年第17期《宣传信息清样》（7月6日）以《四川乐山开办新农村频道，文化惠民服务“三农”效果好》为题，刊发了2 000多字的信息，介绍乐山电视台公共频道的做法和经验。7月30日，四川省委常委、宣传部长黄新初在该期《宣传信息清样》上做了批示：“乐山市开办新农村频道，文化惠民，服务‘三农’，思路新，办法实，效果好。开办服务农民的电视频道是落实省委‘富民惠民、改善民生’作风建设活动的具体行动和生动实践，值得其他市州宣传系统借鉴。”

《西部广播电视学刊》2007年第三期刊登了频道总监王可的题为《市州台对农频道的尝试与探索》的文章，并配发《编者按》：“读罢这篇文章，犹如一股春风扑面而来，乐山广电人开办乐山电视台公共·新农村频道，不失为有远见卓识之举。‘铁肩担道义，妙手著文章’，这道义就是乐山广电人满怀高度的社会责任感，他们急党中央之所急，想亿万农民之所想，在自己所辖区内办起了电视农村专业频道。这不仅在我省这个农业大省，即便在全国地（州）市级台中也是开历史之先河！”

编　者

2022年7月

目录

Contents

第一编 部分发表的论文

第一部分 理论研究

第三编 王可同志新闻生涯年谱

第一编

部分发表的论文

第一部分　理 论 研 究

浅谈有线电视新闻节目的“经营”

近年来,我国有线电视的发展突飞猛进,成为广播电视事业中的一支生力军,有线电视的发展已与社会主义市场经济体制的逐步建立紧密联系起来。目前,我国多数有线电视台都在走自我生存、自我发展的道路,于是,有线电视与市场的关系日益紧密。但对于我国新闻事业在长期的计划经济体制下形成的一整套运作机制来说,以及在这个“市场”中如何认识新闻传播的市场,如何把传媒推向市场,到目前还没有一个起码的模式。这就使我们面临着一个必须正视的问题:有线电视节目特别是起着“桥梁”作用的有线电视新闻节目,在建立社会主义市场经济条件下,面对这样一个日益明朗化的“新闻市场”如何去“经营”?

笔者愿意在坚持新闻党性原则的基础上,与同仁探讨这一问题。

一、有线电视新闻节目的地位及与市场经济的关系

就有线电视台开设的自办节目的内容性质看,有线电视新闻节目主要有新闻类节目、文艺类节目、经济信息类节目和服务类节目等,无论是国内还是国外,都把电视新闻节目作为电视台的信誉和声望的主要标志。有线电视台也不例外。随着人们对信息传递新颖、快速、量大的要求,更渴望诸如经济专题等类节目。由此对新闻类节目的内涵和外延也有了新的理解,新闻节目在电视节目中的“骨干”“脊梁”地位更加明显和突出。

有鉴于此,不少电视同仁认为,研究一个电视台的节目构成和水平,首先要研究新闻类节目,就目前而言要研究电视与市场的关系,免不了研究新闻活动与市场的关系。

那么,新闻活动与市场经济究竟是什么样的关系呢?目前对于新闻活动纳入市场的观点不一。有的人认为,新闻不是商品,新闻活动不能纳入市场,否则就是否定新闻的党性原则;有的人认为,在市场经济条件下,新闻就是商品,理所当然应纳入市场;而多数人认为,新闻不是商品,但在市场经济条件下,市场机制对新闻活动起着调节作用。笔者认为,最后一种观点较为科学,是市场经济条件下充分认识和把握新闻活动规律的表现。这是因为,按照马克思主义的商品原理,任何一个商品生产者生产的使用价值都是为了别人,自己希望得到的只是商品的价值。而新闻活动是一种阶级性很强的社会活动,它体现本阶级的意志,必须为本阶级的利益服务,作为无产阶级的新闻活动,当然是要反映无产阶级的利益并满足无产阶级的愿望。因而,新闻不是商品,但是承认新闻不是商品,并不否认市场机制对新闻活动的调节作用。在市场经济条件下,市场机制对一切社会生活都起着调节作用,新闻活动是社会生活的一个方面,当然受市场机制的调节。可见,以自我生存和发展为特征的有线电视,受市场机制调节的因素更多一些。

二、有线电视新闻节目能否“经营”

既然有线电视受市场机制调节的特征明显，那么其新闻节目就应该存在着“经营”。

我们说新闻不是商品，即是说新闻绝不能像商品那样拿到市场上去交换，这是由无产阶级新闻的性质决定的。近年来人们为顺应建立社会主义市场经济体制的新形势，提出了新闻节目“经营”这个新概念，引出了对“经营”含义的不同理解。

笔者以为，市场机制对新闻活动的调节作用不应表现为对新闻活动的导向和内容选择上。因此，新闻节目面向“新闻市场”的“经营”，其含义应是服务于电视产业这个整体，通过优质的社会服务，给这个整体的发展带来经济效益。特别应该指出，这种服务绝不能淡化“作为党、政府和人民的喉舌”这个主功能，不能干扰主旋律。那些认为新闻节目的“经营”就是淡化宣传属性，搞“有偿新闻”和缺乏社会责任感的“黄色新闻”的看法是完全背离社会主义新闻工作基本原则和方向的。

作为以自收自支为发展方式的有线电视台，其新闻节目的“经营”更要分清纯经营与靠服务受众以促整体产业发展这个界限。这与靠政府拨款来保证新闻宣传的电视台相比，似乎更难操作，使有线电视新闻节目在“生产”过程中，难以不靠“经营”来获取各环节消耗所需的费用。所以，这里的“经营”又包含着新闻活动必需的费用。

在市场经济条件下，新闻活动中宣传的对象似乎应该支付适当的费用。如对新闻类栏目的赞助，这是新闻活动所需人力、财力、物力费用的重要来源。不靠政府投资的有线电视新闻节目的“生产”视这一费用为“生产”基础。关键是以什么样的方式获得这类费用，如何合理、严格地使用这类费用，以维护党的新闻工作原则和新闻的真实性。这与记者、编辑利用职务之便拉广告、赞助，不顾新闻的党性原则和真实性所搞的“有偿新闻”应区别看待。同时，以纯经济活动获得的赞助费用必须与新闻宣传完全分离。

由此看来，有线电视新闻节目的“经营”是不直接获得经济效益的“经营”，是服务于电视台整体以促进全面发展的“经营”。

三、有线电视新闻节目“经营”策略

实践证明，新闻活动与广播电视信息产业中的纯经营活动相分离，提高自身“产品”的质量和档次，扩大受众市场，同样能使“经营”间接创出可观的经济效益，从而维系新闻活动正常进行。

有线电视新闻节目“经营”按这一规律，可否考虑一下“经营”对策。

（一）坚持党的新闻工作原则，摆正“经营”与经济效益的关系

有线电视新闻节目是发挥喉舌功能和引导舆论的主干节目，它的“经营”绝不能相同于一般商品的经营。因此，在“经营”中必须牢牢遵循党的新闻工作原则，最大限度地发挥出喉舌功能，任何时候都要把社会效益放在首位，以优质服务来提高电视台的信誉，从而间接创造出经济效益。节目质量越高，信誉就越好，收视率也越高，吸引的广告就越多。可见，新闻节目的“经营”状况是与广告的经济效益密切联系的。

（二）以科学的管理体制和运行机制促“经营”

有线电视新闻节目的“经营”首先要给自己定位，这就要求把握好“角色”与“特色”。“角

色”就是既要体现出党和政府的形象，又要反映人民的声音，适应社会需要的“三位一体”。“特色”要注意体现地方特色和城市特色，立足于脚下的土壤，贴近本地的收视群体，这就要求有线电视新闻节目的“经营”机制适应自己的定位，在节目管理上，坚持采、编、制与创收相分离的原则，新闻部门只对节目自身的质量负责，广告和创收任务只能由广告业务员来承担。不搞栏目包干，使采、编、制人员腾出精力专心于新闻节目的生产，避免节目为经济利益所左右，使新闻节目能经营出自身应有的效益。在内部管理上，首要的是形成激励机制。要扩大受众市场，必然有激烈的竞争，这种竞争说到底是新闻从业人员素质的提高，这是新闻节目赖以生存、发展和提高的根本。因此注入竞争机制，就是要把竞争机制引入内部人员的管理上以强化内激力。例如：建立岗位考核制度，每个记者每月应完成多少稿件，其中要有多少是好稿；编辑制作人员如何提高工作的质量，编制的节目应达到怎样一个水准等。通过考核，采用经济手段奖励先进，处罚落后，并建立适当比例的硬性淘汰指标，激励从业人员奋发向上，练就新闻业务的“十八般武艺”，成为驾驭各种新闻体裁、多种新闻手段、各种报道方式的行家里手，以此来保证新闻节目的最佳“经营”状态。

同时，台里应侧重考虑新闻节目“经营”的特殊性，保证必要的甚至是较充足的“经营”费用，使市场经济下市场机制调节“经营”通过电视台的“二次分配”得以体现，也可在新闻节目之外开设经济信息栏目，从中获得新闻活动所需的费用，保证新闻节目不受利益驱动。

（三）办出精品节目，把握“经营”立家之本

有线电视新闻节目“经营”的总体目标是获取最佳的社会效益和经济效益，“经营”的指标是努力提高新闻节目质量，扩大本台在社会各界的影响力，为其他节目经营创造必要的外部社会条件。

新闻节目的“精”应该在多方面努力。在报道的题材、视角的把握及内容的选择上，要不断创新，注意贴近社会，深入生活，注意深度报道以及社会新闻、重大新闻和突发新闻的报道；在形式上，注意节目包装，注重画面形象、声音效果和播出节奏；在新闻节目编排上，打破传统的编排方式，以新闻价值的大小和重要性来编排，并按照城市台的特点，顺应快节奏的时代步伐，尝试新闻节目“杂志化”的编排方式，突出新颖和有深度。

新闻节目只有创精品，才能使新闻的受众市场真正得到扩大。

有线电视新闻节目“经营”必须是“经营”者和从业人员的高素质同电视节目整体经营的结合。在新闻节目“经营”中：一方面，坚持党的新闻工作原则，不得以任何形式削弱新闻的喉舌作用，淡化它的阶级性；另一方面，“经营”又要充分注意市场经济条件下的市场调节作用，努力形成较大的“经营”市场，有效推动新闻活动顺利进行。

（《广播电视天地》，1998 年第 1 期。该文在 1997 年乐山市优秀论文节目评选中被乐山市广播电视局评为优秀奖，并获证书。）

电视新闻杂志性节目刍议

电视新闻类节目发展到今天，基本上可以分为三大类型：以消息为主的综合性新闻节目；既有消息又有深度报道，同时还有其他社会性内容的新闻杂志性节目；新闻评论性节目。本文就地方电视台开办电视新闻杂志性节目的贴近性问题，谈一些体会。

一、观众对新闻杂志性节目的需求

长期以来地方电视台特别是地市级以下的电视台，新闻节目单一呆板，其中“文山会海”占了大部分容量，而与社会和时代同步成长起来的电视观众，则渴望有更多与学习、生活、工作相关的节目，以便从中了解更多的信息，获得更多的启示。于是一种适应时代节奏的全新电视节目——杂志性新闻栏目迅速在各电视台推出。其特点是地方特色鲜明、容量大、有力度。在过去一般节目中无法报道或报道不深的内容，能够在杂志性节目中从独特的视角进行全方位的报道，小到百姓的日常生活，大到党和政府的中心工作，直指天下大事。同时，这种节目还能贴近社会主义市场经济的轨迹，从社会化、大众化的角度报道经济问题，使节目活泼新颖、内容丰富，就如把一册每天出版的新闻杂志呈现在观众面前。

乐山有线电视台尝试开办的《都市报道》，就是按这种思路运行的。这个节目开办一年多来逐步在观众中产生了较大影响，在 1999 年乐山市广播电视局直属台新闻类节目评选中获得一等奖。我们也从创办这个节目中得到了许多有益的启示。

二、新闻杂志性节目要讲究贴近性

地方台的新闻要突出地方特色，反映地方特点和存在问题，符合观众的需要。这种“地方化”决定了这一节目的贴近性。地方台与上星台相比，虽然信息和节目品位处于劣势，却有一些上星台所不具备的优势。因为上星台的节目是不受国界限制的，必须顾及对外宣传的效果，在节目内容上有很多条件制约；而地方台则受限较少，可以将报道内容深化、细化。“地方化”完全可以使节目更加贴近社会，贴近生活，贴近群众。

乐山是著名的风景旅游城市，在群众身边出现的新闻层出不穷，构成了取之不尽用之不竭的节目素材。我们的《都市报道》节目便把贴近性放在首位，除每天播发最新的消息外，还包括四个版块：一是《有线视点》，它容量大，有深度，每天一个话题，内容涉及群众的生活工作、思想道德、文化娱乐等热门话题，诸如城建、卫生、法制、就业、就学、住房、市场等；二是《红尘写真》这一版块完全是为老百姓设计的，讲述的是老百姓自己的故事，透过普通百姓的生活，讴歌人世间的真善美，鞭挞社会上的假恶丑；三是《经济信息快车道》，让百姓及时了解经济信息和市场发展情况；四是《各地消息》，在卫星资料中精选观众希望了解的国内外大事、趣闻轶事，可以较好地满足观众希望开阔眼界的需要。由于这个节目的采编始终注意站在观众的角度，具有较强的贴近性，因而很受观众欢迎。一些观众甚至把它称为乐山的《焦点访谈》，他们有什么想法，有什么难处，也会主动找到电视台反映，这个节目成了反映群众呼声的重要园地。

要体现贴近性，采编人员就要打破常规，深入到百姓之中，发现线索，选准角度，把握好方向。有些记者采访时，干脆扛着摄像机走街串巷，不少在日常生活中司空见惯而又具有广泛代表性的“凡人小事”，经过报道后却产生了强烈的反响。如《马家湾居民行路难》《青山伴着臭水流》《这个洞口该封盖了》《一肉联厂污水困扰几百户村民》等播出后都引起了有关部门的重视，其中的一些问题很快得到了解决。

三、吸引观众是增强贴近性的有效途径

作为杂志性新闻节目，要想得到观众的支持和参与，就必须把立足点放在贴近观众的基础

上，让观众关心这个节目，对节目提出意见和建议，为节目提供采访报道线索。过去有一种误解，好像讲贴近性，就是多报道一些社会新闻，甚至是多揭露一些社会的阴暗面，其实并不完全如此。节目与观众的关系犹如人际交往一般，对人真诚、实在，就会得到很多朋友，否则就会处于孤立的境地。这说明办新闻节目要想吸引观众，就要与观众交朋友，了解他们的思想，反映他们的呼声。《都市报道》之所以能够得到观众的认可，原因之一就是采编人员始终注意到节目与观众之间的辩证关系，记者在采访中实实在在，敬业吃苦，群众也就愿意讲真话，说实话，而且主动地配合采访。《有线视点》曾采访过乐山城区一条街道脏乱差的情况，当地居民说这里是“龙须沟”，记者一到现场，群众就纷纷围过来，向记者述说心里话。当时正值市里开展创建文明卫生城市活动的高潮，电视台以《城区有条“龙须沟”》为题做了大分量的报道后，立即引起有关部门的高度重视，很快协调各方力量，落实投资，对这条街道进行了彻底整治。这以后，一些观众打电话或亲自上门，表达他们对电视台的感激之情。从此以后，这条街道的居民遇到什么难题，就会主动找《都市报道》反映，并且四处宣传，扩大了节目的影响力，记者也同其中的一些群众建立了固定联系，使节目的信息源大增。

为了吸引观众，我们努力提高节目的品位。既然《都市报道》定位于都市，就要反映这个都市的现代品位，在这方面，《有线视点》与《红尘写真》两个版块较好地发挥了作用。《有线视点》选择了城市建筑、城市文化、市民道德等方面的话题，进行深入的分析报道，在观众中反映较好。我们还配合重要节日、纪念日，推出特别报道，突出思考型、探索型、问题型特点，着力反映重大主题。例如：在“6.25”国土日推出《一寸土地一寸金》，在“6.26”国际禁毒日推出《远离毒品，珍爱生命》等深度报道，在中秋节推出《月圆乐山》，在除夕之夜推出《红红火火的大年红红火火地过》，人代会和政协会期间推出《满园春色，共话改革》等专题性特别节目，这些报道有深度，有较高的文化品位，具有很强的感染力和共鸣性。我们还尝试着播发了一些具有本地鲜明特色的《电视小散文》《都市风采》《都市一隅》等短小精炼、生活气息浓郁的报道，拓宽了报道范围，活跃了宣传形式，丰富了节目内容。

我们虽然取得了一定的成绩，但是离观众的要求、时代的需要还有很大距离。要让杂志性新闻节目更加具有贴近性，还需要在节目编排、包装、宣传预告等方面多下功夫，以满足观众不断提高的欣赏要求。只要真正树立群众观念，用心思去为群众办好节目，把观众喜欢不喜欢作为我们工作的一条重要标准，我们的节目就会更加贴近社会，贴近生活，贴近观众，就会越办越好。

（《乐山宣传》，2000 年第 1 期）

现代广告与民族文化意识

随着社会主义市场经济的进一步发展，中国广告业也有了突飞猛进的发展，真正意义上的现代广告已开始在中国大地出现。一些广告商开始注意到广告的文化价值在广告活动中的作用，特别是把民族文化意识融于广告中，强调文化精神，从而赋予商品广告一种文化价值。

当今，一个国家的广告事业发达与否，除了是衡量这个国家和地区商品经济发展程度高低的标志外，还在一定程度上反映着一个国家的民族文化意识。

民族文化是在长期的历史演进中积淀而成的，它是一个民族的伦理道德、风俗习惯、文化教育、人生观、价值观与现代理念、现代科技的融合结果。我们通常讲的广告是指现代意义上的广告，即现代广告（以下简称广告），它本身已经成为一种文化，具有文化的特征，属于文化意识形态范畴。

广告与民族文化相互促进，相互补充。民族文化是广告中不可忽视的有效手段之一，在一定程度上起到继承和弘扬文化精华的作用。广告本身能为人们的物质生活提供新的思维方式和消费观念，增强其社会意识、民族意识及时代精神。

战国以后，产生了中国广告的最初表现形式——销售现场广告，如叫卖广告、实物广告、音响广告、旗帜广告、悬物广告、招牌广告等，其特点是以叫卖、挂旗为主，形式简单，内容单一，急功近利。20世纪后，世界经济进入工业化社会大生产阶段，商品交换规模空前扩大，现代广告才得以确立和发展起来。因而广告不是以民族文化为基础产生的，而是商品经济发展到一定程度的产物。

广告业是一种服务业，总是从属于一定商品或服务。从总体上看，广告始终是同商品消费结合在一起的。但就具体形象而言，广告很少能直接刺激消费行为的产生，它们所发出的信息被受众接收后，广告信息被衰减或吸收了。直接鼓励采取消费行为的信息在延宕中衰减最严重，而其他方面的信息，则通过接受者本身的文化——心理结构而被有选择地同化，文化价值由此而产生。实际上，国内外诸多成功的广告都与其内含的民族文化密不可分。上海李奥•贝纳广告公司曾为“万宝路”服饰在上海太平洋百货门前策划了两天七场关于服饰的销售现场广告，盛况空前。“原汁原味”地展示美国西部风情的宽大展台上，两位美国哑剧演员头戴牛仔帽，身着“万宝路”牛仔装，足登“万宝路”靴，无声地表演了马槽整马鞍、休闲时光实弹射击酒瓶、酒吧牛仔叙话较手劲、野外草地宿营等场景。牛仔的一举一动，把“万宝路”服饰的功用以日常生活的方式，现实地再现给中国消费者，使人如身临太平洋彼岸美国西部牛仔那粗犷、豪迈的生活圈，品味浓郁的美国西部风情。这一广告策划活动具有人情味和文化内涵，其目标市场明确、诉求对象清楚，不仅迎合了中国青年对异国文化的好奇心理，而且有效地传达出美国人开放、自由的性格和勇于开拓进取的民族精神，是广告与民族文化结合的典型例子。

不同民族的广告文化内涵都离不开本民族的个性。“东芝”卡拉OK放像机的报纸广告，就是以民族心理和文化观念为切入点的。日本摆脱不了“二战祸首”所谴，加上日本长期以来封建传统观念较深，好像一面难以敲响的石鼓，尚需一种强烈的冲击力来“撞击”和“震撼”这面尘封已久的石鼓，而联接放像机的话筒则代替鼓槌。这一创意似乎要向世人宣称日本自古以来是一个自强不息、崇尚现代文明的民族——试图冲破“束缚”。

改革开放近20年来，中国广告势态发展迅猛。同样，中国广告也有自己的个性。中华民族文化的一个显著特征就是重感情、尊仁义。近年来，国内成功的广告中以情感诉求抓住受众的不胜枚举。如“丽珠得乐”胃药系列广告，以“其实，男人更需要关怀”为主题，作品分镜头画面摄取了一个伏案写作的知识分子、一个货车司机、一个神态疲倦正卸妆的戏剧演员。整个广告以普通劳动者形象为素材，以广大女性的心声为广告语，传达出中国女性细致入微、善于体贴男人、珍视家庭的中华民族传统美德。又如广东白马广告公司策划的潮州新城广告，以“乡思、乡情”为主题词招商引资，那些怀着思乡情绪，渴望落叶归根的海外潮州籍富商踏上了故土。如果说“万宝路”服饰广告和“东芝”放像机广告是籍景取胜，那么国内的成功广告则是以情换心。

随着东西方经济与文化交流日益频繁，跨国性广告传播中也融入了民族文化。“可口可乐”广告进军中国市场，既保持了美国民族文化的风格与特色（红色及品牌名那俊朗洒脱的字体象征美国人的热情、奔放),又适应了中国人趋利避讳的心理特点(其品牌名译为中文“可口可乐”四字,蕴义美好、吉祥如意),因而深受中国人的喜爱。“万宝路”的贺年广告则完全融入地道的中国传统文化,同样获得了中国人的认同。

究其原因,缘于广告的文化性传播有自身的规律:在同受众方民族的人生观、价值观构成适应而不是对抗的情况下,越是具有鲜明的民族特色和民族风格,为本民族所喜闻乐见的作品,越能得到国际范围的认同。广告离不开民族文化,尤其是以中国消费者为受众的广告表现得最为突出。

正是基于此,广告对民族文化的运用就要有针对性,依据文化的适应性原则来进行广告活动,即针对不同文化背景的受众而施以不同的方式和手段,适应目标受众的文化品位,符合其文化习惯,尊重其文化习俗,真正使广告倡导的“国际化思维与本土化手段的融合”“广告与民族文化兼收并蓄”的夙愿能够迈出现实的一步。同时,在吸收民族文化的时候,要充分体现本民族的风格和民族意境,克服本民族的不足,使其起到教育群众、丰富知识、陶冶情操的作用,加强受众的审美意识。

(《西南电视》,2000 年第 4 期)

地方台发挥新闻舆论监督作用探析

舆论监督是新闻宣传工作的一项重要内容。近些年,省级以上电视台的舆论监督声势大,效果显著,而地方台的舆论监督仍难深入下去,其原因值得思考。

一、地方台应是舆论监督的重要阵地

地方台根植于基层而又面向基层,党和国家的各项方针政策的贯彻落实最终在基层。因此,地方台舆论监督的作用非常重要。全国有两千多家地方电视台,这些台的新闻舆论监督作用发挥好了,对当地的党风廉政建设,对改革开放和经济建设发展,对社会主义精神文明建设所起的推动和促进作用是难以估量的。从地方台的生存与发展来讲,舆论监督作用发挥得大小,也直接关系到观众对这个台的信任度和支持度的高低,直接体现这个台的办台宗旨和办台水平。因此,地方台的舆论监督工作绝不是可有可无、可深可浅的事,它应该是我们国家舆论监督的一个主阵地。

但是,地方台的生存环境又是在一个狭小的空间和圈子里,地方保护主义对新闻舆论监督的影响较大。在这种情况下,舆论监督多被限制在一个较单一的层面上,诸如哪个地方垃圾多得没人管,粪池溢了没人问,哪段路坑多,哪条街井盖没了等方面的小打小闹、无明确批评对象的浅层报道。如果想涉及本地方社会权力、公共政策及社会事态的评说披露乃至批评,则显得力不从心。

二、地方台新闻舆论监督的主要制约因素

(一) 观念制约

即本地方狭隘而顽固的思想观念,因含有传统习惯势力的影响,所以是一种持久而深刻的

制约因素。有这样一些观念，如新闻舆论监督就是批评报道；新闻舆论监督会违背正面宣传为主的原则；新闻舆论监督不利于当地稳定，是添乱；新闻舆论监督就是抹黑出丑……特别是一些单位和部门的领导认为，对存在的问题曝光就会影响自己的政绩和威信，捂住盖住就有“面子”。这些观念极不利于正确认识和开展新闻舆论监督，影响其效力发挥。另一方面，一些地方台记者追求新闻舆论的轰动效应，把批评报道与法律判决混为一谈，利用监督手段宣泄个人情绪甚至牟利，这虽是职业道德的偏差，却又与不良的观念影响密切相关。

（二）权力和关涉制约

这是地方台所遇到的最为头痛的问题。权力制约主要是指某种特定的权力对新闻媒介及其传播活动进行控制、牵制和约束。而关涉制约则是指与地方台有直接关系或间接关系的社会部门或单位所带来的制约。

权力制约有遵循新闻生产和传播活动规律的一致性，也有被监督方或罗织罪名或利用关系或借助权力对媒介实施的矛盾性。恰恰是这种矛盾性过于突出，使处在小小空间而被网在错综复杂关系网上的地方台常常进退两难。有人说，地方台靠地方撑起，得罪了哪一路“神仙”都不得了。往往是记者花了很大力气甚至是经受一番艰险采访到的报道，还来不及上荧屏，便被批评单位三番五次的电话，或上门的辩解、求情，闹得你不得安身。更有曲线求情者，托硬关系而使报道被扼杀在摇篮里。

（三）手段制约

不少地方台采编设备落后，电视舆论监督的优势难以发挥。舆论监督性报道随机性大，客观事实是一种动态流动的东西，不能复现，而某些不能复现的细节、情境或语态有时恰好是支撑整个报道的关键。观众常常可以看到一些大台采用先进技术手段尝试的“隐性拍摄”“偷录”“偷拍”“遮目”等办法，大大提高了报道的说服力和效力。地方台的记者常常遇到这样的情况：一些当事人不愿意甚至千方百计阻挠记者的追根溯源，知情人碍于种种顾虑不敢实话实说，有些人虽能在反映问题时慷慨陈述，但只要面对话筒和摄像机，又会或避或掩或结巴，很难达到预期的效果。这些往往让地方台记者面对落后的设备倍感力不从心，使全面取证落成泡影。

（四）内部管理体制制约

一些地方台管理层对新闻舆论监督认识不足，对风险系数方面考虑较多，他们可以轻易地找一条理由扼杀节目制作者付出艰辛劳动做出来的批评报道，使节目采编人员感到费力不讨好，积极性屡遭挫伤，久而久之培养出麻木不仁和惰性。另一方面，舆论监督性报道有别于一般性日常报道，这种报道包括时间、经费、风险都远非一般性报道所能比拟，因此它是一种高成本的报道。既然如此，高成本高智能作业，应当得到较高补偿，但地方台的现行管理体制更多地讲究平衡，没有给予这类报道者必要的激励补偿和自主权。

（五）队伍制约

地方台记者大多不是科班出身，素质难以适应舆论监督性报道的要求。一些记者法律意识淡薄，有关法律知识知之甚少，缺乏辨别的能力，往往出现偏听偏信、界定不清、表述方式不对、说明逻辑混乱、点评不到位等情况，不但没有起到监督作用，反而授人以柄，出现被动局面。搞舆论监督性报道意味着要挑战权势。就不少地方台现行队伍状况而言，远未达到发挥舆论监督效力相适应的要求。

三、地方台发挥舆论监督作用的几点思考

(一)创造良好的舆论监督环境

领导干部应理直气壮地支持地方台的舆论监督工作,为他们有理、有据的监督报道撑腰、壮胆。党和国家领导人以明确的态度支持新闻舆论监督,党和政府的会议多次把舆论监督鲜明地写进有关报告和决议中。江泽民同志在党的十五大报告中强调,要“把党内监督、法律监督、群众监督结合起来,发挥舆论监督的作用”。朱镕基同志为《焦点访谈》的记者和编辑写了四句话:“舆论监督,群众喉舌,政府镜鉴,改革尖兵。”这些无疑为各级领导干部重视和支持新闻舆论监督工作指明了方向。创造良好的舆论环境,领导干部的态度举足轻重。

(二)把握好舆论监督的“度”

加强地方台的舆论监督工作必须坚持正面宣传为主与揭露假恶丑相结合的原则,要把握好“度”,特别是准确度、力度、密度及时机,做到有理、有利、有节。地方台作为监督主体,其地位往往低于监督客体,甚至还受制于监督客体,这就是一些地方部门和单位根本不怕地方台曝光的根本原因。在这种情况下,地方台的批评性报告更要把握好一个“度”,轻描淡写、不痛不痒等于没说,失去舆论监督的作用;但过于尖锐苛刻又会引火烧身,胳膊拧不过大腿,同样达不到监督的目的。地方台对监督报道的“度”的把握,应该集中在“分寸”两字上,监督报道的出发点和目的是帮助被监督者找出工作中和政策上存在的漏洞,以便解决问题;帮助群众释疑解惑,提高认识,化解矛盾。地方政府和每个单位,都是一个复杂的运行环境,难免对某方面照顾不周,甚至在某个地方出现漏洞而浑然不知。因此,进行舆论监督,千万不要报着挑毛病、揭短的态度,只要坚持与人为善的原则,就事论事,祈求适合解决问题的方式方法,往往会为被批评者接受,进而弥补过失,改进被批评或揭露的问题。

(三)讲究舆论监督的方式方法

由于地方台所处的地位和环境,进行舆论监督的方式方法极为重要,大炮筒子式的报道绝对行不通。对于不同对象、不同问题、不同场合,应采取不同的方式方法。例如:针对一些社会问题借助群众参与的力量开展批评,具有较强的震撼力,这是参与式;对事物的正反两面进行全方位的展示,对成绩不抹杀,对缺点不回避,对困难不隐讳,一是一,二是二,这是立体式;对消极现象公开曝光后,要注意被批评者的改进态度和效果,进行连续报道,有利于被批评者重新树立形象,这是连续式;只提供正反两方面的事实,不表示结论式的意见,让观众在比较中去鉴别、分析和判断,这是对比分析式;批评性报道并不是所有的都适合公开报道,应按内外有别的原则,对某些不宜公开或暂时不宜公开报道的问题,以“内参”的形式进行反映,这是内外有别式。地方台的舆论监督只要按合适的方式方法,该迂回则迂回,该直入则直入,巧妙而不失分寸,同样能发挥出有力的作用。

(四)改革内部管理体制,加强队伍建设

地方台的舆论监督还必须有一个良好的内部环境,内部管理体制的新与旧对本台的舆论监督效力影响很大。以中央台的新闻评论节目为例,其在人事体制上实行招聘制,在经济体制上实行广告时段承包制,在节目体制上实行制片人制,这些改革解开了一些旧体制下的“死扣”,人才实现了“两高”:一是人员素质高,二是工作效率高。这一经验颇值得地方台供鉴。说穿了,搞舆论监督一要有支持的,二要有能干的。

地方台搞舆论监督性报道的道路尽管艰难曲折，但在广大新闻工作者的不懈努力下，局面正逐渐被打开，已经做的和将要做的，都会在我国新闻舆论监督发展进程中，留下不可忽略的一笔。小台发挥的舆论监督作用不应小觑。

（《新闻界》，2000 年第 2 期）

对地市县级电视台人才结构现状的思考

改革开放以来，电视作为迅速发展起来的新媒体，需要在短时间内扩充大量的专业人才，于是各地一成立电视台，便迫不及待地招兵买马，匆匆上阵，致使不少地市县级电视台从一开始便出现了盲目地进人状态，延续至今便陷入了人才结构极不合理的困境。

一、电视台从业人员结构现状

从不少地市县级电视台从业人员的组成来看，其主要来源有：一是大专院校的毕业生；二是厂矿、企事业单位、部队等从事过宣传工作的人员，以所谓专业对口的理由进入电视台；三是按一定的招聘程序招进的人员；四是托关系、走后门调入的人员以及广电系统的职工子女。真正科班出身的人才极少。已有人员绝大多数进台前对电视专业知识一无所知，照葫芦画瓢地工作着。值得思考的是，目前还有相当数量的地市县级电视台的进人渠道仍是如此。

（一）人才的纵向结构

指电视台从业人员中处于不同层次的各类人才之间的比例及其相互关系。如记者队伍，由助理记者、记者、主任记者、高级记者四个层次的记者构成。就多数地市县级电视台而言，这四个层次的记者呈现“金字塔”式的分布。即助理记者比例最大，记者次之，主任记者少得可怜，高级记者几乎为零。记者队伍如此，编辑、播音员、主持人队伍也是如此。按人才学的观点来分析：高级专业人才是专业队伍的中坚力量，是一个台专业水平提高的带头人；中级人才是一个台的骨干力量，具有承上启下的重要作用；初级人才则是后备力量。这样看来，一个台的采、编、制队伍中绝大部分是初级专业人员，如何能使这个台的宣传水平上档次？

（二）人才的横向结构

指电视台不同序列的各类人才之间的比例及其相互关系。在各电视台中，由于工作分工的不同，形成了较为复杂的人才序列。粗略划分，一个电视台必须有五支队伍：宣传队伍、广告队伍、技术队伍、管理队伍和后勤队伍。存在于每一支队伍中的人才都构成了一个人才序列。这些不同的人才序列之间总是存在着一定的比例和相互关系，从而构成电视台的人才横向结构。那么这种横向结构是一种什么样的状况呢？许多台的领导都有这么一种感受：理应是人才最厚实、最集中的宣传队伍，却显得力量那么薄弱，而其他的保障部门却又是人浮于事，采编一线的人才数来数去就那么几个，以至于数个二线人员为着一个一线人员服务。这样的横向人才结构又怎能体现电视台的最佳效益呢？

二、造成人才结构现状的主要原因

地市县级电视台人才结构不合理既有一些深层次的矛盾，也有一些人为的因素。

（一）管理权限集中，管人与用人脱节

这是一种典型而又顽固的计划经济体制下的人事管理方法，多级管理造成使用人的业务部门没有管人的权限。如一个台的新闻部门，要想进一名记者或编辑，必须先打报告给台里，若台里同意后，再由台向行政管理部门打报告，行政管理部门同意后，再向广播电视局打报告，如同意还得由局向当地人事部门打报告，这一过程中的哪一个环节出了问题都不行。于是，用人部门想要的人才难进，不想要的人却又硬塞进来。

（二）专业人才培养渠道狭窄

目前，我国专业培养的广播电视人才与众多电视台对这类人才的需求量的矛盾比较突出。每年大专院校毕业的专业人才十分有限，且绝大多数去了省级以上的大台，而大量的中小台只能望人兴叹。

（三）人才进口把关不严

这一现象在地方台较为普遍。因为在当地，电视台备受人们的青睐，这自然成了拉关系、走后门和一些人安插亲属子女的部门。硬塞进来的人不少是滥竽充数，无一技之长，占去了有限的人员指标。

（四）管理方法单一陈旧，缺乏择优汰劣的竞争机制

不少电视台长期以来几乎唯一使用委任制的任用方式，从业人员干多干少、干好干坏都差不多，工资按时晋升，职务提拔论资排辈。由此造成人才队伍管理的封闭和僵化状况。

（五）缺乏人才成长的良好环境

一些台对专业技术人员只用不管，对他们的业务水平提高关心甚少，不少人从业数年，专业技能没有多少长进；论资排辈、求全责备、嫉贤妒能又使不少有能力、有潜力的人才受到压制；在编人员与招聘人员待遇两样，导致招聘人员感到低人一等，不能安心工作。

三、改变人才结构现状的对策

大胆深化改革，破除陈旧的人才管理体制，着眼现实，考虑长远，按照社会主义市场经济对人才需求的规律，调整电视台人才结构不合理的状况，这已成为当务之急。

（一）建立人才流动机制

地市县级电视台人才结构现状告诉我们，电视台不能再是懒汉、无能者的避难所了。作为信息产业中的一个重要部门，应该积极加入全社会人才流动的大循环之中，把员工推向社会化的大市场，让市场淘汰机制成为电视台人才内部流动或向社会流动的突破口，通过市场大浪淘沙一般的竞争、筛选，使那些真正有创新精神、素质高、有能力、热爱电视事业的人才充实到电视台里。

（二）建立人才竞争机制

人才结构的调整，主要是调整不合理的人才层次。竞争上岗是目前许多电视台调整人才结构采用的方法，但有些台的人才竞争浮于表面，竞争是幌子，内定是实质，而且这种竞争只是本台内部的竞争，矮子里拔将军，全台整体实力并无多大变化，这样的竞争往往没有多少实际意义。既然要让人才参与竞争，就应打开台门，吸引有较高素质的人才参与竞争。只有这样，较高素质的人才才能充实到最需要的地方，也只有这样，才谈得上是一种真正意义上的人才竞争机制。

（三）为人才成长创造良好的环境

电视台的人才成长环境应该是建设性的，而不应该是破坏性的。要努力营造能最大限度地发挥人才作用的良好环境，这样的环境应该是有人才施展才干的空间，有关心爱护人才的倾斜政策，有人才劳动价值和智能得到承认的氛围。以此，地市县级电视台才能吸引住人才，才能发挥其最佳才能。

对地市县级电视台人才结构的思考，其目的在于不断地使人才结构优化，而不断优化着的人才结构状态不仅反映一个台的发展水平，也反映这个台的发展前景。

（《新闻界》，2000 年第 4 期。该文获乐山市第十次社会科学成果优秀奖）

对广电集团化的一点思考

近些年来，广播电视业的改革一直在不断进行，各地的管理体制不尽相同。其中，“无线有线合一”“局台合一”一直是改革发展的一个方向。如今，广电业面临着更大的一次“合一”，这就是组建“广电集团”，一些省市已经启动这项工作。应该看到，这一轮的“合”是一次整合，是广电业走产业化发展道路，实行集约经营、规模经营、资本经营，实施低成本扩张战略，迅速壮大综合实力，争取培育出几个真正具有拳头优势的广电业集团，从而在广电业这一具有物质文明和精神文明双重属性的特殊领域中最大限度地发挥其应有的作用，同时，也以有利的态势迎接市场经济的新挑战。

这可以说是广电业现实阶段性转移的重要战略目标，必须实现。但是我们同时也必须看到，这是在一个特殊领域的一项开拓性工作，没有模式可以照搬，没有范例可以临摹，是在没有路的原野上跋涉、没有航标的河流上航行。实现这一目标的难度远远超过过去的任何一项改革。可不是一挂就敲丰收锣，有线台无线台、广播台拢在一堆就成“航空母舰”。就目前情况来看，尽管对广电集团的讨论已经不少，一些地方实际操作已经开始，但不能否认，我们的准备还相当不足，我们的认识水平还远未达到自由的境界，有必要做些思考。

一、组建的集团不是大“单位”

企业集团是市场经济的产物，是企业在市场经济生存发展过程中为取得竞争的有利地位而扩大规模的一种选择。不必环顾国际，仅观察我国经济领域就可看到，企业集团是在我国 20 世纪 90 年代初确立了建设社会主义市场经济体制的战略方针后才真正开始出现、发展的。那之前的行政性大公司只是昙花一现。我们广电业要适应社会主义市场经济，同时要符合社会主义精神文明建设要求，并具有自身特点，不能简单等同于工商企业，这一点毫无疑问。但同时也必须看到，首先是适应市场经济，在此基础、共性上凸现自身特点、个性。没有基础，没有共性，就失去了立足之地、存身之处。当然，反过来，缺乏特点、个性，也就失去了存在的意义。事物都有两个方面，但就当前广电业组建集团而言，似乎强调特殊性多了，注意普遍性不够，注意了个性，忽视了共性。

目前各地陆续挂牌或准备挂牌的广电集团，大多似乎仍定位为事业单位企业管理，仍然拥有行政级别。其组建方式基本上是把现有的电视台、电台、有线网络公司等拢到一起，在其上面再建一个领导层加以管理，从而把原来管理部门的内部管理职能剥离出去。

这种组织形式大体上是原有架构的数量级的放大，而缺乏质的变化。诚然，这有助于实现政企分开，有些地方也把这作为主攻方向。但这不应该是组建集团的目的，而是其副产品。如果新的管理机构还是沿用原有的管理模式，那只不过是多出一个"婆婆"。所谓集团，首先是一个企业，一个讲求投入与产出的经营实体，而不是管理机构，更不是行政管理机构。在依然通行官本位的今天，具有事业单位、行政级别，于公于私都能得到不少便利，可以理解，但达不到我们"造大船"的目的。广电业组建集团，是为了突破现有的模式，摸索出一条既适应社会主义市场经济迅猛发展、能与国际接轨，又符合社会主义精神文明建设需要的中国广电业发展的新路子。如果继续在老路上行走，没有突破，缺乏创新，那充其量只是组建一些大"单位"，而非我们需要的能够驾驭风浪的"大船"，遑论"航空母舰"。

在这个问题上有人担心：如果完全按照企业集团模式来运作，会不会混同于一般的工商企业，从而模糊了自身的意识形态特点。这个担心不能说没有道理。企业行为本能的就是追求利润最大化，如何规范广电业始终把社会效益放在首位，确是一个需要认真研究的课题。规律是无法违背的。如果广电业的发展必须走规模化、集约化之路，如果我们确实认定了实行集团化战略是广电业改革的重大抉择，我们就必须下决心按照企业集团的运行规律来操作，按照《中华人民共和国公司法》来规范。同时下大力气研究在广电集团运行过程中如何加强与改善党和政府对其的管理和监督。其实，并非事业单位就一定能坚持正确的政治方向，而企业就一定会弱化政治意识。总而言之，企业集团的运作规律是不以人们的意志为转移的，广电业组建集团首先必须遵循其规则，同时研究自身的特殊性。

二、组建的集团应体现强强联合

江泽民同志在党的十五大报告中明确指出，要发展跨地区、跨行业、跨所有制和国家经营的大型企业集团。这为我国的企业集团的发展指明了方向，同时也是我们广电业组建集团必须遵循的总精神和总方针。鉴于广播电视属意识形态领域的特性，究竟是"一跨"还是"都跨"必须以这一行业的特性来决定。目前的问题不在于"几跨"，而在于我们已组建的集团一个都"不跨"。按照地域来成立集团，集团成员全是本地区的，原来一个个封闭的小圈子被打破后又形成了一个大点的封闭圈子。

我国的广播电视行业从一开始就是按地域划分的，这固然激发了各地发展广播电视事业的积极性，推动了地区间的竞争，却也造成了你有我也要有、你上我也要上的局面。组建集团就应打破这种地域分割，体现强强联合，推动广播电视事业的发展出现质的飞跃。如果仍是地域性的分割，那就很难拥有这种作用力。由于传统的惯性以及一些政策法规限制，已经成立的广电集团，都是局限在原有的条块之内，正在筹划的集团也大体因循这种模式。这种按照地区与系统的条块分割组建起来的集团，天然地具有自我保护的趋势，"卧榻之侧，岂容他人酣睡"？其最终结果是形成一系列大大小小的"堡垒"，有悖组建集团的初衷。

把系统内的单位群体"打一个包"做成集团，没有强强联合，也谈不上优势互补。那么，凭什么能达到 $1+1\geqslant2$ 的效果？其优势除了规模大，还能有什么？如何在广电业整合的进程中建立新的机制使之成为有机的整体，确实是一篇需要认真构思的大文章。

三、组建的集团需要引进现代企业制度

《中共中央关于制定国民经济和发展第十五个计划建议》（以下简称《建议》）提出："国有大

中型企业要进一步深化改革，建立产权明晰、权责明确、政企分开、管理科学的现代企业制度，健全企业法人的治理结构，成为市场竞争的主体。”《建议》还提出：“坚持把社会效益放在首位、社会效益和经济效益相统一的原则，深化文化体制改革，建立科学合理、灵活高效的管理体制和文化产品生产经营机制。”

由此使我们想道：深化文化体制改革，文化产业能否借助于现代企业制度建立文化产品的生产经营机制？具体地说，深化广播电视体制改革，能否引进现代企业制度？

作为精神产品的生产单位——广电集团，能否引进现代企业制度特别值得斟酌。笔者认为，中央关于国有企业建立现代企业制度的指示，原则上也适用于广电集团。广电业和其他产业相同的普遍性，是现代企业制度原则上也适用于广电集团的基础。广电业既是精神文明建设的一项事业，又是国民经济的一项产业。广电业要争取更大繁荣，更好地满足国民经济和社会发展的需要，离不开建立适应社会主义市场经济体制又体现广播电视产业性质的行为规范。广电业要转换经营机制，提高市场竞争能力和应变能力，以应对我国加入世贸组织后的新形势，也离不开建立适应社会主义市场经济体制又体现广播电视产业性质的行为规范。组建广电集团离不开的这种行为规范，其基础就是现代企业制度。跟其他产业一样，广电集团引进现代企业制度，是转换经营机制、推动产业发展的合乎逻辑的内在要求。

广电集团不能像经济领域一样“以提高经济效益为中心”，但这与广电集团引进现代企业制度并不是对立的。现代企业制度包括高效的统筹安排，企划经营，这有利于广电集团正确处理“两个效益”的关系。现代企业制度还包括严格的质量管理，有效地控制广播电视节目质量，这也有利于广电集团正确处理“两个效益”的关系。现代企业制度要求广播电视节目生产活动规范化、制度化。管理的加强，只会有利于坚持正确方向，不会导致牺牲社会效益，片面追求经济效益。反之，许多事实表明，企业管理的混乱、节目生产的无序，才是片面追求经济效益甚至违法乱纪的重要原因。

由此可见，广电集团的特殊性还没有达到不允许广电集团引进现代企业制度的程度。如果看看《国有大中型企业建立现代企业制度和加强管理的基本规范》（以下简称《基本规范》）的规定会进一步发现，现代企业制度的原则对广电集团不仅是适用的，而且是必要的。《基本规范》中的“政企分开与法人治理结构；确定科学合理的战略；目标技术创新；劳动、人事、分配制度；成本核算与成本管理；资金管理与财务会计报表管理；质量管理；职工培训；加强党的建设”等，不仅是对广电集团适用的，而且是必要的。组建广电集团可参照《基本规范》，结合自身实际，制定出引进现代企业制度和加强管理的基本规范。总之，广电集团引进现代企业制度，加强管理，从严治业，是广电业改革和发展面临的重大课题，势在必行，刻不容缓。

我国的国有企业改革已历经 20 年，从 1994 年开始现代企业制度试点改革算起，也已 7 个年头。以国家大力推动，时间不短，经验教训不少，仍未取得突破性的胜利，仍然处在探索与掘进之中，可见其艰难程度。由于具有意识形态特点而相对滞后的广电业改革，才起步不久。虽然可以参考经济领域的改革经验，从而少走弯路，但毕竟不能照搬，自己的路还要自己去开拓。不能期望旗开得胜、马到成功，对刚刚组建的广电集团之幼稚、不完善，甚至不成型，也不必大惊小怪。重要的是，我们已经迈开步子开始上路了，而更重要的是，我们必须牢牢地认准目标，老老实实地遵循客观规律，扎扎实实地进行创造性劳动，脚踏实地，一步一个脚印地走向明天。除此之外，别无捷径。

（《电视研究》，2001 年业务专刊）

广电集团“核心竞争力”构成要素

一个企业的成败，关键在于是否围绕核心竞争力来经营管理。作为需要引进现代企业制度的广电集团，应该也必须面对“核心竞争力”这个问题。在当前中国广播电视业逐步向纵深发展的时候，“核心竞争力”问题的提出，是整个中国广播电视业改革使然。笔者就当前形势下广电集团的“核心竞争力”问题谈谈自己的一些粗浅看法。

一、集团领导人的综合素质及其人格魅力

一个企业，无论是从无到有，从小到大，从弱到强，从衰败走向昌盛，从繁荣走向更加繁荣，还是由强变弱，由盛变衰，由辉煌鼎盛走向破败没落，在很大程度上取决于它拥有一个什么样的领导人。

在市场经济杠杆的作用下，广电集团参与激烈的市场竞争，这种带有巨大风险的竞争，要求广电集团的领导人要有最大程度的决策成功率。这就在客观上要求广电集团必须选择有胆有识、富于创新精神、勇于开拓进取这样一种德才兼备的领导人来管理集团。目前已组成广电集团的各单位，曾经都是纯粹的事业单位，严格地说，是计划经济时期的产物。它们都不曾肩负经济赢利的责任和使命，对于它们来说，经济上的盈亏益损曾是无关紧要的，重要的是在意识形态领域方面把好政治关。正因为如此，这种性质单位的领导在工作上普遍存在着一手硬一手软的问题，即抓政治这一手硬，抓经济这一手软。然而，在经过了近25年改革开放的今天，新组建的广电集团与全国所有的企业一样，在坚持党的正确的广电业发展方向的同时，还要坚持以经济建设为中心。广电集团的领导要一改以前那种一手硬一手软的现象，坚持政治、经济两手同时抓、两手都要硬的管理理念。此外，市场经济对广电集团的主要领导综合素质也提出了更新更高的要求。其中包括领导人的政治素质、知识水平、文化修养、管理理念、创新意识、进取精神、协调能力、道德境界乃至人格亲和力等。上述这些要素都是作为一个广电集团领导人所必备的人格要素。

有不少经济学家认为，人们之所以将当代企业领导人的综合素质及其人格魅力看作企业的“核心竞争力”，就是因为这些领导人本身就是企业制度和市场制度人格化的集中体现。同样，我们今天的中国广播电视业，在面临入世后的未来更多更复杂的机遇和挑战中，必须把对广电集团领导（尤其是它的第一把手）的配备和选择作为增强和提升广电集团“核心竞争力”的头等大事来对待，从而真正从根本上为广电集团“核心竞争力”的增强和提升提供最强有力的基础性保证。

二、经营理念和科学决策

经营理念的好坏直接关系到企业的兴衰成败。任何一个企业，都只能在生存的基础上求发展，在发展的基础上创辉煌。那么，广电集团又通过什么来使自己获得发展，从而在发展的基础上创造辉煌呢？答案很简单：通过创新。

一个没有创新意识的广电集团领导不是好领导，同样，一个没有创新观念的广电集团就不是好集团。观念领先，一切领先。社会和时代的迅速发展要求人们的观念也要迅速更新，要接

受新事物，研究新问题；适应新环境，创造新局面，铸造新辉煌。当今的广播电视业，和我国其他所有行业一样，竞争日趋激烈，作为广播电视业实体的广电集团，对此必须要有足够的准备。尤其是在广电集团的决策方面，一定要做到高瞻远瞩，立志高远，做每一件事都要有前瞻性或超前性。总之，必须做到决策的科学性。

从某种意义上说，广电集团的成功在相当程度上取决于其决策的成功，而决策成功的前提就在于决策的科学性。一个广电集团管理理念的先进与否以及它决策的科学与否，在相当大的程度上取决于该集团领导人的知识能力及其综合素质的高低。因此，要想使一个广电集团长期保持管理理念的先进性和决策的科学性，就必须让这个集团长期由具有超前意识和前瞻性眼光并具有科学化头脑和科学化决策能力的精英来管理。

三、管理机制

有什么样的经营理念，就会派生出什么样的管理机制。一个成功的企业，其内部必须有一整套优秀健全的管理机制。我们平时常常说管理是一门科学，其实主要就是指管理机制的科学或曰管理科学。这种科学，其基本使命就是对企业中的各项管理问题进行系统的定量分析，并做出最佳的规划和安排，以达到最大限度地有效利用人力、物力、财力和其他种种无形资产等资源。一个现代化的广电集团，若要想在激烈的市场竞争中立于不败之地，就必须有一整套的先进的现代化管理机制。

从国内目前广播电视业发展的现状来看，已组建了的广电集团都力求在改制上下功夫。改制快的，其发展就快；反之，其发展就慢。当前，中国广播电视业的改革有其诸多的特殊性。例如，目前，我国所有的电台、电视台几乎都是事业单位企业管理。这种特殊性给广电集团在改革旧的管理机制、建立新的管理机制方面带来一定的难度。这种难度主要在于，作为广播电视业实体的广电集团，既要考虑到其“事业单位”的性质，同时又要考虑以企业管理的方式来面对市场。说到底，目前的广电集团是负有双重使命的，即在政治上它要获得“社会效益”，同时，在经济上它又要获得“经济效益”，二者缺一不可。广电集团的管理机制就是围绕着这“两个效益”来确立的。广电集团的领导们也正是通过建立和健全其管理机制，使集团获得理想的社会效益和经济效益。这是中国广播电视业的特殊使命，正是这种特殊的使命决定了中国的广电集团管理机制的特殊性。

四、优秀的管理团队

一个广电集团有了一整套先进完善的管理机制后，还必须有一个能充分利用这种机制来进行有效管理的管理团队。这支团队的每一个成员都必须忠诚积极、兢兢业业、无私奉献，并具有现代意识和开拓创新精神。他们必须学识丰富、视野广阔并具有超前的眼光和决断力。

我们这里所说的“优秀的管理团队”，主要是指广电集团的决策层。这个决策层的智慧和能力可以决定一个广电集团的前途和命运。因此我们说，它是构成广电集团的“核心竞争力”的一个重要方面。广电集团既然走向了市场，就得严格按照市场的规律和法则操作和运营。这就要求广电集团必须有一个强有力的管理团队。在这个强有力的管理团队的带领下，全体工作人员奋斗目标明确，感到前景有望，从而团结一致，努力拼搏，在激烈残酷的市场竞争中所向披靡，创造辉煌。

五、建立一支强有力的人才队伍

一个起步不久的广电集团要前进和发展，除了要有一位优秀的领导人和一个精良的管理团队，还必须建立一支优秀的人才队伍，尤其要建立一支专业技术人才队伍和市场营销队伍。作为广电集团的领导，应高度重视这两支队伍的建设，并且两手都要抓两手都要硬。在今天的广电集团中，就专业技术人才队伍和市场营销队伍而言，很难说哪个比哪个更重要。作为广电集团，“将始终坚持以宣传为中心，牢牢把握正确的舆论导向，不断提高舆论引导的水平、质量和效果”[①]。这是政治意识、大局意识、责任意识、阵地意识的体现。专业技术人才队伍就要围绕这一方针增强创新意识，使生产的电视产品新鲜、独特，满足观众的收视需求。同样，电视产品和其他业务的营销队伍则担负着努力开拓市场、挑战日趋白热化的媒体竞争的重任。从根本上来说，专业技术人才队伍和市场营销队伍的建设，是增强和提升广电集团“核心竞争力”的一个重要方面。

六、信息化管理

在激烈的媒体市场竞争中，信息对于作为具体的竞争实体的广电集团来说，无疑是至关重要的。广电集团的竞争，在相当大的程度上取决于信息的竞争。如果注重信息资料的采集和分析，并及时加以利用，那么信息就能够转化为客观的生产力和经济价值。反之，如果信息不灵，或者说信息来源不可靠，甚至是虚假或错误的信息，将会给集团造成社会和经济方面的重大损失，同时也给集团造成负面的影响。因此，我们必须有计划有步骤地培养和选聘一批既懂专业又擅长信息获得和信息管理的优秀人才充实到集团的人才队伍中来，从而使集团的决策者们和实际从事专业技术工作的人们能够站在一个全新的信息获取高度，为集团在参与激烈的市场竞争中立于不败之地提供更加准确、可靠的信息资料。一个广电集团的信息化管理水平的高低，直接关系到它发展的好坏。因此，笔者认为，信息化管理应该是构成广电集团“核心竞争力”的重要因素。

七、实施精品战略

作为以宣传为中心的广电集团，要有强劲的发展势头和成长后劲，就必须实施品牌战略或精品战略。

在激烈的媒体市场竞争中，说到底是品牌分割市场。品牌是广电集团赖以生存和发展的基础。品牌也是一个广电集团的特征、象征和标志。实施精品战略，可以使广电集团进入良性循环的轨道。一个没有精品意识的广电集团，就不可能生产大量的精品节目；而一个没有相当数量的精品节目作为其基础的广电集团，就很难想象它能在媒体市场的竞争大潮中长盛不衰，立于不败之地。同样，更难想象一个没有品牌节目的广电集团能在当今的市场竞争中获得良好的社会效益和经济效益。当然，在节目生产的具体实施中，广电集团不可能做到它所制作的节目每一个都是精品，但对于广电集团来说，应该有把每个节目当作精品来制作和打造的意识。必须指出，这里所说的精品，不光形式好就行，或者说包装得精美就行。我们所说的精品，应该是节目内容和形式的高质量统一。毋庸讳言，在当今观众的收视观念中，一档节目如果光有好的

---

① 徐光春．深化广播影视业改革的重大举措——在中国广播影视集团成立大会上的讲话［J］．北京：电视研究，2002（1）：5.

内容，而在形式和包装等方面有所欠缺，那它一定会制约或削弱观众的收看和欣赏欲望。同样，一档拥有精致豪华包装的节目，如果其内容空泛，或不能给人提供真正有效实用的知识，那它也不会有广阔的市场前景。当今的观众，其收视和欣赏心理已相当成熟，他们已经很有鉴别（鉴赏）力了。尤其是当下电视节目空前繁多的情况下，作为观众，他们自然要货比三家而择之。因此，作为广电集团，若要想在激烈的市场竞争的大潮中具有强劲的竞争力，它就必须本着对观众高度负责和诚实无欺的精神，老老实实、实实在在地打造精品，以此奉献给观众。

总之，参与媒体市场竞争，增强和提升“核心竞争力”，是广电集团全方位都得动员的配套工程，上述诸要素共同组成“核心竞争力”系统。这里要特别说明的是，从研究资料来看，关于企业核心竞争力的定义、特征和构成要素等问题，目前还是众说纷纭，莫衷一是。可见，刚起步不久的广电集团的“核心竞争力”的探讨和研究，还有待广大广播电视界同仁在实践中不断地深入和完善，以便能对初生的广电集团的发展和壮大发挥作用。我们完全有理由相信，只要积极进取、勇于开拓、努力创造或创新，我们的广播电视业就会越来越兴旺。

（《天府论坛》，2003 年第 5 期）

西部大开发，西部电视发展的三道题

实施西部大开发，是党中央、国务院着眼全局、面向未来而采取的一个大战略、大决策，也是 21 世纪实现我国现代化建设宏伟目标的必然选择。这次大开发，无论在广度还是在深度方面，都是一项前无古人的伟大事业，需要几代人几十年的不懈奋斗。其中，作为为实施西部大开发战略发挥“鼓与呼”重要作用的西部电视，无论是正视现在还是着眼长远，都必须做好三道题。

一、西部电视产业化的问题

什么是电视产业？对于这个概念目前我们还没有一个完整而统一的表述。姑且做如下描述：电视产业就是按照工业标准，生产、再生产、储存以及分配电视产品和服务的一系列活动。这里值得注意的是“按照工业标准”，电视产业要按照工业标准来生产一系列电视产品。当然，这个电视产品的概念是从工业产品演变过来的。电视的产业化，体现在电视生产方式的变革。当电视产品变为按工业标准连续不断地生产，这其实就是一种生产方式的变革。这种变革最重要的标志便是要从“以产定销”变成“以销定产”，使电视产品的生产进入马克思主义经济学所讲的生产、流通、交换、消费这样一个过程。这种循环的结果可使其得到源源不断的资源支持，产品也能够极大地丰富起来。

对于西部电视而言，电视产品的生产目前还是按照“小农经济”的方法去进行，小规模的、零散的、自给自足的作坊式生产仍占主流。而按照工业标准进行生产、再生产、储存以及分配，这种格局我们西部还没有形成，或者说西部电视业还不是一个链条，它还是断裂的，地区的条块分割无法使其整体衔接。所以西部电视还不能算是一个完全的产业。因此，西部电视的发展，首先应是西部电视产业的发展。

说起西部电视产业，也许我们首先想到的是集团化，这应属于西部电视产业结构问题的范畴。广电业的集团化是现阶段我国广电事业改革的重要任务，就此而言，东部地区的步子迈得大而快，而观念、思维方式等还相对落后的西部，似乎要“稳妥”得多。既然西部电视的集团化正准备起步，那就最好不要照搬什么模式，而应多站在西部的位置上考虑产业规模和产业聚合这两个问题。

（一）产业规模

产业规模的大小很大程度上取决于市场规模的大小。西部电视产业的近期、中期目标应该做到多大，完全取决于我们所处的消费市场的规模。西部地域广大，文化底蕴深厚，因此，应该相应地有一个较大的电视产业群在这个地区出现。比如说四川，它的文化消费圈是处在一个统一的行政区域里头，即隶属于同一个省来管理，市场的纵深将不会逊色于国内任何一处地方。成都是四川省的中心城市，其直接有效的辐射区域大于北京和上海，故其电视产业规模应该不低于这些城市。那么具体目标应该是什么呢？未来的五年到十年里我们有可能达到一个什么样的规模呢？这里可以分成三个阶段：第一个阶段是资产规模，即在未来五年到十年里，在资产上，四川的电视产业要达到多少。第二个阶段是产值规模，即在产值方面达到多少。第三个阶段是利润规模，即努力达到的利润是多少。

（二）产业聚合

聚合的办法可以有两种，一种是横向联合，一种是纵向相加。这里要说的是横向联合。横向联合就是把西部不同省、自治区、直辖市的广电集团联合起来。横向的联合一定要有一个核心，西部电视产业要迅速地聚合，首先要选定一个基地、一个核心，否则，平起平坐地把几个单位扭在一起，做起来不容易协调。这种统一不是简单的行政划拨，而是一种资产纽带的统一。平起平坐的联合成本低，见效也快，但成功率不会太高。以一个核心纵向地吸引其他内容，成本可能会高一些，见效会慢一些，但成功率会比较高。

从一种事业转变成一种产业需要一个孵化过程。西部电视的产业化要采取“多重推进、协调发展”的原则进行，每个地区的情况不同，应根据自己的实际，制定产业化发展思路，但目标只有一个，就是如何把西部电视产业做大做强。

二、西部电视与西部文化资源开发问题

西部是一个资源富集的地区。由于历史悠久和民族众多，西部的文化生态最明显的特点就是多姿多彩，历史的连贯性与延续性，又延伸着本区域的生生不息的文化传统。西部文化造就西部电视本应是顺理成章的事，但是由于西部经济和社会发展的相对落后，又使西部电视难以根植于西部文化的沃土之中。在实施西部大开发战略的今天，西部电视的崛起再也不能离开西部文化的支撑了。西部文化厚重而深邃，文物古迹、名胜景点灿若星辰，鸿篇巨制的史诗、绚丽古朴的服饰、轻曼刚健的歌舞、多彩多姿的节日、维吾尔十二木卡姆、回族的花儿、纳西古乐、东巴象形文字、藏区唐卡、南方铜鼓、草原赛马、高山天葬、彝族火把节、傣族泼水节……各民族丰富的文化是中华民族文化的重要组成部分，并日益受到世界的关注。如何让西部文化成为西部电视发展的根基，应成为西部电视人研究的重要课题。因此，西部电视要通过创新和开发文化资源来提高自身的文化品位。如果说西部文化的开发离不开西部电视宣传的话，那么西部电视将会从西部文化的开发中获得巨大的社会效益和经济效益，因为西部文化的开发会形成一种更大的产业，西部电视发展理所当然要抓住这一产业发展所带来的机遇。

三、西部电视与因特网、电信网相互渗透的问题

西部大开发必然形成一股强大的西部信息化浪潮，西部电视毫无疑问地要融入这一浪潮中。2001年3月15日，我国第九次全国人民代表大会第四次会议批准的《中华人民共和国国民经济和社会发展第十个五年计划纲要》提出，以信息化带动工业化，发挥后发优势，实现社会生产力的跨越式发展，推动信息产业与有关文化产业结合；大力发展高速宽带信息网，重点建设宽带接入网，促进电信、电视、计算机三网融合。这是第一次以国家最高权力机关决议形式，明确要求促进“三网融合”。所谓“三网融合”，是指电信网、广电网、计算机互联网连为一体，业务上相互相交又渗透，使人们通过其中一网就可以享受到其他网络的业务。毋庸置疑，“三网融合”已成为信息技术发展的趋势和方向。可以毫不夸张地说，在不远的将来，谁拥有了网络，谁拥有了优质的网络内容服务，谁才会拥有用户、拥有市场。因此，推进“三网融合”，不仅仅是电视网、电信网、互联网三方重组整合的问题，对于西部电视来说，是占有市场的关键所在，从全局来说，还关系到整个西部经济的信息化。

目前，北京、天津、广东等地正在加快宽带网的建设，上海有线网络公司正加快对全市有线电视网络的改造步伐，构建电视、互联网、电话“三网融合”的技术平台。作为西部的广播影视业正在推进集团化改革，力求将此做大做强，但条块分割、机制不活等问题依然存在，有线电视网络仍然分散，尚未形成竞争主体。因此，我们一方面应当加快集团化发展战略的实施，不能消极等待，坐失良机；另一方面要从西部的实际出发，不能头脑发热盲目跟进，应及时跟踪国内外“三网融合”的先进技术和经验，高度重视，整体规划，加强协调，加强管理。

西部大开发对于西部电视来说，既是发展的机遇，又是一次严峻的挑战。如何做大做强西部电视产业？如何适应越来越开放的环境，突出西部电视的个性？如何让西部电视融入西部信息化的潮流中？这些问题远远不是几次理论探讨就能够解决的。这些关于西部电视发展的战略性问题，有待于西部电视人在勇于开拓和创新中，不断探索，不断解决，让西部电视在西部大开发的进程中逐渐地强壮起来，发挥好其担负的重要使命。

（《西部广播电视学刊》，2002年第3期）

“三个代表”重要思想是立台之本、力量之源

当前，各级党组织都在认真学习贯彻江泽民同志“三个代表”重要思想，这对于我们全面推进建设有中国特色的社会主义伟大事业，全面加强党的自身素质建设具有重大现实意义和长远指导意义。作为党的喉舌之一的城市台应该从立党之本、执政之基和力量之源的政治层面认真学习、深刻领会江泽民同志关于“三个代表”重要思想，并运用这一思想总揽城市台工作全局。

一、以“三个代表”重要思想为立台之本

这几年，许多城市台的改革都在一步步地向纵深发展，综合不少城市台的成功经验，笔者认为，城市台之所以能够迅速地发展壮大起来，根本的经验是其办台理念比较符合以“三个代表”重要思想为立台之本。首先，城市台这些年来的发展表明，它必须与先进生产力的发展要

求相适应。而这些年来城市台不断深化的电视体制改革，即在改革的舞台上一步步挣脱旧的枷锁，呈现出勃勃生机与活力。如在用人制度上，变“铁饭碗”为招聘干部制度，变任命制为竞岗聘任；分配制度变“大锅饭”为考核奖惩制，多劳多得；经济活动中，变不计成本为追求利润最大化……改革出效率。城市台改革的成功经验告诉我们，不仅因为它合乎先进生产力的发展要求，而且它还致力于先进文化的传播，代表了先进文化的前进方向。城市台勇于走向市场，走向观众，即以建设社会主义精神文明为己任，推陈出新，深入浅出，成为现代化建设中鼓舞人、激励人的一股有生力量。城市台坚持党性原则，坚持以正面宣传为主的原则，从不放松对党的思想、路线、方针、政策的宣传，从不放松对社会主义建设成就的宣传和社会主义精神文明的宣传，从不放松对观众的政治思想文化道德的引导，一方面做到弘扬主旋律，一方面追求多样化，其社会影响力、舆论渗透力、道德感染力日渐扩大。同时，它又以其丰富的信息文化含量，以其通俗而优秀的新闻、文化作品，每天教育、熏陶、感动着广大观众。健康有益并不断提升思想文化道德水准的日常“文化消费”进入家庭，这相当于办起了无数所学校，拥有了无数的家庭课堂。同时，城市台还较好地维护了广大人民群众的利益。从根本利益上讲，如城市台的节目信息量大，信息丰富、准确，能较大限度地满足人民群众的“知情权”。列宁说：“一个国家的力量在于群众的觉悟。只有当群众知道一切，能判断一切，并自觉地从事一切的时候，国家才有力量。”人民的“知情”不仅是一种重要的政治权利，而且一旦做到全面、深入、真实、可靠，全社会对许多问题就能取得一致的态度，形成一致的舆论目标。一个社会的稳定程度与这个社会的信息充分程度成正比。信息传播越是充分，社会的交易成本就越小，社会的组织程度就越高，社会也就越稳定。如政府又出台了什么政策？哪家医院能治疗我的病？哪路公共汽车更方便？何时停电停水？双休日哪家商场好购物？今晚有什么好的电视节目？我与邻家发生点纠纷，记者是不是可以出面说和？……这些，城市台每日每时都在倾听，在报道，在向各方反映，在不懈地做出自己的努力。如乐山电视台的《乐山新闻联播》《晚间报道》不断地倾听群众呼声，反映社情民意，架起了一道沟通群众与市委、市政府的连心桥。2001 年 8 月，乐山市沙湾区一位普通农民向我们新闻中心反映，她辛辛苦苦养的六头肥猪被乡上的有关人员乱罚款、乱收税，强行收走了 1 000 多元，她不但没赚钱，反而倒赔 800 多元。我们的编辑记者意识到这是一起典型的坑农害农事件。《乐山新闻联播》连续五天播发了连续报道《六头生猪上税罚款 1 000 多，该不该？》，引起了市委有关领导的高度重视，沙湾区委、区政府很快处理了这起事件，并促使沙湾区及其他区县举一反三开展了一次维护农民利益的整顿教育活动。实践证明，真实客观、贴近群众的报道，既能有效代表广大人民群众的利益，又能在尽可能满足人民群众的利益需要上下功夫，城市台就能立于不败之地，就能在激烈的市场竞争中得到广大人民群众的强有力的支持。

二、以“三个代表”重要思想为力量之源

目前，城市台存在“双重挑战”，即加入 WTO 后可能潜在的境外媒体或资金的渗透、网络新闻的冲击。城市台本身要做到抢前争先，力争在短时期内做大做强；其次是对于内在的“三大危机”，则应保持足够的重视。“三大危机”：一是体制缺陷、生产关系落后、生产力低下；二是经济上经营失策失利，入不敷出，长年不能盈利或长年亏损；三是新闻业务上创新乏力。自身不善于学习借鉴，不善于综合创新，失去优势，形不成特色，肯定会在竞争中被淹没。

三、以“三个代表”重要思想为力量之源，奋起前行

（一）要探索新的管理体制和机制，进一步挖掘文化生产力，坚持始终代表先进生产力的发展要求

体制新则机制活。中央负责同志曾经指出，要探索建立新形势下保证党委领导、调控适度、运行有序、促进发展的宏观管理体制，探索建立保证正确导向、富有经营活力的微观运行机制，探索建立体现宣传文化特点、适应法治建设总体要求的政策法律体系，探索建立传播健康精神文化产品、促进资源优化配置、竞争有序的市场环境，探索建立吸收国外优秀文化和先进技术、抵御腐朽文化、用好两个市场两种资源的开放格局。根据这一要求，我们要明确发展新闻文化产业的双重任务。在社会主义市场经济条件下，弘扬主旋律需要以新闻文化产业作为依托和物质载体，并提供有力的物质支持。要丰富弘扬主旋律的手段，扩大主旋律的影响，必须进一步解放思想，深化改革，调整、优化产业结构，制定并落实新闻文化经济政策，如实行政企、政事分开，调整优化文化产业结构等。办台和办企业一样，经营、广告、报道说起来千头万绪，但归根结底，还是通过培养人、选拔人、尊重人、关心人、激励人，调动人的积极性、创造性来做好工作。我们要从代表先进生产力的高度看待新闻单位内部的每一步改革，以“发展就是硬道理”为标准检验每一步改革。与时俱进，城市台就能大有作为。

（二）始终坚持代表中国先进文化的前进方向，让电视节目真正成为广大人民群众不可一日或缺的优良的精神食粮

中国先进文化有三大特色，即民族化、科学化、大众化。任何一个民族的文化，不外乎是维系这个民族生存、发展、兴盛的根基。任何一个时代的民族文化，务必都要回答和解决这个民族在生存和发展过程中所面临的重大实践问题。先进的文化和意识形态是先进的社会生产力的反映，是人类文明积累和发展的结晶，同时又为社会生产力的发展和人类社会前进提供思想指导、精神动力和智力支持。在当代中国，文化的先进性集中体现在四个方面。一是以马克思主义为指导的文化。马列主义、毛泽东思想和邓小平理论是党和国家的精神支柱，也是具有中国特色社会主义文化的根本，决定着中国文化的性质和发展方向。二是着力提高全民族的思想道德素质和科学文化素质的文化。三是高扬改革开放与现代化建设主旋律的文化。江泽民同志曾把主旋律精神概括为“四个一切”，即一切有利于发扬爱国主义、集体主义、社会主义的思想和精神，一切有利于改革开放和现代化建设的思想和精神，一切有利于民族团结、社会进步、人民幸福的思想和精神，一切有利于用诚实劳动争取美好生活的思想和精神。四是日益满足人民群众不断增长的精神需求的文化。城市台在文化建设中，应该并且可以大规模占领文化空间，有效应对市场文化的挑战、西方文化的挑战、以个人主义和享乐主义为中心的“人性文化”的挑战，确立和塑造中国共产党一贯倡导的集体主义、爱国主义、无私奉献、大公无私、全心全意为人民服务的价值观。代表中国先进文化的前进方向，追随人类历史前进的步伐，与社会发展同步，城市台就能上为党和政府满意，下为人民群众喜爱，就能牢牢地占领发展先机

（三）代表广大人民群众的根本利益，一切以人民群众的利益和需求为重，从党和政府、人民群众中取得有力的支持和吸取无穷无尽的营养

城市台要坚定党性，听从党的指令，但在实际工作中，则要把党和政府的原则主张、党的号召具体化，落到实处，落实到群众之中，以民众为“新闻之母”。这里，就有一个正确处理两者关系的问题。党性与人民性，在本质上是统一的，但统一不等于同一，党的利益与人民群众的利益，

在根本上是一致的，但根本一致并不等于时时、处处、事事一致。这些不统一、不同步就给城市台工作留下了一个“空间”，城市台就是要为党和政府与人民群众搭起一座沟通与理解的桥梁，为党和政府起到“组织群众、鼓舞群众、激励群众、宣传群众”的作用，为人民群众起到反映新的愿望和呼声的作用。

（《西部广播电视学刊》，2002 年第 6 期。该文获中国广播电视学会“三个代表”重要思想与广播电视征文优秀作品奖）

创新：四川广电业应对“入世”的必然要求

我国已经加入 WTO，面对新的竞争环境，广播电视必须创新。广电业创新是文化创新的重要组成部分。其内涵是：按照先进生产力和先进文化的发展要求，从满足最广大人民群众的根本利益需要出发，解放思想，更新观念，建立广电产业资源整合和优化配置的管理体制以及投入产出、激励约束的运行机制，进而明晰责、权、利，盘活人、财、物，疏通经营渠道。四川的广播电视业目前还处在条块分割、小而分散、机制不活、管理落后的状况，面对“入世”，发展的机遇可能会更大一些，同时挑战也会更严峻。在这种情况下，我们要想更快更大地发展，应考虑到自己的实际，遵循事物发展的客观规律，不能拔苗助长，不能一蹴而就，也不能简单照搬别人的做法。笔者认为，四川的广播电视业的发展应从创新入手，可以有以下几种思维模式。

一、观念创新

观念创新是一切创新之首要。深居内陆的四川，人们观念上的落后影响和渗透到各个方面，广播电视行业当然也不例外。因此，我们每一个广电人必须改变根深蒂固的“窝子里小发展”的既传统又封闭的旧观念，将自己置身于全面开放的大环境中，静下心来认真学习，更新知识，在定位观念、市场观念、品牌观念、受众观念、服务观念、发展观念等观念上一定要有新的突破性的认识，特别是在思维方式上，应由单向思维向多向思维方向转变，由固守型思维向开拓型思维转变，从而有能力迎接挑战。而对于决策者来说，重要的是应该具备三种创新观念的素养：故土情怀、世界胸怀、人文关怀。故土情怀是指决策者应根植本土，涵养本区域的丰富而深厚的文化精髓；世界胸怀是指决策者要有兼容并蓄、海纳百川的气度和襟怀，善于吸纳，勇于创新；人文关怀是指决策者要以精品和名牌满足观众，以诚信和最惠待遇团结麾下，以效率优先、兼顾公平激励工作者。

二、体制创新

体制问题是四川广播电视产业做大做强的关键，也是我们改革攻坚中需要突破的一道难关。目前，加快组建四川广播电视集团是深化改革，推动事业发展，应对“入世”最根本的措施。到现在，北京、上海、山东、湖南、浙江等省市在广电集团化方面取得了显著成绩，2001 年 12 月 6 日挂牌的中国广播影视集团，更是把我国广播电视系统几年来所进行的集团化、产业化改革推向了高潮。这些为深化我们四川的广电业改革，转换经营机制提供了宝贵的经验。笔者认为，我们的思路：一是尽快推动各地广播电视行业的联合，通过资本运营、资产重组建立冲破条块分割的广电集团和符合现代企业制度的法人治理结构；二是探索有条件的多渠道利用社会资金，壮大自己的经济实力，明显改变目前电视节目投入不足，无法实现大投入、大制作的状况；三是在发展主业的同时，鼓励广电集团多种经营，充分利用自身优势和高新科技，开拓新的经济增长点。这里要特别指出，组建广电集团要把行政推动和市场整合有机结合起来，要按经济规律办事，防止行政捏合，“拉郎配”，搞“翻牌”集团，形成新的低效率的大而全的广电集团。

三、机制创新

机制创新也称制度创新。机制创新的关键是建立激励机制、约束机制和竞争机制为核心的各种配套机制，使得人尽其才、才尽其值、物尽其用。因此，机制创新应体现以建立适应市场经济发展需要的运行机制为重点：一是建立统一高效、反应迅速的领导运行机制；二是建立总经理和总会计师制，对财务进行统一规范管理：三是以经济效益为核心整合人力资源，建立“能上能下，能进能出”的用人制度；四是建立以效益考核为中心的分配机制，以经济贡献确定工作者的收益。通过这些相辅相成的配套机制来实现人事、财务、经营管理和分配机制的“四个统一”。从这个意义上来说，积极推进四川的广电行业内部改革显得十分迫切。我们应依照国务院关于企事业单位改革和劳动制度改革的有关规定，深化劳动、人事、分配三项制度改革，调动广大广电工作者的积极性。机制创新的目的是要建立和健全广电业内部管理制度，明确职责，全面考核，提高管理水平。这其中不能忽视的是人才培养，要注意引进、培养、选拔和任用经营管理人才和各类专业人才，培养和造就一批政治强、业务精、作风正、纪律严、懂经营、善管理的人才队伍，尤其要培养能够应对 WTO 的专业人才。目前，湖南、浙江、北京、上海等地的广电行业的机制创新很有成效，如他们的一套奖勤罚懒的制度和公开、公平、公正的竞争机制令不少优秀人才脱颖而出，也培育出了像湖南台的《快乐大本营》、北京台的《娱乐现场》、上海台的《新闻透视》等品牌节目。

四、经营创新

经营创新应该是遍布新经济增长点的“富矿”，是主业挺拔、副业茂盛的“摇钱树”。目前，我们的广播电视的主要经济收入来自广告，电视多出一块有线电视网络收入，经营渠道显然比较狭窄。中国“入世”，使国内的市场化进程大大加快，我们必须尽快改变传统的经营模式，大胆探索广播电视集团化经营的新思路。WTO 明确将广播影视归入服务业，这其中最明显的是互联网等信息产业的业务冲击与直接影响。比如说，允许境外资金以合资合作方式提供互联网接入服务(ISP)、互联网内容提供服务(ICP)，这将导致网民的上升率较电视受众更快更高。这也告诉我们，与不同媒体的联合，增强自身的服务性，是扩大广播电视经营的一个新思路。在这一新思路中，以网络为基础的多媒体平台的容量给人以广阔的空间。正是这种优势，广播电视这样的传统媒体一旦进入互联网领域，经营一批有影响、有规模的网站，区域间、媒体间的合作便会更加密切。这种结合中的各种服务，如电子商务、电子购物、电子医务等一些与人们工作、生活密切相关的服务将成为可能。从现在已有的传播技术来看，电视台完全可以利用宽带网络和卫星系统，将海量的数据信息加密后传播出去，用户可按自己的需要，通过无线遥控器、机顶盒、IC 卡等设备，在电视上自由地点播视频节目和信息，这给我们经营创新提供了技术手段。另外，在 WTO 协议中，我国也确定开放广告业，即境外广告代理商可以通过代理电视广告的形式直接影响我国电视业的发展。届时，广告的数量和种类、广告载体、广告业务运作都将发生较大的变化。所以，我们的广告经营必须尽快适应这种变化的要求，如广告策略、广告策划、广告扩张、广告形式、广告服务等方面都要进行创新。

五、管理创新

管理创新是稳固大业的基石。管理无处不在、无孔不入，“天下大事，必作于细”。创新的管理是适应市场、顿悟商机、快速反应的系统模式，它比机制创新更细、更广、更全面。如海尔集团前些年借鉴国外先进的管理方法，创造性地提出 OE 管理模式，这种模式由目标系统和激励机制组成，实行目标分解，量化到人。从 1999 年开始，海尔再次进行“管理革命”，其核心是将外部竞争环境转移到内部来，把每一个人的潜力最大地发挥出来。看来，先进而科学的企业管理方法是我们广电业管理改革应该借鉴的。笔者认为，目前四川广播电视行业的管理状况还比较落后，计划经济下的行政管理特征还比较明显，计划、组织、领导、控制四个管理基本职能没有正常发挥出来，离细致、全面管理下出效益的目标还有较大距离。在直面 WTO 的新形势下，特别是面对广电集团化的改革，四川的广播电视业的管理工作，只有以跨越式发展的思路，以企业管理的方法，结合自身实际，走出一条适合自己、适应形势需要的管理新路子，才能赢得主动。

六、节目创新

节目创新是广播电视发展的一个永恒话题。节目创新要坚持“本土化”和打品牌战略的方向。“入世”对我们的文化产业来说，有一个逐渐“全球化”的问题，要应对这种“全球化”，“本土化”无疑是一把利剑。四川是个多民族的省份，并且历史文化名胜古迹和自然景观众多，文化内涵丰富而深厚，这便是我们节目“本土化”取之不竭的宝贵资源。“月是故乡明”，有“本土化”的节目才会有特色，有特色才会有生命力。这里要特别说明的是，在节目“本土化”的基础上，还必须突出频道专业化、栏目个性化的要求，以进一步提高自身的竞争力。而就节目的品牌而言，实际上是与节目“本土化”紧密相连的，即我们的品牌节目一定是要有地域特色的节目。节目创新不可以没有品牌。因为在“入世”这样一个开放的市场环境中，品牌将是市场的主体，品牌形象将确立我们的市场定位，谁漠视或忽略打造品牌，谁将注定成为市场竞争的失败者。

从以上的简析和概述中不难看出，在中国加入 WTO 所带来的机遇和挑战面前，四川的广播电视业的发展首先是挑战自我，不断地开拓，不断地创新。我们应该把对创新的认识提高到一个理论的高度；创新是广电业具有先进文化属性的重要基石，创新是广电业永葆生机与活力的必由之路，创新是广电业改革攻坚的核心和关键，创新是广电业应对“入世”的必然要求。具备这种创新的自觉并付诸行动，我们就能够打赢一场没有硝烟的“战争”。

（《西部广播电视学刊》，2003 年第 1 期。该文获四川省第七届广播电视学术论文奖，获省级政府决策与管理理论论文二等奖）

浅议城市台社会新闻“度”的把握

随着新闻改革的不断深入，尤其是在电视媒体迈向市场化的进程中，社会新闻身价陡涨。各级电视台纷纷抢占滩头阵地，调整结构，给社会新闻大开绿灯。

然而，值得注意的是，一些城市台在社会新闻“度”的把握上，还有一些认识上的误差，例如：不播社会新闻，就会降低可视性；一讲社会新闻，就与案例画等号；更有甚者，拼命追求刺激观众视觉和耸人听闻的东西。

其实，社会新闻随着社会的发展，内涵和外延发生了很大的变化，已从侧重报道奇闻逸事等花边新闻的范畴，变成突出反映社会上个人品德行为的报道，名胜古迹、民俗风情的报道，人们普遍关注的社会问题、社会事件的报道，同人们生活或生命财产安全相关联的自然变异、天灾人祸的报道等。

透过对社会新闻报道内容的分析，不难发现，社会新闻已不再只是一些生活小事、奇闻轶事，现在的社会新闻报道范围更广，深度更深，题材更丰富，形式更多样。因此，电视台在报道社会新闻的时候，要讲影响、讲品位、讲格调、讲大局；要讲通俗易懂，但不能低级趣味；要讲喜闻乐见，但不迎合媚俗；要讲生动活泼，但不哗众取宠。这就要求电视台在播发社会新闻时应把握好“度”，尤其是要把握好批评报道的“度”。

一、准确把握好报道选题上的“度”

准确把握好选题上的“度”，就是用马克思主义新闻观、辩证唯物主义的分析方法去透视、衡量一切社会新闻事件，从而使播发的社会新闻能准确及时反映、构建、传播社会主义精神文明。同时，将发掘、构建社会主义精神文明融入宣传的可视性中，在舆论监督中将社会新闻的触角伸向广大的民众，关注困难群体的生活状况，聚焦社会爱心，讴歌生命的美丽与闪光，鞭挞人性的阴暗面，使其具有强烈的警示与教育作用。因此，选择社会新闻特别是批评性报道，既要真实客观、贴近实际、贴近生活、贴近观众，又要是党和政府正在着手解决且有能力解决的问题，使报道能够起到帮助领导部门改进工作、解疑释惑，增进党委、政府和人民群众的联系，起到促进社会进步的作用。只有从这个结合点出发，才能达到应有的效果。

2002 年 5 月，乐山市市中区某乡的一名小学教师向乐山电视台新闻中心反映：该乡小学灯光黯淡，影响正常的教学。编辑记者抓住六一即将来临，各地各部门都在酝酿为教育办实事，为孩子们办实事的时机，在《晚间报道》中播发了以《六一，我们该为孩子做点什么》为题的报道，并配发了编后语。报道播出后，引起当地电力部门的高度重视，他们及时采取措施，保证了师生正常用电。这篇报道之所以取得较好效果，正是找准了“结合点”，即选择的问题是群众关心的，同时也是各级各部门根据“三个代表”重要思想要求，予以重视并要求解决的。

值得注意的是，眼下有把社会新闻和格调低下的市井琐闻、隐私丑闻等同起来的现象。按这种观点去选择事实、进行新闻采访，往往会滑入庸俗的泥潭。更有甚者，为了追求新奇，竟到处收集一些市井流传、可靠性极低的所谓社会奇闻，如“人狗通奸”“幽灵还魂”“猴子选妃”之类千奇百怪、低级下流的新闻。如此选择新闻事实，无疑将不同程度地污染社会环境。当我们选择新闻事件或选取所要报道的新闻素材时，一定要全面分析该新闻可能产生的多种社会效果，避免不必要的负面影响。有一些新闻，尽管事实准确，报道的出发点也是好的，但由于没考虑到新闻的多层面因素，结果出现了负面效应。如某地一家电视台，2002 年 12 月报道了当地某镇一家商场，针对群众在操办红白喜事时缺少碗筷的困难，积极开展租借碗筷的便民服务。开展便民服务是对的，但要看开展的是什么样的服务。这家商场虽便了民，自己也赢了利，却在一定程度上助长了农村大操大办之风的蔓延。这一类的报道，或报道了事物的某一面，或仅注意了事物的表面现象而忽视了实质性的东西，从而导致了不良的社会效果。

二、准确把握好报道分寸上的“度”

电视台播发的社会新闻既要唱正气歌，奏主旋律，报道社会问题、社会事件、反映案件，又要注重典型性、针对性、严肃性，切忌以偏概全，妄加评论，有争议的现象做到点到为止，有议论的话题做到客观评判。归根结底，就是要始终把握和挖掘积极的东西，淡化和避免副作用。这就要求播发社会新闻要注重中华文明和优秀传统美德的弘扬和探源，注重社会伦理道德观念的升华与宣扬，注重现代科学文明知识成果的宣传，注重公益性，旗帜鲜明地反对热炒，追踪隐私、惊爆内幕、情感猎奇、庸俗媚化及反科学的东西，更不能让看不入眼、听不入耳的东西挤上荧屏。

新闻强调客观性和真实性，但并非有闻必录，甚至津津乐道于罗列生活琐事、展示生活丑闻、勾画不健康的事实细节，从而陷入自然主义。近年来，一些社会新闻，尤其是一些“纪实新闻”，以“客观、真实、全面”为标榜，宣传丑闻、暴力，描绘残酷的犯罪细节，披露无聊的生活奇闻，不顾社会效果，将生活中的丑恶现象进行连篇累牍的特写式曝光，产生了恶劣的社会效果。丑恶现象只要具有代表性，完全可以揭露出来，但以自然主义的方式，详尽地描写其做法和细节，无形中会产生“教唆”作用。

作为城市电视台在处理社会新闻中的批评性报道时，虽说是处于监督的主体，但其地位往往低于监督客体，甚至还受制于监督客体，这就是一些地方部门和单位不怕本地电视台曝光的根本原因。在这种情况下，城市电视台的批评性报道更要把握好一个“度”：轻描淡写不疼不痒等于没说，失去舆论监督的作用；但过于尖锐苛刻又会引火烧身，胳膊拧不过大腿，同样达不到监督的目的。城市电视台对批评报道“度”的把握，更应该集中在“分寸”两字上。批评报道的出发点和目的是帮助被批评者找出工作上存在的漏洞以便解决问题；帮助群众释疑解惑，提高认识，化解矛盾。在进行批评报道时，千万不要抱着挑毛病、揭短的态度，只要坚持与人为善的原则，就事论事，讲求适合解决问题的方式方法，往往会被批评者所接受进而弥补过失，改进工作。

三、准确把握报道方式方法上的“度”

由于城市台所处的位置和环境，对社会新闻的报道特别是对批评报道的方式方法要特别讲究，大炮筒子式的方法绝对行不通。对于不同对象、不同问题、不同场合，应采取不同的方式方法。例如：针对一些社会问题借助群众参与的力量开展批评，具有较强的震撼力，这是参与式；对事物的正反两面进行全方位的展示，对成绩不抹杀，对缺点不回避，对困难不隐讳，一是一，二是二，这是立体式；对消极现象公开曝光后，要注意被批评者的改进态度和效果，进行连续报道，有利于被批评者重新树立形象，这是连续式；只提供正反两方面的事实，不表示结论式的意见，让观众在比较中去鉴别、分析和判断，这是对比分析式；批评性报道并不是所有的都适合公开报道，应按内外有别的原则，对某些不宜公开或暂时不宜公开报道的问题，以“内参”的形式进行反映，这是内外有别式。城市台的批评报道只要按合适的方式方法，该迂回则迂回，该直入则直入，巧妙而不失分寸，就能发挥出应有的作用。

四、准确把握报道时机与数量上的“度”

社会新闻本属新闻这个大范畴，理所当然有时机上的适宜与适时性。什么能发，什么不能发有讲究，什么时候发也要有讲究。在党的生日、国庆节、五一劳动节以及重大会议召开前后，社会问题方面的新闻不应与成就、工作中心等主旋律宣传争抢发稿。同样，社会新闻播发量上的“度”也须把握。各类新闻节目如果天天是社会问题、社会事件、案情内幕的报道，既与我们这个社会的主流不协调，还会给人们带来社会动荡、治安环境恶劣等错觉，产生导向上的误导。

总之，把握好上述几个方面的“度”，需要电视新闻工作者牢固树立马克思主义新闻观，坚持用辩证唯物主义的分析方法分析问题，高扬社会主义精神文明的旗帜；需要电视新闻工作者认真处理好时代精华与糟粕的关系、高尚情操与低级趣味的关系、正常消遣与情感媚俗的关系、科学与伪科学的关系。只有这样，才能既充分发挥社会新闻可视性强的优势，又充分发挥其舆论引导功能的作用。

（《西部广播电视学刊》，2003 年第 2 期）

电视栏目的定位、品牌和机制

目前，全国有数以千计的电视台，所开办的电视栏目更是数不胜数。我们在看到电视栏目在发展和创新中取得一定成绩的同时，也应该看到其存在的问题。如在众多的电视栏目中，“双效”（社会效益和经济效益）栏目并不是太多。为什么同样在办栏目，有的栏目业绩辉煌，有的却步履艰难呢？当然，个中原因比较复杂，但电视栏目的定位、品牌和机制是不容忽视的三个重要因素。

一、定位准——电视栏目生存的源泉

电视栏目的定位，包括市场定位、观众定位和风格定位。

市场定位，决定了电视栏目的开办目标，它是仅仅以社会效益为目的，还是要求达到社会效益和经济效益并举？前者主要是指体现政治特色、专业特色或特定的传媒特色的电视栏目，如电视新闻栏目、党建栏目等，往往由电视台或栏目主办单位拨款来办。后者主要是指服务于大众的电视栏目，一般靠以栏目养栏目的方式来办。很显然，电视台所开办的栏目的市场定位大多属于后者，应以取得社会效益和经济效益为目的。

观众定位，是电视栏目最关键的问题。在当今时代，观众面对的是繁荣的文化市场，就电视节目而言，几十个电视频道的节目琳琅满目，令人目不暇接，他们只能挑选自己最中意的栏目，他们的口味也越来越细化。因此，当今的电视栏目的观众定位应当具体明确，那种一个电视栏目可以面向“所有观众”“老少皆宜”的时代已经不复存在。

为了明确观众定位，办栏目者应对观众群做深入细致的调查，对他们的职业、年龄、性别、文化程度、收入水平、兴趣爱好、观赏口味进行市场细化，再结合本栏目的特点确定观众群。如中央台的《经济半小时》开办十年来，已拥有了以经济界中高层管理决策人士与技术服务阶层为主体的稳定的收视群体，他们的年龄主要在 25～50 岁，月收入平均在 1 400 元以上，具有较高的消费和投资决策能力。

风格定位，是指电视栏目的特色，也就是个性。它是根据观众的需求和观赏口味所形成的风格。办得好的电视栏目，都有自己的独到之处：它可以严谨、负责的风格赢得观众的信赖；以内涵丰富、情节感人、拍摄细腻的风格感染观众；或以编排新颖、包装精细、清新明快的风格吸引观众……一个电视栏目没有鲜明的个性，就不可能有吸引观众的魅力，也无法在“电视市场”上立足。

值得注意的是，电视栏目的定位绝不是固定不变的，它应随着市场、观众群、观众观赏口味的变化而做相应的变动。大家可能还记得，曾经有一些电视栏目的收视率很高，可后来一路下滑，而新崛起的同类电视栏目像没上市的绩优股一样一路上扬。其中，很重要的原因，就是这些电视栏目在观众定位和风格定位上没有按市场需求做相应调整，以至于一批又一批观众离它而去。如今，从整体来看，广播电视业已到了战略调整的年代，电视栏目也到了资源重组期。那些正在红火期的电视栏目，若能在定位上做更理想的调整，就可以把自己的那块“蛋糕”经营得更大。而对于那些观众厌烦、经济效益不佳而陷于艰难境地的电视栏目来说，下决心做一次大的调整，来一番“脱胎换骨”的改造，再创出一块天地，则是审时度势的明智之举。

二、创名牌——电视栏目生存的支柱

近年来，全国的电视栏目的数量仍呈增长的趋势，可以说，电视栏目市场中的竞争日趋激烈，已达到白热化程度。面临这种竞争局面，越来越多的电视台都注重把创名牌电视栏目作为竞争取胜的有效手段，一旦取得名牌效应，就掌握了竞争的主动权。

什么样的电视栏目才算是名牌呢？根据我国目前电视栏目发展的状况，一个名牌电视栏目至少应达到以下三个要求：一是定位明确，是同类电视栏目中的佼佼者；二是拥有相当数量且相对稳定的观众群，在观众中形成了长期的心理优势，有一定的社会知名度；三是得到有关部门的认可，如在国家级或省市级的评奖中获得大奖。像中央台的《焦点访谈》《经济半小时》《半边天》，湖南台的《快乐大本营》，北京台的《娱乐现场》以及上海台的《新闻透视》等栏目就达到了以上要求。其中，《经济半小时》在1999年央视调查公司的权威报告中显示，它在中央电视台商务经济类栏目中，“全国观众满意度”排名第一，收视率排名第一；而《半边天》被联合国秘书长安南誉为“是一个极具影响力的、专门播放有关女性话题的栏目”。

这些栏目不仅取得了社会效益和经济效益双丰收，还牢牢掌握了“电视栏目市场”的主动权。它们所拥有的观众人数、社会影响、自我创收能力等，在同类电视栏目中名列前茅。

三、机制活——电视栏目发展的动力

进入21世纪，我国的社会主义市场经济将越来越成熟。电视栏目作为一种文化产品，必将完全脱离计划经济的束缚，在市场上摔打，经受市场经济的考验。因此，电视栏目的管理体制必须与之相适应，逐渐走向市场化。从目前的状况来看，笔者认为，还有一些电视栏目与这一要求相距甚远，尤其是在经营模式、人员设置、激励机制上需做“伤筋动骨”的改变。

（一）经营模式

就目前电视台的管理状况而言，虽说经营模式发生了较大变化，栏目运作基本上都在推行制片人制。但在实行制片人制的过程中，有些电视台（特别是一些城市台）还是没有脱离简单承包的框框。在这种状况下，电视栏目的发展受到制约，资金使用、栏目经营、分配机制等方面，都缺乏与市场相呼应的手段。对办栏目的人员来说，积极性不能充分发挥，日长时久还会滋长惰性，对激烈的竞争麻木不仁。因此，电视台办栏目，必须建立与市场经济相适应的经营模式。这些年来的实践证明，电视栏目的制片人制是一种符合在市场经济条件下栏目运作的新机制，关键是如何将这一机制结合本台的实际情况加以完善，使其发挥出应有的作用。

（二）人员设置

一个有盛誉的电视栏目，其背后必有一支精干高效的专业队伍，这是栏目长盛不衰的根本保证。目前，在一些电台，办栏目的人员缺乏活力，社会上的优秀人才无法引进，而不合格人员又不能淘汰，有的台甚至把栏目作为安排富余人员的地方，这样势必影响栏目的运作，使得栏目在竞争中处于被动地位。因此，电视台办栏目，应把栏目的人员设置作为重要工作来抓。第一，应该为栏目配备精兵强将，最重要的是挑选好栏目制片人。不能想象，一个墨守成规的人能制作出新颖、独特、令人耳目一新的电视节目来；也不能想象，一个不善于与人合作配合的人，能创作出蕴含集体智慧的佳作。第二，在人事制度上，推行真正意义上的干部竞争上岗和全员聘用合同制，真正形成能上能下、能进能出的竞争机制。第三，要注意吸纳优秀人才进栏目，保持栏目人员思维常新，节目表现手法常新。

（三）奖励机制

近年来，不少电视台的奖励制度已发生了较大变化，尤其是一些双效益明显的栏目，所在的电视台均给予了相应的奖励。然而，还有一些电视台对栏目人员的奖励措施，仍摆脱不了旧的管理模式和计划经济的阴影。有的栏目业绩明显，理应得到更多的奖励，但电视台在分配时常顾虑到各个部门之间的平衡；有的栏目业绩平平，甚至根本谈不上什么效益，电视台仍让它享受“大锅饭”的“温暖”。这样一来，干好干坏，几无差别，即使有差别，也是象征性的，办栏目人员的积极性不同程度地受到影响。

要办好栏目，这种状况必须改变。第一，电视台对栏目的管理模式要到位，同时奖励机制紧紧跟上，营造“管理科学、经营灵活、分配合理”的良好氛围。第二，要在栏目之间形成良好的竞争局面，实行栏目淘汰制，增强栏目人员的危机意识，时刻绷紧节目质量这根弦。中央电视台近期就出台了《中央电视台栏目警示及淘汰条例》，排名靠后的栏目将遭到包括不允许复播在内的总计四项内容的严厉处罚。这种警示及淘汰制度值得其他电视台借鉴。第三，要体现按劳分配的原则，敢于拉开差距。无论是部门之间还是栏目人员之间，必须打破“大锅饭”，形成一套“各司其职、各尽所能、按劳取酬”的合理分配制度。第四，分配机制要顺应栏目的市场化运作，尤其要加大对选题策划人员的奖励力度。选题策划的好坏，关系到栏目的生存和整体效益。办好电视栏目，还受到许多其他因素的影响，如电视业体制改革、栏目运作方式的不断创新等。但总的看来，定位、品牌和机制是当前电视栏目运作中尤其应该关注的三个重要因素。

（《西部电视》，2003 年第 5 期）

广告文化的人文精神内涵及其表现

广告作为现代商品经济的伴生物，考察其在社会发展中的地位与影响，不能仅停留在它的经济行为的物化形态，还应将其视为一种特殊的文化现象予以考察。广告文化涵盖了文、史、哲、艺术、宗教、美学、伦理学等人文学科和人文创造领域。广告的经济功能满足了人们最低层次的需求——生存需求，广告的文化功能则满足了人们更高层次的追求——精神需求。

我们所谓的人文精神包含对生命及个人独特价值的尊重，对自然及文化优秀传统的关怀，对人的整体性的认同，对不同观念（只要它具有可以说明的合理性）的宽容，对群体合作生活的真诚态度以及不懈追求真理的热情。人文精神关注的是人类共有的利益，广告文化呼唤人文精神，广告文化需要营造有助于社会经济和技术发展的人文环境和精神空间。广告文化蕴含着人文精神，人文精神应该是广告文化所体现的最根本的精神，是整个广告文化的灵魂。分析研究广告文化，有必要从人文精神的角度观察、审视广告文化，探讨广告文化的人文精神内涵及其表现。

一、对优秀传统文化的关怀

文化是一个民族多元精神要素长期演进的结果。中华民族在历经几千年的发展过程中，逐渐形成了具有自己鲜明特色的传统文化。

这种文化倡导含蓄朴实、中庸节制，讲究以温柔敦厚、锋芒深藏、含而不露、谦和深沉为美。在道德情感上，国人还有一个突出的特点，即本能地重视亲情。以“孝”“悌”“慈”等为核心的家族观念使得中国人把“孝顺父母”“尊敬兄长”“养育儿女”看作天经地义的事情，进而，把非亲情的最理想的人际关系也称为“亲如一家”“情同手足”。因此，在亲情诉求广告中，如果能恰到好处地渲染亲情的温暖、家庭的和睦，那么，就一定能够打动受众，获得成功。特别是孝道，可以说是确定家庭伦理观的一个不朽的因素，当然，也是中国广告不朽的主题。

威力洗衣机的电视广告，就是以“孝顺父母”为主题而获得成功的典型例子。

苍翠的大山，宁静的山庄，清澈的小溪。一位老妈妈正在晾衣服。（画外音）“妈妈，我梦见了村边的小溪，梦见了您，梦见了奶奶。妈妈，我给您捎去了一样好东西。”

一辆卡车载着一台洗衣机从远方驶来。妈妈和村里的人围着洗衣机又说又笑。妈妈的脸上洋溢着幸福的笑容。（画外音）“威力洗衣机，献给母亲的爱。”

这则广告在短短的30秒里，不但表现了远离家乡的游子献给母亲的“爱”，而且颂扬了中华民族的优良传统美德“孝心”。广告画面和广告语看似平淡无奇，实则清新隽永，蕴含着浓浓的亲情和悠悠的意境。类似的例子还有香港京都念慈菴总厂的川贝枇杷膏印刷广告，广告讲述了川贝枇杷膏产生的感人历史故事。这样充满伦理道德意蕴的广告，受众怎能不为之动容？

“爱母”为人称道，“母爱”就更加感人。台湾新格小家电公司在母亲节推出的一则报纸广告，就是以表现“母亲的爱——世上最伟大的爱”为主题获得成功的。报纸安排了两组照片：上方一组排列出包括孙中山、贝多芬、马克思、林肯等在内的近代24位伟人的照片，配的广告标题是“在妈妈心中，他们只是孩子”；下方一组排列出24名新生幼童，配的广告标题是“在妈妈心中，他们都是伟人”。“伟人—孩子”“孩子—伟人”，强烈的反衬，表现出母爱的深厚和博大，读者的心灵无不为之震撼。南大集团在父亲节推出的一则“那是一只有力的手”的广告，与新格小家电公司的广告有异曲同工之妙。广告画面有一支竖直的毛笔，握住笔杆顶端的是父亲的大手，大手下是儿子稚嫩的小手很标准地握住笔杆。旁白是：“父亲，影响我最深的人——小时候，当我头一回拿起毛笔，这只手教我如何写字，写端正整齐的字；长大后，当我第一次踏进社会，这只手教我怎样做人，做真正诚实的人。”

与亲情联系十分紧密的是对家和故乡的眷念之情，国人对家和故乡的情感从来都是十分强烈的。在第四届中国广告节上获得金奖的“孔府家酒”（电视篇）广告，就是以此情感为诉求点而成功的。“千万里，千万里，我一定要回到我的家。我的家呀，永生永世不能忘记。”随着充满激情的歌唱声，出现了热烈、欢快、温馨的电视画面：思家心切的游子、电影明星王姬远渡重洋而归，投入家人的怀抱，举家欢聚，饮酒庆贺。接着，深情的画外音及时跟上:“孔府家酒，让人想家。”歌声、画面与旁白相互映衬，亲情、乡情与酒香融为一体，从而勾起了千万旅居海外华人思念故土的无限乡情，也勾起了天涯游子畅饮家乡美酒的一腔激情。“海峡之声”对台广播中播出的另一则“孔府家酒”（广播篇）广告，可以说是对“孔府家酒”（电视篇）广告的补充和诠释。一位即将离开祖籍大陆而返回台湾的探亲老人深情地对劝他少喝酒的孙子说:“这酒度数低，醉不了。就是醉了，也是醉在家乡的山水里，醉在民族的自豪中啊！”

这些广告浸润着浓浓的文化，是对传统文化的演绎，表达出对传统文化的关怀。正是这样的一些广告，它们以中华民族优良传统文化为负载，来醇化人对物的需求意识，在人们自身所处的文化传统与氛围的尺度下，在人们自身生活水平的尺度下，理智审慎地宣传健康的消费观、审美观、道德观，达到利义并举的广告效果。

二、对自然的热爱

随着社会的发展和人类的进步，工业文明也给人们的城市环境带来污染。人们更加追求保护环境，回归自然。广告文化正是适应和满足消费者的这种需求，在制作中制作者充分地表达了对自然的关怀和热爱。广告文化对自然热爱的真情告白就是弘扬人文精神的体现。

为中国消费者所熟悉的“杉杉”品牌广告策划，紧扣21世纪“环保、生态平衡、绿化”的世界性主题，“杉杉”的标志设计，力求把大自然的意蕴融入其中，一棵绿色的杉树旁，“杉杉”的英文字母形成两条蓝色的小溪，青绿与水蓝相配，与绿化、环保相吻合，表达了“杉杉”人关心人类生存环境、热爱大自然的美好心愿，深得消费者的青睐。更值得一提的是，热销于香港、产品一度供不应求的西藏啤酒，其广告更是着眼于自然的回归:“它是海拔6 000米以上世界最纯净的水酿造的。”这一句，浓缩了产品特色的直白，仅仅强调了一件事，却能引起人们的深思，对消费者具有吸引力。原因何在？在于广告中所蕴含的对自然的热爱，来源于大自然的西藏啤酒让人们找到回归自然的感觉。

三、对真实的不懈追求

真实是广告的生命，也是广告有效的根源。广告是传达信息的，只有真实的、实事求是地反映商品，反映企业的本来面貌，才是科学的，才具有认知价值，才具有生命力。弄虚作假，失败的不仅是一次广告策划，更重要的是丢掉了企业的信誉，要努力避免使受众有不实感的成分出现。我国从1995年2月1日起实施了《中华人民共和国广告法》，加强对广告的管理力度，突出的一点就是对广告真实性的管理，加大了对违法广告的处罚力度。真实是广告文化的一个非常重要的特征。广告文化的真实性直接影响着人们对广告的价值判断，影响人们的购买意向。广告文化的真实是对消费者权益的尊重，最能体现广告文化的人文精神特征，是对真实的不懈追求，对人应有的尊重。

日本美浓津运动器材公司出售运动衫时，总要附上张告示:“本运动衫使用最佳染料和最佳工艺染色，但遗憾的是，酱紫等颜色仍然无法做到永不褪色。”顾客对美浓津的真诚态度赞不绝口，对其商品推崇备至，致使美浓津运动衫多年独步日本市场。

成都有家电子报也曾登出一则与众不同的广告，它并不宣扬自己的长处，而是具体介绍该报在编辑、印刷和纸张方面的差距，并说高级电子专业人员和初学者不要订阅，因本报是面向中等专业水平读者的。

瑞士劳力士手表的广告为“敬请消费者注意，该表一天慢24秒”。尽管该厂指出了产品的缺点，消费者却趋之若鹜，原因在于广告的真实，这也是广告真实的魅力所在。

真实可靠，言而有信，是广告文化的一种道德规范，也是广告维护消费者利益、对社会负责的一种体现。以上这些广告内容真实，甚至将商品的不足直言相告。这正是广告文化的人文精神体现，表现为对真实的不懈追求。广告只有做到真实，不饰非，不夸大，忠实、负责地向消费者介绍产品的性能、用途、特点、规格、质量等情况，才能得到他们的信赖，促成购买行为，实现广告的最终目的。

总之，广告是一种文化，一种商业文化，一种大众文化。对于广告，不应该只承认它的经济功利价值，也应该注意它的文化价值负载。广告文化浸润着人文精神，同时也依赖于人文精神。人文精神是广告文化的灵魂。

（《西部广播电视学刊》，2003年第5期）

试析营造优质电视媒体广告投放环境

观众的个性化、频道的多样化，造成了广告客户的广告投放媒体选择也变得复杂多样，同时由于客户的广告投放受市场调节及企业内部战略调整的影响，客户的广告投放经常受到不可预料的阻碍，造成在媒体的广告投放不连续或半途而废。针对这些不可预料的情况，媒体在经营广告过程中，需要一个优质的媒体广告投放环境配合客户，才能赢得或稳定客户的广告投放。

一、扩大电视媒体覆盖面，提高媒体落地覆盖质量

省台上星的目的主要是扩大覆盖面和增强影响力，为客户广告投放提供更广阔的市场空间和有效影响。上星不代表覆盖扩大，落地不代表节目已经入户，而客户需要的是广告的有效到达。因此，省卫视台首先应该解决在全国重点城市及计划单列市的落地，因为这些城市集中了全国最大购买力的消费群，能争取获得最有价值的目标收视群体。其次应该做好落地及节目宣传推荐。只有解决好在这些城市的落地入户，才能争取潜在消费市场的收视观众群的扩大，并跳出原覆盖辖区，面向全国市场去争取客户。

二、提升媒体投放的广告时段质量和市场含金量

媒体的广告时段质量指的是：目标对象的收视率、市场占有、每千人成本、每收视点成本、目标对象的有效到达率、广告时段周围的栏目、广告时段的长度、同一段位同类产品的投放等相关信息资料。当产品广告投放在某一市场，选择媒体时客户首先考虑的是媒体的形象是否符合产品的形象需要，其次才考虑根据市场目标对象的需要选择广告段位，再次是产品广告投放成本考量，即收视率、每千人成本等广告投放成本及投放效果的划算。因此，电视媒体必须控制好广告段位的质量，提高广告段位的含量。

（1）广告时段周围栏目的设置必须考虑到广告时段收视群的稳定及质量，尽可能避免收视观众的习惯性跳跃，如广告时段前一栏目是少儿节目，而后一栏目是成人节目，这样就造成收视

群的跳跃，而夹在中间的广告位目标收视群则模糊不清，那如何让客户选择此广告段位。

（2）广告时段长度尽可能控制在3分钟内，减少观众到了广告时间就调台的频次，减少目标观众的流失，减少广告的干扰度，使客户的广告投放效果最大化。

（3）同一段位同类产品的广告投放尽量减少，因同类广告在同一段位的投放，造成相互干扰而降低各自的广告效果。因此，在广告签订和广告编播时尽量减少在同一段位的同类广告的暴露频次或在编播时尽量拉开距离。

三、提高媒体信息资源的服务价值

现在的媒体竞争日趋激烈，媒体信息资源对客户服务价值的大小直接影响客户对媒体的投放信心和积极性。媒体信息资源包括：媒体的覆盖区域、媒体的观众忠诚度、媒体收视率及成本、媒体的节目、媒体从业人员的专业素质及对消费市场信息的反应和对客户的服务等。

而媒体的收视率及成本是客户选择媒体及广告段位时必须考虑和核算的部分，客户追求的永远是低成本高回报。如果媒体的收视率偏低、成本偏高，即便被选中也会被客户砍得遍体伤痕。因此，媒体必须营造好自己的收视阵地，在与客户的谈判中才不致被突破防线。

（1）加强广告投放的售后服务。媒体节目部门与广告部门必须经常沟通、交流。节目部门应经常将节目信息及播出情况通知广告部门，以便广告部门的业务人员将节目信息及时通知客户，为客户的投放提供更多的选择；而广告部门也应将收视及市场反映的情况及时反馈给节目部门，以便节目部门在节目生产过程中及时调整或更改，节目部门也可根据市场客户的需要反串一个节目，如凤凰卫视的《商旅冲动》。总之，为客户的广告投放做好“售后服务”。

（2）加强市场信息的前瞻服务。媒体的广告创收完全是一种商业行为，既然是从商，就不能不关注和了解市场信息。这种市场信息包括品牌市场竞争状况、品牌市场销售及通道建设情况、品牌广告投放情况等。媒体了解这些信息：一是为在业务谈判中不至于处于被动，二是为客户的投放提供理性的信息服务支持。

四、提高电视媒体资源的整合利用价值

通过资源的整合利用配合客户的市场开发，以促进卫视频道的广告发展。

（1）栏目资源的整合利用。对栏目资源的整合应考虑以下因素：广告段位的安排需要；在播出时间安排上应注意其他频道在同时间区隔内的节目安排情况；在同一段时间区隔内应避免把节目内容性质相近的节目安排在一起或分隔相距时间短；在广告市场销售中，可将同类性质的栏目不同播出时间或频道进行组合搭配销售，同时也可将栏目同电视剧及节目外的广告段进行组合销售；栏目广告应统一由广告部门进行规范管理，避免栏目资源的散乱或各自为政。

（2）电视剧资源的整合利用。电视剧几乎成了省台争取广告客户的最有力资源。省级卫视台在整合利用电视剧资源开发广告市场方面应做到：电视剧的播出时间安排应和栏目及节目外广告段位协调搭配以降低折扣；电视剧的广告插播价一直都是各台广告价最高的段，是省台广告收入重要来源的阵地，而对部分客户却是一道不可逾越的门槛。因此，在销售时应将电视剧广告销售单位分割到最小，制定多个不同规格的单元，以便客户根据自己的实力进行选择。

（3）广告段位资源的整合利用。媒体的广告段位指的是节目外的广告段位和插播段位，省级卫视广告收入来源主要还是这些广告段位的拉动。这些段位可分为三大类：白天广告段位、

晚间广告段位、插播广告段位，而不应简单地将电视媒体广告段位划分为黄金段位和非黄金段位。广告销售人员首先要转变这种观念，不同的产品有着不同的目标市场，而不同的目标消费群看电视的时间也各不相同。因此，因“段”制宜的广告就是最佳的广告投放段位。当然白天、晚间、插播等段位应进行组合销售搭配，时段资源也能得到合理有效的整合。

（4）覆盖区域及收视资源的整合利用。覆盖及收视是媒体发展的基础，在广告市场开发中应发挥怎样的作用，如何对它们整合利用呢？首先，覆盖区域在广告市场开发中应注意省内和省外覆盖资源相结合，避免顾此失彼；其次，在本省辖区的收视资源及省外落地城市的收视，在计算成本时应并行计算，至少应将在省外的收视成本作为一个参考资源；最后，覆盖与收视相结合，利用覆盖城市的收视优势，去争取省外品牌主打落地城市的消费市场。

客户资源是媒体发展的再生资源，如何以可持续发展的眼光进行整合利用，大有文章可做，问题的关键是从业者愿不愿去做以及怎样去做。

（《声屏世界》，2003 年第 9 期）

试论电视新闻策划和选题创新

目前，各电视台越来越重视新闻选题与策划工作。新闻选题策划是以新闻竞争为动力，以充分挖掘新闻报道潜力为目的，以新闻事实自身的存在逻辑为依据，强调发挥报道主体的能动性，是对具体报道的系统筹划。完整的新闻选题策划主要应该包括四个方面：一是确定新闻选题，二是明确报道思路，三是寻找新闻典型，四是落实实施方案。本文着重从报道思路和新闻典型两个方面对选题策划做些探讨。

一、报道思路策划

报道思路策划具体可分为共时性策划和历时性策划两大类。

共时性策划是指在一段时间内，不同媒介对同一新闻事件报道的竞争，它主要研究新闻热点的报道策略，如澳门回归报道、新千年报道、关于中国加入世界贸易组织的报道等。超越别人是共时性策划的主要目标。

历时性策划是指对一些年年有、年年都得报道的新闻事件的策划，如“两会”报道、春运报道、节庆报道等。同一媒介在以往报道的基础上的突破和创新是策划的重点。超越自己是历时性策划的主要目标。

（一）共时性策划

进行共时性报道策划时：有时新闻事件刚刚发生，报道已经展开；有时新闻事件尚未发生，报道尚未正式实施，但可以预见。这时就要通过以往的经验对各家媒介的报道进行预测，然后结合电视媒介特点、新闻事实呈现的状态以及观众的需要制定报道策略：回避原则和超越原则是这类策划的两个基本策略。

回避原则类似于商业上的错位经营，它是这样一种策略：我们在报道热点事件之前，如果已经预计到新闻报道竞争会达到相当激烈的程度，竞争的张力将使不同媒介对同一新闻事件做出较为充分的报道，以自己的实力试图再分得其中“一杯羹”的可能性很小，于是就只能避其锋芒，通过开拓其他新闻报道领域，争取在竞争中立足。

每年针对大学生就业问题，媒体都要进行各方面的报道，对于地方台特别是地市级以下的电视台来说，报道这样一个全局性的问题，很难与省级以上的大媒体竞争，如果采用回避原则，就很有可能采访到有说服力的报道。

峨眉山市电视台是一家县级电视台，2004 年 4 月份报道了一条《西北姑娘峨眉当“猪倌”》的消息，说的是一位来自陕西临潼叫陈亚的姑娘，2003 年从西北农林科技大学动物科技学院医学系毕业。毕业时，考上了临潼的公务员，但后来选择到峨眉山市胜利镇红星村，与人合作办起了养猪场，当起了一名“猪馆”。个人档案放在峨眉山市的人才中心，户口落在了胜利镇。她的愿望是，要用自己所学的知识去实现自己的奋斗目标，培育出科技含量高的“绿色”猪肉。记者问她，一个大学生来养猪，别人有什么看法？陈亚说，很多人对她不是很理解，觉得一个大学生，父母花几万块把你从大学里供出来，结果，跑来喂猪，连个打工的都不如。陈亚觉得她本身学的兽医，来养猪是很正常的，她觉得去养猪就是一种就业。陈亚认为大学生就业的道路有千万条，她就是要用自己的智慧去决定自己的前途，她对自己所选择的职业有足够的思想准备。这条报道的策划就是采用了回避原则，别出心裁，成为一条很有意思的独家新闻。后来四川电视台和中央电视台的新闻频道《新闻社区》都采用了这条新闻。

超越性原则主要是在角度、深度、立意、表现上寻找突破点。新闻的同质化导致很难再有真正意义上的“独家”新闻，面对同样的新闻事件，怎样报道出新意来，也是选题策划的重点和难点所在。

我们来看乐山电视台《乐山新闻联播》的一个策划案例。2001 年 1 月 1 日《乐山新闻联播》播出内容：

（1）乐山敲响迈向新世纪的钟声。

（2）我市举行系列盛大活动欢庆新世纪到来。

① 大型广场文艺演出；② 迎新世纪长跑活动；③ 迎新世纪焰火晚会。

（3）新世纪：国旗庄严升起。

（4）我市各地群众欢天喜地地迎接新世纪。

① 中心城市；② 沙湾；③ 峨边；④ 五通桥。

（5）新世纪第一天。

① 犍为县领导心系“一号工程”；② 峨眉山乐山大佛景区迎来第一批游客；③ 新闻特写把洁净带给新世纪；④ 乐山“世纪婴儿”在市人民医院降生；⑤ 电视记者：把热烈和喜庆带给千家万户。

（6）节日一线岗位人员挥汗迎接新世纪。

① 企业生产；② 武警巡逻；③ 公安守岗；④ 客运繁忙。

（7）企业排污达标“零点行动”首战告捷。

这一组新闻的选题策划就充分考虑了超越原则，整档节目全篇围绕乐山市各界迎接新千年这一历史事件展开，题材多样，有点有面，点面结合，从大佛寺敲响迈向新世纪的钟声到新世纪第一天国旗庄严升起，从景区到各条战线，从乐山市中心城区到乐山各地，全方位、多视角、多层次地展示给观众乐山各界喜迎新千年的场面，突出了满怀豪情奔向新世纪的主题，给观众留下深刻印象。这组新闻获得了 2001 年度四川广播电视新闻二等奖。

（二）历时性策划

我国的新闻报道中大量存在着这种现象：许多事情周而复始，一年一度都要报道，像每年的精神文明月、人大和政协会议、儿童节、劳动节、建军节、元旦、春节、消费者权益保护日、春运等，这些颇具中国特色的"议程设置"，使电视台和观众都形成了相应的心理积淀，到了该报道某一内容的时候了，人们就会有一种心理期待，电视台如果不报道这方面的内容，人们就会有失落感。但是如果报道了，观众常常又对报道不满意，因为这类事件年年都要重复报道，已经形成了明显的报道模式。怎样才能让"老话题"放出"新光彩"，突破自己以往的报道框架，这是许多电视记者感到困惑的地方，也是历时性新闻策划研究的重点。

在2004年全国"两会"报道中，中央电视台经济频道的《小丫跑"两会"》《马斌读"两会"》《老姚说"两会"》的创意就特别吸引观众。其中的"跑"是"现象"，是"点"；"读"是"态度"，是"面"；"说"是"评价"，是"体"。这种创意满足了观众的求新求异的心理，用新颖的形式增强受众对议题重要程度的感受。

作为地方台而言，突破自己以往的报道框架就是要把抽象的议题转化为具体的报道内容，拉近报道与观众的距离。2004年是中华人民共和国成立50周年，按照省市的宣传要求，要宣传报道最近几年来的变化和成就。乐山电视台《晚间报道》根据本节目的定位和风格策划了一个16集系列报道《五年新变迁》，也就是讲述了一个系列故事：《小街小巷变了样》《马路市场少了九个》《一座桥富了一方乡亲》《农民工的孩子上学不再愁》《一个外地人眼中的乐山》《老田夫妇的再就业路》《马大娘住上了新房》《乐山城的空气清洁了》《彭老师的实验课》《医保给了他第二次生命》《美丽的乐山我的家》《假日体育成为市民的节日大餐》《彝族姐妹圆了一个梦》《水泥路经过农家门》《乐山场告别街边垃圾桶》《甘甜井水润心田》。

这样一个系列报道，以人为本，生动形象，观众不由自主地被吸引。

历时性策划要树立这样一种观念："老话题"并不意味着机械地重复过去，任何事物都是发展变化的，时间不同，新闻背景不同、"老话题"的内涵和意义也会有所不同。所谓"年年岁岁花相似，岁岁年年人不同"就是这个道理。新闻人要善于挖掘"老话题"的新内涵，为"旧瓶"装上"新酒"。

二、新闻典型策划

有了报道思路，只是为进一步展开报道指明了方向，怎样根据新闻事物的实际情况落实报道思路，这是报道能否成功的另一个关键，其中，能不能找到可以支撑报道的新闻典型又成了关键中的关键。新闻是用事实说话的艺术，对问题任何独到的见解都必须通过事实体现出来。一个良好的新闻创意如果找不到典型事实作为依托，就成了空中楼阁，看起来激动人心，却怎么也建造不起来。这在一些话题性报道中表现得尤为突出，因为话题性报道往往是非事件性报道，非事件性报道需要记者去组织报道，它突出的难点是报道的指导思想明确以后，怎样寻找能支撑起报道的新闻典型，非事件性报道要想深入就不能只是一堆概括性材料和一些空泛的议论，它必须以深刻的思想启发人，以生动的事实打动人。但是非事件性报道又不像事件性报道那样，有现成事件作为思维的具体目标，它必须结合报道思路到现实中寻找新闻典型。所以，寻找新闻典型的方位、方法问题应该是报道典型策划的重点。

2004年4月，有一则关于乐山市探索农民增收新途径的话题性电视新闻报道。策划时，我们想摆脱往年类似报道的模式，不打算只是泛泛地介绍一下全市农民增收的一般情况，诸如市政府如何重视、有关部门如何添措施等，而是把报道思想确定在农民们面对市场千方百计寻找增收路子上。应该说，这样的报道思路是有一定新意的，但是如果只有报道思路，缺少有力的事实来支撑，随便找些事例，或者泛泛介绍下存在的问题，报道效果将大打折扣。于是记者通过多方查找，终于找到了这样一个典型事实：乐山的麻辣烫全国各地的人都爱吃，可很少有人知道穿麻辣烫竹签的产地在何方。记者了解到，这小小的麻辣烫竹签竟然出自乐山市市中区凌云乡凌云村，而且凌云村家家户户都削这种小竹签。村民张明清告诉记者，小竹签不仅供应乐山市场，而且还销往成都、重庆、西安以及北京等地，每个月要销上百万根。当地有关负责人表示，政府将在引导农民包装、营销上把竹签文章进一步做强、做大。最后，我们以《小竹签削出大文章》为题做了报道，既介绍了经验，又体现了农民要面向市场寻找增收路子的报道思想。节目播出后取得了良好的社会反响。

的确，寻找生动的新闻典型是新闻实践中许多记者苦苦思索的事，一个生动的新闻典型会使平平常常的新闻报道顿时生辉放彩。但是寻找新闻典型不是盲目的，记者搜索新闻典型的“雷达”是自己的大脑，是大脑的思维能力。记者根据对新闻事物的初步了解形成基本报道思路，报道思路规定了搜索新闻典型的方位，接下来就是确定搜索的途径和方法，思路清晰、渠道畅通、方法得当，新闻典型寻找起来自然游刃有余。

中央电视台《新闻调查》节目做过一次环保话题报道，主要是围绕垃圾分类投放和回收问题展开。其中有一个非常生动的细节，记者在一位德国驻华使馆工作人员家里采访，家庭主妇从柜子里拿出了一大包用过的废电池，向记者介绍说，这些电池是她多年积攒下来的，她打算带回德国扔掉，原因是中国没有实行垃圾分类投放，没有专门回收这类东西的垃圾筒，而她不愿把会对土壤造成严重污染的电池随手扔在中国。看到这里，许多人都受到了震撼，人们都被她强烈的环保意识折服，话题所要达到的目的也就更好地实现了。

综上所述，新闻策划贵在创新，新闻竞争贵在超越，而创新和超越的首要问题是如何在报道思路上有不俗的表现。报道思路对整个报道活动的方向、报道的质量具有先天的规定性，而好的报道思路最终还要落实到具体的典型事例和典型人物上，只有两者结合才能使报道在“深刻”和“生动”两方面出彩。

（《西部广播电视学刊》，2005 年第 3 期）

浅谈电视新闻的“硬化”和“软化”

软新闻（Soft News）和硬新闻（Hard News）都是源于西方新闻学的名词：前者指那些人情味较浓、写得轻松活泼、易于引起受众感观刺激和阅读视听兴趣、能产生即时报酬效应的新闻，社会新闻大致属于这类新闻；后者指题材较为严肃，着重于思想性、指导性和知识性的政治、经济、科技新闻，受众阅读或视听这类新闻时，只能产生延缓报酬效应，所以称这类新闻为“硬新闻”。[①] 软新闻的硬化，简单地讲，就是通过新闻策划等手段，提升软新闻的新闻性和品位。硬新闻的软化，就是改变传统的传播模式，提高硬新闻的可视性。

① 甘惜分．新闻学大词典［M］．郑州：河南人民出版社，1993：11.

一、电视软新闻硬化和硬新闻软化的意义

（一）软新闻硬化能提高信息的新闻性、生动性、可信性和贴近性

“软新闻属于非事件消息，主要报道社会生活中的新气象、新变化、新成就、新经验、新人物等等。”① 本文的软新闻硬性指的就是非事件新闻事件化。对非事件性新闻进行“事件化报道”，不仅使之具有了事件性新闻的“新、快、实”的优势，而且有助于提高对非事件性新闻报道的新闻性、生动性、可信性和贴近性，增强报道对受众的吸引力、导向力和感染力。

什么是对非事件性新闻进行“事件化报道”呢？我们如果分析一下近年来中央电视台《新闻联播》《新闻30分》《晚间新闻报道》和《军事报道》等栏目成功推出的一系列成就报道所表现出来的新的电视新闻报道风格、形式和手法，就不难理解非事件新闻事件化的含义了。

如中央电视台于2002年9月15日起在《新闻联播》栏目中推出了反映祖国辉煌成就的50集大型系列报道《走向辉煌》，这组报道用事实说话，用人物说话，用数字说话，多侧面、全方位地反映了党的十三届四中全会以来在各方面进行的探索和实践。其中的一集《中国告别住房短缺时代》，它以上海的一个普通家庭一家三代人住房变迁作为报道中的事件，从曾经一家人仅住8平方米的住房，说到父母一辈通过旧房拆迁住进新房，儿孙一辈通过按揭贷款住进了功能齐全的三室两厅的大住房，再从这一家人讲到上海，从上海讲到全国，反映了中国老百姓住房的巨大变迁。这样的报道的成功得益于挖掘并运用典型事件，以人们所见、所闻、所经历的事件为载体，表现了更为重大的新闻事实，其报道的新闻性、生动性、可信性和贴近性也就很好地体现出来了，起到了很好的报道效果。

（二）硬新闻软化能提高新闻的可视性

新闻传播的根本目的是传播效果，无论是从经济效益还是社会效益的角度看都是如此。在过去一段时间的新闻传播中，电视硬新闻，尤其是时政新闻往往将宣传需要同新闻传播规律简单地等同起来，采取居高临下的姿态进行报道，再加上表现形式的僵化生硬，常常使观众感到时政新闻的传播与宣传学习文件大同小异，从而产生一种逆反心理，致使硬新闻的传播效果比较差，社会效益和经济效益自然要受到影响。

其实，造成这种情况的根本原因是没有正确地把握电视的观众定位，没有真正从观众的信息需求出发，从电视传播的社会效果出发。观众其实是需要硬新闻的。一些电视台提出把时政新闻作为新闻结构的核心，同时，根据自己的观众定位，从观众的信息需求出发，从观众角度关照、解读硬新闻，寻找同观众生活的结合点，把事实的内涵拉向观众的心理空间，切实提高硬新闻的可视性和传播效果。例如，针对国计民生的一些大事，政府召开会议和出台政策条文，是有重大意义的。记者在做此类报道时，要事先有确定的策划，花一番心思，考虑从什么地方切入更能引起人们的注意，此次会议的背景是什么，深远影响是什么，除了会议本身外，还有什么样的内容需要补充等。这样经过软化后的硬新闻的可视性将会明显提高。

二、软新闻硬化的手段

对非事件性新闻进行“事件化报道”，其过程很明了：以典型的新闻事件，来表现重大的非事件性新闻事实，凸显重大新闻主题。从这个意义上看，“事件化报道”为非事件性新闻的采编拓展了空间，指明了方向。

---

① 康文久．实用新闻写作学［M］．北京：新华出版社，1996：131.

(一) 精心策划

2003 年 7 月，“非典”刚刚过去，乐山电视台《晚间报道》就精心策划了“嘉州之夜”晚会的报道，把原本没有什么新闻价值的个别群众自发的娱乐活动，策划成三台大型的群众集体文化娱乐活动，最终取得了很好的社会效果。联系到当时“非典”刚刚过去，沉寂已久的城市需要生机，隔膜多日的人们需要交流和欢娱，这样的活动就更显出其社会意义。在整个策划过程中，采编人员通过前期报道、组合报道等形式打了一场漂亮的战役性报道。这就给我们一个启示，有些社会、文化、娱乐性的软新闻，如果结合大的社会环境精心策划，是能够把软新闻做出分量来的。

2003 年 8 月 12 日，重达 440 吨被称为“巨无霸”“铁新娘”的三峡工程水轮发电机组转轮从四川德阳东方电机厂运出，经眉山来到乐山境内，装船运往三峡电站安装。一开始，记者打算发一条综合报道，介绍发电机组制造情况、转轮对于三峡电站按时发电的意义、为什么要在乐山上船走水路等内容。编辑人员经商讨认为，这样的思路是把硬新闻变成了软新闻。其实，这里面包含了多条硬新闻。最后，经策划，在当天的《晚间报道》中播发了《“远嫁”三峡的“铁新娘”乐山走一程》《“铁新娘”乐山上“花轿”》《“百足大力士”背起“铁新娘”》《“伴娘”徒步走，“花轿”候“新娘”》四条组合报道，这样一来，就把软新闻变成了硬新闻。

(二) 要“谋”取典型性事件

非事件性新闻的形成往往具有过程性的特点，它又是基于若干琐碎、零散的小事件。对非事件性新闻采用“事件化报道”，不是简单的观点加例子，也不能做简单的现象罗列，而是必须选取最具典型、能窥一斑见全豹的“事件”。重大的、典型性事件总是被有心人发现的，尽管其中不乏机遇、机缘，但记者善于、勤于思考，才有可能抓取在常人看来很平凡甚至很容易被忽视的东西，以此为载体表现重大新闻，反映重大主题。例如五一黄金周，“劳动”和“旅游”就是新闻报道的主题，可以通过什么能让受众清晰、便捷地了解到最大的相关信息呢？典型事件可以说是最佳载体。我们就应该从社会和生活中选取这样的典型事件来传达我们的观点、引导社会舆论，而不是泛泛而谈，轻描淡写，人云亦云地轻率处理。

(三) 要“谋”角度

非事件性新闻通过最佳角度报道出来，往往能给观众以新的启发，由于所选事件的角度新，也会使新闻更具可视性。这里的“谋”角度主要是指观察事物的角度。而其中的“观察”是个大概念，既包括直接用眼睛去看，也包括“了解”这层意思。在采访的时候，记者需要选好自己的观察点，选好观察事物的“窗口”。如从储蓄看人民生活的变化，从相片看改革给人们生活带来的变化，从商品看经济发展，从橱窗看社会风气的变化等。从这些小角度小事件中激活新闻。

获第七届(1997 年)中国新闻奖一等奖的电视新闻《国庆节，中英街国旗高悬》就是因为选取了好的角度，从而有效地提高了新闻价值。记者开头这样写道：

今天，中英街港方一侧的店铺家家都不约而同地挂起了中华人民共和国国旗，和深圳一侧的国旗交相辉映，给这条饱经沧桑的小街增添了节日的喜庆气氛。

记者选取香港回归祖国前最后一个国庆节这一时机和有着百年历史沧桑、闻名海内外的深圳中英街这地点以及国庆节当天中英街两旁店铺不约而同挂起中国国旗这一事实作切入点，角度虽小，但报道的内容反映了香港回归这个世人瞩目的大主题，是一则很有价值的电视新闻。由此可见，选取角度是软化硬新闻的重要一环。

（四）要“谋”取由头

在我们的宣传报道中，非事件新闻特别是一些宣传成就的报道，常常不注意抓新闻由头，只用“近些年来”“近年来”“今年以来”“新中国成立以来”等模糊的时间概念，从几年甚至十几年前讲起，而不是从事实的最新态势切入，形成了一种总结材料式的报道模式，这样的报道很难说有新闻性。但是，如果从事件渐进性的变动中，发掘出最新的变动，以新的变动作为由头，就可以突破这一报道模式，可以以新代旧，由近溯远，吸引观众，增强新闻的新闻性和可信度，有利于主题的表达和深化。2003 年，乐山市在全市推行村务公开化，乡镇加强审计、监督，切实推行村民民主管理村务成了报道的重点。乐山电视台的《晚间报道》中播发了一条《九峰乡“擦亮”村务公开栏》的报道，这条报道抓取了市中区领导在检查工作时听一名村民与村党总支副书记这样对话：“九峰人想看的全看得到，看到的都看得懂。”以此事件为由头，对村务公开工作进行了生动的报道。记者正是先掌握了消息的主要事实，并把它“养”起来，等待“谋”取好的由头再加以报道，才取得了较好的报道效果。

三、硬新闻软化的手段

硬新闻软化可考虑从硬新闻的几种主要形态入手。

（一）经济新闻社会化

这就是说，经济新闻虽然报道的是经济领域发生的新闻，但一般不从介绍典型经验和生产等纯经济角度入手去采访，而是从选取社会生活的角度、市场的角度入手，尽量抓住读者的兴奋点，尽量和老百姓的工作、生活挂钩，这样才能引起读者的关注。例如，乐山电视台《晚间报道》2003 年 3 月播发的《房价上涨引出新话题》本来是关于房地产行业的一次论坛，记者却从市民的购房需求出发，抓住了一条事关市民切身利益的好新闻：乐山市中心城区房产界和市民共同传出一种声音，减小房屋面积，优化功能设计，让小面积的房子具备大面积房子的功能。

（二）科技新闻生活化

科技新闻比较深奥，似乎远离大众，如果解说词写得生硬，观众就更看不懂了。因此，科技新闻就要注意和百姓的生活联系，在题材的选择上集中报道和百姓生活有关的科技领域。如电脑的升级换代、家电的新发明、汽车的新技术、手机新产品等，都是和观众生活密切相关的，是观众衣食住行中的科学，这些报道可以使观众在不知不觉中增长科技知识。在科技新闻的报道中，要力求通俗化，不要堆砌大量的专业术语而影响观众对科技新闻的理解和接受。例如：2004 年 12 月 21 日成都电视台播发的《电磁辐射污染你防护了吗？》就说“电视、手机、电脑、空调……越来越多的电子产品成全了我们便捷和舒适的生活需求。然而，电磁辐射的污染也同时悄然而至，并且成为继水污染、空气污染和噪声污染之后的第四大环境污染。”告诉观众个人防范很重要的通俗道理。再如 2004 年 12 月 8 日泉州电视台播发的《儿童用药须谨慎》，就是一则生活化的科技（医学）新闻，记者从具体的实例入手，告诉家长，儿童处于生长发育的特殊时期，各种器官发育不成熟，易受损伤，免疫系统发育不全，属于低免疫人群，把四大类药品须慎用或禁用的医学道理进行了通俗的解释。

（三）会议新闻信息化

会议新闻往往是各种信息的汇集地，电视新闻报道可以把会议当成一个新闻源，但必须突破会议新闻报道陈旧单一的报道模式，从会议中提炼出与观众生活密切相关的信息，用观众喜闻乐见的形式进行报道。这样，会议本身只是新闻信息的载体，读者看到的是与自己的生活密切相关的实用信息。这样的会议新闻自然会受到观众的喜欢。例如乐山市家政服务工作总结会的新闻报道，如果按照一般会议新闻的写法，很可能是一篇乏味、俗套的程序化的新闻。但是，乐山电视台的《晚间报道》的记者却只抓一点，从会议中提炼出一条与广大市民生活密切相关的消息：《家政服务有标准："指导价格"新出台》，告诉市民，为了促进家政市场的进一步规范，劳动部门将出台"家政工资指导价"，今后，家政收费将不再是个难题。

其实，无论是软新闻硬化还是硬新闻软化，都是要从电视新闻的自身特点出发，结合观众的新闻接受心理，从提高传播效果的角度进行采编。这是电视新闻采编的根本要求。

（《西部广播电视学刊》，2005 年第 4 期）

理念创新：应对电视节目"同质化"的有效措施

一、"同质化"现象的表现

许多台就同一种题材又同一种形式的节目同时开播好几个，一个题材、一个内容反反复复地说来道去，造成了资源上的极大浪费。这种电视节目"雷同化现象"最突出的表现是晚会类节目。每逢大小节日，各级别电视台无一例外都开始了"晚会聚餐"。从歌舞到小品，从主持到采访，观众都看厌了，看烦了。很多时候观众必然只锁定大型的文艺晚会，如中央电视台每年除夕夜播出的《春节联欢晚会》，但是其他制作者们还是一股劲地导、一股劲地播。

"同质化"现象在目前的"民生新闻战"中也非常突出，冠以"直播""快报""现场"等名称的民生新闻节目遍地开花。每天晚间时段，民生新闻节目铺满各电视频道，大有"你方唱罢我登台"的劲头。

"同质化"竞争对电视节目的丰富性、多样性是一种损害，对创新策划者也是一个威胁，它可以用同样的选题和风格、近似的节目名称和内容等方式，形成对创新节目的部分替代作用，以低成本的后发优势强占创新者的市场。

那么怎样才能在"同质化"竞争中处于优势地位呢？

二、以创新的思维应对"同质化"

"多思乃谋事之本，奇谋乃胜战之诀。"在市场竞争激烈的媒体领域，与众不同的出新才能有竞争力、吸引力和影响力，才能有效地应对"同质化"。电视节目策划者、制作者必须时刻以创新的眼光审视自己的作品，以不断创新的思维模式去修改现有的节目，时刻保持节目的新颖性。

（一）理念创新

理念创新是指思想观念的创新和思维方法的创新。中央电视台的《焦点访谈》节目形式可谓被难以统计的电视台模仿克隆，但其创作理念是难以模仿的，这也是这档节目兴盛不衰的根本所在。《焦点访谈》的成功并不仅在于内容新颖，而且在于其系列、连续报道的策划影响面大，创出了节目品牌，在社会上形成了一种巨大的舆论力量，对人的思想观念产生了极大影响。

再如，中央电视台每年除夕夜都要播出《春节联欢晚会》，作为地方电视台不是不可以模仿中央电视台，但是，我们应该结合自身的情况，在晚会节目的设置策划上：或者采取以中央电视台为核心的传播理念，以便节省开支；或者采取规模小、耗资低的其他形式来争取一部分受众；或者策划出具有地域特色的节目内容，和中央电视台的晚会形成互补，真正运用策划理念和技巧去创造富有自身特点的节目品牌。

（二）内容创新

内容创新是指不断地寻找生活中具有新颖性、变更性、时效性和突发性的素材，让受众耳目一新。这种素材不仅适用于新闻节目，任何节目都适用。香港凤凰卫视关于《亚洲飞人柯受良飞渡黄河壶口》的跟踪报道、有关打击邪教的系列报道《好了歌》、有关《1997 香港回归》24 小时不间断跟踪直播报道的成功，主要都是凭借了新颖的节目内容。

综合游艺节目《欢乐总动员》中有个十分新颖的娱乐单元《洋眼看世界》，该单元每期节目请来数位“老外”，围绕他们策划制作了许多十分有趣的内容，从而塑造自己的节目个性。

（三）形式创新

1. 手段创新

手段主要是指技术手段和表现手段。中央电视台《春节联欢晚会》之所以吸引受众的一个最主要原因：它可以在除夕之夜将问候连接到世界各地、祖国大江南北，让中国人在同一时间出现在同一个荧屏上，不仅增加了节日气氛，更满足了中国人“普天同庆”的美好心愿。这种创新是以技术手段为保证的。湖南经济电视台的优秀栏目《真情大复活》设计了一种让破裂家庭、分手情侣等对象再次相逢并进行交流的方法，即让当事人在彼此之间全然不知的情况下，面对观众进行推心置腹的情感倾诉。这一方面促进了彼此之间的了解和复合，另一方面也揭示了生活中存在的种种社会问题。虽然这是一个普通的话题，但是独特的策划使得该节目表现出一种人与人之间深切的关怀和质朴的感情，成为湖南电视的名牌栏目。

2. 包装创新

应对电视节目的“同质化”必须追求精品经营。作为一种传播市场的产品，电视节目需要利用自身的精品质量来产生品牌效应，在节目市场树立一定的知名度和可信度，从而为节目的市场传播打开销路，产生价值，而这一切离不开包装创新。

这种包装上的创新就是指在节目质量的基础上注重节目的预告、内容包装和广告宣传，其中尤以内容包装为首要。在内容包装上要打破常规，大胆采用全新的包装理念，如中央电视台的服务节目《天天饮食》就打破了传播的服务类节目包装形式，除了采用模拟主持人的动画人物造型外，还配制了诙谐、易唱、朗朗上口的主题曲《我爱厨房》，塑造了轻松、欢快、富于生活情趣的节目形象。

总之，电视节目的“同质化”是电视产业发展的必然结果。应对电视节目“同质化”最好的办法就是增强电视节目的创新力，强化电视工作者的创新意识，要做到“栏目特色化”“节目个性化”，突出品牌意识。创新最为可贵，没有创新，就没有电视节目的繁荣。

（《声屏世界》，2005 年第 9 期）

浅议“领导满意”和“观众满意”

这些年，地方台的发展步伐明显加快。但在实践“三贴近”的过程中，一些地方台开办的节目特别是新节目却始终面临着“领导满意”与“观众满意”这对矛盾。

一、“领导满意”与“观众满意”的误区

地方台侧重宣传本地经济和社会各项事业发展的重任,“鼓与呼”的地位举足轻重。尤其是新闻类节目特别受到领导的重视。如何让新闻节目得到“领导满意”的确成为不少地方台绞尽脑汁的大事。同时,观众也对本地的电视新闻节目非常关注,他们要从新闻节目中了解自己身边发生的大大小小的事,了解多方面的政策和法规,满足知情欲望。问题是领导与观众之间有时在对新闻报道内容和形式上的要求不尽一致。为了二者都满意,电视台在开办新闻节目的认识上就出现了一个误区:办一个“联播式”的节目主要让“领导满意”,办一个“晚间式”的节目主要让“观众满意”。

“联播式”的新闻节目即新闻综合节目,集中报道本地的政治、经济、社会等领域的大事要闻,其中本地领导参加的各项活动和各种会议每天都要占相当大的分量。为了让“领导满意”,这类新闻节目要考虑领导的排序是否正确、显著、突出,镜头是否“光辉灿烂”“指出”“强调”“要求”之类的语言是否组织得得体到位。为了让“领导满意”,新闻节目不惜以会议和领导活动为报道重点,领导倒是满意了,而观众的意见就多了,因为百姓身边的事报道得太少了。于是,电视台专门开办了报道百姓新闻的“晚间类”新闻节目。

“晚间类”新闻节目即社会新闻节目,以关注社会民生,反映社情民意为报道宗旨。不少地方台都比较认可北京电视台和湖南卫视《晚间新闻》的报道模式。说百姓事、解百姓难的新闻节目在各地都有较高的收视率。观众遇到自己身边发生的各种各样的事,都会通过新闻热线告诉电视台,记者编辑也因为观众的信任而努力做好报道。各地电视台的“晚间类”新闻节目为观众解决了不少难题已是不争的事实,这样的新闻节目为百姓和政府之间架起了一座连心桥。

两档节目,两个极端。两档节目都没有最大程度地发释出有效传播作用。作为电视台何尝不想把两档节目都办成既让领导满意又让观众满意的节目呢?但在具体操作中,由于众所周知的原因,很难做到两全,一些地方台的新闻节目就始终处在这样一个误区和怪圈中。

二、从思想上澄清模糊的认识

李长春同志曾明确指出,衡量精神文化产品,最终要看人民满意不满意、喜欢不喜欢。他要求宣传文化单位改进宣传方法,提高引导水平,关注群众切身利益,联系群众身边实际,运用群众的语言,报道有实在内容、有新闻价值的事情,使我们的宣传思想工作贴近实际、贴近群众、贴近生活。这是针对宣传思想工作存在的主要问题切中时弊的重要论述。目前,有这样一种错误的认识,认为只要让“领导满意”就是发挥了媒体是党和政府喉舌的作用,而让“观众满意”就是发挥了人民喉舌的作用,从而把两者对立起来。其实,运用“三个代表”重要思想的理论指导电视宣传,我们可以看到,党和政府的喉舌与人民的喉舌实际上是一致的。党是中国各族人民利益的忠实代表,党的根本宗旨是全心全意为人民服务,党和政府要代表最广大人民群众的根本利益。党和政府的喉舌功能,是为人民群众的利益鼓劲加油、助威呐喊。发挥党和政府的喉舌功能,就包含反映人民群众的呼声、监督党和政府的工作。朱镕基同志曾给中央电视台《焦点访谈》题词“舆论监督,群众喉舌,政府镜鉴,改革尖兵”,充分说明电视作为党和政府喉舌功能统一于体现党的意志和反映人民心声,这两个功能统一得好不好,发挥得好不好,效果如何,归根到底取决于电视媒体的观众意识。

观众意识是媒体一切为了观众、以观众为核心的意识。电视观众意识的形成，也是电视事业发展到一定阶段的必然结果。过去，由于电视频道少，电视节目为稀缺资源，因而电视传播是以作者为核心，电视媒体和观众的关系是“我播什么，你看什么”。现在，随着电视频道的逐渐增多，电视成为买方市场，观众成为电视节目的消费者，可以手拿遥控器，很方便地在各个不同频道中选择自己喜爱的节目。而收视率的高低又成为广告客户投放广告的标尺，成为电视台经济效益的晴雨表。于是电视媒体和观众的关系逐渐变为“你看什么，我播什么，你喜欢什么，我制作什么”，迫使电视宣传改变过去的呆板模式，着力贴近实际，贴近群众，贴近生活，电视新闻开始以新闻价值的大小为选择和编排标准，同时着力改变报道方式，努力让观众喜闻乐见。以胡锦涛同志为总书记的新的中央领导集体，对会议和领导人活动的新闻报道提出了新的要求，要求新闻媒体按新闻规律办事，力求使新闻节目更好看，更吸引人，更能发挥好喉舌作用。胡锦涛总书记还要求宣传思想工作，“总结经验，深化改革，在‘三贴近’上取得新进展”。这充分反映了新闻媒体党和政府喉舌作用与人民喉舌作用是高度统一的。

可见，领导与观众并不是对立的概念。因此，我们要按照党的纲领和宗旨，按照“三个代表”重要思想的要求，正确认识“领导满意”与“观众满意”的关系。

三、“领导满意”与“观众满意”的统一

要做到让领导和观众都满意，可考虑从以下几个方面努力。

（一）改革新闻报道形式

目前，一些地方台“联播式”的“领导满意”和“晚间式”的“观众满意”模式在客观上将领导与观众对立起来，让领导觉得他的讲话和活动应该也只能在哪一档新闻节目播出，并且应该以什么样的形式播出都是一种定式了。而观众觉得，他们有什么事，有什么困难应该也只能向哪一档新闻节目的新闻热线反映，也成了一种定式。

打破这种定式是把“领导满意”与“观众满意”统一起来的重要环节。改革新闻报道形式的主动权在电视台。在这一点上，江苏卫视新闻综合频道每晚 19:30—20:30 播出的《江苏新时空》大节目的新闻理念值得借鉴。《江苏新时空》首创了在全国省级卫视台中于黄金时段开办长达一小时的大型新闻栏目。众口难调是毋庸置疑的事实，于是摆在《江苏新时空》节目策划人员面前的一个课题便是如何较好地做到“各味入各口”。属于“硬”新闻范畴的时政要闻由于其内容的相对严肃往往不被老百姓所青睐，其核心的收视群是各级领导，因此，作为省级大台的新闻节目，时政新闻如果采用“说新闻”的方式，与内容本身的庄重风格不太协调，也无法得到领导的认可。而《江苏新时空》的“时政要闻”版块设置目标首先是让“领导满意”，于是节目沿用了原《江苏新闻》主播主持这个版块，基本上保留了时政要闻部分的大气风格。同时，这档节目也琢磨着让时政要闻和百姓产生关系，从信息效用上寻找整合点，并且在形式上大量运用图表、数据，以此来增添时政要闻的可视性。时政要闻“门前冷落鞍马稀”的状况由此得到了改善。接下来的“综合新闻”版块设有“正在现场”“连续报道”“组合报道”等子版块，着力于全方位地调动电视的一切表现元素，从而使社会新闻的可视性大大增强，形成社会新闻传播的“合力场”。这样的新闻节目把“领导满意”和“观众满意”很好地统一在一起。

(二) 遵循新闻规律

一些时政新闻之所以不能吸引观众，一个重要的原因是报道程式化。事实上，程式化的领导活动和会议动态与有价值的活动和会议新闻并不是一回事。前者的着眼点是领导和会议，报道重心是领导和会议本身，体现的是领导者和会议举办者“指导工作”的主观意图；后者的着眼点是新闻，报道重心是活动和会议透露的新鲜信息。弄清这个区别很重要。它提醒电视工作者，要时刻牢记自己的职责，把握新闻的规律，减少程式化报道，增加活动和会议新闻的“含金量”，使其成为真正的新闻。

在新闻编排上，要努力打破陈旧的编排模式。现在一些地方台的电视新闻编辑在编辑新闻时，往往是以出席活动和会议领导的级别高低来编排前后次序。目前，已有一些地方台开始尝试以活动、会议的内容重要性和新闻性作为处理版面编排先后、稿件篇幅大小的首要原则；参加活动和会议的领导同志职位高低仅作为会议是否重要的参考原则，而对各部门、地区等的会议和活动，以实质性内容作为编排先后和篇幅大小的取舍原则。这样的编排原则值得借鉴。

(三) 提高新闻节目质量

如果把当地党委政府的工作举措、领导活动和各种会议，进行一般性的反映，满足于工作动态、进度报表和“四季歌”之类的报道，那么不仅读者不欢迎，领导也不满意。因此，地方台的新闻报道必须讲求报道艺术，从改进领导活动和会议报道入手，不断提高舆论引导水平。

改进领导活动和会议报道，必须站在观众的角度，去审视和采编新闻，体现出这类报道的贴近性。地方台必须利用好地区优势，因势利导，将新闻报道的角度转向平民视角，由居高临下的“俯视”转向深入普通人生活的“平视”。真正做到大事宣传及时到位，当地党委和政府的中心工作宣传浓墨重彩，会议和领导人活动的报道求深、求新、求活。同时，还必须着力改进会议和报道的方法，从庞杂的会议内容中捕捉观众普遍关注的新闻事实。

很多有经验的记者都有这样的体会，领导讲话中的插曲经常是老百姓十分关心的问题，领导在会上即席就某一问题讲了几则小故事、小插曲，这一类的报告会最易针砭时弊，生动而有张力，若把这样的闪光点和精彩的观点补充到会议的报道里，可为会议新闻增色不少，提高其“含金量”。例如，2002 年 1 月 11 日，上海的《东视新闻》有一则名为《五位市长一个会》的报道，做得颇有新意。这原本是一条关于上海市行业协会发展署成立揭牌的消息，过去报道此类会议新闻往往列一下出席领导名单，拍个揭幕镜头了事。但是这则会议新闻把报道角度放在“一个揭牌仪式，为什么会有五位市领导到场？”这一新闻闪光点上，从上海市市长在会上讲述的一个事例说起，深刻指出了行业协会政府行政干预多，突出反映要通过转变政府职能，发挥行业协会作用的迫切性。这样就从一则一般的会议消息中透露出，政府以真抓实干来适应中国入世的形势，提供了有价值的信息。

总之，地方台的新闻节目要解决好“领导满意”与“观众满意”这对矛盾，就要在内容和形式上创新，找准领导满意与观众爱看的契合点，做好“贴近性”这篇大文章。只有这样，地方台才会有肥沃的土壤发展，才会充满无限的生机与活力。

(《视听天地》，2006 年第 1 期。该文入选四川省对外宣传及文化交流重点项目
《四川新跨越发展论坛》研究成果)

广播电视节目评奖的现状、地位及科学评奖体系的建立

一、广播电视节目评奖的地位

广播电视节目评奖(本文主要指广播电视节目政府奖)工作从全国性到地方性每年一次,这已成为广播电视媒体的一项重要工作。从全国来看,大部分地方的广播电视节目奖较正规的评选起于 20 世纪 80 年代初,分类和奖项设置都较为单一。从 1988 年起,广播电视节目政府奖由广播电视学会统一组织,后几经调整完善,到今天,广播电视节目政府奖主要有广播新闻类、广播社教类、电视新闻类、电视社教类、广播电视播音和主持类、广播文艺类、电视文艺类等几十个奖项,分类逐步趋于合理。我国评价广播电视新闻宣传的最高奖(国家级政府奖)是中国广播电视新闻奖,1997 年由中共中央宣传部批准设立,国家广播电影电视总局主办,中国广播电视学会承办。中国广播电视新闻奖下设 7 个分项:广播新闻奖、广播社教节目奖、电视新闻奖、电视社教节目奖、报刊新闻奖、报刊专稿奖和中国彩虹奖。各省、市、自治区以及地市州也相应设立了省级政府奖和地市级政府奖。

20 多年来,广播电视节目评奖工作对促进广播电视业务交流,提高广播电视业务水平,发展广播电视事业起到了十分积极的作用。通过广播电视节目的创优工作,一大批广播电视从业人员的政策意识、导向意识更加明确,专业技术水平显著提高,创作观念不断更新,节目表现形式越来越多样化,进而提高了整体的宣传水平和传播效果。笔者在四川省乐山市的峨眉山广播电视台了解到,通过十多年坚持不懈地抓创优工作,该台已有几百件广播电视作品分获国家级、省级和市级广播电视奖,目前该台的广播电视节目的采、编、制水平已不可同日而语,创优工作功不可没。

随着我国社会主义市场经济的建立和不断完善,广播电视行业的市场意识越来越强,打造精品,树立品牌,提高核心竞争力,已成为各级广播电视部门的共识。在这种情况下,各台把创优工作看成谋求发展的一项重要措施。因为拿什么来衡量一个台的综合实力,获没获得广播电视政府奖的大奖是标志之一,由此,一年一度的中国广播电视新闻奖成为各台争夺的热点。当前,在我国加入世贸组织,广播电视行业面临更加严峻的竞争和挑战的新形势下,发展成为广电行业的第一要务。围绕“发展”这个主题,全面推进改革,与时俱进,努力把广播电视产业做大做强,节目创新是立身之本。因此,实施精品战略必须坚定不移地坚持下去,而创优工作就是一项导向性的工作,以此倡导全行业的精品意识,精心选题,精心创作,不断创新,使广播电视业走上可持续发展之路。这是今后一个时期广播电视节目评奖工作担负的重要使命。

二、广播电视节目评奖的现状

如果看一看近几年国家级和省级政府奖的获奖作品目录,不难看出,省级以上大台基本囊括各个奖项的格局已被打破,地方台(指城市台和县级台)跻身其中的比例有逐年增加的趋势。这反映了广播电视节目的创优工作已在各地广泛开展,归纳起来主要有以下两点:

(一) 建立创优工作的奖罚机制

目前,各地各级广播电视部门对节目的创优工作的重视程度前所未有。不少地方从主管部门到广播电台、电视台都层层建立了奖罚机制,节目的创优工作基本上做到了早计划、早选题、早安排,把节目创优工作目标及早地下达给节目创作和生产部门,甚至落实到人头上。年终考

核考评时，采、编、制播人员以及本单位本部门都有创优成绩这一硬性指标，奖罚分明。

（二）精心组织精品节目的创作

创优工作重在落实，没有精心的组织实施，创优就成了一句空话。这几年来，不少城市台都逐步改变了那种“两头硬中间软”的做法，即年初下达任务指标，年终考核“算账”，而中间的节目生产创作很少管甚至不管。其结果是临近评奖，东挑西选，却找不出几件叫得响的精品节目参评。如今取而代之的是，努力把创优工作贯穿于节目生产和创作的全过程。定好的选题抓住不放，新出现的好题材精心打造。许多台为创优工作大开绿灯，采编人员选最强的，采制设备用最好的，各种保障工作及时到位，在人力、财力、物力上不惜大投入，由此产生了一大批题材重大、采访深入、形式新颖、制作精良的佳作。如四川省遂宁市市中区广播电视局在2002年本地的一场罕见的特大洪灾面前，组织精兵强将精心策划，一线记者冒着生命危险全过程跟拍抢险场面，拍摄了大量珍贵的镜头，从不同角度真实记录了受灾最重的市中区唐家乡余建村党支部组织党员、干部和群众抗灾自救的感人事迹，制作的新闻专题片《冲不垮的堡垒》主题鲜明，扣人心弦，不仅打动了观众，也征服了省级政府奖评奖的专家和评委。

三、广播电视节目评奖存在的问题

我们也应该看到，在创优工作广泛开展的同时，也引发了一些不可忽视的问题。

（一）为评优而创优

创优是手段，提高节目的质量，打造精品节目，创造品牌才是目的。但如果处理不好这个关系，往往会使创优工作从一个极端走向另一个极端。目前，一些台为了在每年的节目评选中获得好成绩，把不少精力都投入其中，以致削弱了对日常节目生产的力量。平时的节目一般，观众不爱看，而为了迎合评委的口味，挖空心思，不惜人力、财力和物力，去采制参评节目。众所周知，地方台在人力、财力、物力都不很充足的情况下，必须完成繁重的日常宣传报道任务，不断地生产听众观众喜爱的广播电视节目，这方面的力量稍有削弱，就会出现疲于应付的局面，降低广播电视节目的质量。但为了能领回奖杯、奖状，在听众、观众和评委的天平上，一些台不得不倾斜于评委。

（二）为完成目标任务而创优

其实几乎所有的台都知道，只有节目好听好看，才会赢得受众，才会在市场竞争中求得生存。无奈，当一个地方的主管部门为了本地的宣传工作上台阶，不断地给广播电台、电视台加码，规定了要拿多少个一等奖二等奖，不然就会在年终目标考核中受到较大的影响。顶着这样的压力，有些台不得不为了完成目标任务，把工作中相当大的精力放在“创优”上，所造成的结果与前述为了评优而创优毫无二致。

四、目前评奖工作的特点

目前广播电视节目评奖工作有以下几个特点：

（一）权威性

由权威机构评选，即由广播电视主管部门主办，广播电视学会承办。从专家评价这个层面上来看，这样的评奖像“高考”是教学的“指挥棒”一样，对节目的创作有极强的导向作用，不论评价结果如何，都具有不可动摇的权威性。按照中国广播电视节目评选规则和办法，各地目前都设立了相应的不同级别的政府奖评奖机构，评奖的影响力越来越大。单位的成绩，采、编、制、播人员的业绩，都少不了政府奖获得的等级这一硬性指标；个人计奖、评先进、评职称、选岗位甚至职务升迁哪一个也离不开政府奖这一“金字招牌”。

(二)广泛性

政府奖评选，大小台齐响应，由此汇集了各个台的精品节目，其题材多样，主题鲜明，表现形式各异，有人把这说成是广播电视节目的“大阅兵”，只要是记者、编辑、编导、播音员、主持人等各类广播电视专业人员，无一不在为了创作优秀作品而努力。政府奖的号召力由此可见一斑。

(三)实用性

这一点在地方台表现得尤为明显。这几年，各级政府奖评选后，很快会有专家点评的佳作赏析出版，不少地方台还专门请专家或评委现场点评获奖作品，大批没有经过专业培训的半路出家的采、编、制、播人员从中获得实用的专业知识和创作新理念，从而有效地提高了他们的专业技术水平。因为这样的赏析书籍和现场评说胜过枯燥的专业课本，可谓起到了“短平快”的提高效果，由此也促进了节目质量的提升。

五、目前评奖工作的弊端

当然，目前的评奖办法还是粗放式的，在实际运作中也显现出一些弊端，有人为的因素，也有评奖体制上暴露的问题，主要表现在以下几个方面：

(一)所有奖项都是每年一评，纷繁复杂

承担具体创优工作的人都有一种感觉，评奖真麻烦！平时要紧绷这根弦不说，临近评奖时的各类材料的准备工作重复烦琐，县、市、省每一级的评选都要重新准备材料，光打印、复印文字稿所花费的费用有时高达几千元，磁带、录像带的复制情况也是如此。于是有人提出，除时效性很强的节目，如新闻类等节目外，有些类别的节目可否两年或三年一评呢？我们姑且不去评价这种说法是否有道理，但它从一个侧面反映出，有一部分采、编、制人员已觉得每年的评奖使他们感到有些疲惫，同时也反映出目前的评奖也有与实际工作目标相背离的一面。

(二)评奖中的人为因素不可忽视

由于前面已经提到的原因，一些台想尽千方百计为获奖而与评委拉关系，希望对自己的作品网开一面，还有极少数台派专人攻关。这一现象不同程度地影响了评奖的权威性和公正性。虽说这个问题已引起了评奖主办者的高度重视，但评委的素质参差不齐，加之各方对参评者的压力，这一现象还未从根本上有效杜绝。

(三)“假”作品有增多的趋势

按说送评作品应是原汁原味的，对某处技术上的差错做一点修改也无可非议。但不该出现的是，有些台或对送评作品添枝加叶地修改，或请人指点，打乱重来，制作的节目已变了味。从这些年评奖的情况看，参评作品中不时出现一些后来修改明显或人为导演的痕迹，还有些作品由于“修改”时没有做到“天衣无缝”，被评委抓到把柄。

(四)评奖标准存在差异性

各地评奖标准五花八门，其差别有宏观的、微观的，有定性的、定量的，有主观的、客观的，有技术的、艺术的。由此造成评奖的尺度不太好掌握。

六、对逐步建立一套科学评奖体系的思考

（一）评奖机构的改革

目前广播电视节目政府奖的评选虽说都是以学会名义组织的，但实际上是由政府行政机构或部门操纵的，这种评奖机构虽然借助了政府的权威，但实际上是没有摆脱计划经济体制的束缚，因此评奖机构和参评单位的价值取向不能统一。由此，我们能不能考虑对评奖机构进行改革，减少行政“干预”，借鉴国外的一些广播电视节目评奖的有益经验，有步骤地由学会独立地组织评奖，将评奖的方向转为由纯学术型替代政府型（这样的提法值得研究和讨论）。这样的做法也许更能体现广播电视节目专业性评奖的特点和政府职能转变的客观要求。但必须指出的是，广播电视媒体是党和人民的喉舌，评奖中的党性和人民性必须始终坚持，即评奖导向必须坚定地与党和政府的大政方针相一致。

（二）改革评奖机制和办法

目前的广播电视节目政府奖的评选带有浓厚的行政色彩，前述的一些问题由此引发，这与在市场经济条件下的广播电视媒体的经营目标产生了矛盾。政府行政管理目标与媒体经营目标的非一致性，要求逐步改革先行的评奖机制和办法。换而言之，评奖机制和办法的改革要适应广播电视行业面对市场、面对中国入世新形势的改革要求。另外，参评作品是迎合评委的口味还是符合大众的口味，经得住历史的检验，很大程度上也取决于评奖机制和办法。因此，改革评奖机制和办法应体现：一是与广播电视媒体机制改革相融合；二是符合广播电视节目的生产规律；三是能够真正起到引导示范和前瞻作用；四是受众满意，令专家和评委称道；五是激励创作者创新求实；六是评奖标准科学准确，具有较强的可操作性。

七、建立电子网络化的评奖系统

电子信息时代，老一套的那种对参评节目的初选、送评、评审等过程和方法已显得烦琐落后，这需要有一套先进的电子网络化的评选系统尽快建立起来。有了这样的评奖系统，评奖工作效率将会大大提高，进入系统的参评作品真实规范，筛选简单，诸如节目长度、选题、包装、各项技术指标等都可进行量化，专家和评委可异地随时对作品进行全方位的评判，终审把关严格公正，完全实行无纸化评奖。更为方便的是，优秀的作品可随时进入系统随有随评，从根本上简化了送评和评选程序，有效减少人为因素的干扰。同时，凡是与这个系统联网的各广播电台和电视台可随时方便地查看和了解各类优秀广播电视节目的动态，指导各自的广播电视节目的生产。

总之，本文对广播电视节目评奖工作的认识和思考是对传统经验型的节目评奖工作的一些探讨，希望能对科学建立节目的评奖体系抛砖引玉。

（《中国电视论坛》，2006 年第 3 期）

采制理念：变则通

在当前纷繁的市场环境中，地市台必须积极应对来自区域内报业媒体、互联网媒体、无线通信媒体、社会户外媒体等各媒体的竞争和三网融合等带来的压力，研究制定地方台发展战略，这是当前及今后的战略选择。本文根据乐山广播电视台的实践，就新环境下地方台电视节目采编

理念的转变试做一探讨。

一、为什么要转变

（一）电视台作为公众媒体，理应秉承着新闻职业道德和理念，履行公众守夜人的职责

“守夜人”，其意义就在于既然看出了问题，就应“喊”出来，而不是心如明镜一般，嘴上却上了锁。但“守夜人”这一新闻采编的核心理念依然较难体现。相对于国家级和省级电视台，地方台在这方面作为的空间更小。

第一，全国很多城市的党政领导纷纷表示欢迎媒体监督，但正面宣传、弘扬主旋律、维稳、鼓劲等，依然是地方党政领导对地方台最重要的诉求。近来甚至有一种趋势，许多地方的党政领导为网络媒体或外地媒体（主要是省级媒体）创造了更为宽松的舆论环境，在舆论监督方面网开一面，而地方台则陷入更为被动的局面。

第二，各大媒体竞争激烈，生存空间日益逼仄，同时地方台新的赢利模式尚未确立，赢利渠道单一，迫于生存压力，对广告大户的妥协在所难免，“吃了人家的嘴软，拿了人家的手软”，对广告客户的舆论监督已成为纸上谈兵。

第三，来自不同方向的外部约束，已渐渐变成地方台采编人员的内部约束和无形桎梏。采编人员在日益严格的考核制度下，考虑最多的是多出稿子，多出能得高分的稿子，而舆论监督稿往往既难采访，又难写难编，更难播出，常常花了九牛二虎之力采访到了，编写出来了，最后的结果却是被枪毙，这使得记者对舆论监督稿失去了热情和信心。

第四，一些地方台的舆论监督工作仍存在播出随意、题材琐碎、话题重复、形式陈旧、点评乏力、导向失衡、话语偏弱等现象，舆论监督很容易跟着观众的直观诉求走。记者整天忙于投诉，甚至成了一些功利投诉群体的跑腿工。这样带来的问题是电视台的舆论监督缺乏规划，“东一榔头西一棒”，虽疲于奔命，但社会意义不大，长此以往，很容易形成节目的“同质化”和内容的非典型化。同时，这样的舆论监督，很容易导致牵着地方党委政府跟着电视台救火的局面，并由此严重干扰地方党委政府的正常工作，结果导致一些舆论监督报道的“封杀”。

以上四点使舆论监督在地方台中依然步履维艰。

（二）新闻的本质正在发生变化

网络的飞速发展，使得新闻传播渠道大增。理论上讲，所有的网民都可以同时成为新闻的传播对象和传播者。新闻作为一种产品，其价值也受供需关系影响，供应量的剧增，使其不再稀缺。曾经的信息缺乏因网络而彻底改变为信息泛滥。饱受信息泛滥之苦后，“抱歉，我不想知道”开始成为许多人的口头禅。与此同时，在所有的传播对象都可以成为新闻的传播者时，加上新闻和信息的泛滥，使得新闻和信息的可信度大大下降，此时，地方台的自采自制能力成为其核心竞争能力。而电视节目的采编理念由此也面临转变。

（三）互联网的普及和社会新生代阅读收看习惯的形成，对传统电视媒体形成强烈冲击

目前，一些地市台的忠实观众群体不断分化，收视规模和收视时间呈下滑趋势，广告增长乏力，经营环境正处在如何转化的关键时期。

（四）“内容为王”的传统采编理念，对地方台的发展起过积极作用，乃至现在仍然具有借鉴意义

面对当今的诸多挑战，“内容为王”已显得不够全面，需要“扬弃”。一方面，随着市场经济体制的确立，地方广播电视媒体逐步被推向了市场，从卖方市场转变为买方市场，卖新闻、卖广告、卖活动日益成为地方台求生存、求发展的三件法宝。“内容为王”显然不能全面支撑地方台发展的大厦。另一方面，地方台的功能也趋于完善，它不单单是喉舌，同时还是开发信息资源和传播信息的产业。因此，要如同经营产业那样经营广播电视业。尤其是面临新媒体越来越剧烈的竞争，地方台越来越注重经营、传输、体制等方面的创新，业内也将视野从传统的低头办台，开阔到盯着市场经营办台，“内容为王”被赋予新的内涵，转变采编理念成为必然。

二、如何转变

（一）舆论监督报道方向的转变

要真正担当起时代重任，地方台的舆论监督就必须注重选择，主动服从和服务于经济社会发展大局，尤其是要根据阶段性的形势和任务做到有所为有所不为。就现在或今后一阶段来说，就是要根据党和国家的工作重点，紧密结合本地区党委和政府的中心工作，注重选择那些在目标落实过程中存在或出现的新形势、新问题、新气象、新苗头，在通过深度、贴近的调查基础上，进行积极的舆论监督——提出问题倾向，分析问题根源，把脉问题对策。联系当前和今后一段时间我国媒体舆论监督的新任务，乐山广播电视台公共·新农村频道的杂志型新闻资讯栏目《城乡晚9点》认真研究当地党委和政府的中心工作，理出舆论监督的报道方向。例如，“进一步减少、简化行政审批，坚决清理和取消不合理收费”等，都是很有价值的舆论监督报道线索。《城乡晚9点》围绕这些线索，采制了不少有分量的舆论监督报道。这样的报道既是对党和政府工作的监督，同时也不影响政策和工作的执行，更不是牵着地方党委政府跟着媒体救火，这样的监督，实际就是上情下达，下情上报，从而确保执行力始终沿着一个既定目标不断推进，给人看到的也是一种信心和力量。

（二）新闻价值判断的转变

在潜意识里，我们依然残存着这样的想法：我能采到什么新闻，就给你看什么新闻；我认为什么是新闻，就给你看什么新闻。这种潜意识中的理念时刻指挥着我们的行动。但如今，我们必须全面确立以人为本，也就是以观众为本的理念，彻底摒弃上述想法，以观众的需求作为新闻价值的判断标准。而社会转型、经济转制已使观众需求发生了巨大变化。我们要做的，就是不断研究并适应观众的需求变化。

具体来说，要重视三种需求的满足。

1. 对人们的生活有帮助的信息

我们每个人，在每天的日常生活中，都会碰到这样或那样的难处，如果电视栏目能为此提供一个平台，发动观众互帮，一定会引起观众的共鸣。《城乡晚9点》为此开设了《城乡办事处》和《城乡情报站》两个版块，播出的全是观众的求助信息，从“多年的棉絮什么地方可以弹软？”“被狗咬了超过了一个星期还可以接种狂犬疫苗吗？”到“残疾人在哪能买到残疾人摩托车？”“我想寻找30年前的老同学”等，一地鸡毛。但对于每一个个体来说，也许就是心里的一个结。我们通过采访报道，或咨询相关部门，或让更多的观众一起想办法，随着问题的一个个解决，就

会在更多的观众中间形成积极的传播效应。

2. 对人们的感情有触动的信息

这种触动，包括的范围非常广泛，可以是快乐的、温馨的，可以是有趣的、好看的，可以是愤怒的、悲伤的，也可以是有启发的、引起联想的……从某种程度上来说，这也顺应了体验经济的发展潮流。

例如，中秋月饼这个话题，每年都说，按照传统的新闻标准，这也许是说了无数次的老话题，无多少新闻价值。而 2010 年的中秋节，《城乡晚 9 点》的《零距离》版块从如今经济社会发展变化对中秋月饼功能的改变这个角度，策划采制了《中秋月饼四大"愁"》的调查报道，从"一愁选月饼，二愁送月饼，三愁吃月饼，四愁收月饼"几个方面，对中秋月饼由"作为一个纪念中秋的功能，演化为于社会交际的功能"进行了生动阐释，引起广大观众的共鸣，纷纷通过短信、栏目博客等方式表达自己的感触。

3. 对人们的价值判断有启发的信息，对人们的未来预期有引领的信息

人们在进行重大决策的时候，总是有赖于其既有的价值判断，有赖于其对未来的预期。如果我们的新闻，不是就事论事的快餐式新闻，而是能够看得更加深一些、远一些，能对人们的价值判断与未来预期有所启发和引领。

（三）新闻报道方式的转变

我们习惯了这样的新闻报道方式：告诉观众有什么事发生了。现在，我们还要思考，怎么把这件事告诉观众？对此我们能做些什么？我们能发动观众和我们一起做些什么？

1. 怎么把这件事告诉观众？

我们经常会碰到一些内容老套、人们却依然会重视的事情，如果我们直截了当地说，也许观众不一定会有耐心看下去，但换一种表达方式或表现形式，效果会大不一样。

如减压话题，现在的生活节奏、工作节奏是越来越快，因此，很多人都面临工作不顺利、家庭生活负担重、感情经营不善等方面的压力，压力对于每个人而言是随时都有，一波接一波。可是，该怎么释放呢？这本不是一件新鲜事，《城乡晚 9 点》却能以非常新鲜的方式来说这件事。它以几个不同行业不同年龄段的人自我减压的诀窍为例，配以心理咨询师的点评，告诉观众健康的宣泄压力的方式，形式很新颖，引人注目，印象深刻。

2. 对这个问题我们能做些什么？这件事情能给观众带来什么样的启示？

乐山电视台新闻综合频道《新闻天天报》栏目在策划报道一起小轿车上被抢的案件时，不仅详细描述了事情经过，重要的是，在每一个关键节点，配上公安人员的提醒以及记者自己的采访体会，目的是教观众如何避免类似不幸事件的发生。

3. 我们能发动观众和我们一起做些什么？

以前，地方台作为大众传媒，只是记者编辑采编新闻，然后传播给观众。随着网络的兴起，观众已不仅仅是新闻的接受者，同时也可以成为新闻的制作者和传播者。为此，地方台应重视其纯粹的媒介功能，或者说是平台功能。

譬如，对于小家电维修难这个问题，《城乡晚 9 点》对此的做法是：提出小家电维修难这个问题，同时让观众出主意。

（四）由“内容为王”向“产品为王”转变

传统的“内容为王”时代，评价一档栏目的好坏、优劣，更多的是追求单个稿件、一期栏目的精细化程度，很少从总体上进行把握。

这里提出并付诸实践的“产品为王”和传统“内容为王”区别在于：“产品为王”是从经营电视的理念出发，将电视台从内容的采集到形式的包装，从受众的研究到广告的吸纳，甚至广告、活动的售后服务，力求做到整体精细化。只有你的“产品（不单纯是单个节目）”是王，你的媒体才能成王。只有很好的产品，才可能得到持续的高回报。而“内容为王”作为重要的组成部分，包含在“产品为王”之中。这里的“内容为王”，并非有“内容”便可称“王”，亦非人们习以为常的“内容第一、形式第二”的那个霸王“内容”，而是服从并服务于整个电视台，满足观众和广告商需求，“两个效益”并重的有用信息。

（《南方电视学刊》，2011 年第 1 期。该文获中国广播电视协会征文优秀论文奖）

第二部分　业务研究

“带露鲜花”分外娇

——提高电视新闻水平的几点浅见

电视新闻是电视节目中的“骨干”“脊梁”。乐山市的电视新闻从 1985 年 2 月第一组播出到现在，已形成了日臻完善的采、编、播专业体系。就目前的中心城区而言，市区两级三家电视台都有自己固定的新闻栏目，日平均插发新闻十几条(篇)。广大观众可很快耳闻目睹全市发生的一系列有影响的新事件。电视新闻已成为宣传乐山经济社会发展的重要媒体。

但是，随着乐山市电视新闻影响面的逐步扩大，观众对电视新闻的要求也随之提高。特别是国内十几家电视台的节目通过卫星传来，其高质量的图像、伴音和采编水平，更是吊高了观众的胃口，当地电视新闻质量显然逊色。当然，“月是故乡明”，观众从不放弃了解自己身边发生的事。这就是说，我们的电视新闻根植于一片沃土，而要根深叶茂，花美果香，这就要求我们必须从沃土里汲取养分。

一、乐山市电视新闻的现状

乐山市各城市台建台时间不一，实力差异较大，新闻水平参差不齐。从中心城区来看，乐山电视台建台时间最早，实力较强。后起的乐山有线电视台和嘉州有线电视台各项工作都处于过渡和发展阶段，但各台的新闻栏目都是支柱栏目。在同一城市中，各台虽努力“别出心裁”，但新闻的总体水平仍不尽如广大观众的心意。播发的新闻以会议报道和动态消息为主，缺乏特色，有影响、有深度的鲜活报道，“文山会海”“迎来送往”的请柬把电视新闻节目紧紧围住，不少记者常常在家“守株待兔”，缺乏“主动出击”意识；编辑、记者中普遍存在着根据材料写解说、按照感觉“编”稿件的采访作风，在实际采访中常常以组织拍摄、现场布置、现场“导演”的“手法”，来获得自己需要的新闻素材，对自己周围所发生的新闻事件，不做深入细致的调查，不去寻找深层次的联系，只了解一些表面现象。特别是缺乏对新闻事件发生、发展过程的综合分析，难见一些叫得响的作品。

以上问题主要是从事新闻编采的编辑、记者综合业务素质偏低所造成。据粗略调查，现有编采人员的来源有三方面：一是过去从未涉足新闻编采或曾经扛过摄像机但缺乏电视新闻编采基本技能的引进人才；二是部分分配来的大学生，其中相当一部分专业不对口，缺乏社会经验和采访经验；三是通过公开招聘的人才，虽说具备较强的文字功底，但缺少实际工作经验和专业知识。加之各台普遍缺乏既有新闻敏感，又熟悉电视语言和采编技能的有经验记者引导传授，致使“传、帮、带”显得十分薄弱。

从各台新闻采编设备来看，所用设备大多落伍，有的甚至是“超期服役”，与日新月异发展的电子采编技术不相适宜，这也是制约乐山市电视新闻水平提高的因素之一。

二、改变现状的思考

要改变乐山市城市电视新闻的现状，提高新闻节目的品位和质量，服务于经济建设，适应各层次观众的心理需求，笔者提出几点浅见，与新闻界同仁探讨。

（一）提高记者的素质，确立电视新闻的地位和作用

制定长远的规划，有计划、有目标地分期分批培训一批具有较高文化素质的年轻新闻编采人员，使他们不仅具有较高的政策水平和较高层次的文化知识，还具备丰富的社会知识和经验，具有较强的新闻敏锐性和分析问题、解决问题的综合能力，同时还应有创造性的思维能力。这是提高新闻节目质量的最重要的一环。

台领导树立新闻主体意识又是办好新闻节目的关键。所谓新闻主体意识，主要包括：充分认识电视新闻作为社会主义国家的传播媒体，其在整个电视节目中的地位和作用；努力选拔和培养一批文化素质高、有强烈敬业精神的编采人员，逐步增强编采第一线的力量；克服人员、设备投向上的“偏向”，不仅口头上讲重视新闻，而且要舍得在新闻编采上投入资金，用于采访经费、人员培训、设备增添和更新。据国外资料载：美国三大电视网在激烈的竞争中，首当其冲的是电视新闻的竞争。这足以看出，新闻在电视节目中的地位和影响。当然，笔者并不主张过分夸大电视新闻的地位，因为电视新闻毕竟只是整个电视节目中的一个部分。

（二）培养深入细致的采访作风

新闻界有句名言，叫“三分写，七分采”。胡乔木曾反复告诫，新闻工作成功秘诀就是深入细致的采访，要改变以往听汇报，编稿件，缺乏亲身体验和捕捉新闻实质的采访作风，首要的一点就是放下记者的“架子”，对所采的新闻事件做细致的调查了解，从中找出真正有价值的东西。1993 年，乐山市沙湾等地发生特大洪灾，对这一新闻事件，各家新闻单位都派出了记者采访。乐山电视台的两名记者破例手提摄像机，乘坐十分拥挤的班车，及时赶到沙湾的重灾区福禄镇，不顾泥泞和炎热，走访了灾区的许多地方，真实地记录了当地党政领导带领群众奋力抗灾自救的动人场面。采编的电视专稿《危难之际见深情》获当年度全市好新闻二等奖，受到观众和评委的较好评价。这说明，好的新闻作品来源于踏踏实实的细致采访。这就要求采编人员具有高尚的敬业精神和职业道德，切实沉到基层，在实际生活中去发现和捕捉有价值、有深度、有影响的生活气息浓郁的报道题材，多采撷水灵灵的“带露”的花。

（三）电视新闻节目的定位

这包括对象定位和内容定位，也就是说给谁做、怎么做、做什么。

新闻节目的对象是最广泛的各种层次的大众。由此，采编人员要时刻想到采访报道的内容必是观众真正想要知道和了解的。记者手中的摄像机要想从“会议报道”和一般的动态报道中解脱出来，不善于了解和掌握受众心理是难以做到的。

作为社会主义国家的电视新闻，首要是宣传党的各项方针政策。而如何宣传才能起到良好的效果，值得探讨。笔者以为，广大的人民群众在各自的岗位上，为祖国的建设事业发奋工作所取得的业绩，是党的方针政策得以贯彻落实的最生动体现。所以，新闻就在人民群众中间。江泽民同志所说的“以科学的理论武装人，以正确的舆论引导人，以高尚的精神塑造人，以优秀的

作品鼓舞人”应是我们电视新闻定位的原则，明确了这一点，电视新闻所要捕捉的素材，就是人民群众对祖国建设事业的献身精神和业绩，对美好生活的追求和向往以及家乡巨变给群众带来心态、观念等方面的变化……

可见，电视新闻的定位就是“三贴近”，即贴近时代，贴近生活，贴近观众。

（四）增强创新意识

我们的电视新闻总以一种“面孔”长期出现，难免引起观众的乏味。要解决这一问题，采编人员必须增强创新意识。电视是声、像完美结合的大众文化，电视语言和表现手法非常重要。培养采编人员熟练掌握画面语言，灵活运用电视特有的现场表现手法，除了在专业技能上下功夫以外，还需逐步提高自身的思想素质，要有敢于涉足电视新闻报道新领域的勇气和不断探索、不断创新的精神。

从近年来全国乃至乐山市评选出的电视好新闻中不难看出，创新意识已提到了十分重要的位置上，抓独家新闻、选择好的新闻角度与切入点、提炼新的思想和观点、老题材中觅新意、表现手法新等，是电视新闻创新意识的具体体现。作为我们的地方城市台，在诸多方面难以与国家和省级电视台匹敌，因此增强创新意识便显得更为重要。从本地发生的大大小小的新闻事件中挖掘出最有新意的东西，通过学习借鉴“他山之石”，再加以突出本地特色，有可能成为乐山市电视新闻在创新之路上逐步走上成熟的一个过程。

乐山市的城市电视新闻虽是步履蹒跚，但许多采编人员已开始逐步朝着追赶时代发展脚步和观众心理要求方向上努力。1993 年度获乐山市和四川省好新闻奖的乐山市电视新闻作品已崭露头角。相信乐山市的电视新闻随着各方面条件的不断改变和更新完善，一定能在嘉州大地上绽放出更多带着“露珠”、分外娇艳的花朵。

（《乐山新闻》，1995 年第 1 期）

加强基本技能训练　提高电视新闻报道水平

——地方电视台通讯员来稿中常见问题刍议

近年来，地方电视台（特别是地市级以下电视台）的新闻节目播出量大大增加，许多台都开设了每日新闻。大量的新闻采访任务只靠为数有限的本台记者来完成显然是不够的。因此，各台都十分注重发展通讯员队伍，使之成为本台的一支新闻中坚力量，让新闻触角伸向四面八方。

然而，绝大多数通讯员没有受过电视新闻采编的专门训练，使用的设备也较低档，来稿质量不高，甚至出现根本无法采用的状况。我们在编制通讯员来稿时，常遇到以下问题。

一、摄像机白平衡调整不当、色彩偏差较大

目前大多数通讯员使用最多的摄像机机型是松下（Panasonic）家用系列型（M3000 型、M9000 型、455 型等），这类摄像机设有自动白平衡和手动白平衡两种调整装置，操作比较方便，那么为什么许多通讯员拍摄的图像色温偏差较大呢？笔者在与一些通讯员讨论中发现，主要是没能掌握机器的性能，使用不当造成的。这类摄像机虽然档次不高，但掌握了它的特性，拍出的画面仍能满足地方台新闻节目的一般要求。

在长期使用中，我们的经验是，这类机型少用自动白平衡，尽可能手动调整白平衡，它可以在不同的色温条件下，基本上获得色彩较好的图像。如遇光线较暗的环境应补光，或开大光圈满足度后使用标准白卡来调整白平衡，这样可得到较满意的色调。

二、画面构图欠佳、景别运用不正确、拍摄顺序混乱

我们在制作通讯员来稿时，经常遇到所拍素材难以剪辑的情况主要表现在：没有正确的构图，没有景别的明显区分，拍摄顺序安排不当，造成漏失新闻“主件”等。

一些从事电视新闻报道的通讯员，可能有一个共同的体会，就是拍一条新闻时究竟从何处拍起，各种拍摄技巧应该如何使用，往往是扛起摄像机就无目的地拍摄，不注意交代场景、环境，也不注意表现主体，捕捉有用信息，结果拍摄大量无用镜头，即使一些有信息量的镜头也未按要求拍好。因此，通讯员要掌握拍摄新闻的“一般共性”和各自的特性，不可千篇一律、随心所欲。这里所说的“一般共性”是指必拍的各种场景，环境交代与事件有关的画面等，这些都是每一条新电视新闻应该共有的。“个性”是指每一条电视新闻都有各自的特点，主体画面也不尽相同，因此表现手法和拍摄重点必须符合主体。如拍摄在山坡上植树这一过程，拍摄的主题要有栽的树和栽树的人（如干部、军人、学生等），通过不同的景别表现栽树地点的空间环境，不同年龄、不同身份人的劳动情景。然后把这些镜头有效组接，从而展现整个植树活动的火热场面，突出大众参与绿化造林这一主题。

对于运动镜头的使用应特别谨慎，常见一些通讯员拍摄的画面，胡乱使用推、拉、摇、移的手法，勉强剪辑出的图像组合后，令人眼花缭乱。推镜头是把某个主体从环境中分离出来予以突出；拉镜头是把某一主体放到某一环境中，以交代主体所处的空间；摇镜头是弥补电视画面视野的不足，交代起幅与落幅之间的空间联系；移镜头则是对一个空间进行立体的多层次的表现；使用运动镜头除掌握他们的特征外，还应特别注意拍摄时要速度平稳，不可忽快忽慢，没有起幅落幅。

在拍摄电视新闻画面时，我们强调通讯员也要有编辑意识，这样可合理安排拍摄顺序，使各种拍摄手法使用得更加得心应手。

三、解说词结构较混乱，与画面脱节且缺乏必要的背景介绍

首先，解说词缺乏导语，是初学电视新闻报道的通讯员常出的问题，来稿的体裁多写成工作汇报或工作简报，这是由于不熟悉电视新闻解说词结构而造成的。电视新闻报道多为动态消息，采用的结构，最常见的是“倒金字塔式”。导语便是开头，它综合了一条新闻中最新鲜、最重要、最吸引人或最基本的事实材料。由于电视新闻的版面具有直线型的特点，导语就显得更加重要，如果每一条消息没有吸引人的地方，一滑就过去了。艾丰说，写导语的真谛或诀窍可以一言以蔽之曰“一眼功效”。就是说要一下子把人吸引住。因此，反复推敲，导语是写好解说词的关键一环。其次，解说词主体部分叙述较乱，重复累赘，缺乏叙事说理的逻辑性。电视新闻解说词与一般文字消息的写作存在着共同的规律、共同的要求，如立意清楚、层次分明、叙事准确、用词生动等。但是电视新闻解说词也存在着自身的特殊规律和要求，也就是说，解说词是解说画面的语言，绝不是画面的附庸，它与画面是一种相辅相成的关系。另外，还要发挥叙事说理的特长，说明画面中没有的东西；处理好与听觉的关系，少用术语、俗语、方言和简称，多用短语短词、平声字双音词，使之口语化。

再者，有些通讯员不太重视新闻背景资料的运用，使稿件内容显得孤立、贫乏，甚至很难让人看懂。乐山市某县的一位通讯员采访了一篇本县烈士陵园搞爱国主义教育基地建设的稿件，没有交代任何背景，只说这是一个四川省爱国主义教育基地，投入了多少钱，出台了哪些措施，让人没法理解一个小县城的烈士陵园如何成为省爱国主义教育基地的。经与这位通讯员电话联系后，才得知刘邓大军所部曾在这个县与胡宗南的一个王牌旅进行过一场激战后，解放了这个县，有几十名牺牲的解放军官兵安葬在这个烈士陵园里。显然不交代这个背景，就无法表现这个烈士陵园的突出位置。由此可见背景材料的重要性，新闻背景具有突出主题补充事实、承前启后、烘托帮衬、增添情趣等“小材大用”“旧材新用”的作用。就电视新闻而言，除解说词中的背景材料外，背景图像资料也十分重要，两者结合可增强报道的生动性和说服力，但背景材料也要运用得当准确，不影响新闻的短而精。

四、一些好的体裁缺乏主题提炼

在不少由通讯员采自基层的稿件中，有相当一部分的体裁很好，但就是深度不够或者角度选择不当，致使主题不突出，未起到“以小见大”的作用。电视新闻报道的主题提炼与报纸等形式的报道一样，也需要采访者具有较高的综合素质，从理论上讲要靠形象思维、逻辑思维、灵感思维来综合体现，但这也不是一个难于上青天的事。我们的体会是提炼主题：首要的是选出骨干材料，也就是具有代表性的材料；其次，选择好具有萌发观众情感和具有说服力的细节材料；再者，要挑选好能够说明广泛性的一般材料。这一过程必须是解说词和图像的协调统一。例如，1997年庆祝建军70周年期间，中央电视台《新闻联播》推出一组反映人民军队建设的系列报道，其中有一篇是反映武警部队建设的。这条报道首先选择了郑州黄河大桥守卫武警在单调、嘈杂的环境中，几十年如一日恪尽职守的事例；然后又选择了某机场一位武警战士为使一架客机安全着陆而献出年轻生命的事例。将这两个事例作为骨干材料，引出在祖国广大的疆土上，武警部队在安全保卫打击犯罪、抗洪抢险、处置突发事件等方面所建立的功绩，使骨干与一般、细节材料完美结合，脱开了总结式的俗套报道形式，深化了武警部队忠于人民、服务人民的主题。

另外，就是角度选择。通讯员的来稿主要反映基层各方面的建设情况，应该说“鲜活”的内容不少，但往往因为角度选择不当使稿件显得贫乏无味。有一位县台通讯员采访了一条当地政府拍卖长期搁置的荒山荒坡的报道，但由于角度选在拍卖现场会上，领导的讲话占了大部分篇幅，没能很好地体现在贯彻十五大精神的大背景下，当地农民解放思想，以全新的观念争相购买荒山荒坡使用权的热烈情景。而有篇县台通讯员来稿则是一个角度选择新颖的典型。1997年春节前，四川省省长宋宝瑞视察省内一个民族地区经济发展情况，随行采访的有省、市、县新闻单位的记者。其中，县有线台的这位通讯员，抓住宋省长与一位化工厂厂长争论企业发展的一段对话，采制了一篇《省长与厂长侃企业发展》的特写，既生动地反映了省长现场说理，深入浅出地引导基层解放思想的情景，又从一个侧面反映了一些企业领导思想僵化的问题。这篇报道播出后起到了很好的宣传引导效果，获1996年度四川电视奖二等奖。这两个例子说明报道角度选择的得当与否，直接影响主题能否鲜明地体现。

地方电视台通讯员搞新闻报道，的确有诸多困难，如身兼数职、忙里“偷闲”、匆忙采访、设备简单难以满足采访要求，交通通讯不便，身份“不硬”、常遇冷眼冷语等。但广大通讯员们并没有因此削弱对电视新闻采访的热情。正是他们这种锲而不舍的执着精神，才顶起了地方电视新闻节目的一根柱梁，使节目信息量更加饱满，有效地弥补了电视台记者采访面的局限。

鉴于此，我们一方面希望基层单位进一步重视电视新闻通讯员的报道工作，为他们宣传好基层开辟一方天地，提高宣传质量。另一方面，通讯员自身也应努力，加强电视新闻采访报道的基本技能训练，诸如新闻“嗅觉”、拍摄和制作技能、解说词写作等，以更多更好的“鲜活”作品宣传好党的各项方针政策在基层单位贯彻落实的情况，以及广大干部群众投身于“两个文明”建设的激情和奉献精神。

（《广播电视天地》，1998 年第 4 期）

制片人制运作中应注意的几个问题

近几年，制片人制“忽如一夜春风”，在各级电视台广为开花。特别是省级以上的大台，制片人制的运作已是特色各异，日臻完善。但作为一些地市和县级台，由于管理水平、经济实力以及人员素质等因素的制约，在推行制片人制时，遇到了一些不可忽视的问题。这些问题如不引起重视，采取积极措施解决，势必影响甚至阻碍宣传事业的发展。

一、对制片人制和制片人的认识有待明确

从全国的情况看，目前制片人制还没有一个统一的模式和规范。一些台在实际运作时，或是盲目，或是不合实际地照搬或是以“制片人制”的名义按旧方法运作，基至把“制片人制”变成了简单的“经营承包”，制片人变成了只知道找钱的“老板”。据笔者在实际中了解，这种现象在不少地方电视台中普遍存在。那么，以这种形式运行的所谓“制片人制”的效果往往离预期的目标甚远。

尽管现阶段我国的制片人制运作模式不一，但就中央台和一些省台效果较好的做法综合分析来看，制片人制的定位非常明确。这就是，适应社会主义市场经济体制要求的，由综合素质较高的制片人，把采、编、播人员的利益与节目质量、节目经营情况紧密联系在一起的一种节目制作经营制度。它所体现的特征是：责权利有机结合。这种制度的目的是要达到运行灵活，提高电视节目质量，节约经费开支，合理使用人力，缩短制作周期等方面的效果。

就制片人而言，他绝不是什么行政领导，也不是什么“老板”，而是电视片或电视节目生产诸要素的组织者。电视制片人应该负责确定选题、筹集资金、编制预算、实施制作等，除编导外，在电视节目的全过程中，制片人都起着举足轻重的作用。就许多电视台制片人使用的资金来看，他们基本从所在的电视台取得全部或部分资金进行节目生产，必须对上级领导负责，而不是独立行使职权，从而确定了他们的主攻方向是一心一意做好节目，一些人将他们称作“准制片人”。总之，制片人有着双重身份，既是节目的经营者又是节目的制作者。

二、制片人制的运作水平有待提高

电视台原有体制是一套行政管理的运作方式，即台下设部门、部门下设节目部或节目组，台长负全责。而制片人制实际上把台长或副台长的责任转化为众多采编人员的责任，特别是制片人要承担起较大的责任。节目没办好就要被淘汰，该制片人就要被撤销。

对于制片人制的运作，必须解决新旧两种机制并存的矛盾，穿“新鞋”走老路的方法或不切

合实际地照搬照套都无法体现制片人制的优势。要明确，不是什么人都可以担任制片人，也不是无边际的放纵就是制片人制。制片人制运作水平的高低，关键要看是否激发出了高昂的制作热情，是否确保了栏目的高质量和高收视率。

目前，一些台表面上在实行制片人制，但实际上制片人根本没有发挥前期策划、确定选题和后期制作的作用，无法体现决策者的意图。节目制作粗糙，生搬硬凑，制片人成了“找钱人”“捞钱人”；采编人员无的放矢，凑完节目就了事，主动性和创造性更无从谈起。本是先进的体制却得到相反的效果，其最主要的原因是制片人制没有得到科学而有效的运作。

实践证明，要使制片人制科学合理地运作，必须在电视台内进行全面深入的改革，打破老一套管理方式。按制片人制运作的要求确定业务部门，按高质量的节目要求和较高层次的管理水准来选拔制片人（本台人员达不到要求的，可向社会公开招聘），赋予他们节目统筹权、经费开支自主权和人员组合使用权。同时，按照市场（观众）对节目内容和品位的需求，对开办的节目准确定位并着眼于创造精品的原则进行运作。

三、制片人的素质有待提高

在地市级以下的电视台实行制片人制，人员素质是一个突出的问题。由于这类电视台的业务人员多是半路出家，未经过严格挑选和训练，专业理论水平和实际技能相对较低。因此，推行制片人制将会有一个较艰苦的过程，逐步培养高素质的制片人是一项重要的工作。

一些台目前普遍存在着一种典型的认识误区：谁能拉到钱，谁就能当制片人。还有人认为，只要当了制片人就能赚大钱。这些制片人不熟悉节目采编过程，没有节目统筹意识，缺乏创新能力和协调能力。到头来，节目质量上不去，经济效益低下，因而运作起来就难以达到台里制定的目标。纵观目前国内一些制片人制实行较好的台，对制片人的挑选都极为严格。其原则是：

第一，看制片人的政治素质。他能否认真学习、领会党的方针政策，能否把握正确的舆论导向；有没有大局意识和强烈的责任心、事业心、求实精神和良好的心理状态。

第二，看制片人的业务水平。他懂不懂得电视节目的创作规则，有没有创新精神，能不能把握节目的定向和节目的统筹安排，同时还要看其电视节目采编的经历。

第三，看制片人的经济意识。电视制片人是节目的经济主管，良好的经济头脑对于制片人来说是不可缺少的。

第四，看制片人的管理水平和协调能力。实行制片人制最根本的目的，是通过实行新机制，充分挖掘人的积极性，最合理而有效地使用物力、财力。因此，制片人必须具备一定的领导能力，带领自己的创作队伍同心同德、尽心尽力地工作。同时，还要有经营理念和成本概念，学会营销节目和合理分配财力，并努力提高节目质量和收回生产成本以便再生产。不能想象，墨守成规的人能制作出新颖、独特、令人耳目一新的电视节目来；也不能想象，一个不善于与人合作配合的人，能创作出蕴含集体智慧的佳作。

笔者认为，要尽快提高业务人员的素质，让综合能力较强的制片人脱颖而出。作为地方台，仍然要大刀阔斧地进行改革，建立起科学的激励机制，让从业人员有责任感和危机感，克服过去那种不学无术，混时间混工资的弊端，促使编辑、记者、播音员或主持人刻苦学习，不断开拓创新，精益求精地做好自己的工作。另外，台里要逐步为业务人员提供学习和深造的条件和机会，并且用严格的规定来考核其学习效果和工作效果，优胜劣汰。再者，可以广泛吸收社会上的优秀人才，这样既可以激励本台人员奋发工作的精神，又可使本台节目不断推陈出新。

电视制片人制发展到今天，已经产生了很大的影响，它成为一个电视台事业不断发展的标志。当然，制片人制在我国还是一种新生事物，在运行过程中，难免会出现这样或那样的问题和矛盾。这就需要我们不断地总结经验教训，不断地给自己提出更高的要求，在借鉴成功做法的同时，根据本地和本台的实际，用更科学、更合理的手段和方法来保证制片人制得以健康稳定地推行。制片人制在许多电视台试行起来还像一棵稚嫩的小树，对它要倍加培育，剪除不利的职权，使它尽快成长为一棵枝繁叶茂的大树。

（《西南电视》，2000 年第 2 期）

电视新闻串联词写作技巧小议

一、串联词的作用

电视新闻的串联词是节目主持人在报道的条与条之间“说”的话。它的作用有三：

（一）衔接作用

长期以来，电视新闻的编排都是把一条一条的新闻串接起来，每条新闻相对独立，相互之间关联性不大。这样的串联对于线性编排的电视新闻节目来说，很难形成一个有机的整体。而采用串联词则可以将新闻的条与条进行承上启下的连接，使单条新闻融为一体，形成一个完整的新闻组合。

（二）点评作用

许多新闻报道的是百姓身边发生的事，涉及法律、法规、信仰、观念、伦理、道德以及习俗等。所以，要想使新闻报道“以正确的舆论引导人”，在串联词中用简短的话语对报道做点评，表明立场观点、明确是非、正确引导观众是很有必要的。

（三）主持人施展作用

有了串联词，新闻节目的主持人不是隔一会露个脸，播一段新闻导语就了事了，而是在播或“说”串联词这样一个过程中，把自己融进新闻报道中去，也就是把自己的表情、声音、语态等与新闻报道融为一体，将对报道的理解很自然地传达给观众，引导观众逐条观看，同时给观众以贴近感和亲切感。可以说，串联词是新闻节目主持人自我展示的一个载体，不少电视台的新闻节目主持人因此而展现了自己的主持风格，不少新闻节目也因主持人的出色表现而独具特色。

二、串联词的特点

（一）串联词必须简短明了，它毕竟不是新闻节目的主体，所以不能喧宾夺主

如果不能找好两条新闻之间的关联内容，绕一个大圈子去连接下面的新闻，势必会让观众产生生拉硬扯的感觉，同时也会占用宝贵的时间。

（二）串联词应该使用观众喜闻乐见的语言，雅俗得当，合乎事理

像“此处不留爷，自有留爷处”这样的语言就显得粗俗了。

（三）串联词的花样繁多，语言表达应别出心裁、诙谐幽默

比如“俗话说，种瓜得瓜，种豆得豆。可是我市郊县的农民却遇上了种瓜得豆的事儿。今年春上，这里的农民种了几百亩优质西瓜，眼看夏天就要过去了，这几百亩瓜地一个西瓜也没有长出来”。再比如，“煮熟的鸭子会飞吗？当然不会。然而火车站的两个小偷今天却遇上了这样的尴尬事儿。他们俩合伙偷了旅客的一个大行李包，正当两人躲在一个静悄悄的角落里分赃的时候，却被从天而降的警察逮了个正着，原来他们躲藏的地方正是公安局的宿舍”。

三、串联词的写作技巧

现在不少电视新闻节目的串联词都取代了传统的新闻导语形式，成了名副其实的引导新闻的“导播”。这样的超越单篇新闻内容之上的串联词在写作方式上十分灵活。

要写好串联词关键是找到新闻的条与条之间比较合适的关联内容，这种关联可以是关联词、关联句，也可以是语气关联、逻辑关联、情感关联等。乐山电视台的《晚间报道》开办几年来，在串联词的写作和编辑上摸索出一些经验，可以概括为以下几种方法：

（一）关联词串联法

这是最常用的一种方法，上下两条新闻之间能够找到一个关联的词或句。例如，上一条新闻说的是小偷行窃围观者不愿管，而下一条新闻说的是农民不愿打消费官司。这两条新闻都有“不愿意”这么一层意思。所以，“不愿”就可以作为一个关联词。于是两条新闻之间的关联词可以这样写：“看见小偷正在行窃就是不愿管，说来原因是多方面的。有时候愿与不愿既有主观的原因，又有客观的原因。就拿现在的一些农民来说吧，遇到消费纠纷时，宁愿私了也不愿打官司，这是为什么呢？”

有时候关联词要换成关联句才能使串联词更流畅。

如《此处何时才有人行道》与《明晚又有流星雨，市民肉眼可见着》之间的串联词可以写成这样：“人走人的道儿，车走车的道儿，宇宙间的星星更是按照各自的轨迹运行。记者刚才从有关部门了解到，今年天文奇观好戏连台，刚刚欣赏完500年一遇的狮子座流星暴雨，双子座流星雨又将于明晚划亮夜空。”

（二）同类串联法

具有同一个主题的几条新闻的上下联接，可以从上条消息的内容说开去，引出下一条消息。比如在《我市开展“3•15”大型投诉活动》和《“12315”今天太辛苦》两条消息之间可以这样串联：“从现场投诉的效果看出，今天可以说是个让消费者放心、让造假售假者胆战的日子，当然仅仅靠这一天解决不了所有的问题，广大观众都有一个愿望：让‘3•15’变成‘365’。不过，一年365天都在开通的‘12315’投诉热线，也只有今天最热。”

（三）语气串联法

当上下两条新闻很难找到关联词的时候，可以用一种语气关联的办法进行串联。语气关联的种类很多，用法也很灵活。比如上条新闻是《峨眉山市：全力抢救“12•11”事故伤员》，下条新闻是《此处何时才有人行道》，笔者在串联时就选了“愣是”这么一个语气词：“好端端的一条路，那辆大客车愣是冲下了沟。在咱们乐山城里被人称为‘十里长街’的嘉定路的一段街上，行人也愣是找不着人行道，这是怎么一回事儿呢？”

（四）情绪转移串联法

如果连续几条新闻都使观众的心情紧张起来，为了调节一下观众的情绪就可以使用这种串联方法。如在《输气管道破了，居民们急了》和《煤气泄漏一夜，好悬！》两条新闻之后，使用这样的串联词连接下面的新闻《一盏红军留下的煤油灯》，以调节观众紧张的情绪："又是水管破裂，又是煤气泄漏，还真让人有点紧张。下面我们来看条轻松的消息。前不久，在犍为县城发现了一盏当年红军用过的煤油灯，在场的人试了试，没想到还能点燃。"

（五）点评串联法

对上一条比较有分量的新闻做简练的点评，既能够体现编辑思想，增加报道力度，又能够平滑地转到下一条新闻上。如上一条新闻是《直击"乡官"公选》，下一条新闻是《峨眉山市：全力抢救"12·11"事故伤员》。笔者就使用了点评串联法："选'乡官'曾经被村民们认为是走过场的事儿，现在公推公选'乡官'明来明去，村民们说，他们就需要这样透明的选举。好了，我们来看下面一条来自峨眉山市的消息……"

总之，新闻串联词的表现形式多种多样，写作起来因"事"而宜。以上笔者概括的几种写作方法还不足以表现串联词写作的全貌，仅仅是抛砖引玉。另外笔者也注意到，不少地方台新闻节目中的串联词都很有特色，非常值得学习和借鉴。

（《新闻记者》，2004 年第 9 期）

地方台加强新闻舆论监督应把握好四个"度"

加强地方台的舆论监督工作必须坚持正面宣传为主与揭露假恶丑相结合的原则，要把握好"度"，特别是准确度、力度、密度及时机，做到有理、有利、有节。

一、准确把握好选题上的"度"

准确把握好选题上的"度"就是在选择舆论监督报道时，既要真实客观、贴近实际、贴近生活、贴近观众，又要是当地党委和政府正在着手解决，且有能力解决的问题，使报道能够起到帮助领导、部门改进工作、解疑释惑，增进党委、政府和人民群众的联系，起到促进社会进步的作用。

二、准确把握好报道分寸上的"度"

地方台报道社会热点、焦点、难点问题要注重典型性、针对性、严肃性，切忌以偏概全，妄加评论；有争议的现象做到点到为止，有议论的话题做到客观评判。这就是要求始终把握和挖掘积极的东西，淡化和避免负作用。

地方台在处理批评性报道时，要把握好一个"度"，轻描淡写不疼不痒等于没说，失去舆论监督的作用；但过于尖锐苛刻同样达不到监督的目的。批评报道的出发点和目的是帮助被批评者找出工作上和政策上存在的漏洞以便解决问题；帮助群众释疑解惑，提高认识，化解矛盾。因此，在进行批评报道时，要就事论事，讲求适合解决问题的方式方法，有利于被批评者接受，进而弥补过失，改进被批评或揭露的问题。

三、准确把握报道方式方法上的"度"

地方台要特别讲究批评报道的方式方法，对于不同对象、不同问题、不同场合，应采取不同的方式方法。只要按合适的方式方法，该迂回则迂回，该直入则直入，巧妙而不失分寸，就能发挥出应有的作用。

四、准确把握时机与数量上的“度”

舆论监督报道有时机上的适宜与适时性。什么能发、什么不能发有讲究：什么时候发也要有讲究。舆论监督稿件并不是播发得越快越好，它的适宜与适时更多地体现在对报道时机的把握上。同样，舆论监督报道播发量上的“度”也须把握，不能盲目追求数量，要以质取胜，以深入、细致、扎实的采访，以过硬的事实、稳妥的取舍取胜。

（《西部广电学刊》，2006 年第 3 期）

浅议成就、经验和典型报道应把握的几个问题

成就、经验和典型报道如何与时俱进，常做常新，做到“年年报，年年出新招”呢？构建报道的创新机制，挖掘成就报道的“创新点”，寻找这类报道改革的突破口，是我们面临的一个重大课题。

中央电视台《新闻联播》2002 年 9 月播出的反映社会主义建设成就的 50 集大型系列报道《走向辉煌》，2004 年推出的大型系列报道《经典中国》中典型人物任长霞、牛玉儒的系列报道，2005 年 5 月推出的典型人物王顺友的系列报道，以及 2005 年 3 月播出的成就经验性的系列报道《落实科学发展观》等重点报道，在形式上和内容上都进行了大胆的创新，为我们搞好这类报道提供了可借鉴的样板。比如说中央电视台在报道形式上最显著的特点之一：报道主题事件化，事件故事化，故事人物化，人物细节化，也就是说把反映党和国家的重大决策、中心工作以及成就经验等抽象的内容形象化、具体化。再比如报道形式的立体化和多样化，消息、特写、背景、专访、连线，甚至把相关的 MTV 组合在一起。

笔者认为，做好成就、经验和典型宣传报道要把握好以下几个方面。

一、要精心策划

（一）充分、准确的策划

通常，这类宣传报道有着非常明确的对象，就地方电视台来说，即报道当地党委和政府在特定历史时期所取得的历史成就、经验和树立的典型。在具体策划时，要把握两个原则：一是宏观上的整体把握和认识。这类宣传报道一定要把历史意识和现实意识有机地结合起来，做到在历史中眺望现实，在现实中回首历史。要确定整体的战略，如片子的整体基调、体裁的选择等。二是微观上的具体把握。主要是指案头工作，包括内容特色、拍摄提纲、历史事件及人物的选取、情节和细节的捕捉等。在策划过程中，认真研究观众很重要，找准观众的兴趣点，从百姓的生活中发掘素材，用百姓的眼光来审视我们所要报道的内容，增强贴近性。

2005 年 5 月 23 日，是乐山市建市 20 周年，乐山电视台的《晚间报道》在纪念日前后推出了系列报道《百姓眼中新乐山》。在策划这组报道时，要求记者从百姓看得见、摸得着的事切入，形象地反映百姓身边发生的变化。如《乐山城“长高”了》《花园式城市醉人心》《乡下人看城里

人》《方师傅行车“咏叹调”》《找名人与等名人》《扫垃圾的故事也精彩》《不断延伸的公交线路》《城市广场凸显城市文明》《美丽家园人人维护》《她与乐山市同龄》等。

这样一个系列报道，都是记者精心选择的与群众生活密切相关、群众希望了解的内容，努力拉近与观众的距离，吸引观众的眼球，让他们乐于接受其中的信息和观点，让他们通过这些事实感受到身边的变化，悟出道理来，起到事实胜于雄辩的效果。

(二) 格式化的策划方案

具体说就是结合选题特点，分解主题，梳理出一个个能充分体现主题的子题，比如说，总的宣传报道的主题是本地近些年来经济结构调整方面所取得的成就，那么就可以分出观念创新、工业经济、农村经济、支柱产业、招商引资、对外贸易等几个子题。针对每一个子题寻找并选择具体的事例、人物和故事。当然，格式化策划方式还必须在形式上加以考虑，也就是对内容考虑成熟之后，还要确立宣传报道的整体风格、整体结构、整体包装形式等。

二、题材选取的原则

(一) 正面宣传，坚持正确的舆论导向

“正面宣传”很好理解，成就、经验和典型报道几乎都是正面宣传，导向正确就是要与党的大政方针一致，与地方的社会、经济、文化建设的要求相协调。因此，题材的选取和经验的总结对主题的体现和烘托非常关键。

对导向的理解一定要深刻，让观众看了你的报道有信心，有动力。比如为迎接党的十六大营造良好的舆论氛围，中央电视台从 2002 年 9 月 15 日起，在《新闻联播》中推出了反映社会主义建设成就的 50 集大型系列报道《走向辉煌》，每天播出一集，这组报道用事实说话，用人物说话，用数字说话，多侧面、全方位地反映了党的十三届四中全会以来在政治思想、市场经济、宏观调控、国有企业、农业发展、社会保障、对外开放、科技教育和法治建设等方面进行的探索和实践，在舆论宣传上做到了方向明确和导向正确，为十六大的召开营造了良好的舆论氛围。

(二) 捕捉故事，增强故事的陈述和报道的感染力

目前，在成就、经验和典型宣传报道中开拓故事的领域，利用故事来增强宣传报道的感染力的做法，越来越受到各电视台的关注和广大观众的喜爱。这种表现形式主张运用剖析式手法和全新的叙事方式对近年来本地重大成就、典型经验等进行再现和阐述。捕捉故事，要求创作者不仅仅关注事件的结果，更要重视过程，注重展现故事本身的情节和细节，提炼作品的主题思想。捕捉故事，贴近了老百姓的生活，拉近了成就宣传报道与观众间的距离，更易于观众去体验、去感受。比如说，中央电视台的 50 集大型系列报道《走向辉煌》中有一集《中国告别住房短缺时代》，就首先讲述了在中国住房曾经最为短缺的上海，一个普通家庭一家三代人住房变迁的故事，从曾经一家人仅住十几平方米的住房，说到父母亲通过旧房拆迁住进新房，儿女一代通过按揭贷款住进了功能齐全的宽敞住房。从这家人看上海，从上海看全国，反映了中国老百姓住房状况的巨大变化。从这个例子我们可以看出，捕捉故事可以大大丰富宣传报道的内涵，提高节目的艺术性，进而增强可视性。

(三) 精心选择典型人物，实现以点带面

故事是通过人物表现的，所以要精心选择好典型人物，通过典型人物的形象传播，完成宣传

报道的使命。现在的成就、经验和典型报道的一些观点往往都不是由记者来阐述的。典型人物可以是平民百姓，可以是专业人士或权威人士，通过他们的话语来评价事实。

中央电视台2005年7月9日《新闻联播》播出的《落实科学发展观·中部崛起篇》——《安徽：淮河一家人》是这样讲故事的：

【导言】2003年淮河大水之后，安徽提出新的淮河治理思路，变原来的人水争地为寻求人、水、土地三者关系的和谐，淮河治理进入了一个崭新的阶段。

【解说】6月的最后几天，安徽淮河流域连降大雨。28日，阜南县蒙洼蓄洪区王家坝的水位暴涨3米，淮河今年的汛期到来了。

在王家坝新建的移民点里却像往常一样平静，59岁的赵年喜一家住了三间大瓦房。小儿子外出打工，家里剩下他和大儿子、儿媳还有孙女。

【同期声】

记者：现在这个雨下得那么大，水也涨了好几米，您担心吗？

老汉：不担心了。现在住在安全地带。前几年就不行了，前几年住在洼地里，三天雨我们心里就发毛了，早早就收拾东西，准备逃命了，现在踏实了。而在安徽防汛抗旱指挥部里，一个淮河汛情会商会正在进行。

【同期声】

安徽省水利厅厅长吴存荣：2003年（会商会）我们主要考虑蓄洪区人的安全问题，今年主要考虑我们怎样运用各类防洪工程来解决我们抗洪的问题。

【解说】一个是饱经水患的农民，一个是多次指挥抗洪的决策者，说起对今年汛期的感受，有一点是共同的。

这则报道的主题是治理淮河新思路，而主题全部是通过讲述村民赵年喜和安徽省水利厅厅长吴存荣的故事来展现的。也就是说，选取了两个非常有代表性的典型人物为叙述载体，通过他们的经历和感受来评价事实，非常有说服力。

（四）蕴含理念，以理性思维揭示规律

成就、经验和典型报道，不仅要报道成就、经验、典型本身，同样要报道取得成就、经验的原因。要用理性的思维总结出带有规律性的经验和理念，以昭示未来，引人思索，给人启迪。

近几年来，浙江经济持续快速发展的现象，引起了全国各地的广泛关注。浙江经济为何能在全球经济发展减缓的情况下依然充满活力，长时间保持强劲的增长势头？这是人们一直想解开的“谜”。2005年2月，浙江卫视和全省11家市级电视台联合制作了大型系列报道《活力浙江2004》。这组报道内容涉及面很广，比如《杭州篇：打造天堂硅谷》《湖州篇：太湖之滨新明珠》《嘉兴篇：城乡一体化再迈一大步》《金华篇：崛起浙中》《丽水篇：用绿色创造财富》等。这组报道和以往成就报道的最大区别，就在于不是“就成就报道成就”，而是挖掘出了成就背后带有规律性的“真经”，体现了较强的思辨色彩。就实论虚做理性思考，总结带有规律性的经验，使新闻信息变成大家共同的财富，这也是成就报道“求深出新”的有益思路。

总之，成就、经验和典型宣传报道做得好与不好，直接体现电视新闻报道的综合水平和综合实力，也体现记者观察事物、分析事物以及综合表达的能力。因此，对这类报道我们还要不断地总结，不断地探索。

（《电视研究》，2006年第5期）

第三部分 创新实践

市州台对农频道的尝试与探索

编者按

读罢这篇文章，犹如一股春风扑面而来，乐山广电人开办乐山电视台公共·新农村频道，不失为有远见卓识之举。“铁肩担道义，妙手著文章。”这道义就是乐山广电人满怀高度的社会责任感，摒弃了目前众多新闻媒体只在城里为分割广告市场一份蛋糕而拼命“厮杀”——办节目给城里人（姑且不论这些节目质量如何），而对广阔的农村，数倍于城里人的农民及国民经济最基础的产业——农业，却视而不见、听而不闻的办台理念，他们急党中央之所急，想亿万农民之所想，在自己所辖区内办起了电视农村专业频道。这不仅在我省这个农业大省，即便在全国地（州）市级台中也是开历史之先河！

乐山广电人此举并不是一时心血来潮“做秀”一番，而是深知迈出这一步的艰难：“大部分广告客户的重点业务并不在农村市场。农村栏目很少被广告客户看好。客户进行广告投入看的是收视率，而收视率调查以人口密度决定调查范围，农村栏目收视率因群体绝大部分居住分散，通常不在调查之列，反映到收视率上，往往不如一些频道有优势，因此很难引导企业合作和广告投入。”对此，他们知难而进——“妙手著文章”，精心为农民办好节目，为农民办出耐看的节目。栽好“节目”这棵梧桐树，不愁引不得凤凰来！用他们的话说：“首先去赢得农村的电视观众，努力办一个在农村受欢迎的频道，让商家对农村市场重视，吸引一定数量的广告客户。”其理念先进，符合实际，思路清晰，步子坚实。

开弓没有回头箭，衷心祝愿乐山广电人为农民致富奔小康，新农村建设做出应有的贡献。

今将此文刊载于后，以飨读者。

随着中央关于解决“三农”问题、加速现代农业和新农村建设一系列方针政策的实施，加强农村文化建设又提上了议事日程。在《国家“十一五”时期文化发展规划纲要》和《中央办公厅、国务院办公厅关于进一步加强农村文化建设的意见》中都明确提出，中央和省级电视台要加大农村和农业报道的分量，增加农村节目、栏目和播出时间。农业大省的电视台要创造条件开办农村频道。市（地）、县电视台要把面向基层、服务“三农”作为主要任务。同时，还提出了一系列政策措施。在这样的时代大背景下，乐山电视台公共·新农村频道于2006年2月5日正式开播了。这是四川省，也是全国市州级电视台第一个对农专业频道。这是一次尝试和探索。三个多月来，这个频道在乐山的影响逐步扩大，特别是自办节目取得了明显效果。

一、乐山台开办对农专业频道的优势

（1）2006年，乐山市委把开办对农电视频道列为工作要点，表明对这一工作的高度重视，这是无可比拟的政策优势。市委、市政府要求各级涉农职能部门要紧密配合新农村频道的采访、宣传工作，为频道提供多方面的有利条件，指导采编人员办出有权威性的涉农专业节目，扩展频道的宣传范围和影响力，使之成为市委、市政府发布对农政策、指导“三农”工作、服务广大农民的重要渠道。

（2）乐山农业人口占总人口（近350万）的70%以上，农村电视受众市场潜力巨大。

（3）乐山人杰地灵，民风淳朴，生活文化资源深厚，形成方兴未艾的巨大的农村文化资源优势。

（4）乐山电视台正在进行进一步的深化改革和观念、理念上的创新，从2006年初开始实行频道制运作。同时，下大力气扩大了各频道的覆盖范围。这些都为新农村频道的开播和运作提供了体制、机制和条件上的保障。

二、频道定位和栏目设置

乐山电视台公共·新农村频道基本定位是“以面向新农村为宗旨，以服务‘三农’为主要任务，以为城乡居民提供生活、市场消费、科技、法制以及文化娱乐、影视剧等内容的传播服务为主要职责”。

频道开播伊始就走品牌化建设的道路，铸造沟通城乡权威实用的涉农电视品牌。目前，频道集中人力、财力、物力，打造一档日播型的综合性杂志型栏目《八面风》，时长30分钟，设有三个版块。

第一版块——新闻故事，取名《舒妹说事》

这个版块的名称是用主持人的名字（胡舒）命名的，用乐山方言讲述发生在城乡居民身边的新闻故事和全市各地有关的涉农简明新闻和动态，重点在“说”上下功夫。其特色是：

（1）内容家常化：《舒妹说事》的新闻素材都源自城乡百姓日常生活和体验的原生事件，让观众觉得亲切自然，触手可及，引起普通百姓的共鸣，从而拉近节目与观众之间交流的距离。

（2）叙述故事化：《舒妹说事》将目标受众定位在占人口多数的普通城乡居民，一则新闻就像一部短故事片，剧情一波三折，扣人心弦。

（3）主持个性化：主持人使用乐山方言，通俗幽默，趣而不贫、平而不俗、刺而不损、乐而不哗、妙而不媚。“乐山人，乐山事，乐山话，乐山味”，既突出了地方特色，又弘扬了地方语言文化。

（4）形式多样化：《舒妹说事》突破常规性新闻类节目的固定模式，大胆吸收各种文艺样式，如金钱板、顺口溜、flash动画、影视片段等形式；在标题制作上，也尽量引入方言口语，让其在语气、语法上也接近本地观众的语言表达习惯；片头、片尾（包括片尾曲）、字幕标板、字体字号、新闻背景都要求有平民特色。

第二版块—简明天气资讯，取名《舒妹谈天》

乐山方言的天气预报脱口秀。

第三版块—服务类专题报道，取名《七彩城乡》

以生动明快、亲切平和的故事讲述方式，分致富、消费、农情农策、普法和人物五大类别，每天播出不同的内容：一是为农民提供实用的种养业技术，宣传推广农业新技术、介绍农业新品种、提醒实时农事，针对乐山农村种植业、养殖业和加工业等现状，选择典型传授农技科普知识，并提供现代农业的新思路、新经验，将致富手段、农家绝技、农业技术传达给广大农民朋友；二是多方位展示城乡消费状况，引导城乡消费；三是解读“三农”政策；四是维权普法，讲述一个个与法律有关的故事，侧重以发生在城乡居民生产、生活过程中的案例，一案一析，由案说法，以法析案；五是记录城乡百姓生活，侧重关注农民工和贫困村民的生存状况，让更多的人了解他们，关注他们，理解他们，帮助他们；六是记录建设社会主义新农村进程中，乐山农村的新面貌，农业的新气象，农民的新风采。

三、取得的效果

公共•新农村频道开播三个多月来，由于节目定位准确，内容紧贴农民的日常生产和生活，具有浓郁的乡土气息，其影响力迅速提高，《八面风》栏目开始赢得了观众。

（一）《八面风·舒妹说事》初显独特风格

《八面风·舒妹说事》用乐山方言讲述百姓身边故事，主持人舒妹的形象定位于乐山味十足的现代农家小妹，其轻松风趣的方言主持风格已经受到广大观众的认可。《舒妹说事》所报道的内容体现了“三贴近”原则，表现形式上新颖独特，受到城乡观众特别是农民观众的喜爱。现在，每天接到农民观众打来的电话不断，他们有什么新鲜事、高兴事、烦心事、难办事、有趣事和想了解的事都在积极地反映。《舒妹说事》的影响在不断扩大，内容也在不断扩充，涉及致富、生活、维权、奇闻、绝技等方面。

作为专业的农村频道，从开播的那天起，就确定了“为农民的生存呼吁尽义务和责任”这一理念。比如我们的不少报道揭露出了一些乡镇、村组存在的问题，敢于为村民维权，敢于为村民撑腰。许多观众看了我们的节目后纷纷打电话说，公共•新农村频道是敢于说真话的频道，《舒妹说事》是敢于说真话的栏目。

（二）《八面风·七彩城乡》深受农民喜爱

定位于服务“三农”的《八面风·七彩城乡》从选题上注重与农民的生活密切相关、与农事密切相关、与农民朋友急切想知道的密切相关，并注重为农民朋友释疑解惑。内容选取上突出表现服务性、实用性和趣味性。

第一，服务性，就是要能够服务于“三农”。如消费类的《维护“希望”》《选好当家肥》《购买农药看“三证”》《农机进农家》等节目播出后，农民朋友反映说：“真是帮了我们大忙；”农情农策类的《阳光下的村级财务》《专业合作架起致富宝桥》《林权改革天地宽》《30%哪里去了？》等节目播出后，农民朋友打来电话说：“村级财务公开只是知道并不晓得公开哪些，这回明白了。”“国家对林业产权制度的改革让我们农民看到了希望，对政府的产权改革有了新的认识。”“购买农机产品的优惠政策我们更清楚了。”

第二，实用性，主要是节目的实用价值。如致富类的《唐念一的鸭部队》《冬天里的“火”蘑菇》《野猪的“居家”生活》《小兔子创造大产业》《“鸽”唱致富》《给土地看看“病”》等节目播出后，观众打来的热线电话不断，询问哪些种植技术实用，能增产增收，养殖应选哪些项目能收到效果，称赞从节目里得到了实实在在的东西。

第三，趣味性，就是要喜闻乐见，引人入胜。如无公害系列节目《菜园子和菜篮子》《“三杂”PK土猪》《“洋”鸡蛋闯市场》等节目播出后，接到来自城里和乡下的电话不断，观众说，这些电视节目通俗易懂，讲述生动，引人入胜。

（三）频道经营初现成效

一是采取多种形式广泛宣传频道，提高了影响力；二是在认真研究竞争频道的前提之下，采取了“卡位”编排策略，取得了十分明显的效果；三是通过有创意、有针对性的社会活动、公益活动来吸引更多的观众和广告商，通过对品牌栏目的打造和名主持人的推出来提升了频道价值；四是尝试节目资源的二次开发，现已精选了频道开播以来的近20个专题节目，分致富类、市场消费类、对农政策类和普法类四个类别，刻制了几十套VCD光盘，同时，请有关的涉农部门的专家按照节目的内容，撰写了相应的文字稿，加上频道自己对节目解说词的扩充，一起编成了《八面风·七彩城乡——农事通》手册“2007第一册”，与光盘相配套，发往各地的农家书屋，受到农民朋友的广泛关注。

《八面风》栏目影响力的提升和收视率的上升，带来了频道广告收入的上升以及频道收视份额的上升。

1—4月，广告收入逐月递增，均比2005年同期增长一倍以上。

从2月下旬开始，频道的市场份额逐周递增，现已在乐山市落地的40多个频道中跻身前五位，其中自办栏目对频道的贡献率是第一位的，《八面风》成了频道的支撑栏目。频道市场份额和栏目收视率稳中有升，彻底改变了公共频道长期低迷的状况。

四、几点思考

（一）记者走近农民是电视走进农家的前提

做专业的对农节目，必须要有一支懂得“三农”政策、了解农情农事、熟知农民生活习惯的专业采编队伍。频道要求采编人员自身要学习农业发展政策和农业基础知识，与农民群众交朋友，乐于和善于深入到农家采访，努力熟悉本地的农情、农时，不断提高制作节目的主动性、前瞻性、贴近性和服务性，使节目更加切合当地农村的生产、生活实际，办出自身特色。只要这样坚持下去，电视对农节目才能更好地为“三农”服务，才能获得理想的收视效果，做到社会效益与经济效益同步发展。

（二）对农节目不必过多地偏重从电视业务的角度来做好对象性专题类节目

比如，在介绍某种农业实用技术时，如果致力于把专业性技术完整地介绍给农民，就会出现专注于把十来分钟的对象性节目做成一个科教片，或把传播技术、介绍经验的内容做得拖沓冗长的情况，结果将会影响可看性和信息量的提高。

电视媒体的自身特点和电视对农节目的定位决定了电视对农节目应该力求“短、新、快”。因此，节目采编人员必须转变创作理念，电视对农节目有别于一般的电视社教节目，这并非说电视对农节目不需要有分量的典型和深度报道，而是在创作理念上应充分考虑到现阶段农民群众的实际需求和接受能力，即使是介绍具体的农科知识和各类典型，也应“不求其全而求其有”，即不要企望以一次报道或介绍就使农民群众掌握某一项知识或技能，因为这并不是电视对农节目的目的和功能，而要致力于提供尽可能多的有效信息和服务，努力形成以大量的各类农科知识、产供销信息、生活生产服务及致富典型经验介绍构成的“信息流”，向农民群众提供各种勤劳致富的

"路径"。也许这样，我们的电视对农节目就能精干实用，具有地方特色，更受到农民群众的欢迎。

（三）对农频道的节目构成应该多样化

我们知道，任何电视频道的内容构成主体都是节目。频道的效益要通过节目来实现，频道的形象要通过节目来体现。在现实中，我们也看到了不少一个品牌栏目养活一个频道、几个品牌栏目支撑起一个媒体的案例。但是，我们并不能因此就认为，仅一个强势栏目就必然会产生一个强势频道。

乐山电视台公共·新农村频道自办栏目目前只有一个，也就是《八面风》，其他就是引进栏目。我们的思路是，不久的将来，在不同的时段推出几个不同的栏目，形成一个比较合理的栏目体系，提高观众对整个频道的约会意识。即把《舒妹说事》版块分离出来成为单独的栏目，《舒妹谈天》版块独立成一个名副其实的天气预报脱口秀栏目，《七彩城乡》版块也扩版成一个单独的对象性服务栏目，使频道晚间播出的自办栏目的特色更加明显，对象性更强，节目编排更加有层次，形成不止一个时段的收视高峰，提高频道的收视份额。

（四）对农频道广告市场是有开发潜力的

目前，各地电视台在开发农村广告市场时，常常会遇到尴尬和阻力。这其中的原因：一方面，大部分广告客户的重点业务并不在农村市场；另一方面，农村栏目很少被广告客户看好。客户进行广告投入看的是收视率，而收视调查以人口密度决定调查范围，农村栏目收视群体绝大部分居住分散，通常不在调查之列，反映到收视率上，往往不如主流频道有优势，因此很难引导企业合作和广告投入。

农村市场的开发需要一个过程，我们深感这是一项开创性的工作。事实上，商家对农村市场的不重视，与电视台在农村缺乏强有力的观众群不无关系。电视台越没有农村观众群，商家也就越不重视农村市场。我们的思路是，首先去赢得农村的电视观众，努力办一个在农村受欢迎的频道，让商家对农村市场重视，吸引一定数量的广告客户。

乐山电视台开办对农专业频道是一次尝试和探索，事实上，开办一个农村频道，不光是一个关系电视台、农村观众和社会三者利益的问题，还有一个在伦理上对困难群体的人文关怀问题，最终还是新闻部门的社会责任问题。我们的体会是，做对农电视节目，要及时了解农民想要知道的东西是什么，感兴趣的事情是什么，既要"听农民说""为农民说"，还要"说农民话"，这样才能在对农电视报道中，根据不同的农民受众的需要，运用群众语言采取不同报道形式，制播出适合不同受众胃口的电视节目。

（《西部广播电视学刊》，2007 年第 3 期）

为农民搭建欢乐的舞台

——《欢乐乡村竞技赛》的探索

编者按

本刊于 2007 年第三期刊载了乐山电视台同仁撰写的《市州台对农频道的尝试与探索》，说的是该台在 2007 年 2 月 5 日，开办了全国第一家地市级对农的独立电视频道，即乐山电视台公共·新农村频道。此后在调查研究的基础上，2008 年 4 月，该台又在这个频道推出一档新栏目《欢乐乡村竞技赛》。把农村人在生活和劳动中的技能技巧经过电视特殊设计处理,如解牛、栽秧、采茶、挖苦笋、编竹筐、推“鸡公车”、灌香肠……搬上荧屏。这些充满知识性、趣味性、悬念性的项目不仅受到农村人的普遍喜爱,也受到城里人的青睐。娱乐是电视的监督环境、联系社会、传递遗产之外的第四大功能。适度地发挥媒介的娱乐功能,以愉悦人心,消解高节奏下人们的身心疲劳,既是我国多元文化的要求,也可以满足人的多方面的需求。

歌颂劳动者的生活与劳动技能技巧、描述他们的心智,不独电视始。中华文化渊远流长,古有名篇《庖丁解牛》,近有《访葡萄常》《泥人张》等佳作。现代传媒电视把劳动者的这些形象搬上荧屏,淋漓尽致地展现在观众面前,让更多的人赏心悦目,增添乐趣,陶冶情操。行行出状元,见贤思齐,电视如此这般展现劳动者的美,也是对知识、对人才的尊重。衷心祝愿乐山电视台公共·新农村频道越办越好!

2008年4月,乐山电视台公共·新农村频道推出了一档全新栏目——《欢乐乡村竞技赛》,它创造性地将乡村生产生活场景融入真人秀节目中,营造出农民自己的欢乐节日的氛围,很快成为当地一档大受欢迎的户外农民娱乐节目。

一、创意:开发乡村娱乐资源

乐山电视台公共·新农村频道创办于2007年2月5日,是全国地市级台第一个专业对农电视频道,其主打自办综合性杂志型栏目《八面风》成为一档很有影响力的栏目。2008年,频道力求在自办栏目上打开新的突破口。我们在调查中了解到,现在的农村电视观众,第一需求是娱乐,而他们从电视上获得娱乐的主要方式是收看电视剧,这种单一的选择迫使我们思考这么一个问题:电视台还能为农民提供其他方式的娱乐节目吗?

一位农民说:“跟所有的城里人一样,农民也是需要娱乐的。”他们生活着,不只是为了生,也不只是为了活。农民的大部分时间是在劳作,如何让他们在自己的土地上,做一些让自己高兴的事呢?我们从农民整日的劳作中,发现了许多娱乐的元素,萌发了要探索一条适合农民广泛参与为主要诉求的电视娱乐节目的路子。《欢乐乡村竞技赛》的创意就是,把农民生活劳动的场景变为竞技项目,围绕一套精心设计、相对固定的竞技规则,让普普通通的农民登上竞技赛场,制造一种具有乡村特色的竞技场面,摄制成电视节目,展现乡村火热的生活劳动场景。

这档栏目的定位是“劳动竞技、趣味展现、大众参与”,没有门槛,没有距离,没有限制。也就是说,在乡村劳动生活情景竞技中体现趣味,融入参与。

在项目选择上选取那些既能反映当地普通农民的生活和劳动生产情景和特色,又能带来欢乐的素材,在形式上采用能充分调动现场群众参与热情和电视观众收视热情的竞技、寻找、发现等趣味过程的游戏化展现。通俗地说,就是把生活和劳动生产场景进行竞技和趣味的变形,像解牛、栽秧、采茶、挖苦笋、编竹筐、推“鸡公车”、包粽子、摘枇杷、摘西红柿、赶鸭子上架、探寻最长的豇豆、灌香肠等,都体现了这种表现形式。

乐山市市中区杨湾乡的周村以“全牛席”闻名全省。当地村民练就了一身解牛绝技,已经延续了600多年,是当地最具特色的产业。我们以解牛为竞赛项目,设置了“开肠破肚”“大卸八块”“剔龙骨”三个环节,技巧和趣味融为一体,延续了600多年的解牛绝技还从未以竞技的形式展现过。因此,引来了数千村民观看助威,获得第一名的选手被授以“杨湾庖丁”的称号。

全福镇的采茶比赛。茶业是当地的特色产业,把采茶的劳动场景进行变形,变一人单独采茶为妻子在丈夫背上采茶，比赛选手在八位妻子“妹娃要采茶，哪个来背我吗”的齐声高呼声和八位丈夫“还是我来背你嘛”的回应声中出场。在数百现场村民的呐喊助威声中，丈夫背着一百多斤重的妻子腿打战，头冒汗，妻子趴着伸手采茶，笑态百出，趣味性就出来了，获得第一名的选手被授以“采茶一姐”的称号。

绵竹镇的养鸭业是当地养殖业的传统优势产业。我们根据养鸭人的生产场景变形设置了“赶鸭子上架”的环节。可想而知，“强鸭所难”的比赛充满了趣味性，每对选手还都组织了规模比较大的啦啦队，场上选手紧张激烈的比赛与啦啦队此起彼伏的呐喊声融在了一起，产生了强烈的互动。

除了单个项目的竞技外，我们还尝试举办主题系列赛。如“乡村骑士大比拼”，分别在四个乡镇赛区进行四场初赛，决出四名进入决赛的选手，最后进行总决赛，决出“乡村大骑士”一名。随后策划的“自行车载重赛”“穿针引线”“乡村大力士”等主题系列赛，收视率是节节攀升。

从《欢乐乡村竞技赛》的实践中，我们摸索出乡村竞技比赛环节设置的几个关键点。一是低难度环节与高难度环节相结合。这不仅使参与者有一个参与的渐进过程，对观众也有一个渐入的引导过程，对节目节奏的控制也是一个渐强过程。二是规定环节和自选环节相结合。既可适当减少动作重复性，又可展示选手的个性和主动性，通过自选环节来给节目增加变化。比如，运冬瓜比赛，对于一个个长达 50 公分以上的冬瓜，我们在决赛时，只给一根 3 米长的绳子，是采用捆绑还是徒手搬运，由选手自选。三是必然性与偶然性相结合。一方面，体现一定的竞赛规律；另一方面，也体现一定的命运因素，正如人们常常说的“谋事在人，成事在天”，这样一些故意设置的运气性环节，强化了节目的偶然性。四是复杂性与简洁性相结合。在一些连续或者系列播出的竞技赛中，我们对环节的设置增加了难度，增加节目的曲折和紧张。在规则上却尽量简单，让观众容易明白每个环节究竟赛什么，怎么样是胜利或失败，谁来决定结果，使复杂的环节采用简洁的规则，从而成为一种互动的平台。

二、特色：在劳动生活中制造欢乐，在竞技比拼中秀出农家风采

（一）竞赛张扬现代乡村和地域特色

以娱乐化、游戏化的形式呈现乡村生产生活场景，进而展示本地乡村的传统风土人情和特有的生产生活方式，是《欢乐乡村竞技赛》最大的特点。

市中区的削竹签比拼——全国各地的四川麻辣烫竹签，80%来自这里；

市中区九峰乡的挖苦笋比拼——乐山最大的苦笋种植地之一；

井研县千佛镇的剥柚子比拼——闻名四川的梅家湾柚子产地；

五通桥区西坝镇的推豆花比拼——闻名于世的西坝豆腐发源地。

……

这些项目的设计既充分考虑到了农民劳动技能的展示、体能的比拼、智力的较量，更体现了独具特色的农家生活生产乐趣和鲜明的地域特色。

同时，在细节上也煞费苦心。比如，为奖牌取名，不是简单地取个“第一、二、三名”，或“冠、亚、季军”，而是取个通俗响亮的称号，像“杨湾庖丁”“栽秧快手”“采茶一姐”“拉丝王”“快栽组合”“挖笋我最行”“青平神编”“安谷快刀”“最牛赶鸭人”“凌云签王”“金豆花、银豆花、铜豆花”等，同样是极具乡村风格和地域特色。

（二）互动十足的竞赛现场

一是全场的互动。在开场时，主持人引导全场观众高喊“欢乐乡村行，你我都能行”的栏目口号，在一片欢呼声中掀起竞技赛的第一个高潮。结尾时，全体观众和选手与主持人配合，高喊与当地民俗、民风或经济发展有关联的口号，使竞技赛在十分热烈的气氛中结束。二是选手与主持人的互动。每场竞赛，主持人都会同选手进行有趣的交流，主持人幽默的提问与选手同样幽默的回答，常常引得全场一片笑声。三是主持人与现场观众的互动。在竞技赛的一些关键环节，主持人有意卖关子，让现场观众猜输赢，制造悬念。四是现场观众与选手的互动。竞赛时，每个选手的啦啦队或亲友团，竞相为自己的选手加油助威，不是啦啦队员的观众，也会为自己支持的选手呐喊。

（三）戏剧化地呈现竞技过程

在设置比赛环节和后期剪辑时，特别注意了运用戏剧化的原则，层层设置悬念，让选手、现场观众以及电视机前的观众都能体验到比赛过程的跌宕起伏，从而淡化了看上去简单同时又有些枯燥的生活生产场景。

在一期《卖肉师傅展刀功》的节目中，比的是“一刀准”，考官就是在场的父老乡亲，他们中有人在半斤和两斤之间报出一个重量，以“两”为最小单位，卖肉师傅按照现场观众报出的重量，一刀切下去，哪位师傅离所报重量最接近，谁就胜出，通过淘汰赛和决赛，最后产生冠军“一刀准”。经过两轮淘汰赛，最后是一号和二号选手进入决赛。这时，一位现场观众报上了六两的重量，一号选手率先一刀切下去，重量是六两一。这是一个十分接近“六两”的成绩，压力一下子交给了二号选手。这个时候，由主持人在现场进行了一个戏剧化的煽情：“比赛进入炙手可热阶段了，谁是这场比赛的冠军，就要看二号选手的这一刀了。”主持人有意采访现场观众：“你觉得哪位选手能获胜？”此时，场上的气氛变得异常紧张。二号选手毫不犹豫地切下了带有莫大悬念的一刀！紧接着，主持人把这个“即将过秤”的悬念继续发挥下去：“大家可要看好了，现在，裁判手中的这块肉就要决定谁是冠军了，请裁判慎重地把这块肉放到秤上……放上去了！”主持人声调变了：“它到底是多少呢？（现场变得鸦雀无声）……（主持人兴奋地）六两！六两！一点都不差的六两！二号选手获得了冠军！”全场爆发出雷鸣般的掌声。一个悬念产生了很好的效果。对这个过程的后期剪辑处理，我们也运用了特技、音效的处理，吸引住了电视机前的观众。

三、效果：对农电视节目传播角色的转换

（一）传播理念的转变——办观众自己的电视节目

《欢乐乡村竞技赛》以一种平民性、互动性和娱乐性的姿态出现，体现了信息传播大众化的特点，有助于信息的主动传达和观众的主动接受。

在《欢乐乡村竞技赛》节目中，普通的乡村百姓成为节目的主角、大家关注的焦点。来自各地乡村的普通村民，各显其能，展示风采，真情互动，挑战自我。他们不仅仅是“选手”，是“看客”，更是主人，节目成为这些普通人展示的舞台。“我是节目主人”的意义还在于，从传播方式上说，传者和受者之间的界线被淡化了，传者和受者之间形成了互动。也正因为这种互动以及个性能力的展示，使观众具有参与感和收视欲望。

我们的比赛所到之处，都受到当地群众的热烈欢迎和积极参与。一些乡村的干部和群众说，比赛与自己生产生活贴得很近，他们是每个星期都守着看竞赛，看比赛中的自己，看亲友、邻居、

看其他乡镇与自己一样身份的人在参加比赛时的原生态表现。往往是看得他们捧腹大笑。

在市中区车子镇举行的吃葡萄大比拼结束后，一位葡萄种植户拉着制片人的手说，我们早就盼望有这样的活动了，车子镇的葡萄种得多、品种好，就是缺少有效的宣传，这样的活动，直接把车子的葡萄宣传出去了，像是过了一次葡萄节。在井研县千佛镇举行的“柚子大比拼”，让数千村民重新体味到了久违了的柚子节的欢乐。在四个乡镇举办的“乡村骑士大比拼”，吸引了上万人次的观看。

(二) 主持人的角色发生转变

这档栏目要求主持人具备良好的语言组织表达能力以及良好的现场驾驭能力。主持人既是节目的中心，又是一个现场导演，节目进行的节奏、现场气氛的调动、观众情绪的烘托，一定程度上掌握在主持人的手中。这档栏目的主持人刘霞完全融入了节目，成为竞技赛中的一分子，她的动作和语言、声音具有极强的亲和力和煽动力。竞技类节目因其娱乐性、互动性很需要煽动力调动整个场面。刘霞在竞技赛的主持中透出一股子豪气，她带领观众起哄、挥臂，甚至忘情地歇斯底里地喊叫，就像当地村民中的一员。在她的身上，散发着一股子朴实的情感，主持起来，好像是漫不经心又似乎并非刻意。这种极具草根色彩的主持，与节目平民化的风格相融合，其结果是，现场观众把她看成“我们村里的人”，而不再是电视台的主持人。主持人的角色转换，也体现了“观众是电视节目的主人”的特征。

(三) 一次竞赛就是一次极好的频道和栏目推广活动

赛前预热：寻找和组织选手，做道具、布置场地、组织啦啦队、赛前训练、奔走相告、组织村民观看等赛前准备，实际上就是一次最直接的宣传推广活动。

比赛场面火爆：我们尽量选择人多热闹的赶场天，选择当地村民最爱集中的地方作为比赛场地，往往能吸引数千人前来观看。

赛后期待：每场比赛都有不少人问什么时候节目能播出，当地的干部和百姓都像盼星星盼月亮一样，关注着乐山电视台公共•新农村频道，等待他们自己的形象和比赛情景在电视上的重现。

这样一个过程，极大地提高了举办地观众对乐山电视台公共•新农村频道的关注度。目前，《欢乐乡村竞技赛》的足迹已遍布市区周边的40多个乡镇，各乡镇的干部群众不仅关注在自己家门口举办的竞赛，还关注其他乡镇举行的竞赛，相互对比，相互评论。《欢乐乡村竞技赛》成了人们劳动生产之余和茶余饭后议论的热门话题。

《欢乐乡村竞技赛》的核心是百姓喜闻乐见的生产生活方式，背景是喜爱乐山民俗民风的收视群。节目开播以来，已累计有数十万的观众现场观看参与。从2008年4月18日播出到现在，收视率平均达到5%以上，最高达8.9%。

(四) 为节目和频道的二次销售提供了良好的平台

一个好的节目创意，可以让其实现多次价值开发。《欢乐乡村竞技赛》获得了观众的认可，这不仅仅实现的是传播效益。随着栏目的逐步火爆，实际上是为广告商提供了一个良好的服务平台。在栏目播出仅仅四个月，这个栏目受到多家广告商的关注，他们看好的就是《欢乐乡村竞技赛》的现场人气、在村民中的影响力和观众较高的关注度。最后，一家公司以高价位购得栏目冠名权，成为乐山电视台周播栏目卖价之最。

（《西部广播电视学刊》，2009年第3期）

对农电视节目民生化的思考和实践

党中央提出构建社会主义和谐社会的目标，要建设和谐社会必须高度重视民生问题，这体现了我国以人为本的执政理念。在此理念下，近几年来，我国电视媒体兴起一股股民生新闻热潮。

尽管电视民生新闻方兴未艾，但大多数节目还存在忽视农民的现象。乐山电视台公共•新农村频道作为专门为“三农”服务的涉农频道，在采编实践中，就对农节目的民生化进行了有益的探索。

一、为何要思考对农节目民生化？

毫无疑问，民生新闻应该包括市民和农民。然而，遗憾的是，目前的民生新闻将最需要关注的、比例占绝大多数的农民“边缘化”了。绝大多数关注社会、服务百姓的民生新闻类节目更多的只是一种“市井新闻”。

广大农民为何被排除在民生新闻之外呢？细究原因主要有三：

（1）电视节目采制投入成本高。民生新闻大多涉及公民的衣食住行，而农村交通不便、通信不畅、居住分散，对电视节目采制而言，在农村，新闻的采集、制作、传播成本远远高于城市。

（2）市场回报少。电视台要在市场竞争中生存下来，必须紧盯广告商，尽量报道能引起具有消费能力的群体注意的新闻。与农村居民相比，城市居民收入较高、消费能力大得多。采编服务于“三农”的民生新闻，虽然帮农民说话、为农民服务，却不能带来良好的广告回报。

（3）新闻资源上的跛腿。民生新闻中老百姓不仅是新闻文本的主体，而且还是制作的主体。城市为民生新闻提供了新闻源和业余记者群。城市是一个复杂的社会系统，涉及经济、政治、社会、教育、文化、娱乐等社会生活的方方面面，民生新闻就发生在市民身边，事关每个市民的切身利益，这为民生新闻提供了丰富的素材，更激发了观众的参与性。因而，这使得新闻源的专业化与单一性正逐步被公民化与多元性的方式所取代，传统的“传者—受者”模式被打破。

相比城市居民，农村居民居住分散，信息封闭，文化素质较低，缺乏参与意识，打一个电话都比城市花销多。因此，农村的民生新闻素材远远少于城市。

“无利不起早。”可以说，电视台在开发民生新闻中对农民的抛弃是市场规则在农村经济尚不发达下的必然结局。

众所周知，大众传媒带有教化功能，具备“准公共产品”性质，对于经济、社会、资讯尚不发达的国家更是如此。因此，国家应给予农民平等的媒介使用权，媒介资源的分配必须平等地对待包括农民在内的困难群体。

目前，全国各地都在大力推进新农村建设，“二十字”方针为新农村勾勒出美好的前景，为农民提供更多、更好的文化、新闻产品，同样是新农村建设的题中之义。因此，开发关注、关怀、关爱农民的民生新闻应是农民的合理诉求。

二、对农电视节目能有所突破吗？

要开发有关农民的民生新闻，首先必须界定什么是农民自己的民生新闻，或者说“农生新闻”。分析农民的需求，我们认为真正的“农生新闻”应该突出“三农”特色，具有服务性与实用性、本土性与贴近性、娱乐性与趣味性。

服务性与实用性。对于收入还不高的农民而言，看电视节目除了消遣以外，更多的是获得信息，学到知识。因此，民生新闻必须在实用性上下功夫。帮助农民致富，除了传授技术，还要在生活上给他们以引导。目前农民看不起病、读不起书、平时没有什么文化休闲，这些都需要电视台主动想其所想，急其所急。满足农民不同文化层次、不同季节、不同生活条件的需要，强化服务和实用功能。

本土性与贴近性。目前，所有的民生新闻都有很强的地域色彩，与当地的民生问题息息相关。在这一点上，市一级的电视媒体与省级、中央级电视媒体各有利弊。市一级电视媒体反应速度快，成本相对较低，由于在新闻的本土特性上与当地人的衣食住行息息相关，易引人关注，并形成舆论压力，产生反响。省级和中央电视媒体由于战线长、成本高、范围广，报道地域分散。因此，地方电视媒体有着地域新闻资源占有的独特优势。

娱乐性与趣味性。对农节目在报道中要尽量故事化、生活化，把生动、平实的信息传达给受众。对农节目有适当娱乐的内容，这样才会轻松活泼，吸引观众。

乐山电视台公共•新农村频道开办一年来，以“情感上为农民说话，内容上帮农民说话，形式上说农民的话”为节目采编方针，进行电视节目采编的民生化尝试，取得了明显的成效。

（一）栏目的设置民生化

频道集中人力、财力、物力，打造的一档自办日播型栏目《八面风》，时长40分钟，具有鲜明的民生特点。在这档栏目里，既有用乐山方言讲述发生在农民身边的新闻故事、评说有关“三农”热点焦点难点的版块《八面风•舒妹说事》，又有用乐山方言趣谈天气的实用气象资讯版块《八面风•舒妹谈天》，还有对象性很强的服务类专题版块《八面风•七彩城乡》，涉及对农政策、致富经验、技术推广、城乡消费、农村教育、维权普法等各方面与城乡居民特别是与农民有关的内容。整档节目突出了内容家常化、叙述故事化、主持个性化、形式多样化的特色，体现生动明快、亲切平和的风格，特别是主持人胡舒，其现代农家小妹“舒妹”的形象已家喻户晓。

（二）取材的贴近性和本土化

《八面风》的定位是“做农民的节目”，这与“做给农民看的节目”有着本质的区别，要做成一个展现乐山“三农”特色的栏目，就地取材，报道农民身边所发生的事，这一点就决定了《八面风》在地理上的接近性。就取材范围来说，《八面风》同其他民生节目一样，所触及的都是“农生新闻”，它的取材范围比市井新闻更为多样灵活，除了新近的、突发的事件之外，农家的喜怒哀乐全都关注。《八面风》不仅青睐农民身边发生的对于具有乐山地方特色的绝人绝活，也倍加青睐城乡才艺能人展示的民间艺术，推出的城乡才艺能人展示报道，生动地表现了乐山民间艺术的丰富多彩。栏目开播不久播出的《金钱板唱故事，老顽童传承艺术》引发许多身怀绝技的农民打电话来毛遂自荐，要求展示才艺。这些新闻故事的播出，不仅吸引了观众，更重要的是有效地宣传了这些鲜为人知的民间绝活，充分体现了栏目的本土化。

公共•新农村频道还特别将情感贴近性作为主要抓手，反映农民的真实情感、所思所想，给农民和基层干部以话语平台。这让许多基层干部和农民产生情感上的认同感。如《精华村缺水，买泵意见不一》《半岁娃无户口，爹妈百般无奈》《华阳村山顶悬巨石，15户人家心惊》《农民工伤没补偿，穷追不舍讨公道》等报道给予村民以充分的话语权。

（三）价值取向的“农生性”

作为专业的农村频道，从开播的那天起，频道就确定了“为农民的生存呼呼尽义务和责任”这一理念，关注农民生存状况，关心农村困难群体。《八面风》的不少报道敢于揭露一些乡镇、村组存在的问题，敢于为村民维权，敢于为村民撑腰，像《市中区白马镇友谊村生态环境遭到污染》《凌云乡村民被村主任殴打住院》《井研国土局贱卖采矿权毁耕地》等报道在当地产生了巨大影响。许多观众说，公共•新农村频道是敢于说真话的频道，《八面风》是敢于说真话的栏目。

从开播到现在，《八面风》栏目讲述了许许多多有关农村困难群体的故事，在乐山引发了一次又一次的扶贫助困热潮。2008 年 8 月初，栏目对一位彝族少女因身患尿毒症无钱医治而面临生命倒计时的情况进行报道后，连续两周收到各界捐款 11 000 元。

（四）内容的服务性和实用性

《八面风》栏目在内容选取上突出服务性、实用性，成了农民朋友答疑解惑、选择致富项目的良师益友。如今，频道每天接到的农民观众打来的电话不断，他们有什么新鲜事、高兴事、烦心事、难办事、有趣事和想了解的事都在积极地向采编人员反映。《依靠科技有绝招，“人造大树”卖得俏》《选好当家肥》《购买农药看“三证”》《农机进农家》《给土地看看“病”》等节目播出后，农民朋友反映说，“真是帮了我们大忙”“从节目里得到了实实在在的东西”。2007 年夏季，乐山不少地方遭受了近 30 年来最大的一次稻飞虱灾害，四川省政府为此首次启动了防治稻飞虱的Ⅱ级响应，《八面风》栏目立即赶制了一系列有关稻飞虱防治的报道，不少农民看了节目后，马上投入灭害，为遏制稻飞虱病害的蔓延起到了十分积极有效的作用。

长期以来，我国“三农”报道采用更多的是生产视角，即把更多的注意力集中在了农业生产上，而对农民生活关注得相对较少。社会主义新农村建设的总体目标是全面提高农村的生产生活水平。农民生活水平如何，已经成为衡量农村发展水平的重要标准和依据。建设社会主义新农村，使农民得到好处，得到更多的实惠，享受发展的成果，最直接的表现就是农民衣食住行各方面的条件都得到改善，生活水平得到提高，这些内容恰恰是最直接的农村民生新闻视角。因此，《八面风》栏目在选题上，始终密切关注农民衣食住行各方面的变化，关注农村各项社会事业的发展，关注农村人居环境的变化，采编了一系列的报道，反映农民生活方面的变化、困难和需求，突出了栏目的服务性和实用性。

（五）形式的故事化、娱乐化和趣味性

为吸引观众，频道从节目设置开始，就不断地研究节目表现手法和手段，力求不断创新，不断接受领导、专家和观众的意见。《八面风》栏目不断地调整叙事结构，突破常规性新闻类节目的固定模式，大胆吸收各种文艺样式，如金钱板、顺口溜、flash 动画、影视片段等形式；在标题制作上，也尽量引入方言口语，让其在语气、语法上接近本地观众的语言表达习惯；片头、片尾（包括片尾曲）、字幕标板、字体字号、新闻背景都要求有平民特色。总之，积极地容纳观众乐于接受的一切形式和方式来达到形成吸引力与竞争力的目的。

（六）节目的民生化处理

民生新闻是一种体裁和内容，更是一种办节目的理念。因此，栏目在对版块的设置和稿件的处理上，力求“农生化”。要求采编人员所采编的报道，对农民有用、实用、管用，挤干水分。比如，《贫困生可免费领教材啦！》《土门村民缺水喝，政府及时伸援手》《凌云村民削竹签，一年要挣 20 万》《大棚草莓日挣两千》《上阵还需父子兵，自己发明耕田机》等节目，全部是对农民生产

生活、致富发展有用的民生主题。

乐山电视台公共·新农村频道开播至今，始终关注农民的“民生”，做农民的“贴心棉袄”，很快就拥有了一大批忠实观众，其影响力迅速提高，频道市场收视份额和自办栏目《八面风》收视率逐月递增，频道收视份额在乐山市落地的46个频道中位居前列，尤其是自办栏目《八面风》以朴实亲切、充满乡土气息的风格和贴近农村、服务“三农”的节目内容成为乐山267万农民朋友最喜爱的一档品牌栏目。

（《西部电视学刊》，2008年第2期。该文获“第六届全国农业电视节目、电视论文评选”特等奖）

在乡村劳作中发现娱乐元素

——《欢乐乡村竞技赛》为农民搭建欢乐的舞台

2008年4月，四川乐山电视台公共·新农村频道推出了一档全新栏目——《欢乐乡村竞技赛》。它创造性地将乡村生产生活场景融入真人秀节目中，营造出农民自己的欢乐氛围，很快成为当地一档大受欢迎的户外农民娱乐节目。

一、开发乡村娱乐资源

乐山电视台公共·新农村频道创办于2007年2月，是全国第一个地市级电视台对农专业电视频道。2008年，频道力求在自办栏目上打开新的突破口，为农民提供除电视剧之外的其他方式的娱乐节目。

农民的大部分时间是在劳作。应该把农民生活劳动的场景融入竞技项目，围绕精心设计、相对固定的竞技规则，让普通农民登上竞技赛场，制造一种具有乡村特色的竞技场面，包括制成电视节目，从而可以生动展现乡村火热的生活劳动场景。为此，频道新的自办栏目《欢乐乡村竞技赛》这样定位：劳动竞技，趣味展现，大众参与；没有门槛，没有距离，没有限制。也就是说，在乡村劳动生活情景竞技中体现趣味，在节目游戏化展现过程中互动参与。

乐山市杨湾乡的周村以“全牛席”闻名全省。当地村民练就了一身解牛绝技，已经延续了600多年，是当地最具特色的产业。节目以“解牛”为竞赛项目，设置了“开肠破肚”“大卸八块”“剔龙骨”三个环节，技巧和趣味融为一体，引来了数千村民观看、助威。

全福镇的采茶比赛。茶业是当地的特色产业，把采茶的劳动场景进行变形，变一人单独采茶为妻子在丈夫背上采茶，八对比赛选手在妻子“妹娃要采茶，哪个来背我吗”的齐声高呼声和丈夫“还是我来背你嘛”的回应声中出场。在数百现场村民的呐喊助威声中，丈夫背着妻子腿打战，头冒汗，妻子趴着伸手采茶，笑态百出。

除了单个项目的竞技外，节目还尝试举办主题系列赛。如“乡村骑士大比拼”，分别在四个乡镇赛区进行四场初赛，决出四名选手最后进行总决赛，产生“乡村大骑士”一名。以及随后策划的“自行车载重赛”“穿针引线”“乡村大力士”等主题系列赛，收视率节节攀升。

从《欢乐乡村竞技赛》的实践中，我们摸索出乡村竞技比赛环节设置的几个关键点。一是低难度环节与高难度环节相结合。这样，不仅使参与者有一个渐进的过程，也给观众一个渐入的引导过程。而节目的节奏在这个过程中渐渐走强。二是规定环节和自选环节相结合。既可适当减少动作重复性，又可展示选手的个性和主动性，使节目不时出现变化。比如，运冬瓜比赛，给一根3米长的绳子，运送长达50公分以上的冬瓜，是捆绑还是徒手搬运？选手想尽办法，节目效果自然也就出来了。三是必然性与偶然性相结合。一方面，体现一定的竞赛规律；另一方面，也体现它的偶然因素。一些故意设置的比运气环节，强化了节目的偶然性。四是复杂性与简洁性相结合。在一些连续或者系列播出的竞技赛中，我们对环节的设置增加了难度，以增强节目的曲折性和紧张感。在规则上却尽量简单，让观众容易明白每个环节究竟赛什么，怎么样是胜利或失败，谁来决定结果，在复杂的环节中采用简单的规则，从而达成良性互动。

二、张扬乡村特色，秀出农家风采

以娱乐化、游戏化的形式呈现乡村生产生活场景，进而展示本地乡村的传统风土人情和特有的生产生活方式，是《欢乐乡村竞技赛》最大的特点。

市中区（各地四川麻辣烫所用竹签80%来自这里）的制竹签比拼、市中区九峰乡（乐山最大的苦笋种植地之一）的挖苦笋比拼、井研县千佛镇（闻名四川的梅家湾柚子产地）的剥柚子比拼、五通桥区西坝镇（闻名于世的西坝豆腐发源地）的推豆花比赛……这些项目的设计既充分考虑到了农民劳动技能的展示、体能的比拼、智力的较量，更体现了农家生活生产的乐趣和鲜明的地域特色。

同时，栏目在细节上也煞费苦心。比如，为奖牌取名，不是简单地取个“第一、二、三名”，或“冠、亚、季军”，而是取个通俗响亮的称号，像“杨湾庖丁”“采茶一姐”“拉丝王”“青平神编”“安谷快刀”“金豆花、银豆花、铜豆花”等，同样极具乡村风格和地方色彩。

在设置比赛环节和后期剪辑时，《欢乐乡村竞技赛》特别注意运用戏剧化的原则，层层设置悬念，让选手、现场观众以及电视机前的观众都能体验到比赛过程的跌宕起伏，从而淡化了看上去简单同时又有些枯燥的生活生产场景。

在《卖肉师傅展刀功》这期节目中，比的是“刀准”。考官就是在场的父老乡亲，他们中有人在半斤和两斤之间报出一个重量，以“两”为最小单位，卖肉师傅按照现场观众报出的重量，一刀切下去，谁离所报重量最接近，谁就胜出。通过淘汰赛和决赛，最后产生冠军“一刀准”。经过两轮淘汰赛，最后是一号和二号选手进入决赛。一位现场观众报上了六两的重量。一号选手率先一刀切下去，重量是六两一。这是一个十分接近“六两”的成绩，压力一下子交给了二号选手。这时，主持人说：“比赛进入炙手可热阶段了，谁是这场比赛的冠军，就要看二号选手的这一刀了。”主持人还有意采访现场观众：“你觉得哪位选手能获胜？”场上的气氛变得异常紧张。二号选手毫不犹豫地切下了带有莫大悬念的一刀！紧接着，主持人把“即将过秤”的悬念继续发挥下去：“大家可要看好了，现在，裁判手中的这块肉就要决定谁是冠军了，请裁判慎重地把这块肉放到秤上……放上去了！”主持人声调变了。“它到底是多少呢？”现场变得鸦雀无声……只听主持人兴奋地喊道：“六两！六两！一点都不差的六两！二号选手获得了冠军！”全场爆发出雷鸣般的掌声。一个悬念产生了很好的效果。对这个过程的后期剪辑，栏目也运用了特技、音效的处理方式，进一步吸引电视机前的观众。

三、对农电视节目传播方式的转换

（一）转变传播理念——办观众自己的电视节目

《欢乐乡村竞技赛》以一种平民性、互动性和娱乐性的姿态出现，体现了信息传播大众化的特点，有助于信息的主动传达和观众的主动接受。栏目从一开播就极力自我造势，向乡镇干部和广大村民宣扬竞技赛的理念——办农民朋友和观众自己的电视竞技赛。靠着一人传多人、一乡传多乡的效应，很快把竞技赛的影响最大限度地扩展。

节目中，普通的乡村百姓成为主角和大家关注的焦点。传者和受者之间的界限被淡化，同时又形成了互动，也正因为这种互动以及个性能力的展示，使观众具有了参与感和收视欲望。

一些乡村观众说，比赛与自己贴得很近，他们是每个星期都等着看竞赛，看比赛中的自己，看亲友，看邻居，看其他乡镇与自己一样身份的人参加比赛时的原生态表现，往往会捧腹大笑。

在市中区车子镇举行的“吃葡萄大比拼”结束后，一位葡萄种植户拉着栏目制片人的手说，我们早就盼望有这样的活动了，车子镇的葡萄多、品种好，就是缺少有效的宣传，这样的活动，直接把车子镇的葡萄宣传出去了，像是过了一次葡萄节。

（二）主持人的角色发生转变

这档栏目要求主持人具备良好的语言组织表达能力及现场驾驭能力。主持人既是节目的中心，又是一个现场导演，节目进行的节奏、现场气氛的调动、观众情绪的烘托，一定程度上掌握在主持人的手中。栏目的主持人刘霞完全融入节目中，成为竞技赛中的一分子。她的动作和语言、声音具有极强的亲和力及煽动力，散发着朴实的情感，与节目平民化的风格相融合。现场观众不由得把她看成“我们村里的人”。

（三）竞赛是极好的频道和栏目推广活动

赛前预热：寻找和组织选手，做道具、布置场地、组织啦啦队、赛前训练、奔走相告、组织村民观看等，实际上就是一次最直接的宣传推广活动。

比赛场面火爆：栏目尽量选择人多热闹的赶场天，选择当地村民最爱集中的地方作为比赛场地，往往能吸引数千人前来观看。

赛后期待：每场比赛都有不少人问节目什么时候能播出，当地的干部和百姓都像盼星星盼月亮一样，关注着公共•新农村频道，等待自己的形象和比赛情景在电视上出现。

目前，《欢乐乡村竞技赛》的足迹已遍布市区周边的40多个乡镇，成了人们茶余饭后议论的热门话题。

（四）为节目和频道二次销售提供良好的平台

一个好的节目创意，可以实现多次开发的价值。《欢乐乡村竞技赛》获得了观众的认可，实现的不仅仅是传播效益。栏目的逐步火爆，又为广告商提供了一个良好的服务平台。《欢乐乡村竞技赛》播出仅四个月，就受到多家广告商的关注，他们看好的就是栏目的现场人气、影响力和关注度。最后，一家公司以高价位购得栏目冠名权，成为乐山电视台周播栏目卖价之最。

（《电视研究》，2009年第5期。该文获“四川省广播电视学术论文评选”三等奖）

以服务“三农”为核心 打造对农专业频道

——乐山电视台开办公共·新农村频道的经验和启示

2007年2月5日，乐山电视台以公共频道为载体，在四川省率先开播了第一个定位于对农宣传服务的电视频道，这也是全国地市级电视台第一个完全定位于对农宣传服务的电视频道。频道开播三年来，其影响力不断提高，其充满乡土气息的风格，贴近现代农村、服务“三农”的鲜明特色，受到城乡广大群众的欢迎和好评。

一、具有鲜明特色的农味栏目

乐山电视台公共·新农村频道的基本定位是“以人为本，以农民为核心，以建设社会主义新农村为载体，架起城乡互动的桥梁”。频道开播伊始就坚持走品牌化建设的道路，集中人力、财力、物力，逐步打造了三档特色栏目。

（一）方言杂志型新闻栏目《舒妹说事》

《舒妹说事》，把群众身边事、生活事作为报道的焦点，注重观众的参与性，主持人的形象、语言和风格非常贴近观众，深受观众喜爱。这档栏目里有评说公共话题和热点、焦点话题的评论版块《就事评事》，有讲述发生在百姓身边的新闻故事、观众充分表达意见和建议的版块《观众有话说》，有趣说乐山事、国内国际事的版块《有啥子说啥子》，有趣谈天气的实用气象资讯版块《舒妹谈天》。整档栏目突出了内容家常化、叙述故事化、主持个性化、形式多样化的特色，体现生动明快、亲切平和的风格。

（二）对象性很强的服务类专题栏目《七彩城乡》

《七彩城乡》，涉及对农政策、致富经验、技术推广、城乡消费、农村教育、维权普法、卫生健康等各方面与城乡居民特别是与农民有关的内容，并根据时令变化，增加《有求必应》《农时提醒》《就业包打听》等小版块，信息量大，通俗易懂，互动效果好。

（三）周播型乡村大众娱乐竞技栏目《欢乐乡村竞技赛》

2008年4月，频道推出了一档观众参与度高、没有门槛、没有距离、没有限制的周播型乡村大众娱乐竞技栏目《欢乐乡村竞技赛》。这档原创性农民户外竞技栏目以娱乐为切入方式，在选题上选取那些既能反映当地普通农民生活和劳动生产场景和特色，又能带来欢乐的素材，在形式上采用能充分调动现场群众参与热情和电视观众收视热情的技能、寻找、发现等趣味过程的竞技化展现。在这里，普通的乡村百姓成为节目的主角、大家关注的焦点。来自各地乡村的普通村民登上了这个农民自己的欢乐舞台，各显其能，展示风采，真情互动，挑战自我。栏目自开播以来，已累计有数十万的观众现场观看或参与，很快成为当地一档大受欢迎的户外农民娱乐节目，也成为乐山电视台文化惠民、零距离贴近观众的一个有效平台。

二、取得的效果

公共·新农村频道开播三年来，由于定位准确，节目内容紧贴现代农业和农民的日常生产和生活，具有浓郁的乡土气息，其影响力迅速提高，取得了良好的社会效益和经济效益。

（一）频道的做法受肯定，知名度不断提高

频道的经验和做法被中宣部舆情信息局2007年第17期《宣传信息清样》刊登，四川省委常委、宣传部长黄新初做出批示："乐山市开办新农村频道，文化惠民，服务'三农'，思路新，办法实，效果好。开办服务农民的电视频道是落实省委'富民惠民、改善民生'作风建设活动的具体行动和生动实践，值得其他市州宣传系统借鉴。"

《光明日报》、《中国新闻出版报》、《四川日报》、新华网、人民网、中国新闻出版网先后刊载了频道和栏目的相关报道，《电视研究》《南方电视学刊》《视听界》和《西部广播电视学刊》等专业期刊先后刊登了相关理论研究文章。

闻名全国的湖南卫视《乡村发现》金牌主持人李兵——农民弟兄最喜爱的"兵哥"，认真看了频道的节目后感慨地说："真没想到，一家市级电视台能够做出这么好的对农节目。"

2007年11月，频道团队荣获四川省新闻工作先进集体称号，受到省委宣传部、省记协的表彰，同时《舒妹说事》和《七彩城乡》栏目荣获乐山市第十九届好新闻评选特别奖；2008年《舒妹说事》荣获乐山市名牌栏目奖；2009年《七彩城乡》获得中广协会举办的"纪录·中国"优秀电视栏目评选两项大奖。

（二）以名牌栏目的打造和常态栏目活动提高频道的影响力

《舒妹说事》栏目以打造名牌栏目、培养名牌主持人和报道鲜活贴近百姓生活的节目内容为突破口。《舒妹说事》中的主持人舒妹（本名胡舒），拥有不计其数的"粉丝"。她不仅让乐山人为自己的方言感到亲切，而且拉近了与观众的心理距离。

《欢乐乡村竞技赛》的主持人刘霞，既是节目的中心，又是一个现场导演，她的动作和语言、声音具有极强的亲和力和煽动力，散发着一股子朴实的情感，现场观众不由得把她看成"我们村里的人"，不少大妈大婶把她看成自己的闺女。

《舒妹说事》《欢乐乡村竞技赛》是频道开展常态活动的载体，走到哪里，哪里就像过节一样，每次活动还把文化、科技、卫生等带到乡下，成为名副其实的电视"三下乡"。

（三）培养大批忠实观众，频道收视份额和栏目收视率大幅提高

2007年2月5日，频道全新改版为对农频道后，推出具有鲜明本地特色的电视栏目，在栏目的带动下，频道观众规模、观众收视时间均有较大上升。2007年，频道市场份额屡创新高，年平均市场份额从1.99%大幅上升到6.08%，频道市场份额排位也从第24位上升到第5位。频道已经从开播初期的弱势频道，成为现在的强势频道。《舒妹说事》开播后收视率不断上升，屡创新高，将时间段（18:40—19:10）平均收视率从1.12%提高到3.75%，周平均收视率最高达到7.37%。

（四）频道建起自身造血机能

2006年公共·新农村频道年广告收入306.84万元，2007年增至475.13万元，比2006年增加168.29万元，增长45.7%；受"5.12"大地震影响，2008年广告收入仍然比2007年增长了4%；2009年广告收入比2008年增长42%。从2007年对农频道开办至2009年，频道广告收入增长超过了120%。

三年来，实力强大的广告商在公共·新农村频道投放的广告越来越多，其中农产品、农资广告从无到有，目前已成为稳定收入。

三、三年来的启示

（一）只要坚持“三贴近”，面向广大观众，地市级电视台完全能够办好对农频道

地市级电视台有着独特的优势，那就是与基层的群众最近，容易了解到他们最需要什么。

我们把“为什么做和做给谁看”的理念作为“三贴近”的切入点，有效地拉近了与观众的距离，观众有什么新鲜事、高兴事、烦心事、难办事、有趣事和想了解的事都在积极地向采编人员反映。在内容选取上突出服务性、实用性和趣味性，成了农民朋友答疑解惑、选择致富项目的良师益友。比如，《依靠科技有绝招，“人造大树”卖得俏》《维护“希望”》《选好当家肥》《购买农药看“三证”》《农机进农家》《给土地看看“病”》等节目播出后，农民朋友反映说：“真是帮了我们大忙”“从节目里得到了实实在在的东西”。

（二）必须重视提高和扩大频道、栏目的影响力

我们的经验证明，影响力的提高：一是靠信息发布的权威性和报道内容鲜明的地域特征，在这一点上，地方台更具有优势。二是节目内容如政策法规、农技、致富、健康与卫生等，要体现较强的专业性，让农民觉得可信、先进、实用。实际上，依据对象特点，对农电视栏目在品牌的塑造上也必须强调专业性媒体服务和专业化资讯传递。三是理解和贴近。目前，几乎所有的电视台开办的娱乐栏目，没有专门面向农民的、农民需要的娱乐。我们从理解和贴近农民的角度出发，创新性地开办了专门针对农民朋友娱乐的竞技类栏目《欢乐乡村竞技赛》，祖祖辈辈从事农业生产的农民，没有想到自己的生产生活技能，竟然能够在大庭广众之下进行竞赛，还能上电视，让几百万观众分享他们的欢乐，尊重他们的劳动。这是《欢乐乡村竞技赛》成功的重要因素。

（三）对农频道必须符合现代农业实际，满足现代农民需求

公共•新农村频道运行两年多来，始终坚持“与时俱进，以人为本，以农民为核心，以建设社会主义新农村为载体”的经营理念。提出这一理念的思路是，如今农业的含义已随着时代的发展而不断变化，已从原先单纯地以从事粮食生产为主的传统农业转化为农、林、牧、副、渔、工、商、运、建相结合的现代农业。因此，对农节目就不能简单地介绍传统种养殖的一般技能和知识，而要把包括农业产业、农用工业、农产品加工业、农业商业，以及相关的为农业服务的内容等作为对农节目的主要内容。这既是导向，也是频道和栏目的立足点。

实践中，我们认识到，在转型期的农村，电视媒体所提供的节目要满足现代农民的需求，就必须把“关注新农村的发展变化，关心农民的生存状况，关爱农村的困难群体”作为节目的基本定位。

（四）只有整合各方资源，才能有效地服务“三农”

借助地方政府的相关职能和其拥有的资源，强化频道和栏目服务功能的效用度。我们的《七彩城乡》与市就业局联手，每日开办《就业包打听》专栏，发布最新的招工用工和短期技术培训信息，为城乡群众提供了实实在在的服务，明显提高了这类信息的效用度。

（五）对农频道广告市场是有开发潜力的

目前，各地电视台在开发农村广告市场时，常常会遇到尴尬和阻力。这其中的原因：一方面，大部分广告商的重点业务并不在农村市场；另一方面，农村栏目很少被广告商看好。农村市场的开发需要一个过程，我们深感这是一项开创性的工作。事实上，商家对农村市场的不重视，与

电视台在农村缺乏强有力的观众群不无关系。电视台越没有农村观众群，商家也就越不重视农村市场。我们的思路是，首先去赢得农村的电视观众，努力办一个在农村受欢迎的频道，让商家对农村市场重视，从而吸引广告客户。

（《北方传媒研究》，2010 年第 2 期。该文获中国农业影视中心、中国农业影视协会和《农业影视》杂志年度评选优秀论文奖）

新环境下地方台电视节目采制理念的转变

在当前纷繁的市场环境中，地市台必须积极应对来自区域内报业媒体、互联网媒体、无线通信媒体、户外媒体等各媒体的竞争和“三网”融合等带来的压力，研究制定地方台发展战略，这是当前及今后的战略选择。本文根据乐山电视台的实践，就新环境下地方台电视节目采编理念的转变试做一探讨。

一、为什么要转变

（一）电视台作为公众媒体，理应秉承着新闻职业道德和理念，履行公众“守夜人”的职责

“守夜人”，其意义就在于记者看出了问题，就应“喊”出来，而不是心如明镜一般，嘴上却上了锁。但“守夜人”这一新闻采编的核心理念依然较难体现。相对于国家级和省级电视台，地方台在这方面作为的空间更小。

（1）近年来，全国很多地方的党政领导纷纷表示欢迎媒体监督，但真正实行起来，在一些地方却非常困难。因此，地方台的舆论监督陷入被动局面。

（2）各大媒体竞争激烈，生存空间日益逼窄，同时地方台新的赢利模式尚未确立，赢利渠道单一，迫于生存压力，对广告大户的妥协在所难免，舆论监督已成为纸上谈兵。

（3）正面宣传的新闻容易播出，采编人员在日益严格的考核制度下，考虑最多的是多出稿子，特别是能得高分的稿子，而舆论监督稿往往既难采访，又难写难编，更难播出，常常花了九牛二虎之力采访到了，编写出来了，最后的结果却是被“枪毙”。这使得记者对舆论监督稿失去了热情和信心。

（4）一些地方台的舆论监督存在题材琐碎、话题重复、形式陈旧、点评乏力、导向失衡、话语权偏弱等现象，舆论监督很容易跟着观众的直观诉求走。记者整天忙于当事人的投诉，甚至成了一些功利投诉群体的跑腿工。这样带来的问题是，电视台的舆论监督缺乏规划，虽疲于奔命，但社会意义不大，长此以往，很容易形成节目的同质化和内容的非典型化。

以上四点使舆论监督在地方台中依然步履维艰。

（二）新闻的传者与受众正在发生变化

网络的飞速发展，使得新闻传播渠道大增。理论上讲，所有的网民都可以同时成为新闻的传播对象和传播者。

新闻作为一种产品，其价值也受供需关系影响，供应量的剧增，使其不再稀缺。曾经的信息缺乏因网络而彻底转变为信息泛滥。与此同时，在所有的传播对象都可以成为新闻的传播者时，

加上新闻和信息的泛滥，使得新闻和信息的可信度大大下降。此时，大多数受众还是相信作为主流、传统媒体的地方台发布的新闻和信息的，因此地方台的自采自制能力成为其核心竞争能力和增强影响力的法宝。

（三）互联网的普及和社会新生代阅读收看习惯的形成，对传统电视媒体形成强烈冲击

目前，一些地方台的忠实观众群体不断分化，收视规模和收视时间呈下滑趋势，广告增长乏力，经营环境正处在如何转化的关键时期。

（四）"内容为王"的传统采编理念，对地方台的发展起过积极作用，乃至现在仍然具有借鉴意义

在此笔者需要强调的是，地方台应越来越注重经营、传输、体制等方面的创新，业内也应将视野从传统的低头办台，转为盯着市场经营办台，"内容为王"被赋予新的内涵，与时俱进转变采编理念成为必然。

二、如何转变

（一）舆论监督报道方向的转变

要真正担当起时代重任，地方台的舆论监督就必须注重选择，主动服从和服务于经济社会发展大局，尤其是要根据阶段性的形势和任务做到有所为有所不为。就现在或今后一阶段来说，就是要根据党和国家的工作重点，紧密结合本地区党委和政府的中心工作，注重选择那些在目标落实过程中存在或出现的新形势、新问题、新气象、新苗头，在通过深入调查的基础上，进行积极的舆论监督，提出问题倾向，分析问题根源，把脉问题对策。联系当前和今后一段时间我国媒体舆论监督的新任务，乐山电视台公共·新农村频道的杂志型新闻资讯栏目《城乡晚 9 点》认真研究当地党委和政府的中心工作，理出舆论监督的报道方向和采编内容。

2010 年，市政府工作的抓手是"四个着力"，即着力保持经济平稳较快发展，着力加快经济发展方式转变和经济结构调整，着力推进自主创新，着力改善民生和促进社会和谐稳定。围绕这"四个着力"，舆论监督的选题从要重点抓好的各个方面工作中寻找。比如，"资金安排主要用于项目续建和收尾，切实防止出现'半拉子'工程。加强和改进投资管理，切实防止重复建设。对有财政资金投入的建设项目，要加强全程监督，坚决避免以扩大内需为名，搞劳民伤财的形象工程和政绩工程。"这其中，"把钱花在刀刃上""切实防止出现'半拉子'工程""坚决避免以扩大内需为名，搞劳民伤财的形象工程和政绩工程"等，都是舆论监督的线索。事实上，记者只要真正沉到经济和城市建设一线，就不难抓到"活鱼"，而相比那些邻里矛盾的所谓民生新闻来说，这些线索无论是新闻价值还是对国计民生的影响等都要重要得多。

（二）新闻价值判断的转变

在潜意识里我们依然有以传者为中心的陈旧观念，我们必须全面确立以人为本，也就是以观众为本的理念，彻底摒弃上述想法，以观众的需求作为新闻价值的判断标准。而社会转型、经济转制已使观众需求发生了巨大变化。我们要做的，就是不断研究并适应观众的需求变化，采编新闻节目和其他节目。

具体来说，要重视三种需求的满足。

1. 对人们的生活有帮助的信息

我们每个人，在每天的日常生活中，都会碰到这样或那样的难处，如果电视栏目能为此提供一个平台，发动观众互帮，一定会引起观众的共鸣。《城乡晚 9 点》为此开设了《城乡办事处》和《城乡情报站》两个版块，播出的全是观众的求助信息，从“多年的棉絮什么地方可以弹软？”“被狗咬了超过了一个星期还可以接种狂犬疫苗吗？”到“残疾人在哪能买到残疾人摩托车？”“我想寻找 30 年前的老同学”等。我们通过采访报道，或咨询相关部门，或让更多的观众一起想办法，随着问题的一个个解决，就会在更多的观众中间形成积极的传播效应。

2. 对人们的感情有触动的信息

这种触动，包括的范围非常广泛，可以是快乐的、温馨的，可以是有趣的、好看的，可以是愤怒的、悲伤的，也可以是有启发的、引起联想的……从某种程度上来说，这也顺应了体验经济的发展潮流。

例如，中秋月饼这个话题，每年都说，按照传统的新闻标准，这也许是说了无数次的老话题，无多少新闻价值。而 2010 年的中秋节，《城乡晚 9 点》的《零距离》版块从如今经济社会发展变化对中秋月饼功能的改变这个角度，策划采制了《中秋月饼四大“愁”》的调查报道，从“一愁选月饼，二愁送月饼，三愁吃月饼，四愁收月饼”几个方面，对中秋月饼由“作为一个纪念中秋的功能，演化为社会交际的功能”进行了生动阐释，引起广大观众的共鸣，纷纷通过短信、栏目博客等方式表达自己的感触。

3. 对人们的价值判断有启发的信息、对人们的未来预期有引领的信息

人们在进行重大决策的时候，总是有赖于其既有的价值判断，有赖于其对未来的预期。如果我们的新闻，不是就事论事的快餐式新闻，而是能够看得更加深一些，远一些，能对人们的价值判断与未来预期有所启发和引领，那么，电视节目在观众心目中的地位就非同一般了。譬如，2010 年大学生找工作遇到了前所未有的困难，连带着许多高中生都不知道该填报什么样的高考志愿才能在未来找到一个好工作。乐山电视台公共·新农村频道的方言杂谈栏目《舒妹说事》策划了一组比较另类的报道，说一个当领导干部的父亲，和还在重点高中读书的儿子的对话，父亲对成绩优秀的儿子提出了当高级蓝领的工作设想，同时就一些教育学家、高中教师、学生和家长对此事的看法和观点进行议论。在目前的主流价值判断之外为观众提供了一种另类选择，而这种选择很可能成为未来的主流选择。节目播出后，尤其在一些知识层次较高的观众中引起了较大反响。

（三）新闻报道方式的转变

我们习惯了这样的新闻报道方式：告诉观众有什么事发生了。现在，我们还要思考，怎么把这件事告诉观众？对此我们能做些什么？我们能发动观众和我们一起做些什么？

1. 怎么把这件事告诉观众？

我们经常会碰到一些内容老套、人们却依然会重视的事情，如果我们直截了当地说，也许观众不一定会有耐心看下去，但换一种表达方式或表现形式，效果会大不一样。

如减压话题，现在的生活、工作节奏是越来越快，因此，很多人都面临工作不顺利、家庭生活负担重、感情经营不善等方面的压力，压力对于每个人而言是随时都有。可是，该怎么释放呢？这本不是一件新鲜事，《城乡晚 9 点》却能以非常新鲜的方式来说这件事。它以几个不同行业不同年龄段的人自我减压的诀窍为例，配以心理咨询师的点评，告诉观众健康地宣泄压力的方式，形式很新颖，引人注目，令人印象深刻。

2. 对这个问题我们能做些什么？这件事情能给观众带来什么样的启示？

乐山电视台新闻综合频道《新闻天天报》栏目在策划报道一起小轿车上被抢的案件时，不仅详细描述了事情经过，重要的是，在每一个关键节点，配上公安人员的提醒以及记者自己的采访体会，目的是教观众如何避免类似不幸事件的发生。其中有一个细节，车主一坐上自己的车子，早就盯住他的歹徒就紧跟着拉开车门坐了上去。而这辆车的中央门锁必须等车子发动之后才会自动上锁，但就是这点时间，给了歹徒上车的机会。说到这里，就配上了公安的提醒：如果一上车就立刻手动锁上车门，也许就能避免这场悲剧了。这条报道不仅是一个惊心动魄的故事，而且提供了许多贴心有用的防范细节。

3. 我们能发动观众和我们一起做些什么？

地方台作为大众传媒，应重视其纯粹的媒介功能，或者说是平台功能的搭建。

譬如，对于小家电维修难这个问题，我们原来的做法很可能包括这样几块：目前小家电维修难，小家电为何难维修？如何破解小家电维修这个难题？……可能是一则深度报道，也可能是一般性的动态报道。而《城乡晚 9 点》对此的做法是：提出小家电维修难这个问题，同时让观众出主意。结果观众反响踊跃，市区主要的几家家电卖场先后表态愿意承担主要品牌的修理，同时一些电器维修店也纷纷提出愿意维修。采编人员在节目中登记所有维修点的地址和电话，接着是有观众建议在居民小区设立维修收集点，负责收集需要维修的小家电，再统一送到维修点，这种做法无疑极大地方便了居民。

近年来，乐山电视台通过集约式的内部组合，提高了运作能力，新闻宣传上有声有色，节目质量稳步提高，其几档品牌栏目在当地具有极高的影响力，一批作品获得国家级和省级大奖；在经营上，以做大为主要抓手影响、组织了一系列的诸如感动乐山、“3•15”维权、快乐老爸老妈、金婚庆典、欢乐乡村春之行、车展、房展等公益、商业大型活动，广告收入连年大幅上升，经济总量跨入全省地市台前列，在省内产生了广泛影响。

（《西部广播电视学刊》，2011 年第 1 期）

透过现象抓实质

——获奖电视评论《政策性农业保险为何理赔难》创作谈

2010 年 10 月 28 日，在乐山广播电视台公共•新农村频道《城乡晚 9 点》栏目播出的电视评论《政策性农业保险为何理赔难》获第 21 届中国新闻奖三等奖，并获 2009—2010 年度四川省广播电视节目奖电视评论优秀奖。

制作这档电视评论节目，我们有几点体会。

一、把握事实，丰富论据

2010 年 6—9 月，乐山市境内接二连三地发生了大风、冰雹和旅游等自然灾害。特别是夏季的洪涝灾害，使不少农作物遭受毁灭性的损失。按说，农民们购买的政策性农业保险该派上用场了，但是，我们的栏目组不断接到农民反映，说保险公司根本就没有来人勘察理赔。

政策性农业保险是从2007年试点,政府牵头推广实施的一项惠民工程,全市已经有数十万农户入了保。农民参加了政策性农业保险却得不到理赔,我们意识到这是牵涉农民权益的重要题材。农业保险理赔难在乐山是一个典型的新闻事件。我们进行了大量的调查采访,对理赔难问题有了一个较为全面的了解。

市中区土主镇铁牛村村主任毛启国告诉记者,他们村确实有70%的种植户对这个政策性农业保险有意见。他说:“购买政策性农业保险是上级下达的目标任务,必须完成,如果完不成投保任务,就要扣村干部的基本报酬。”于是,从市到区县,再到乡镇,最后到村里,层层下达任务。这种趋于强迫性的任务摊派预示着这项政策推行的艰难。而最苦的是村干部。村民遭受了损失迟迟得不到赔偿,村干部就拆了东墙补西墙,甚至把政府划拨的冬林款和春荒款也用来临时解决村民遇到的困难。

种植户们的保险赔付难,那么从事畜牧业养殖的农户们在理赔上是否要顺利些呢?

市中区九峰镇明月村的养殖户汪贵明,2010年初投入8万多元养了60多头生猪,并且在4月份给生猪全都买了保险。仅过了一个月,汪贵明的养猪场就发生了大规模疫病,死了十几头猪,保险理赔也迟迟不能到位。

看来,无论是种植业还是养殖业,政策性农业保险赔付难确实是个普遍现象。

这样的调查采访,为整个评论找到了有力的论据支撑。同时,揭示了政策性农业保险推行的尴尬,为后面分析问题的本质提供了佐证。

二、揭示实质,找准论点

电视画面上大片的水稻被冲倒和淹没,买了保险的农民面对颗粒无收求助无门显现的无奈……为什么国家对受灾农民的保护政策难以落实?问题的实质是什么?保险公司说:“理赔程序多,工作量大,牵涉的部门多。”如果仅仅是这样,那只是保险公司不作为而已。而我们对所有案例分析后发现,保险公司都表现出一致的“冷漠”。

经过我们的进一步调查采访,更为深层次的原因终于露出水面。保险公司的“冷漠”主要在于农业保险目前运行的机制很难调动他们的积极性,因为政策性农业保险是政府搞的一项惠民工程,但是作为具体操作实施的保险公司,从中很难获得利润,甚至做着赔本的买卖。这才是理赔迟迟不能兑现的根本原因,是问题的实质。评论以理性的目光审视这一农民权益无法保障的问题,在对事实进行客观报道的基础上,探寻造成这种问题的原因并据此进行评论。这种纪实性与评论性融合的过程,既表明了我们对问题的深入思考,又启发了观众对问题实用进行理性判断。我们采访了乐山市法律援助中心律师、乐山市委政研室负责人、中国人民保险公司乐山分公司农险负责人,他们都一针见血地指出:理赔难的原因既有保险公司从事这方面的人力、财力、物力投入少,勘察理赔程序较烦琐等表面现象,更有政策性农业保险目前运行的机制很难调动保险公司的积极性,相关法律法规缺失等深层次的原因。

评论是引导舆论的重要手段,具有政府和人民喉舌功能的电视台,理应起到党和政府与人民群众联系沟通的桥梁作用,体现大众传媒反映舆论、影响舆论和引导舆论的功能。作品提出了政策性农业保险理赔中既有典型特征又有普遍意义的问题。

三、声画结合，立体论证

电视声画并茂的优势给新闻评论赋予了形象的表现方法和立体的传播效果。这件评论以较为完整的视觉形象与现场同期声，多角度、全方位地对政策性农业保险理赔难进行了理性分析，在层层递进的论证过程中探讨解决问题的途径。

在对乐山市政策性农业保险理赔难这一新闻事件的论证中，我们始终把握用实证画面、实证声响来赋予论据的形象性的原则，使观众如身临其境一样耳闻目睹，参与评论。水面上被冲毁的农田、被大风摧毁的猪舍鸡舍、村民的无奈和不满、保险公司的推卸……这样产生的冲击力、感染力比文字转述要有力得多。由于作为论据的画面和现场声响把各方面的关系都多角度、多层面地交代清楚了，就使得分析有理有据，入情入理。如下面一组同期声实质上用间接发言的方式，论证了评论所要阐发的观点：

“只是依靠政府来做农业保险不现实，建议政府让保险公司在经营种植业和养殖业保险以外，还可以兼顾经营财产保险、责任保险、短期人身意外伤害保险和健康保险等。达到‘以险养险’的目的。”“我国至今还没有一部完整的法律法规对政策性农业保险业务予以扶持。地方也没有管理条例。”“应该加强立法工作，从赔偿的种类、标准、程序通过法律的形式把它固定下来。”“要建立问责机制，对不能及时进行勘察理赔的情况，要追究相关部门、相关工作人员的责任。”

另外，主持人在演播室的评论更强化了评论的逻辑联系，彰显了评论的目的性，起到了以理论事、以事评理、事理相连、针对性强的作用。

（《西部广播学刊》，2012 年第 2 期）

第四部分　多　棱　镜

警惕同期声中的“假声”

足球联赛中有假球，商品制售中有假货，而我们电视新闻片中的同期声也出现了“假声”。所谓“假声”，是指使用的同期声不是被采访者发自内心、自我主动表达的真实言谈，而是被人为地设置、诱导而说出的被动话语。

近几年来，电视新闻采编人员为了增强报道的现场感，越来越注重运用同期声。但很多时候同期声的采录并不顺利，被采访者或语不达意，或语无伦次，或口齿不利，或“长篇大论”，这使得后期剪辑非常麻烦。于是，不知从何时起，何人发明了一种“简便”的办法：把被采访者要说的话写在或打印在纸上，放在摄像机的旁侧，让被采访者照着读出来。这个办法的效果是，说话者的话语流利，后期的剪辑也很顺手，保证了同期声与整条消息的“协调”。时间一长，大大小小的电视台纷纷效仿之，“假声”开始大量出现并蔓延。“假声”的另一种表现形式是被采访者虽没有看着文字读，却是面对记者或镜头背诵着别人授意的话语，表面上看不出授意的痕迹，但包括采访者和被采访者在内的所有知情者心里都是明明白白的，糊弄的是广大观众。

“假声”的产生大致有以下几种原因：

第一，记者采访的基本功不扎实，无法获得良好的提问效果，应该向采访对象了解什么情况、侧重哪几个方面、如何进行提问等心中无数，采访对象当然也就说不出记者想得到的东西。无奈之下，记者便“教”采访对象“说话”。

第二，记者不进行深入调查采访，而是按着自己设计好的框架往里填内容。他们往往想当然地指定被采访者。然后把自己拟定好的一段话，通过对方的口说出来，说得流利则罢，说得不流利则干脆写好让人家读。还有的记者为了达到所谓的轰动效应，甚至是个人的某种目的，不惜诱导、误导被采访者，让其在不明真相的情况下违心地说话。

第三，被采访者甘于说假话，这种情况多出现于赞扬的报道中。有的被采访者为了让记者把本单位、本部门、本行业甚至本人很好地吹捧一下，明确地对记者说，“你觉得该怎么说我就怎么说”。可想而知，能说出真话吗？

“假声”的出现和蔓延违反了新闻报道的真实性、客观性原则，降低了新闻报道的可信度，损害了新闻单位的形象。

（《南方电视学刊》，2002 年第 5 期）

《新闻联播》的改法妥吗？

中央电视台的《新闻联播》最近一段时间变了点样，取消了播音员在屏幕上播新闻导语的做法。一条条新闻均由画面直接连接原来频频在节目里出现的播音员，现在在节目里很少露面了，有时30分钟的节目，播音员除了一头一尾露面外，中间只说了一句："下面请看一组简讯。"

一条新闻紧连着一条新闻，中间没有明显的"界限"，观众稍不注意就分不清正在收看的报道属于哪一条。有的观众不解地问：一条新闻都播了快10分钟了怎么还没完？其实是他没注意，已经滑过了好几条报道了。

《新闻联播》的编排模式延续了十几年。庄重、大方、可信的播音风格增强了《新闻联播》的权威性。重要一点的新闻导语都由播音员来播报，这不仅强调了该报道内容的重要性，同时也起到了承上启下的连接作用。这种编串形式对于线性传播的电视报道来说，无疑是适宜的。而现在的《新闻联播》条与条之间的简单串联，虽说可能有加快节目的节奏、避免直播时频繁地切换画面所带来的失误等作用，但更多的是令人感到报道内容的轻重、主次不分，特别是一些无间隔的连续报道，使观众疲倦、厌烦，收看效果大减。

（《电视研究》，2002年第6期）

"省"与"自治区"不能混淆

近期，中央电视台《大风车》栏目的主持人在节目中读一封新疆小朋友的来信时，脱口而出说："下面是一位来自新疆省的小朋友的来信……"听到这句话，我那10岁的女儿诧异地问我："省和自治区是一样的吗？"

"省"是我国的一个行政区划单位，直属中央；"自治区"是相当于省一级的民族自治地方，它既行使一般地方国家机关的职权，又依照法律规定的权限行使自治权，这是我们党的民族政策的重要体现之一。

（《观感选辑》，2002年第8期）

别让荧屏弥漫铜臭味

时下不少电视台都推出了一批知识性娱乐节目，像什么"幸运……""……擂台赛"之类的。它们最大的特点就是以"大奖""特奖"诱人，其数额之大令人咋舌。一台少儿节目，更是"别具匠心"，孩子们答题后，主持人一声令下，蜂拥冲向琳琅的商品架哄抢，多抢多得，霎时若干双充满稚气的眼睛放射出欲望的光芒。

可以说，知识的美丽外衣与"铜臭"的内核结合得愈天衣无缝，收视率的刺激愈强烈，对人们尤其是青少年的负面影响就愈大。我们不反对物质奖励，娱乐性节目"挂点彩"未尝不可，但凡事要有个度，不能把当今观众最多、影响力最大的荧屏弄得乌烟瘴气，一打开就弥漫着铜臭味。

（《电视研究》，2003年第2期）

第二编

部分获奖作品、栏目

第一部分 乐山有线电视时期

栏目：都市报道

一、简介

《都市报道》是乐山有线电视台综合性新闻节目。节目设有轮流播出的四个小版块（每天至少两个），结合电视的传播优势和报道手法，将不同内容和样式的新闻节目串联起来，配以最新的都市动态消息，形成一档完整的独立播出的电视新闻节目，开了本地之先河，产生了较大的影响。

《都市报道》定位是：立足城市，发挥好党和政府的喉舌作用，反映市民意愿，展现城市风采。

《都市报道》目光投向社会各个领域，内容涉及乐山市政治、经济、科教、文卫等方面，涵盖城区党、政、工、农、兵、学、商等各条战线。

《都市报道》题材广泛，包括消息、特写、评论、综述、专题、系列（连续、纪实）报道、经济报道等，力求做到融政策性、社会性和生活性为一体。

《都市报道》每天播发最新动态消息；及时报道乐山市党政重大活动和工作重点；适时开辟专题栏目，深入报道乐山市深化改革过程中的一系列重点问题，选题以思考型、问题型、探索型为主。

《都市报道》设固定的子栏目：

《有线视点》：内容紧贴百姓生活，对他们关注的热点、难点等问题进行报道。内容包括市容卫生、城市治安、法律法规、交通、通讯、城建、旅游、就业、就学、购物、住房等方面。

《经济信息快车道》：企业经济及与市民相关的经济报道及各类信息。

《红尘写真》：透过形形色色百姓最平常的事，揭示人生最普通的哲理。

《各地消息》：播发区县的一般性图像消息和祖国各地的社会性、趣味性消息。

《都市报道》每星期一至星期五各一期，每期10～12分钟。首播时间每晚19:35，当晚21:30和第二天中午12:20重播。

二、获奖作品：1999年9月17日《都市报道》编排

选送的这组报道第一部分（1～3条）是庆祝国庆50周年最新消息及庆国庆小专栏，是报道的重点；第二部分是本地观众十分喜爱的新闻性版块《有线视点》，就当时市民谈论的热点话题进行评述；第三部分（6～8条）属社会新闻；第四部分也是观众喜爱的一个小版块《红尘写真》，以一个普通人的故事揭示一个道理；最后一部分是令观众轻松一下的珍闻趣事。整组节目重点突出、信息饱满、题材多样、深浅结合、编排流畅，符合节目的定位，犹如一本“电视新闻杂志”给观众多方面的信息。

观众朋友们，你们好！欢迎收看《都市报道》，今天为您报道的主要内容有：

（1）我市庆国庆迎澳门回归气氛日益浓重。

（2）今天的《有线视点》播出：昆明归来话乐山。

（3）我市110，119，122等应急电话昨天受到市工业学校学生近百次强扰。

（4）《红尘写真》为您介绍一个温州人的生意经。

（5）大佛景区新添一个景观：树包石。

下面为您做详细报道：

（1）我市庆祝新中国成立50周年系列文化艺术活动之一的“九九嘉州金秋文艺调演”昨晚在市影剧院举行首场演出。整台演出通过歌舞、戏剧、曲艺等活泼多样的艺术形式，反映了建国50年来，特别是改革开放20年来我市经济和社会发展所取得的丰硕成果，抒发了嘉州儿女对澳门即将回到祖国的无比喜悦之情。

（2）在素有“小西湖”之称的五通桥区，庆祝游园活动和文艺汇演吸引了多方群众，舞蹈、演唱、川剧尽显风采，气势宏大的女子龙灯队更是舞出了全区人民的豪情壮志。（*龙灯队画面及同期声*）

（3）今天上午，城区街道锣鼓喧天，歌声阵阵。数千名各界妇女身着富有特色的服装，组成多姿多彩的方队，展示新时代各地消息，播发区县的一般性图像消息和祖国各地的社会性、趣味性消息。

我市“庆国庆迎澳门回归”气氛日益浓重

【导播】

在庆祝新中国成立50周年和迎接澳门回归祖国之际，我市各单位、社会团体纷纷以各种形式讴歌颂扬建国50年来特别是改革开放以来我国发生的翻天覆地的变化和所取得的丰硕成果，表达人们对祖国的热爱和对澳门即将回归祖国的喜悦之情。请看一组报道。

【解说】

（1）我市庆祝新中国成立50周年系列文化艺术活动之一的“九九嘉州金秋文艺调演”昨晚在市影剧院举行首场演出。整台演出通过歌舞、戏剧、曲艺等活泼多样的艺术形式，反映了建国50年来，特别是改革开放20年来我市经济和社会发展所取得的丰硕成果，抒发了嘉州儿女对澳门即将国到祖国的无比喜悦之情。

（2）在素有“小西湖”之称的五通桥区，庆祝游园活动和文艺汇演吸引了多方群众，舞蹈、演唱、川剧尽显风采，气势宏大的女子龙灯队更是舞出了全区人民的豪情壮志。（*龙灯队画面及同期声*）

（3）今天上午，城区街道锣鼓喧天，歌声阵阵。数千名各界妇女身着富有特色的服装，组成多姿多彩的方队，展示新时代嘉州女性的风貌，欢庆共和国50华诞，喜迎澳门回到祖国怀抱。50多个艳丽的方队，组成一条多彩的长龙，为国庆前的乐山城增添了欢乐祥和的气氛。

（4）虽说离国庆还有十几天，但乐山城已开始披红挂绿，张灯结彩。滨河路、滨江路、乐山广场著名景点，更是花团锦簇，美不胜收。一些机关、团体和企事业单位早早地将大门打扮一新。微笑挂在脸上，喜庆记在心上，人们除了忘我工作和劳动以外，更多了一份兴奋和激动。

本台综合报道

《身边五十年的变化》专栏：一位老八路的感受

【导播】

新中国成立50年来，我国的医疗卫生事业发生了翻天覆地的变化。一位亲身感受了这种变迁的老八路对此感触颇深。

【解说】

【原峨眉石油疗养院院长张东田同期声】

对于药品种类和质量的变化，老张讲了他的一段亲身经历。

【原峨眉石油疗养院院长张东田同期声】

老张越讲越高兴，他语重心长地说，新中国成立以来，我国不光是卫生医疗状况根本好转，社会各项事业也都取得了巨大成就。建设中国特色的社会主义事业后继有人，一派生机。我们这些老同志心里很踏实。

本台报道

武警支队国旗护卫队战士正刻苦训练

【导播】

9月26号，我市将在乐山新广场隆重举行“庆国庆万人升国旗仪式暨长跑活动”。武警乐山市支队承担护卫和升挂国旗的任务。随着活动日期的临近，支队的训练准备工作正紧张进行。

【解说】

近几天一走进武警支队，就会看到一群高大魁梧的战士列队训练的威武场面。严格的训练，使汗水浸透了他们的军装。

【训练同期声】10秒。

【护旗方队战士云劲柏同期声】

【护旗方队战士廖辉同期声】

据介绍，当支队接到承担“庆国庆万人升国旗仪式暨长跑活动”护卫和挂国旗的任务后，立即挑选了30多名思想素质好、军事技术过硬、身材高大魁梧的战士组成国旗护卫方队，拟订了严格的训练计划，每天进行强化训练，保证完成好这一光荣任务。

本台报道

有线视点：昆明归来话乐山

【导播】

举世瞩目的云南昆明世界园艺博览会自今年5月1号开幕以来，吸引了众多国内外游人前往观光、旅游。从世博园归来的乐山人在对昆明旅游业空前火爆惊讶不已的同时，也对拥有世界文化与自然遗产的乐山旅游产业相对滞后进行了深刻反思。

【解说】

昆明世界园艺博览会汇集了全国多个省、自治区、直辖市以及60多个国家和地区的园艺精品，是一次高档次、高品位，具有浓郁现代气息和地方民族特色的园林艺术交流盛会。自开幕以来，吸引了众多国内外的游人前往观光、旅游。我市一些市民也纷纷通过各种渠道前往昆明一睹了世博园的风采。7月16号，市旅游局与铁路部门还专门开通一列旅游专列，组织全市1 000余名市民到昆明世博园进行了为期一周的观光、旅游。

尽管时间短暂，然而，昆明四季如春的气候和浓郁的民族风情、优美的自然环境却给每一个市民留下了深刻的印象。

【市旅游局副局长冯庆川同期声】“有比较，才有鉴别。”一些参观了世博园的市民在对昆明旅游业迅猛发展惊讶不已的同时，也对拥有丰富旅游自然资源、素有“著名风景旅游城市”之称的乐山旅游产业相对滞后深有感触。

【乐山市大佛景区管委会主任、乐山大佛乌尤寺文管局局长吕林同期声】

【市民同期声】

有专业人士指出，昆明怡人的气候和浓厚的民族风情是它旅游业的最鲜明的特色，从这次世博会上可以看出，昆明把自己的特色最大程度地发挥了出来。而对于乐山来说，丰富的资源、悠久的历史和灿烂的文化构成了其多样化的自然与文化旅游资源。乐山拥有世界自然和文化双重遗产的峨眉山和乐山大佛，以及多个国家级、省级风景名胜区。近年来，市委、市政府也在旅游方面加大了导向与投入，改善环境、增设景点，但旅游业的发展还有滞后的一面。

另据了解，全市一些地方旅游观念淡薄，或未形成上下一盘棋齐抓旅游的大格局，致使景区景点建设、交通设施建设、城市规划、产业调整等互相脱节，这在一定程度上也制约了我市旅游业的发展。

昆明旅游产业的空前火爆在受到人们广泛赞誉的同时，也给了我们一些启示，如何利用本地区自然资源优势，积极开发具有地方特色的旅游产品，不断开拓旅游市场、不断增强全民旅游意识便成为当前乃至以后我市发展旅游产业的一个突出问题。

【乐山市大佛景区管委会主任、乐山大佛乌尤寺文管局局长吕林同期声】

【市民同期声】

如今，世博会已经成为昆明的一张响亮名片。乐山只要凭借自身优势，积极发展具有地方特色的旅游产业，也一定会以前所未有的新姿态“喜迎”八方宾客，市民所愿只是一个时间问题。

本台报道

城区道路新设交通标志表示什么？

【导播】

近段时间，城区道路上新添了两种新的交通标志，引起人们的注意和疑惑。带着不解和疑问，记者采访了市交警部门。

【解说】

原来，这两种标志是我国今年6月1号起开始更换的道路交通新标志。圆圈中一个“叉”的符号表示禁止车辆临时或长时停放；圆圈中一条斜线的符号表示禁止车辆长时间停放。据介绍，其他的交通标志和标线将按公安部的要求逐步换设，到明年年底前所有道路交通标志和标线都必须换设完毕。

我国现行道路交通标志和标线已使用了11年之久，与国际标准相差较大。这次新换设的标志和标线，新增加了旅游区标志、道路施工安全标志，取消了辅助标志。中心城区的新标志设置工作是从9月2号开始的，目前已设置了禁停标志60处，预计明年7月份新型标志和标线在城区全部换设完毕。

本台报道

昨天我市各应急电话受到市工业学校学生近百次骚扰

【导播】

昨天中午12点至晚23点，我市的119，110，120，122四种应急电话同时受到严重骚扰，使正常接警电话无法打入。市消防支队、市巡警支队立即组织人员进行追查，晚22:40分追查人员从市工业学校查到拨打的电话，并抓获了违法人员。

【解说】

经了解，市电信局为了方便学校学生通讯，特在市工业学校的每个学生宿舍房间内安装上了电话。哪知电话刚一开通各宿舍内就接连拨打119，110等应急电话，以图取乐好玩，仅昨天的半天时间里，各应急电话就受到近百次骚扰，有的还在电话内对接警员进行辱骂，使警务正常工作受到严重干扰。

【119接警员同期声】

在市巡警支队，工业学校负责人接受了公安干警的询问。（同期声：公安干警与校领导对话）为严肃处理此次事件，公安机关已将部分骚扰电话当场拆除，并对有关人员予以追查。

本台报道

管管沿街的乞讨者

【导播】

乐山是闻名中外的旅游文化名城，来往的中外游客很多。近段时间，人们不难看见几名或沿街乞讨或精神失常者流落街头，实在是有损旅游城市的形象。

【解说】

近日，记者在滨河路、公园门口、岷江大桥拍下了一组沿街乞讨者的镜头。在滨河路的路边上坐着一位头发又脏又乱、脸黑得发亮、衣衫褴褛的乞讨者，有时裤子挽至大腿，面前摆着一些乱七八糟的东西，手里拿着一些破烂东西弄过来弄过去。在“三江女神”雕塑脚下，一名乞讨者仰面躺在路边酣然入睡，车辆就从他脚跟前驶过，许多司机怕压着他，都绕他而过。在岷江大桥头，一名精神失常者拄着拐杖一瘸一拐地在街上东奔西窜。而这里正是城区通往大佛景区的必经之路，旅客很多，实在是有碍观瞻。市民们希望有关部门能清理一下沿街乱跑乱躺的乞讨者，保持文明城市应有的形象。

本台报道

一个温州人的生意经

【导播】

时下，“刺激消费，扩大内需”已成为热门话题，但一些生意人仍对自己的窘境不知所措。而生意越做越大、越做越火的温州来者王华巧却说，商人的经营观念换来一次变革。

【解说】

当乐山开放的大门刚一打开的时候，一个温州的青年人毫不显眼地来此做起了眼镜生意。几年后，他的眼镜生意越做越好，竟红遍了乐山。这个温州人就是现在的光明眼镜有限公司法人代表王华巧。王华巧做生意最讲一个“诚”字和“信”字，用他自己的话说，就是“诚实守信，童叟无欺”，无论市场如何变化，这两点都不能丢，丢了，就失去了发展和明天。

【王华巧同期声】

20世纪90年代以来，市场逐渐由“卖方”向“买方”转变，大规模排浪式的消费热潮已经过去，消费阶层分散化。由于各阶层收入档次进一步拉大，形成了多层次的消费群体。居民产生了显示气质、爱好和身份个性化的消费欲望。王华巧敏锐地注意到，如果生产厂家和流通商家不注意消费个性化的特点，大批量生产和经营同质产品，肯定无法满足需求。因此，“多花色、小批量、勤变换”成为王华巧念出的新的生意经。

【王华巧同期声】

看准市场后，王华巧大胆地走出扩大经营规模这步险棋。说其“险”是因为在市场又疲软又竞争的形势下，如果经营不好，损失必然惨重，王华巧坚信不走规模化经营的路不行！

【王华巧同期声】

于是，光明眼镜有限公司营业分店在今年开年不久，物价持续走低、市场越发疲软的情况下开业了，其优雅的购物环境对顾客极具吸引力。

【王华巧同期声】

1986年，王华巧在乐山创办“光明眼镜有限公司”，至今十多年过去了，抛开曾经的火热不说，单说“生意难做”的今年，他的公司销售收入仍以20%以上的幅度递增。其实，市场的窘迫不能只说消费者不买你的账，商人们应该做一次深刻的自我反省。

本台报道

大佛景区新添一景观：树包石

【导播】

近日，在乐山大佛风景名胜区凌云山“月榭”大花园旁发现一个奇特的自然景观：一棵黄桷树的树根将一块巨石牢牢裹住，树石难解难分。

【解说】

这棵约有上百年历史的黄桷树长在一块约8米见方的巨石上，树枝苍劲，盘根错节。古树须根像一张网把巨石牢牢裹住，一眼望去，是石长树，还是树包石，让人难以分辨。游人见之，无不惊叹这大自然的鬼斧神工。

如今，“树包石”已成为乐山大佛风景名胜区又一个自然生态景观。

本台报道

母鸡变公鸡你信不信？

【导播】

母鸡自变成公鸡，说起来像是天方夜谭。然而洪雅余坪镇桐梓村一农家饲养的一只母鸡确实实在在地变成了公鸡。

【解说】

这只体态高大，羽毛鲜艳丰满的公鸡在一年多以前却是下了数百个鸡蛋的母鸡。据这只鸡的主人罗德书介绍，此鸡在1998年初开始褪毛，一直退得全身只剩下翅膀上的羽毛，并且骨瘦如柴，体重仅两斤多，饲养者以为它很快会死去。然而，随后的奇迹发生了。一周内，短小的母鸡鸡冠发育成了肥大的公鸡冠，身上逐渐长出了丰满的公鸡羽毛，体重也很快增加了好几斤。从此，这只鸡不再下蛋，竟与母鸡配起种来，当上了“鸡爸爸”，而且每天黎明时啼鸣报晓，只是声音不那么洪亮。更有趣的是，它那肥大的鸡冠竟能变色，有阴暗处时呈紫黑色，而在阳光下能很快变成鲜红色。

本台报道

结束语

观众朋友们，今天的《都市报道》播送完了，感谢您的收看，再见！

有线视点下期预告：

当现代人打开20世纪五六十年代的相册时，也许会为那时候人的穿着而忍俊不禁。的确，如今人们的穿着太丰富多彩了，50年来，人们穿着的变迁，勾画了一道百姓生活和审美观念的演变轨迹。

请看下期《都市报道》的《有线视点》播出的大型系列报道《我们的五十年》之六《穿着——从单一到多彩》。

本台报道

获奖情况

（1）王可作为主编、总制片人策划、创编了乐山有线电视台的《CCTV新闻》节目，也是当时乐山唯一的一档新闻杂志性节目——《都市报道》，在广大观众中产生了较大的影响，节目的贴近性、可视性和多样性，受到多方好评。1999年5月，乐山广播电视局就直属台所开办的各类电视节目在乐山城区进行了不同对象的民意调查，结果，各方对《都市报道》的满意度名列榜首。由此，《都市报道》荣获首届乐山广播电视局直属台新闻节目第一名。

（2）王可作为第一署名人与王棱、万玲合作采编、制作的《都市报道（一组）》在1998年乐山市优秀节目评选中，被乐山市广播电视局评为二等奖，并获证书。该节目也已申报四川广播电视节目奖。

第二部分　乐山电视台时期

栏目:乐山新闻联播

《乐山新闻联播》编排一组

记者:王　可　何　沛　吴苏雅　赵　婧

本组新闻以举世同庆的新旧世纪之交为主线,通过不同侧面、多种体裁的表现形式,迅速、全面、准确地报道了乐山人民欢庆新世纪到来的喜庆场面。整组节目体现了"迎新的世纪,抒豪情壮志"的编排思想,采用集中组合的编排手法,将乐山各地在世纪之交,以不同的形式喜迎新世纪的欢乐情景流畅地组合在一起,从整体上达到了热烈喜庆、感染力强、催人奋进的效果。

一、2001年1月1日《乐山新闻联播》串联顺序

(1) 乐山敲响迈向新世纪的钟声。

(2) 我市举行系列盛大活动　欢庆新世纪到来:

① 大型广场文艺演出。

② 迎新世纪长跑活动。

③ 迎新世纪焰火晚会。

(3) 新世纪:国旗庄严升起。

(4) 我市各地群众欢天喜地迎接新世纪:

① 中心城区;② 沙湾;③ 峨边;④ 五通桥。

(5) 新世纪第一天:

① 犍为县领导心系"一号工程"。

② 峨眉山—乐山大佛景区迎来新世纪第一批游客。

③ 新闻特写:把洁净带给新世纪。

④ 乐山"世纪婴儿"在市人民医院降生。

⑤ 电视记者:把热烈和喜庆带给千家万户。

(6) 节日一线岗位人员挥汗迎接新世纪。

① 企业生产;② 武警巡逻;③ 公安守岗;④ 客运繁忙。

(7) 企业排污达标"零点行动"首战告捷。

二、《乐山新闻联播》开场白

男：千年之交，世纪更迭。我们带着对昨天的回忆和对明天的憧憬，伴着钟声，迎着朝阳，走进新千年，跨入新世纪。

女：在这举世欢庆之际，我们乐山电视台的全体职工，祝我们的祖国更加繁荣，祝我们的乐山更加兴旺，祝电视机前的观众朋友们新年愉快，幸福如意！

男：新的世纪、新的面貌。由《乐山新闻》改版的《乐山新闻联播》从今天起与观众朋友们见面了。我们的愿望是，准确、迅速、全面地传达党和政府的声音，深入报道乐山各地经济和社会发展的成就，架起人民群众与市委、市政府沟通的桥梁。我们衷心希望广大观众朋友继续关注我们的节目，支持我们的工作。

女：今天《乐山新闻联播》的主要内容有：

（1）乐山敲响迈向新世纪的钟声，340 万乐山各族儿女满怀豪情拥抱新千年。

（2）我市举行系列盛大活动，欢天喜地迎接新世纪到来，展现各界群众昂扬的精神风貌。

（3）新世纪的第一天，带给人们新的气象、新的感觉、新的希望。

（4）今天凌晨，企业排污达标“零点行动”首战告捷，乐山市嘉丰造纸厂制浆车间被首家关闭。

三、《乐山新闻联播》主要内容

乐山敲响迈向新世纪的钟声

【导播】

2001 年 1 月 1 日的零点，亿万颗心在这一刻凝聚在一起。古城嘉州万众欢腾，乌尤古刹响起钟声，乐山人民满怀豪情，拥抱来临的新世纪。

主持人：观众朋友，这里是位于乐山大佛景区的乌尤寺。再过几分钟，我们就跨入新的世纪。340 多万乐山人民迈向新世纪的钟声，将在这座千年古寺敲响。

【解说】

零时整，迎接新世纪到来的晨钟敲响了。

【现场同期声】钟声——持续 10 秒。

乌尤岁岁撞晚钟，世纪钟声别样宏。面对新的世纪，人们满怀豪情，对未来充满信心。

【乐山市民同期声】祈盼世界和平，祝全国各族人民吉祥如意，家家快乐。

气势磅礴的世纪钟声，荡气回肠，表达了 340 多万嘉州儿女阔步迈向新世纪的豪情壮志。这钟声，吹响了全市人民向着更加美好的明天奋进的号角。它将鼓舞全市人民以更加昂扬的斗志，把美丽的乐山建设得更加繁荣、富强。

本台报道

我市举行系列盛大活动　欢庆新世纪到来

【导播】

跨世纪之际的乐山，到处是欢腾的景象。市委、市政府昨天举行了一系列的大型庆祝活动，展现乐山人民昂首阔步跨进新世纪的精神面貌，抒发各界群众建设新乐山的豪情壮志。

【解说】

昨天的乐山广场，彩旗飞舞，鼓乐喧天。我市迈向新世纪大型文艺表演在这里隆重举行。

陈德玉、黄明全、林蓉、何征修、袁俊维、王志清、宋姜、李留根等市领导观看了演出。

市委副书记、市长黄明全主持文艺演出并致辞。市委书记陈德玉发表了热情洋溢的讲话。陈德玉说，新的一年充满生机与希望，我们要开好头，起好步，沐浴新世纪的曙光，高举邓小平理论伟大旗帜，把我市建设成为全省经济强市和国际旅游城市。下午15:10分，演出开始。来自各区市县20多个单位的1 800多名演员，为到场的2万多名观众演出了《迎春锣鼓》《新世纪之春》和《乐山乐水》三个主题的文艺节目。精彩的演出，高潮迭起。整个广场成为一片欢乐的海洋。演出在走进新时代的大型歌舞声中结束。（同期声5秒）

20世纪我市举行的最后这场文艺演出，主题鲜明，内容丰富多彩，气势宏大，表达了全市人民迈向新世纪的豪迈情怀和继往开来、创造更加灿烂辉煌未来的信心。

我市举行系列盛大活动　欢庆新世纪到来

——迎新世纪长跑活动

【主持人现场同期声】观众朋友，我现在是在位于中心城区的新村广场。今天的新村广场彩旗招展，万人齐聚，乐山跨世纪申奥全民健身万人长跑即将从这里出发，也将由此拉开我市大型群众迎春系列活动。

【解说】

市领导黄明全、林蓉、何征修、袁俊维、王志清、蓝伯中、袁洪东、徐明忠、王莉文参加了长跑活动。市长黄明全在致辞中说，希望全市人民积极参与全民健身活动，以健康的体魄、良好的精神状态迎接新世纪，同时为北京申奥做出乐山人民自己的贡献。

上午9点，市委副书记何征修宣布跨世纪申奥万人长跑活动开始。来自市区各级各部门、各大中小学校、驻乐部队的万余名运动员在市领导的领跑下，以整齐的方阵通过主席台，沿中心城区主要街道跑向终点。

万人长跑是我市传统的迎春活动之一。到今年已连续举办了17届，已成为我市县有广泛影响的全民健身活动。而今年新世纪的来临以及支持北京申奥又赋予今年万人长跑以新的内涵。冬季的严寒和冬雾并没有影响运动员参与长跑活动的热情。行程中万余名运动员高呼着“全民健身，利国利民”和“祝北京申奥成功”的主题口号，以饱满的精神、喜悦的心情展示了乐山人民迎接新千年、跨越新世纪的精神风貌和支持北京申奥的热情。

我市举行系列盛大活动　欢庆新世纪到来

——迎新世纪焰火晚会

【解说】

昨天的夜晚是20世纪最后的一个晚上。中心城区岷江对岸火树银花不夜天的景象，吸引了10万市民竞相观赏。

晚20:30，我市迎接新世纪焰火晚会正式开始。烟波浩渺的岷江，150米长的瀑布烟花，霎时使岷江水面一片流光溢彩，灿若云霞。尽情挥洒的烟花幕墙，映衬着水面上的烟火倒影，仿佛是九重春色落人间，只映得天光云影共徘徊。各种电光弹、彩带礼花弹把岷江两岸的上空点缀得五彩缤纷。烟花、星光、月色、灯光交相辉映，照亮了岷江岸边。缤纷绚丽的焰火渲染出一份红红火火的热烈气氛，给人们带来了新世纪的欣喜，也预示着国泰民安的美好前景。

本台综合报道

新世纪：国旗庄严升起

【导播】

今天是一个不同寻常的日子。在普天同庆、辞旧迎新之际，许多单位都举行了升国旗仪式，用这种最为庄严神圣的仪式开始新世纪的第一天。

【解说】

今天清晨 8 点，驻乐山某部在办公楼前的操场举行了隆重的千人升国旗仪式。指战员们凝望着迎风招展的五星红旗庄严宣誓。（宣誓同期声——）铮铮誓言表达了他们保家卫国的忠心。

在同一时间，武警乐山市支队的官兵也在国旗下庄严宣誓，表示要在新世纪里牢记神圣职责，永远做党和人民的忠诚卫士，努力为乐山经济建设和改革开放保驾护航。

今天早晨 7:30，市公安局交警支队机关大院格外庄严，来自支队机关、直属大队特勤大队、车管所等部门的 300 余名人民警察通过升旗活动，表达他们的拳拳爱国心。他们决心在新世纪里开拓创新，锐意进取，为乐山实施西部大开发，建设经济强市、国际旅游城市营造良好的交通环境。

市巡警支队也举行了庄严的升国旗仪式，全体巡警以严整的警容风貌迎来新世纪的第一天。

本台报道

我市各地群众欢天喜地迎接新世纪

【导播】

龙腾辞旧岁，蛇舞迎新年。在新世纪第一个新年到来之际，我市各地都举行丰富多彩的活动，到处都洋溢着安定祥和、热闹喜庆的气氛。

我市各地群众欢天喜地迎接新世纪

——中心城区

（接总导播）

【主持人同期声】今天是新世纪的第一天，我们现在是在中心城区。现在我们看到，街上已经是人来人往，每个人的脸上都挂满了喜悦，整个城市都洋溢着浓浓的节日气氛。

【解说】

在城区各大街小巷，“庆元旦、迎接新的世纪”等横幅标语随处可见；劳动人民文化宫、牛咡桥等处的一万余盆鲜花竞相开放；五颜六色的彩球、各式各样的灯笼更是烘托出节日的喜庆气氛；各大商场内货源充足丰富，前来购物的市民络绎不绝。为活跃节日气氛，一些商家的宣传和优惠让利活动也纷纷登场，显得格外热闹。

在公园、乐中游乐园等休闲娱乐场所，休闲度假的人们脸上都挂满了幸福的笑容。

【同期声】市民谈对生活改善和未来构想。①老人；②男青年；③学生。

（接中心城区稿）

我市各地群众欢天喜地迎接新世纪

——沙湾

【解说】

昨天，沙湾区举行了大型文艺巡游活动，迎接新世纪的到来。

在彩旗飘扬、锣鼓喧天的沙湾城，近 3 000 名演员参加了巡游活动，人们载歌载舞，尽情表达他们对祖国的热爱和对沙湾未来的美好祝福。上万名沙湾群众驻足观看表演，他们的心情也格外激动，大家共同祝福在新世纪里祖国更富强，人民更幸福。

（接沙湾稿）

我市各地群众欢天喜地迎接新世纪

——峨边

【解说】

在新世纪来临之际，峨边彝族自治县的广大工人、农民载歌载舞，表达他们对新世纪的美好祝愿。

世纪回首，峨边各族人民难忘党的正确领导。改革开放以来，峨边走出了一条“以林养水、以水办电、以电兴工、以工促农”的“资源换市场，开放促发展”路子，全县水电装机突破 10 万 kW，工业总产值创 4. 5 亿元新高，粮食总产量越过 5 万吨，农民人均纯收入达到 1 964 元。全县经济发展，社会稳定，民族团结。

峨边人民有信心，在新世纪走出一条更加广阔的裕县富民的可持续发展新路子。

（接峨边稿）

我市各地群众欢天喜地迎接新世纪

——五通桥

【解说】

世纪之交，“游泳之乡”五通桥区，举行了冬泳活动，以特殊的方式进入新年。

在大雾弥漫、寒气袭人的茫溪河上，数十名冬泳爱好者热情高涨，他们中年龄最大的60多岁，最小的只有 6 岁，数百群众目睹了冬泳场景。如此规模的冬季游泳活动，在五通桥区尚属首次。

（接五通桥稿）

新世纪第一天

【总导播】

今天是新世纪的第一天，全球都在关注跨世纪及新世纪的“第一”。让我们一起来关注一下我市新世纪的“第一天”。

图像：（按串发顺序编串）

新世纪第一天

——犍为县领导心挂“一号工程”

【解说】

今天一大早，犍为县四大家班子领导先后前往新美公司、国宏电冶有限公司等几家外来投资企业，与企业负责人座谈，表达犍为县委、县政府对招商引资这一“一号工程”和对外来投资者问题的重视。

县委主要领导表示，要把搞活对内对外开放、加大招商引资力度作为犍为县实现经济跨越式发展的突破口，优化投资环境，努力完成今年引进外资3亿元的目标。

犍为台报道

新世纪第一天

——峨眉山—乐山大佛景区迎来新世纪第一批游客

记者：曾　毅　翁　华　阿　曲

【现场同期声】观众朋友，新年好！我现在是在海拔3 000多米的峨眉山金顶向您做现场报道。现在是公元2001年1月1日上午7:51，虽然这里大雾弥漫，气温也只有摄氏零度左右，但我身后的这些游客仍然兴致勃勃地登上了金顶。他们也有幸成了峨眉山金顶在新世纪里迎来的第一批游客。

【解说】

这批游客个个脸上都挂着喜庆的笑容，虽然没有在新世纪的第一天看到日出和云海，但他们都为自己能成为峨眉山金顶的第一批游客而感到由衷的高兴。

采访游客：① 女学生；② 哈尔滨游客；③ 男游客。

在这批游客中，既有几岁的孩子，也有上了年纪的老人，还有外国友人。他们共同的心愿就是祝愿我们的明天更加美好。

【同期声】众多游客齐声说“新年好！”

据了解，今天早上到峨眉山金顶观光的游客就有上千人。截至上午10点，还有不少的游客从四面八方来到这里，他们都把登上金顶作为自己在新世纪第一天里最有意义的活动。

（接大佛景区稿）

今天上午8:20，已装扮一新的大佛景区北大门，就早早地迎来了远道而来的第一批游客。

【同期声】

黑龙江哈尔滨游客（男）：我是从黑龙江来的，非常高兴。

山东青岛游客（女）：第一次来，感觉挺好。

山东青岛游客（男）：青岛来的，很幸运成为第一批游客。环境很漂亮，基本与国际环境接轨，很不错。

重庆游客（男）：重庆来的，昨天就到了，晚上焰火很漂亮，变化很大。

为做好新年的旅游接待工作，景区还精心制作了新年明信卡，在元旦这天，现场向游客发放，深受游客欢迎。

本台报道

新世纪第一天

——新闻特写：把洁净带给新世纪

【解说】

在新世纪的钟声刚刚敲响后，环卫工人们就活动在大街小巷中，打破了深夜的宁静。

（接扫地的唰唰唰的同期声，约3-5″）

在蒙蒙的细雨中，环卫工人开始了新世纪的第一个工作日。

每天清晨，最早出现在大街小巷的身影是环卫工人，这个世纪的头一天，最早开始忙碌的仍是环卫工人。

【环卫工人同期声】在新世纪，我们环卫工人一定尽心尽职地做好本职工作，为我们旅游城市贡献我们的一份力量。

本台报道

新世纪第一天

——乐山“世纪婴儿”在市人民医院降生

【解说】

今晨零点30秒，一个健康可爱的男婴在乐山市人民医院降生，幸运地成为乐山的第一个“世纪婴儿”。

【现场同期声】护士抱婴儿出产房，婴儿哭声，称重、盖脚印。

这个男婴，体重2 900克，身长48厘米。他用响亮的哭声向人们宣告自己随同新世纪降生到人世的喜悦。

迎着2001年第一个黎明的曙光，但愿这个“世纪婴儿”以及同他一样幸运的孩子在新世纪的每一天都伴着幸福健康成长。

本台报道

新世纪第一天

——电视记者：把热烈和喜庆带给千家万户

记者：张楗祥

【解说】

今天虽然是元旦节放假的日子，但乐山电视台的新闻工作者仍忙碌在自己的岗位上，他们的愿望是以最快的速度把世纪之交乐山的大事喜事告诉广大观众朋友。

不少记者从昨天便开始了紧张的工作，有的守候在医院等待新世纪乐山第一个婴儿的诞生，有的随环保检查组参与“零点行动”，有的深入工厂车间报道产业工人热火朝天的劳动场景，有的冒着寒冷的晨雾抓拍新世纪第一次升国旗壮景……

全体采、编、播人员的最大愿望是，把一组热烈喜庆的新闻节目奉献给新世纪的第一天。

本台报道

节日一线岗位人员挥汗迎接新世纪

——企业生产

【导播】

当大多数市民沉浸在假日的欢乐中时，我市不少企业的干部职工、武警官兵、公安干警以及服务行业的广大员工，仍坚守岗位，以饱满的热情，用辛勤的汗水，迎接新世纪的到来。

【解说】

记者在吉象公司、三九长征公司等企业采访时看到，生产车间机器轰鸣，处处一片热火朝天的繁忙景象，员工们一丝不苟地坚守在各自的工作岗位上，为企业在新世纪里开好头起好步贡献力量。吉象公司负责人告诉记者，进入新世纪，公司将抓住市委、市政府把建材作为全市支柱产业的机遇，壮大木制品及其深加工产业，为全市经济在“十五”期间实现追赶型跨越式发展做出应有的贡献。

（接企业生产稿）

节日一线岗位人员挥汗迎接新世纪

——武警巡逻

【解说】

新年之际，武警乐山市支队派出了两支执勤训练小分队，对城区主要街道、重要交通路口和一些重要目标实施昼夜治安巡逻，确保一有情况拉得出、联得上、救得下；担负着看守、看押执勤任务的中队官兵，把以往的单人执勤变为双人执勤，加大对执勤目标的巡查力度；驻守在峨眉山的武警峨眉山中队，除有 30 名执勤官兵长年分散在方圆 150 平方千米海拔高达 3 099 米的峨眉山上外，又将队部的执勤兵力充实到执勤第一线。

（接武警巡逻稿）

节日一线岗位人员挥汗迎接新世纪

——公安守岗

【解说】

为让百姓在欢乐祥和的气氛中度过新世纪的第一天，我市广大公安干警坚守自己的工作岗位，用特殊的方式迎来了新世纪的第一缕曙光。

天蒙蒙亮，女交警们就悄然上岗，滚滚车流在她们的指挥下非常有秩序地通过。这位交警一大早就开始出警，身上布满了车辆溅上的泥水。他告诉记者，只要能让百姓过好节，自己苦点、累点也没啥。

这里是乐山市公安局指挥中心，值班民警正有条不紊地忙碌着。

石柱山看守所的民警不是因为记者的到来竟忘记了今天是元旦节，他们已把节日置之脑后，因为他们深知自己工作的分量，深知自己责任的重大。

今天，我市的巡警、派出所干警也都巡逻在大街小巷，为了保障社会的安定，让广大市民过一个安全喜庆的元旦是他们最大的心愿。

（接公安坚守岗位稿）

节日一线岗位人员挥汗迎接新世纪

——客运繁忙

【解说】

我市广大职工今天以新的精神面貌工作在第一线。

在乐山市客运中心站售票厅内，售票员热情接待每一位乘客。

在长途车上，服务人员帮助旅客们找好座位，放好行李，司机为了保证安全准时地将旅客送到目的地，把车况调到了最佳状态。

截至上午11:30，我市客运中心站已安全发送旅客3 000多名。

（接公交战线稿）

企业排污达标“零点行动”首战告捷

【导播】

在2001年1月1日“零点行动”中，乐山市嘉丰造纸厂制浆车间首家被关闭停产。

【解说】

嘉丰造纸厂是永丰股份有限公司租赁原嘉乐纸厂部分生产线后，形成的独立生产性经营实体。长期以来，其制浆废水排放量严重超过国家规定标准，广大市民对此反映极为强烈。因其无力实施达标整治，市环保部门今天零点关停其所有污染源车间。

【市环保局局长范宗荣同期声】

为确保“零点行动”的成功实施，市委、市政府以及相关部门协调配合，统一行动，进行了半年多的精心督查筹备，做好各项善后工作，在圆满完成“一控双达标”的同时，保证了多方稳定。

在此次“零点行动”中，我市共关闭停产未达标企业十余家，全市346家污染企业达标整治首战告捷。

本台报道

获奖情况

(1) 作品《乐山新闻联播2001年1月1日》，2002年获四川省广播电视（省级政府奖）“电视新闻”（新闻编排、现场直播）二等奖。

(2) 作品《乐山新闻联播2001年1月1日》，在2001年度乐山市广播电视节目评选中，被乐山广播电视局评为“电视新闻”类“新闻编排”一等奖。

栏目：晚间报道

一、简介

《晚间报道》是乐山电视台的品牌节目，2001年3月12日开播，具有内容丰富、节奏明快、风格清新的特点。其定位十分鲜明，就是以平民化视角关注百姓的生活百态，讲述群众身边的大事小情；其播报形式亲切自然，不故作惊讶，也不格调低下地戏说，而是充满人情味地娓娓道来;编排中节奏、对比、组合、连续报道、当事人、背景是主要的制胜法宝。每天的《晚间报道》都有一条或一组主打新闻,力求构思巧妙、编排新奇、主线突出、支线分明,形成了主题鲜明、多姿多彩的编排风格:导语的幽默和悬念,正文的通俗和实在,标题的风味和意趣。要求记者采访时突出地抓情节和细节,抓有兴奋点的情节和细节,这些在教科书上被划到了新闻背景范畴的东西在晚间新闻里突到了前沿,充当了主体,使新闻叙述故事化。其中的小版块《晚间短镜头》,可以说是省内电视新闻报道形式的独创,该版块每天以几个连续的镜头组接,对社会上的各种不文明现象进行曝光,有效地发挥了寓教于乐的作用,受到观众和省内一些同行的一致好评。

《晚间报道》连获省市殊荣,在地方新闻栏目中独树一帜,在乐山观众中有着良好的口碑,收视率和观众满意度均名列当地电视节目排行榜前列。

二、《晚间报道》获 2004 年度四川广播电视“十佳新闻栏目奖”作品

(一) 乐山电视台《晚间报道》2004 年上半年一组(2004 年 1 月 15 日播出)

1. 编排顺序

(1)《晚间报道》片头。

(2) 播音员出镜:开场白。

(3) 今日看点。

(4) 小片头。

(5) 主体编串(一)。

① 法律帮助民工讨回拖欠工钱。

② 事件回闪:老板承诺不兑现,民工据理讨说法。

③ 追踪报道:多方协调,工钱拿到。

④ 追债无果:外地包工头“毛”了。

(6) 小片头。

(7) 主体编串(二)。

① 爱心营救六旬轻生老翁。

② 储户 6 000 存款网上“神秘蒸发”。

③ 一市民提看法:新建公交站台窄了点。

④“煤改气”实施不顺,煤炉子依然火旺。

(8) 小片头。

(9) 主体编串(三)。

① 送年货更送关爱。

② 回家过年,旅客不再“猴急”。

③ 河中钓起 18 斤重的大鲢鱼。

(10) 晚间短镜头。

(11) 播音员出镜:结束语。

(12) 编制人员名单。

2. 编播顺序

【播音员】

观众朋友们晚上好，这里是乐山电视台《晚间报道》，欢迎您的收看。昨天我们的节目看点集中在中心城区平羌小区下水道长期堵塞的报道上。临近春节，这个小区的居民能否过个干干净净、清清爽爽的大年，就看有关部门能否尽快出面协调处理问题了。我们的记者也在积极地与有关部门取得联系。

好了，下面就让我们进入今天的节目。先来一起了解一下今天节目的主要内容。

【今日看点】

（1）某建筑公司拖欠68名民工的工钱长达一年半，是法律为他们讨回了公道。

（2）一位61岁的自贡老人，不知为了啥事儿想不开，来到峨眉山上，打算跳崖轻生，当地警民冒着生命危险全力相救。

（3）中心城区牛喟桥片区里的22户特困残疾个体经营户受到关爱，好似寒冬里一股暖流涌向他们的心田。

【小片头】

法律帮助民工讨回拖欠工钱

记者：张楗祥

【口播】

对于祝树清等68位民工来说，今天无疑是一个值得庆贺的日子，因为在市中区人民法院法官们的帮助下，他们拿到了市内某建筑公司拖欠他们长达一年半的工资。

【解说】

一大早，这68位民工便来到市中区人民法院第一审判庭静候佳音。这位叫祝树清的老大爷是68位民工的召集人。见到记者，他说积（攒）了一肚子的苦水今天终于可以痛痛快快地倒出来了。

【民工祝树清同期声】我们是（2002年）8月29号完的工，完了工我们就去找（建筑公司）结账。对方说，活做完了，该给你们结账，但是有钱的时候拿给你们。我们一直从9月份等到10月、11月、12月，等到（2004年）的1月份，又去结账。他们说没钱了。我回去以后，那些民工都到我的家里或者路上问这件事情，问钱究竟拿到没有。我说没有拿到。他们追问：怎么没有拿到呢？我们（就）没有办法，跑了很多路。说起来有点伤心，（结果）没有办法我才走访法院。

老祝说，某建筑公司拖欠大伙儿的工资，多的有1 000多元，少的也有100多元。法院的法官们说，建筑公司拖欠这68位民工工资也太狠了点，竟然一拖就是一年半。接到民工们的诉讼请求，法院非常重视，特批以最快的速度办理。

【市中区人民法院副院长颜波同期声】这个案件，从立案到审理到执行，我们院方非常重视，组织专门力量，在一个星期内，使这个案子得到顺利执行。

在今天的兑付现场，记者看到，民工们从法官手里接过自己的劳动所得，心里就像吃了蜜一样甜。

【民工同期声】很高兴。

【民工同期声】心里面很高兴，谢谢法官他们。

【民工祝树清同期声】感谢政府，感谢人民法院，把我们这件事办好了。

事件回闪：老板承诺不兑现，民工据理讨说法

记者：雷　平

【口播】

来自眉山市修文镇以及乐山市周边区县的60多名民工今天也为拿到了被拖欠的工钱兴奋了好一阵。这事儿的起因我们《晚间报道》元月5号曾做过报道，咱们再来简单回顾一下事件的经过。

【解说】

黄国兵等60多名民工从2003年11月28号开始进入乐山市中心城区某工地打工。在辛苦了1个多月后，本以为按照承包商的承诺能够在今年元月1号领到工钱。但是让他们万万意想不到的是，直到2号自己也没有领到工钱。

【民工同期声】我来这里已干了一个多月了。开始干的时候给(和)我们承诺是5天付一回工钱，然后又说15天付一回，15天(后)我们又等，又等了15天，15天后还是没有付给我们。他们用纸写的是元月1号把钱付给我们，结果1号理都不理我们，把我们全部扔在一边。我们也没有办法。

【民工同期声】对于我们这些打工的人来说，没有拿到工钱，对家庭经济影响特别大，过年要买肉，学费要缴，农税提留要缴。

这些民工向记者出示了这张当时承包商写的工钱发放保证书，上面清楚地写着工钱发放日期：2004年1月1日。

追踪报道：多方协调，工钱拿到

记者：张楗祥

【口播】

市劳动保障监察支队一大队的执法人员看了我们的报道后，很快介入，几经调查协调，民工们在今天总算拿到了被拖欠的工钱。

【解说】

今天下午1点钟，记者闻讯赶到施工场地时，再次来到工地的执法人员还在向民工们进一步了解情况。原来，这个建设工地第三期工程由某建筑工程有限公司承建。其间，一位承包人员从中揽下一些小项目，叫来30多位眉山民工和20多位乐山民工干这些小项目。工程完了，民工们的工资却迟迟到不了手。最后甚至与这位承包人员联系不上了。劳动保障执法人员当即与承建人取得联系。

【现场同期声】你们怎么算是你们之间的事，但必须按正常的方法算出每个工人该给多少钱，必须算出来先发到民工的手上。过后你们承建单位再跟包工头结。

经过一番交涉，这家建筑工程有限公司相关领导对民工们的处境非常理解，同意从承包人员的工程承包费中预先垫支民工工资。很快，民工们就挨个儿从承建单位把自己的血汗钱拿到了手。

【民工同期声】感谢政府，确确实实让我们得到了实惠。

看到民工们高兴的劲儿，劳动保障监察支队的执法人员提醒民工们今后注意多学法，要善于用法律来维护自己的权益。

【市劳动保障监察支队副支队长兼一大队大队长吴学彬同期声】你们出来打工，要找用人单位，要直接跟用人单位签订劳动合同，合同里面(就)要包括工作时间、工资报酬、什么时候发放工资等条款。你们自己要学法，用法律来保护自己。以后要注意点。

追债无果：外地包工头“毛”了

记者：张楗祥

【口播】

讨债这事儿，就算是本乡本土的人解决起来也不容易，如果是外地人到乐山讨债，可要更麻烦些了。有一位外地包工头到乐山承包装修业务好几年了，却迟迟拿不到钱。昨天，他再次到乐山讨债，仍然遭到冷遇。无奈之下，这包工头“毛”了，今天上午，他走进派出所向警方求助。

【解说】

这位就是因为讨不到债而异常气愤的包工头，名叫文福生，是成都人，专门从他人手里转包装修业务。今天上午，他被迫走进泊水街派出所，向警方讲述了他的遭遇。2000 年，乐山一家装饰公司姓张的人请他带民工到乐山承包装修业务，当年就欠他 5 000 多块；2001 年 12 月，那人再次请他带人到五通桥区装修，不知什么原因，工程进行到一半，便被通知停工，那人又欠他 2 万多块。以后，文福生不断与那位姓张的人联系索要欠款，都没有什么结果。2003 年 4 月，姓张的人突然主动打电话给文福生，要他带人到乐山做另外的装修业务，并暗示要结算以前的欠款。文福生满怀希望再次到乐山，谁知新账没谈成，旧账仍然没希望。

【文福生同期声】他还是以各种理由不付钱，还是没有给我结账，一直拖到今天。

派出所民警了解情况后，对文福生的遭遇非常同情，但表示警方只能尽力协调。

【派出所民警同期声】我和他说了，派出所能够给他们协调好，那是皆大欢喜的事；调解不好，只能按正常的渠道到法院起诉。

截至发稿之前，记者还是没有获得文福生拿到欠款的任何消息。

【小片头】

爱心营救六旬轻生老翁

记者：张楗祥　通讯员：余明权

【口播】

昨天，一位已是 61 岁的老人不知为什么想不开，打算在峨眉山跳崖了此一生。当地警民冒着生命危险全力相救，终于把轻生老人从死亡的边缘拉了回来。

【解说】

峨眉山大峨村九组村民谢华清是事件的第一目击者。他说，事发地就在峨眉山凤凰坪大坡悬崖边，那里悬崖高约 400 米，近乎垂直的崖壁让人望而生畏。当时是下午 16:20，他在悬崖边拾柴火，突然发现一位 60 多岁的老汉坐在悬崖边。

【村民谢华清同期声】我就问他在那儿干啥，他说我不干啥，你别下来，你如果下来我就要跳崖。我就说老人家你没有必要跳崖，有啥想不通的还有政府部门嘛，有什么不对的地方大家还可以协商一下。他说你再走我就要跳了。

在自己无法施救的情况下，谢华清火速回家报了警。接到报警，正在峨眉山中游山道上巡逻的洪椿坪派出所所长贺长轩立即向离凤凰坪最近的大峨寺值勤民警姚辉、江云富和武警战士徐凤波发出指令，让他们先期赶赴现场处置。

【村民谢华清同期声】他们圣水站到这里有8公里左右，但他们只花了10多分钟就赶过来了。

【民警姚辉同期声】当时我们有四个人。我们采取的第一个办法就是由我来喊话，劝阻他不要跳崖。另外，我就喊武警徐凤波和江云富迂回看一下是否有适当的地点采取必要的手段把他拉扯住。

营救工作进行得十分艰难。很快，有更多的民警、武警、村民摸着夜路赶到现场。

【后续参加营救的民警同期声】我马上组织村民用滑竿从下面一步一步拖(起)上来，在途中我就和120和(以及)相关部门联系了。

今天，记者在峨眉山市人民医院看到，爱心营救还在延续，民警们正在对老人问寒问暖，还为老人买来可口的食物。老人已经脱离危险，神智开始显得清醒。不过，他始终不肯透露自己的真实身份。最后，民警通过他身上揣着的10多个电话号码，查明老人叫张长清，现年61岁，是自贡人。截至发稿，民警已与张长清的亲戚取得了联系。

储户6 000多元存款网上“神秘蒸发”

记者：杨晓东

【口播】

这位老人真是够悬的了。五通桥区一名叫丁杰的居民说，本以为在银行存钱是很安全的，没想到他遇到了一件事儿，让他觉得钱存进银行有时也挺悬。咱们去看看他遇到了件什么事儿。

【解说】

前几天，丁杰像往常一样拿着这张银行信用卡到某银行五通桥区支行营业厅取钱，准备交电话费，没想到营业员告诉他，存折上的余额只剩下八毛二分钱了。

【丁杰同期声】这件事情出了以后，(银行)营业员喊我拿存折去，折子我没有用过，因它(银行)怀疑我的折子(是否)被人取过。拿去打(印)出来后发现折子没有被取，一次都没有取过。

银行营业员通过打印出存取信息后才发现“丢钱”的时间是2003年12月16号，所丢失的6 001元是被人通过在河南省办理了个人网上购物后，分7次在北京和天津支取的。

在丁杰的家里，记者见到了银行今年1月9号给他出具的这份书面回复。上面写着：2003年12月12号，你的账户确有存款6 001.82元，但2003年12月16号通过办理个人网上购物发生7笔交易，支付金额为6 001元整。至此，你的账户上仅余0.82元，故无款可支取。

为了给自己讨个说法，丁杰多次找到银行寻求解决办法。

【电话采访同期声】

丁杰：我那个事情不准备解决呀？

某银行五通桥区支行副行长蔡继春：不存在银行给你解决什么。

丁杰：为什么不给我解决？我的钱丢了就算了？

某银行五通桥区支行副行长蔡继春：那责任在你。

丁杰：我的责任在哪里？

某银行五通桥区支行副行长蔡继春：你的责任就是你自己的信用卡、身份证和你自身的密码没有保管好。

有关此事的进展情况，我们《晚间报道》将会继续关注。

市民提看法：新建公交站台窄了点

记者：张楗祥

【口播】

这事儿究竟是谁的责任，一时还真难说得清。丁杰已经向公安机关报了案。电视机前的观众朋友，您可要从这件事里吸取教训，就咱们自身来说，储蓄卡的密码和相关的证件号码要尽可能地保密。我们接着往下看。

今年过年，乐山城有好几个“新”，其中之一就是公交车站台变新了。可是面对新站台，市民们并不是很满意，他们说，站台显得窄了点。

【解说】

在反映情况的市民的指点下，记者在中心城区嘉定路一带，仔细观察了一下这些焕然一新的公交车站台。其实，这些站台总的大小并没有什么变化，主要是中间多了广告栏，而这些广告栏比较厚，占的空间相对较大；原来的站台中间是空的，乘客基本上可以拥在遮挡棚下等车，下雨时避雨，烈日下遮阳。两者比起来，现在的公交站台就变得窄多了。

记者现场也看到，市民在临街面等车时，落脚的空间就只有两块彩砖的宽度，在广告栏中部较厚的地方，则连两块彩砖的宽度都没有。见到记者，部分等车的乘客直言，现在站在公交站台等车多了不便。

【市民同期声】现在好像有点小了，对交通可能有点影响，人多的时候可能挤了一点，下雨天要淋一点雨吧，晒点太阳无所谓。

市民们提出建议，已经花了大价钱修好的站台，如果再改一下，那可是劳民伤财的事儿，要是还有下一次的公交站台改建的说法，可否将中间的广告栏改到顶部，多留一点空间给等车的乘客。

“煤改气”实施不顺，煤炉子依然火旺

记者：张楗祥

【口播】

现在对公共设施的设计和建设都讲究以人为本，仅仅好看那只是摆设。乐山城实施“煤改气”工程，目的是改善世界文化与自然遗产所在地的空气质量。但“煤改气”从它实施的那天起，就一直有人挂羊头卖狗肉，变着法儿使用煤炉子，燃气炉成了摆设，仅仅是应付城管人员的检查。

【解说】

今天下午，市城管执法人员挨个儿对一些饮食摊点、饭店进行清理。瞧，有好多的经营点的蜂窝煤炉火苗正旺。这家火锅店表面上在使用天然气，可背地里在店后一间小屋里仍然在烧蜂窝煤。对于清理出的蜂窝煤炉具，城管执法人员当场予以销毁。这位执法人员告诉记者，居民

们对这些经营户的“烟熏火燎”忍无可忍，多次打电话投诉到有关部门，执法人员曾一一上门给这些经营户做耐心细致的劝导工作，希望他们能够自行停止使用蜂窝煤炉，得到的结果却是置若罔闻。

【城管执法人员同期声】我们只好采取强制措施，对烧蜂窝煤的炉具进行销毁。

可能是自知理亏，看到炉具被当场销毁，这些经营户没有二话可说。记者现场也看到，部分自觉的经营户坚持使用煤气，就非常坦然地接受执法人员的检查。

【小片头】

送年货更送关爱

记者：石　磊　实习生：朱　骏

【口播】

快过年了，牛啰桥片区里的22户特困残疾个体经营户，不仅收到了牛啰桥工商所、个体私营者协会理事会送来的年货，还了解到了今后有关他们的一些优惠政策。这令他们感到非常欣慰。

【解说】

老百姓都习惯在传统的新年前后，相互串串门走走亲戚。牛啰桥工商所、牛啰桥个体私营者协会理事会也像娘家人一样，在快过年的时候，走访看望了辖区内的特困个体经营户，不仅送去了年货，还组织工作人员专门为这些特困户宣传工商优惠政策。

在岷江大桥旁靠摆烟摊维持一家生计的残疾个体户黄建蓉，便是第一个获得这一特殊年货的个体经营者。

【工商执法人员同期声】你们的合法权益受到侵害的时候，就找你们的“娘家人”。

【黄建蓉同期声】我也不懂，先（开始）以为门市的属于个协，以为自己没（得）资格。后头（后来）工作人员说了我才知道。

她的这位同行姐妹，也得到了这份关爱。

【同期声】

工商执法人员：照验了吧？

个体户：验了！

工商执法人员：验了后，能够支持的我们就支持，今后有什么困难，直接和我们工商所说，和他们几位会长说！

在这些慰问的特困个体经营者中，大多是下岗职工，还有相当一部分是残疾人。能得到“娘家人”如此的厚爱自然是感激万分，他们表示要合法诚信经营，克服眼前的困难。

回家过年，旅客不再“猴急”

记者：石　磊

【口播】

再有一个星期就是春节了，与前些年春节人们提着大包小包急匆匆地赶回家相比，今年回家过年的人们轻松了许多，不但手里拎着的东西少了，行程也不再风风火火跟打仗一样紧张了。

【解说】

今年的春运，元月7号就开始了。今天记者在市客运中心站却看不见往年里拥挤紧张的气氛，不管是离开乐山回家过年的，还是从外地回家的人，都显得悠然自得，也很少见着提着大包小包的人。乘客在候车室里要么一张报纸打发时间，要么发发手机短信等车。一旁的“三品”检查仪器也常常闲着。难道是现在人们过年的意识没有往年强了？还是别的什么原因？

【旅客同期声】我到沐川，东西带得也不算多吧，买了点衣服。我就发现了这个问题，现在过春节不像往年思想紧张，说过春节了，买票不好买，人拥挤呀。现在过春节不存在这些问题了。社会治安秩序（等）各方面都很好，从饮食各个方面看都很好，运输也不像往年春节那样紧张，很方便。

【旅客同期声】出来打工，春节回家，这里不挤，（年货）不买那么多了，买得少了，因为都富裕起来了，都有钱了。

这位准备回北京老家过年的男士，也就是一个公文包轻松上路。

【旅客同期声】今年不太紧张，都已经习惯了，因为工作和其他原因，没时间过节。

看来旅客们说的都在理。不过每年春运，车站的功劳可是不小，正因为有了充足的运力才使乘客从容不迫。这名自贡车主就在一旁纳闷，如今的乘客回家过年可真的是不慌不忙。

一市民河中钓起18斤重的大鲢鱼

记者：雷　平

【口播】

市民周老汉今天不慌不忙地在中心城区斑竹湾一带的大渡河边坐了一上午，干什么呢？钓鱼！他运气不错，硬是等到了一条18斤重的大鲢鱼上了钩，他家的年夜饭可不愁没鱼吃了。

【解说】

当记者闻讯赶到现场时，看到这条鲢鱼“巨无霸”正懒洋洋地躺在一个水池中。可能是在这个世界上生活时间长了，场面见多了，所以见到人并不惊慌。

周老汉在这个大家伙的嘴上拴上了条绳子。几番拖拽之下，这条大鲢鱼才很不情愿地离开了水池。这下让围观群众看清了它的真面目。说它是鲢鱼中的“巨无霸”并不过分，只见它的嘴就足足能够塞进一条成年人的小腿。回忆起当时钓起这条大鲢鱼的情景，周老汉兴奋不已。

【周老汉同期声】钓住了以后，它就开跑，跑了一阵后，就跑不动了。然后往后退，就靠在崖边。我就把它吊起，相当于隔了七八分钟，它就从水里露出来。

附近一些居民听说周老汉钓了一条大鲢鱼，都跑来看稀奇。

【市民同期声】没有看到这么大的鲢鱼。

【市民同期声】从来没有看到过那么大的鲢鱼，只看到过打了一条十几斤重的鱼。这是第一次。

【口播】

在节目的最后，我们还是来看看今天的晚间短镜头。

【画面】

一组不文明行为的镜头。

结束语

【口播】

看我们的晚间短镜头可别光图着看热闹，画面上的这些行为和现象，您是否目睹过呢？咱在保证自个儿言行文明的同时，也应该出面对不文明现象说声“不”！还是那句老话：文明城市要靠你我他共同建设。

好了，以上就是今天节目的全部内容。贴近大众生活，关注万家灯火。《晚间报道》明晚与您再见！

（二）乐山电视台《晚间报道》2004年下半年一组（2004年8月12日播出）

1. 编排顺序

（1）《晚间报道》片头。

（2）播音员出镜：开场白。

（3）今日看点。

（4）小片头。

（5）主体编串（一）。

① 公交车岂能拒收旧钞？

② 市民呼唤：文明公交快点出现。

③ 公交公司：驾乘人员不合格就下岗。

（6）小片头。

（7）主体编串（二）。

① 二十里长滨江路，找座厕所实在难。

② 乐山港：何时再建公厕。

③ 乐山广场怎么变，请你快去提意见。

④ 清风街居民盼清风。

（8）小片头。

（9）主体编串（三）。

① 这辆车的备胎咋是个“怪胎”？

② 小区楼旁长“瘤”，除掉它！

③ 好悬！25吨大吊车“站”了起来。

④ 万只燕子聚清江。

（10）晚间短镜头。

（11）播音员出镜：结束语。

（12）编制人员名单。

2. 编播顺序

【播音员】

观众朋友们晚上好，这里是乐山电视台《晚间报道》，欢迎您的收看。连续的高温到今天已持续四天了，我们从市气象局了解到，这样的高温天气大约还要持续两天，然后会有一场雨多少缓解一下难耐的炎热。

俗话说，心静自然凉。接下来就请您静下心来，收看今天的《晚间报道》。先来了解一下今天为您安排了哪些主要内容。

【今日看点】

(1) 乐山城 1 路公交车的一位售票员拒收乘客的旧钞，并且态度粗鲁地让乘客下车，这样的霸道公交令乘客十分气愤。

(2) 长长的滨江路上尿迹一片接一片，谁干的？找不到公共厕所的人干的呗！

(3) 市民王云清的一辆尼桑轿车的备胎比正常车胎要窄不少，王云清说，安上这个“怪胎”，轿车跑起来根本不稳当。

【小片头】

公交车岂能拒收旧钞？

记者：雷　平

【口播】

公交车是城市的一个窗口，它能从一个侧面反映一个城市的形象。但是，乐山城的公交车一直是市民投诉的热点，广大市民对公交车的服务水平颇有微词。昨天晚上，市民马女士和宋女士在乘坐 1 路公交车的时候，遇到了售票员拒收旧钞并强行要求她们下车的事情。

【解说】

当天晚上 19:30，记者在泌水院 1 路公交站台见到了马女士和宋女士，她们对车牌号为川 L03489 的 1 路公交车售票员，仅仅因为购票的 1 元钱是旧钞而发生争吵就拒载的行为表示很气愤。

【马女士同期声】他说我的(钱)是破钞。他说，他们不收破钞，银行也不收这个钱。我就说我没有零钱，你就收了嘛。他就不收，他说没有零钱就下车。我说你没有这个权利喊我下车。我说你服务态度这么差我投诉你。他说你投诉嘛，你打电话嘛！

【宋女士同期声】售票员不要这个钱，出口骂我们，并且售票员的素质特别差。他既代表 1 路公交车的形象，也玷污了公交车的形象，这样对待旅客太不道德了，根本没有职业道德。

受了不公正待遇的马女士和宋女士决定为自己讨说法。于是，今天上午，她们向市公交总公司进行了投诉。市公交总公司稽查科随即将这辆拒载的 1 路公交车车主通知到了公司了解情况。

【市公交总公司运营部经理董思宁现场同期声】这个人民币应该说是可以使用的，虽然说旧一点，你(售票员)收到以后，可以到银行去兑换。首先第一点这(不收旧钱)就是一个错误，也违背了公司的规定，公司从来没有规定不能收破钞。

这位车主表示，他是在当天晚上车辆收班后才了解到售票员与两位女士发生纠纷的，并对两位女士在他车上的遭遇进行了道歉。

【车主现场同期声】我代表他们(售票员)向你们道歉。

目前，市公交总公司已责令车牌号为川 L03489 的 1 路公交车暂停运营，并要求当事人进行深刻的检讨，待整顿合格后才能重新运营。

市民呼唤:文明公交快点出现

记者:杨晓东

【口播】

就马女士和宋女士的遭遇,我们的记者专门采访了一些市民。一提起乐山的公交车,许多乘客的话匣子就打开了,大伙都盼望着文明公交车快点出现。

【解说】

今天上午,记者在中心城区牛呷桥、兑阳湾等地的公交站台对准备乘公交车的市民进行了随机采访,说起乐山的公交车,他们都憋了一肚子气。他们说,目前城区一些公交车不仅存在拒载乘客的现象,而且一些驾乘人员的素质极差,经常出现开霸道车、不使用文明用语、服务态度生硬等诸多问题,而这些问题长期得不到解决。

【市民 1 同期声】我们赶(乘) 6 路和 9 路(公交车)不像是上帝,像是求他们去赶(车)一样。

【市民 2 同期声】有时候,他们不怎么遵守交通法规,首先是开得很快,有时还急刹车,很多市民都不满意。

【市民 3 同期声】公交车开得野(快),停站也停得快。我觉得(像)售票员(他)们根本不用文明用语。

乐山公交车,市民不满意,市内各新闻媒体也不止一次地进行过报道,但是时至今日,公交车驾乘人员的服务投诉问题仍然接连不断。

【市民 2 同期声】首先我觉得个别公交车人员的服务态度应该改进,(比如说)他们的素质要提高,如:语言、品德方面都应该改进一下;上下车都应该报(站名),上下车应该对乘客客气点,应该说普通话,因为乐山现在是个旅游城市,这方面应该注重一下。

【市民 3 同期声】我觉得他们(公交车)进站的时候不一定(开)这么快,(就说)公交车到站应该停稳了人才能下车,还有等人上完、下完以后才(能)慢慢地(开)走,该让座的应该提醒让座。

不论是对公交车提出批评的还是给出建议的市民,都有一个共同的愿望,就是希望乐山城市公交车的主管部门不要再视群众的利益于不顾,迅速拿出切实可行的措施,对公交车的管理和服务动一次大手术,让公交车真正成为乐山城市的文明之舟。

公交公司:驾乘人员不合格就下岗

记者:杨晓东　雷　平

【口播】

1 路公交车售票员粗暴对待乘客的事件,由于新闻媒体的介入,对公交总公司触动很大,具体的整改措施很快就要出台。

【解说】

记者今天下午再次来到市公交总公司进行采访。公司运营部的有关负责人告诉记者:针对长期以来一些公交车驾乘人员粗暴待客、开霸道车以及甩客等问题,市公交总公司经过反复讨论和研究,已经制定了一套《驾乘人员管理制度》,准备在 8 月 13 号也就是明天开始执行。

【市公交总公司运营部经理董思宁同期声】该制度主要要求驾驶员要文明驾车,不能开霸王车,不能闯红灯,也不能坐站,更不能轻易甩客,对乘务员也提出了比较高的要求。在这个规章制度里要求每一个乘务员要报站清楚、语言文明，能够做到请旅客做好下站的准备，做好扶老携幼。（那么）我们的驾乘人员和乘务员如果违反了上面的规定，会给予不同程度的行政处罚和经济处罚。

除了出台驾乘人员管理制度以外，市公交总公司还表示将在今年8月底9月初对全公司400多名驾乘人员进行服务质量培训考核，不合格的就下岗。

市公交总公司的主管部门市建设局城市建设科的负责人告诉记者：市民经常投诉公交车服务质量问题，这里面的核心问题是缺少一个具有约束力的城市公交管理办法。另外，目前在我市114辆公交车中有不少属于挂靠和承包以及家族式经营的车辆。为了追求经济效益，经常出现服务质量差、野蛮行车等现象。要解决公交车当前存在的问题，还应该在运营体制上下功夫。

【小片头】

二十里长滨江路，找座厕所实在难

记者：杨晓东

【口播】

公厕作为一个城市的配套基础设施，实在是少不了，谁不得上厕所啊！这几天天热，人们走在长长的一条滨江路上，不时地能闻到一股尿臊味，常常能看到一些城墙垛上和通往河边的石阶上的片片尿迹，啥原因呢？中心城区的公厕实在是太少了，特别是滨江路沿线。

【解说】

记者今天下午从中心城区肖公嘴驱车赶到位于通江镇的通悦园，发现在这段长达10千米的滨江路上，只有在大曲口和张公桥大市场附近的河耳嘴各建有一个公厕。如果离这两个公厕比较远的行人遇到尿急，只好憋着到处找厕所，难怪一些实在撑不住的老人只得就地解决问题。

【市民1同期声】应该修个厕所，不修厕所大家到哪里方便呢？

【市民2同期声】大家如果找个厕所不方便，只有就地乱方便。

无奈之下，一些单位和社区为了大伙儿方便，就在公共场所自行修建了一些公厕。据市环卫局初步统计大约有40座。不过，这些厕所绝大多数要收费。像乐山新大桥樱花园内的这个公厕，它是由高墩子社区居委会在今年年初临时修建的，上一次厕所收两毛钱。

据了解，按照国家建设部“服务半径在500米范围内就应该建一个城市公厕”的标准来计算的话，乐山规划区范围内就应该有120多座公厕。而乐山城区目前只有70多座公厕。

【市环卫局环卫管理科科长赵恒英同期声】导致这个现状的因素很多：一是旧城改造，因城市建设的需要，有些地方因为工程密度过大需要拆除、调整；二是城市在搞建设过程中，有些原来用的公厕用地被占用了；三是一些（公厕）拆了以后恢复成绿地，就不能建公厕了。

乐山港：何时再建公厕

记者：张楗祥

【口播】

在乐山市的城里面，恐怕乐山港是各地游客最集中的一个地方了，这里也是观看乐山睡佛的理想位置，每天都有不少游客或从这里登上游船，或是沿着滨江路观赏睡佛的美姿。不过，如此一个游客集中的地方，却没有一座公厕。

【解说】

这位居住在附近的姓赵的女士告诉记者，以前在一号码头附近有一座公厕，去年修建假日旅游广场时拆了，至今也没有再建一座公厕的迹象。

【赵女士同期声】从乐山港到肖公嘴都没有，一个旅游区，连个公共厕所都没有。

赵女士说，她亲眼看到一些游客因为找不到厕所而出现的难堪。

【赵女士同期声】你喊游客到馆子里面上厕所，人家就想我又没有到馆子里去吃饭，他就不好意思去上厕所。特别是那些游览的人，那“水火”不留情呀！

赵女士还说，这一片地方平时有不少市民在夜间前来纳凉。由于没有公厕，一些人就随地大小便。白天看不到那些令人作呕的东西，那是因为环卫工人很勤快。

【赵女士同期声】烦得很，到处都是屎啊尿啊的，我经常去把蜂窝煤拿来把屎给遮了。大家说是常事，说这一类的事情是常事。

采访中，这位外地游客表示，没有公厕，的确在高兴之余留下一种遗憾。

【外地游客同期声】没有公厕，就是不方便，因为这儿是旅游胜地，世界各地的人都到这儿来，根本就不方便。

但愿游客的这种遗憾能够早日消除掉。

乐山广场怎么变，请你快去提意见

记者：杨晓东

【口播】

我们应该相信咱们的这座城市的基础设施会越来越完善。乐山广场建起来已经有好几年了，但是按照当初的规划，它还有许多设施和景点需要完善和补充。那么，到底该怎么个完善法，还得多听听市民的意见。今天，市规划委员会就将乐山广场二期工程建设的设计方案展示出来，让大伙儿一起来参谋参谋，提点意见和建议。

【解说】

乐山广场是乐山市标志性的城市景观，素有“乐山城市客厅”之称，它总的面积为 250 亩(1 公顷 =15 亩)，分两期建设完工。其中，一期工程早在 1998 年就已建成，即将建设的广场二期工程是对一期工程的补充和完善。整个规划设计方案以“名人文化”为主题，突出人文景观与自然生态，将种植高大乔木、观叶植物以及增设乐山名人雕塑、水景、假山等设施，通过步行道、水景、植物的自然过渡和渗透来完成景观的布局。

为了让乐山广场二期工程建设更趋合理，更能体现乐山的特色，从今天开始，市规划委员会就将乐山广场二期建设的设计方案在《乐山日报》和市规划局行政审批公示栏内展示出来，向广大市民征求意见，整个展示为期 5 天。

【市园林规划设计所所长刘红瑛同期声】希望广大市民多来观看乐山广场二期工程设计方案的展示，多提意见，把自己的想法反馈给我们。我们把这些意见收集起来，以优化我们的设计方案。

清风街居民盼清风

记者：石　磊

【口播】

这几天天热，但是走在宽阔的乐山广场上，会感到清风扑面。中心城区茶坊社区有一条清风街，商店集中，一天到晚都挺热闹。不过，清风街飘着的不是清风，而是臭气。

【解说】

臭气来源于这个污水点。污水点位于清风街中段的垃圾库旁，看得出来，这里污水“细水长流”有一定时间了。这一带的居民们说，找过相关部门，但问题一直没有得到解决。

【居民同期声】环卫也来过，市政公司也来过，说是要把路面清开。后来一直没来，一直流到现在。

【店主同期声】一年多了，臭气熏天，苍蝇到处飞。我们是卖吃的（东西的），人家走来一闻到气味，肯定要走，不在这里吃。我们给环卫打电话，给市政打，热线也打，他们管了一下。后来就没（得）人管了。我们也搞不清楚谁负责，他们推来推去的。

污水老是这样流下去也不是个办法，居民们现在更是弄不清该找谁。记者随后分别采访了环卫和市政等相关部门。

环卫部门称，他们曾几次对这里进行清理，但不知道什么原因，疏通了没几天又冒水。他们认为，肯定跟管道有关，可要修管道只能由市政部门来修。

而市政部门称，造成污水外渗的原因，首先是垃圾库以前的化粪池堵塞，应该先解决化粪池的问题。

清风街附近的住户们不知道何时才能真正享受到清风。他们希望有关部门能少一些推托，多一些配合，也许这地方的问题并不那么难解决。

【小片头】

这辆汽车的备用胎咋是个“怪胎”？

记者：杨晓东

【口播】

在人们的印象中，放在汽车尾部的备用胎应该和汽车原配的轮胎是一样的。不过，今天中午一位名叫王云清的市民却向我们《晚间报道》反映，说他的一辆尼桑车尾部放的备用胎却是一个“怪胎”，原因是宽度比原配轮胎窄了近一半。

【解说】

王云清告诉记者，他的尼桑车是2002年6月在中心城区某汽车城买的，两年多来因为原配车胎没有坏过，因此一直没有动用过汽车尾部的备用胎。昨天中午当他驾车行驶到小十字路口时，汽车的一个后轮胎突然没气了。

【王云清同期声】今天，轮胎坏了以后，我请修理工来给我换（备用）轮胎，人家说这个是摩托车（形状）的轮胎。我说不可能，这是原车轮胎。

在王云清的指点下，记者注意到：安装在汽车上的这个备用胎宽度明显比其他三个轮胎窄了许多，远远望去，根本不像是一个汽车轮胎，反而像是一个摩托车轮胎。

【王云清同期声】开起(车)来以后,左边方向盘很重,这个车子本来是液压方向盘,开起来应该很轻的,单手随便开。现在我双手必须把它撑住,不撑住就要往一边跑。危险性肯定大,方向盘不稳定,轮胎随时有可能爆。

王云清驾车找到当初卖车的某汽车城问个究竟。汽车城的销售人员解释,现在一些品牌轿车的备用胎都是比较窄的。

【汽车城销售人员同期声】作为厂方,它配备轮胎的时候就考虑的是备用胎,你就只能临时应急使用,它是从这方面去考虑的,所以它的备用胎和原车装的车胎就有所区别。

为了证明自己的说法,汽车城的销售人员还向王云清展示了其中一款轿车的备用胎,经过现场对比,果然与王云清的汽车备用胎一模一样。

虽然如此,但是王云清仍然认为,厂家为了节省生产成本而在汽车上配备这种比较窄的备用胎实在不合理,短途倒还可以应急使用,如果在人烟稀少的山区,使用这样的备用胎能不让人提心吊胆吗?

小区楼旁长"瘤",除掉它!

记者:石　磊

【口播】

挺气派的一辆车,装上这样的窄轮子是不那么顺眼。如果您现在到市中区通江社区去看看,一些乱搭乱建的棚房,那才叫看着不顺眼呢!

【解说】

你瞧,位于通江社区内公共地段上的这几户乱搭乱建的小棚房怎么看怎么不顺眼,与旁边崭新楼房相比太不协调,就好像是楼房长出的"肿瘤"一样。

再看看小棚里面,大多是厕所,还有的是厨房或者杂物房,难看不说,还影响行人通行。对此驻社区城管执法人员曾多次登门宣传城市法规,可一些居民就是听不进去,找出许多理由为自己开脱。

【同期声】

居民:为啥你专门对付我?

社区城管员:那肯定要拆,全部都要清的。

居民:暂时用下嘛,整得好好的,自己出钱整得巴巴实实的。

这些居民的理由真可谓是有些强词夺理,既然自己不想拆,那就只能依法强行拆除。

【城管执法人员同期声】一些居民规范意识不强,自发修建了厕所、厨房、杂物房等,对整个小区造成一种安全隐患。

执法人员在检查中还发现一些私自加盖的楼房,这种加层不仅没有通过安全检测,也没有合法的修建手续,结果也要拆。

好悬! 25吨大吊车"站"了起来

记者:阳德智

【口播】

这样的事我们一直在说,可总有一些人心存侥幸,自己费了钱,费了力,费了神,到头来,还是要依法拆除。

今天上午 11:10 左右，一辆正在苏稽镇杨湾路口作业的大型吊车，在倒车过程中撞上街沿，结果这辆自重 25 吨的庞然大物突然“站立”起来，长达 20 米的吊臂狠狠地砸向街边的民房。

【解说】

当记者赶到现场，见到这辆加长型起重吊车头朝上，高高地“站立”着，驾驶室被翘到约 18 米高的空中。据目击者说，驾驶员安然无恙，但不难想象，他一定吓出了一身冷汗。在大吊车的尾部，安装着 20 米长的吊臂，在车身站立的瞬间，吊臂砸向街边的民房，导致 6 间平房不同程度受损。值得庆幸的是，尽管受到庞然大物的“袭击”，但吊车尾部的平衡钢板阻止了吊车的向后翻仰，民房没有垮塌，也没有造成人员伤亡，整个事件有惊无险。

当记者想进入场地进一步采访时，遭到施工人员的拒绝。记者中午 11:30 左右离开现场时，有 30 多名民工和好几辆重型起重车开始进入场地。看来，想让大吊车重新“趴下”，不是件容易的事儿。直到记者发稿时，大吊车仍“站”着。

万只燕子聚青江

记者：张楗祥

【口播】

这几天，每到傍晚市中区通江镇青江村上空的几根电线上，就会站着上万只燕子，成为当地一大景观。

【解说】

今天傍晚，记者赶到这个位于辜李坝立交桥附近的还房小区，看到不少村民正走出自己的家门看热闹。到了晚上 20:00，只听得几声清脆的“唧唧喳喳”的叫声，天空中出现了几个剪刀似的黑影，停在了小区上空的几根电线上。紧接着，天空中飞翔的燕子越来越多，“唧唧喳喳”声也响成一片。

很快，四根 300 多米长的电线上都站满了燕子。一眼望去，宛如挂在空中的五线谱，十分壮观。大家都不敢从电线下面通过，因为这些小家伙肚子一胀，说拉屎就拉屎，大家都得让着它们。

【村民同期声】不敢走这底下，害怕它们给你拉得一身屎，每根电线都密密麻麻，这地下到处都是屎，今天早晨我过来都是从那边转起走的。

虽然这些小家伙不讲卫生，但是村民们还是特别喜欢它们，从来没有人打搅过它们。

【村民同期声】我们这儿的人都是比较喜欢燕子到这儿来的，没人赶它们走，它们在我们的房子上筑巢，这儿的村民都比较欢迎它们。

村民们自豪地说，这些小精灵的出现，说明大伙儿的居住环境好了。

【村民同期声】上万只燕子在这儿，说明我们通过退耕还林，通过绿化保持了生态，山绿了，水清了。

【口播】

在节目的最后，我们还是来看看今天的晚间短镜头。

【画面】一组不文明行为的镜头。

结束语

【口播】

这组镜头里的行为和现象您是否遇到过？请拨打我们的热线电话，谈谈您的看法。还是那句老话：文明城市要靠你我他共同建设。

好了，以上就是今天节目的全部内容。贴近大众生活，关注万家灯火。《晚间报道》明晚与您再见！

获奖情况

（1）作品《晚间报道》连续在四川省广播电视省级政府奖评选中，获电视新闻类新闻编排：2002年度二等奖、第25届（2003年度）一等奖、2004年度十佳栏目奖。

（2）作品《晚间报道》在乐山市新闻奖2003年度评选中获电视新闻“编排一等奖”。

栏目：新闻天天报

《新闻天天报》是乐山电视台新闻综合频道的一档民生日播新闻栏目。该栏目由2001年创办的《晚间报道》改编而来，并于2005年11月8日正式开播，时长25分钟，每晚22:00首播，设24小时热线，聘请社会监督员月考，并聘请专业合作法律顾问。栏目坚持以“关注公共利益、关心百姓冷暖、关爱困难群体、传递最新资讯”为理念，把着力点和工作重点放在了解和传播民生、民情、民意上。据央视索福瑞调查统计，2009年上半年，《新闻天天报》年均收视率达到10%，是全省地、市、州电视台同时段中收视率最高的一档电视栏目，做到了社会效益和经济效益双丰收。

获奖情况

（1）2005年，《新闻天天报》栏目被评为全省十佳栏目。

（2）2006年，《新闻天天报》栏目荣获市委宣传部年度优秀节目特别奖。

（3）在2005年度、2006年度《新闻天天报》栏目组被乐山市广播电视局评为先进集体。

（4）2007年《新闻天天报》栏目组被授予乐山市级“青年文明号”。

（5）2006年、2007年、2008年《新闻天天报》栏目连续三年获得“四川省广播电视节目评选十佳栏目提名奖”。

作品：六头生猪上税罚款1 000多，该不该？

（连续报道）

六头生猪上税罚款1 000多，该不该？（一）

记者：杨晓东　雷　平

【导播】

沙湾区碧山乡海棠村村民王冬枝怎么也没有想到，自己辛辛苦苦养的6头肥猪在即将出售时，不但没有赚钱，反而倒亏857元，7个月的养猪增收梦一下破灭。这究竟是什么原因造成的呢？请看报道。

【解说词】

今年5月27号凌晨，沙湾区碧山乡海棠村6组贫困村民王冬枝将自养的6头肥猪赶往安谷镇准备销售。当走到碧山乡与安谷镇的交界处时，被沙湾区碧山乡财税代征员王海波、郭建军等人扣下，并以王冬枝无证经营为由，令其补交各种税费和罚款共计1 401.40元。其中：碧山乡工商部门收取“查补罚款交易费”500元；检疫部门收取行政事业性收费80.40元；财税所收取个体增值税60元，个体屠宰税78元，非经营性经费414元。

因王冬枝无钱支付，碧山乡工商财税部门竟将总重441公斤的6头肥猪以每公斤3.60元的价格卖给一生猪贩运户，得款1 584元。扣去所谓的各种税费和罚款后，王冬枝给记者算了一笔账，养猪7个月成本用去1 300元。如今，自己不但没有赚到钱，反而倒赔867元。

【农民王冬枝同期声】我买小猪儿花了600多块，饲料花了700多块，乡上把猪给我卖了以后，我还倒欠800多块钱的账。

六头肥猪竟然不赚一分钱，王冬枝无论如何也想不通。

六头生猪上税罚款1 000多，该不该？（二）

【导播】

沙湾区留山乡海棠村6组村民王冬枝自养的6头猪不仅没有赚到一分钱，反而还欠了一大笔账。那么，碧山乡工商财税人员该不该收这么多的税费和罚款呢？

【解说词】

记者在沙湾区工商分局采访时了解到：按照乐府发〔1998〕149号《市人民政府关于调整生猪税费征收管理政策的通知》，每头生猪在交易时，应缴纳增值税12元、屠宰税13元、生猪检疫费及防疫费7元以及其他相关附加费用等共计51元。按此计算，王冬枝6头肥猪应交306元。沙湾区地税局有关人员介绍，碧山乡财税人员应收缴增值税、屠宰税和检疫费符合征缴规定。由此可见，碧山乡工商部门给王冬枝开具高达500元的“查补罚款交易费”显然大大超过了应收标准。另外，碧山乡财税所以乡政府2000年1号文件《沙湾区碧山乡人民政府关于进一步加强和完善生猪税收管理通知》中的有关规定，对王冬枝没有办理相关手线进行生猪交易的行为，按照应缴税款的3倍即414元进行了罚款。

【碧山乡财税所会计高旭平同期声】按照文件规定，每偷漏税1头，首先是补清应交税费，6头猪相应补了屠宰税（每头猪13元，共78元）、增值税（每头10元，共补了60元），合计补税就是138元。然后根据文件规定，为了加强管理，按照2～5倍规定进行处罚，最终，我们商定，取一个中间数，按3倍罚款，就罚了414元。

但从碧山乡财税所开具给王冬枝的这张收据来看，本身就不符合国家票据法规定，摘要栏内只写着“交来现金”四个字，却没有注明任何收款理由。

为了进一步弄清王冬枝出售自养猪到底该交多少钱，碧山乡2000年1号文件中的有关异地卖猪要罚款2～5倍的规定是否合理等问题，记者又分别来到沙湾区政府、工商、税收等部门对农民出售生猪应缴纳的税费等情况进行了调查。

据沙湾区工商分局局长李晓波介绍，如果是农户出售自养生猪，只需交纳每头生猪7元的市场管理费；如果是生猪贩运户进行生猪运输及销售，而没有交纳管理费，按照规定，除要补缴外，还要加倍进行征收。李晓波还向记者介绍，为弄清王冬枝的6头肥猪究竟是自养还是贩运，区工商分局曾专门派人两次前往碧山乡调查，并认为碧山乡工商所当时对王冬枝进行的处罚确实存在问题。

【沙湾区工商分局局长李晓波同期声】我和我们局里一个副局长，还有当地工商所所长，我们三人一起到碧山乡去了一次，了解一下他是农户还是贩运户。如是贩运户，那么这个处理应该是符合国家政策的；如果是农户，这个处理就不恰当。

对于碧山乡财税所以偷漏税为由要求王冬枝补交138元的增值税及屠宰税并处以414元罚款的处理结果，沙湾区国税地税部门认为，碧山乡财税部门收缴的增值税和屠宰税属正常的代扣代缴，符合国家规定，但税务部门并没有赋予碧山乡财税所罚款的权利。

【沙湾区国税局副局长杨剑同期声】《中华人民共和国税收管理法》规定凡是税收要给予处罚都必须按照国家行政处罚规定来进行处罚。我们委托碧山乡财税所收税款，只委托了他们代收权，没有委托他们处罚权，依照税法规定（他们的）处罚是错误的。

【沙湾区地税局副局长任燕曦同期声】碧山乡政府的文件按照村规民约，依照税法处以农户2～5倍的罚款，是错误的。那么，对税务违法行为应按照一定的法定程序，经有权机关批准方可依法处理。

由此看来，即使王冬枝是生猪贩运户，按正常手续出售生猪，按照市政府有关规定也最多只交纳税费306元。然而，碧山乡财税人员以各种理由对王冬枝收税并罚款1 401.40元，几乎接近正常收费标准的4倍。

六头生猪上税罚款1 000多，该不该？（三）

【导播】

本台新闻节目连续两天对沙湾区碧山乡海棠村村民王冬枝出售自养6头猪被上税罚款1 000多元的情况进行报道后，立即引起市委、市政府领导的高度重视。沙湾区委、区政府还专门组织调查组着手对这起乱收费、乱罚款事件进行调查和处理。

【解说词】

市委副书记袁俊维专门就此事到沙湾区进行现场办公，详细了解事件发生情况，并要求对此事展开严肃调查处理。沙湾区委、区政府为此成立了由区纪委、监察局等部门组成的联合调查组，深入碧山乡海棠村详细调查村民王冬枝出售6头肥猪上税罚款1 000多元的事实。与此同时，沙湾区委、区政府又组织区工商、税务、畜牧等部门的主要负责人就碧山乡“生猪乱罚款问题”面上进行专题座谈。区委、区政府表示：将对此事展开认真调查，无论涉及谁的责任，都将严肃处理。

【沙湾区委书记同期声】以此为教训，举一反三，在全区范围内开展广泛调查，尤其深入农村，深入基层，深入群众，真正了解群众想什么，盼什么，在发展经济致富奔小康过程当中，需要党和政府解决什么。我们把情况收集后，专题研究，集中解决。今天我们开了建区以来规模最大的干部大会，检查按照“三个代表”重要思想的要求，我们工作上还有哪些差距、哪些不足，以此推动我们相关作风的大转变、区政府工作部署的大落实。我们不搞地方保护主义，我们绝不允许侵害人民利益的事件再次发生。

沙湾区联合调查组8月24号的调查结果表明：今年5月27号，沙湾区碧山乡工商财税人员对海棠村6组村民王冬枝出售6头肥猪进行乱罚款一事属实。沙湾区委、区政府已责成沙湾区工商分局、碧山乡政府当面将多收的款项退给了王冬枝，并补偿了有关损失。其中：市场管理费158元，乡财税所罚金414元，阉割费12元；补偿了因价格因素和短斤少两造成的损失费105元，以及影响再生产损失费3 000元，共计3 989元。

同时记者在沙湾采访时还了解到：沙湾区人民政府已认定碧山乡人民政府《关于进一步加强和完善生猪税收管理通知》的2000年1号文件没有经过市区两级工商税务部门同意，必须立即停止执行。区政府还以此为契机，在工商、税务、畜牧等部门抽调了一批素质高、业务精的执法人员立即深入全区各乡镇农村对生猪、竹木等农副产品购销市场开展一场大检查。

编后语

沙湾区碧山乡工商财税人员对养猪户乱罚款的事件虽然以农户王冬枝获得退款和补偿得以圆满解决，但是这一事件留给我们的思考远远不能结束：一些基层干部对群众的利益究竟考虑了多少？“三个代表”重要思想是不是落到了实处？！

这一事件经媒体曝光后，沙湾区委、区政府派出的调查组只用了三天时间，就解决了农户王冬枝本人近三个月都没有解决的问题。由此看来，一些部门的“衙门”作风还没有根本改变。由此我们也想到，还有一些未经媒体曝光而又是群众反复申诉的问题，我们的公仆们该持何种态度呢？

目前，全国各地都在深入进行“三讲教育”，落实江泽民同志“三个代表”重要思想。其中，最重要的是联系本地区、本单位、本部门的实际，认认真真地办好几件事，切切实实地为群众解决些实际问题。

获奖情况

（1）《六头生猪上税罚款1 000元，该不该？》在2000年度四川省广播电视省级政府奖评选中，被四川省广播电影电视局、四川省广播电视协会评为“电视新闻”类“连续报道”一等奖。

（2）《六头生猪上税罚款1 000元，该不该？》被乐山市新闻工作者协会、乐山市新闻学会评为乐山市第十三届（2000年度）新闻奖一等奖。

作品：街中老鼠吐戏言

记者：石　磊　王　可

在乐山城一条叫作春华路的繁华大街上，有一群老鼠竟然安安稳稳地在街当间儿的草坪里安“家”，过着衣食无忧的自在生活。让我们听听一位“鼠老弟”的自白吧！

我们的“家”一边是宽阔的春华路，另一边是高雅的书店，这个街的草坪实际上就是我们家的大院儿，不错吧！

我们这个家在这一带算得上是“大户人家”了，我上有鼠哥下有鼠妹，什么舅子老表七大姑八大姨的，加起来有二三十口呢！这个草坪是我们嬉戏的乐园，没事啃啃花草练练牙齿什么的，挺方便。

这个垃圾桶人们都嫌它脏，可我们把它当成宝贝，吃的东西全从这儿来。呵，对了，我们用餐时一般很有组织，每天晚上八九点钟一大家子出门前，便会派上一名哨兵打望，没有危险才敢倾巢出动，来来往往的人对我们一点也不陌生，彼此相安无事。

不过前几天，鼠哥听到风声，说乐山要接受创卫复查了，他担心我们的“家”会被捣毁。不过，我想问题应该不大，这几年乐山创了文又创卫，之后又创全国优秀旅游城市、优秀园林城市，一拨接一拨地整治，每次都弄得我们心神不定的，但哪一次也没人来抄过我们的“家”。这不到了今天我们的家不是照样好好的吗？还是鼠妹说得好：一阵风刮过去就没事了。

获奖情况

（1）《街中老鼠吐戏言》在2002年度四川省广播电视省级政府奖评选中，被四川省广播电影电视局、四川省广播电视学会评为“电视新闻”类“短消息”二等奖。

（2）《街中老鼠吐戏言》在2002年度乐山市广播电视节目评选中，被乐山市广播电视局评为“电视短消息”类一等奖，被乐山市新闻工作者协会评为言论一等奖。

作品：礼品回收有名堂

2003年12月29日《晚间报道》播出

【导播】

说起物品收购啊，您一定不会陌生，大街小巷穿梭叫嚷着收废书废报纸的、收旧家具的，店铺里回收旧手机的，还有回收旧的家用电器的，可您听说过回收礼品的吗？乐山城的大街上这两天就有人打出了这样的招牌。

【解说词】

随着年关的临近，各大商场迎来了一年一度的礼品销售旺季，一些人家里礼品堆了一大堆，吃不了，喝不了，抽不完。于是，有人就打起了收购礼品的主意。瞧！这满大街的礼品回收广告，一般的市民一时间还真弄不明白，商人们葫芦里卖的什么药？

记者费了好大劲，才在一家不起眼的小楼里找到这位来自江西的礼品回收商人。

【江西商人同期声】这个生意是这样的，比如说逢年过节送的礼，有好多用不完的东西，就拿到我这里来。

有人来卖礼品，江西商人就对礼品价值进行评估后，以现金的方式当场交易。当记者谈到经营状况时，商人表现出一丝遗憾。

【江西商人同期声】（生意）不算太好，（因为）现在人们还搞不清楚（这门生意）是什么意思，就是回收旧的礼品的好处人们还看不懂，看不懂“回收礼品”包括哪些方面。其实有很多，比如脑白金、茶叶，只要是礼品类的东西，我们都要。

用江西商人的话说，人们缺少对这种买卖的正确认识。

【同期声】

记者：收获怎么样？

江西商人：一般般啦，但比上班要强一点。

记者：回收商品的价格和商品本身的价格差异大吗？

江西商人：差别还是有点大，就是买价和卖价相差很大，我们的（回收）价，比批发价还要便宜。像这种五粮液，商场里卖300多元，我们只能收到200元。

尽管目前的生意没有商人预计的那样红火，可他并不着急，他认为，乐山存在着极大的市场潜力。

【江西商人同期声】（乐山）很好呀，市场环境很好。预计到过年……也说不定，多的时候，香烟一天七八条，酒什么的，一天几瓶几十瓶也说不定，这个是不能衡量的。

至于回收的商品如何处理，这可是礼品回收行当的重要"机密"，他是不肯透露的。不管怎么说，有买的就会有卖的，商人一定有钱可赚。记者还想进一步了解都是一些什么人光顾礼品回收点，商人笑而不答。

几经周折，记者终于遇见了一位"卖家"。很显然，这小伙子挺犹豫，但最终他做成了买卖。

【同期声】

卖货青年：有5条中华（烟），3瓶五粮液（酒）。

记者：卖了多少钱？

卖货青年：1 000块钱，这些都是过年时亲戚朋友们送的。是有人送给我的亲戚，我的亲戚又送给我的。

闲聊中，小伙子告诉记者，现在手里有点实权的人逢年过节收到不少礼品已不是什么秘密，但他不肯透露他那个亲戚究竟是干什么的。小伙子明确表示，礼品回收这种生意，还真可以解决家里礼品堆积如山的问题。

获奖情况

《礼品回收有名堂》在第25届（2003年度）四川广播电视省级政府奖评选中，被四川省广播电影电视局、四川省广播电视学会评为"电视新闻"类"消息"三等奖。

频道：公共频道

2005年下半年，王可负责主持公共频道后，在克服了人员少、职能多、任务重等困难，改变了过去边缘化频道的现象，对《公共时空》《共同家园》和《财经报道》三档栏目进行了大胆创新，将《公共时空》打造成一档晚间播出的集纳型新闻动态消息组合栏目，而把《共同家园》打造成一档综合性的专题报道类节目，成为各区市县电视台优秀社教类节目在市级电视媒体展播的一个平台。据反馈信息表明，《公共时空》《共同家园》两档栏目，特别是《公共时空》在区县的影响逐步扩大，各区县台送稿的积极性比较高，基本形成了关心节目、参与节目的氛围。

一、栏目：共同家园

《共同家园》是一档综合性的专题报道类节目（节目形态），定位于荟萃各区、市、县的自办栏目精品节目和专题片、纪录片，是展示全市各地地方经济文化、风情风貌、人文历史的一个窗口，也是各区、市、县电视台优秀社教类节目在市级电视媒体展播的一个平台。

栏目宗旨是记录社会进步、风物变迁、人生印记，用多彩的影像关注乐山的变化和成长。概括起来就是浓缩民情，再现民俗，集纳风光，尽览风物。

主要目标受众群体锁定在文化水平相对较高的城镇人群。

内设4个子栏目：

（1）《漫步家园》：

① 旅游：介绍乐山各地的自然风光、人文景观。

② 民俗：围绕民间习俗、地方风俗、民间传说制作的报道。

③ 历史文化（文物、考古）：展示、推介乐山各地的文物、古迹、地域文化。

④ 介绍科教、文卫、法治等领域的报道。

⑤ 介绍火热的农村生活，展示新时代农民的风采，对农业的现状和农村的进步予以多视角的报道。

（2）《记录家园》：择优播发各类专题片和纪录片。

（3）《家园美食》：选取各地的特色餐饮和名小吃，加以推介和展示。

（4）《家园逸事》：以纪实手法记录、展示一个人、一件事，它可以是名人轶事，也可以是凡人小事，岁月如歌，踏雪有痕。

2005年8月31日

《共同家园》获奖节目一组（2006年10月）

目　录

【《共同家园》大片头】

"收看提示"。本期您将收看的是：

华美的服饰，深邃的含义——赏彝家时装。

秀丽的风景，清幽的环境——游沐川山水。

丰盛的烹饪，难忘的口味——品西坝豆腐。

精细的雕刻，手工的珍品——访龙杖传人。

【主持人刘霞】

欢迎来到《共同家园》。

最近这段时间啊，我市的峨边彝族自治县正在举行"甘莫阿妞"选美大赛。"甘莫阿妞"是彝族传说中最美丽的姑娘，她的美丽足以沉鱼落雁，闭月羞花。为了成为现代的"甘莫阿妞"，参赛的彝族姑娘们个个争奇斗艳，穿上了自己平日里难得穿上的最美丽的服装。记得去年在彝家山寨过新年的时候，我很好奇地穿过彝族姑娘的服装，那鲜艳的色彩、那复杂的图案当时就让我非常感兴趣。我想，这么漂亮的衣服一定有它特别的含义。

刚好不久前，峨边举行了一场别具特色的彝家时装秀，向我们展现了彝族服装精美的制作工艺，诠释了彝家饰品深刻的文化内涵。

【《漫步家园》小片头】

峨边彝寨霓裳美

拨动琴弦，放开歌喉，手拉着手跳起欢快的舞蹈。每逢喜庆的日子，居住在四川盆地西南部的彝族同胞便穿戴起艳丽的服饰，吹奏起清脆的口弦，展示着生活的富足与幸福。那些美丽的彝族服饰上丰富的色彩和复杂的图案，到底有着什么样的含义呢？在前不久举行的首届彝族生活服饰展现会上，彝家人为我们展示了他们服饰的精美和独特的文化底蕴。

天下彝族是一家。大西南的彝族人，他们服饰的色彩基本是一致的，都有黑、红、黄三种色调。黑色象征土地，代表庄重；红色象征火焰，代表勇敢；黄色象征阳光，代表热情。服饰的样式和图案也基本是一致的，都表现了对山川河流的崇拜，对生产生活的反映。

而峨边彝族在服饰的设计和制作上吸收了大小凉山"圣乍""所地""依诺"等三个区域服饰的精髓，有所传承，有所创新，有所发展。在传统的黑、红、黄三种基本色调之外，增加并突出了象征天空的蓝色和象征山林的绿色，表现了他们对和平、和谐的特别追求。在服饰的传统样式之外也有较大创新，形成了形式多样、色彩丰富的特点。

彝族是一个英勇的民族。在大小凉山这片热烈的土地上，彝族最伟大的英雄支格阿龙诞生了，并在这片富饶水土的养育下茁壮成长。现在在峨边彝族男子的服饰上，仍然可以强烈感受到英雄的气息。峨边彝族男子的服饰最有代表性的是"依诺式服饰"。

彝族男子的衣饰多为黑色或蓝色，在双袖和胸前都有大量精美的刺绣。裤子则最有意思，裤脚的宽度居然可以达到170厘米，令人瞠目。

彝族男子身上的饰物主要是斜挎的佩带。这种佩带称为"图塔"，也就是"英雄带"，它用细牛筋编织而成，是彝族服饰中最富有特色的装饰物品。青年男子还常常将"英雄带"馈赠给心爱的女子，作为定情的信物。

谁说首饰是女子的专有呢？彝族男子自来就有佩戴银制或铜制首饰的传统和习惯。蜜蜡珠、银耳圈、银手镯、铜手镯、银戒指等，都是彝族男子十分喜爱的装饰物品。

此外，彝族男子还有披毡、绑腿、毡袜等衣饰，映衬着男子英武的气质，显得英气勃勃。

彝族是一个美丽的民族。彝家最著名的美女甘莫阿妞就诞生在大小凉山这片火热的土地上，她的降生令所有人的美丽都黯然失色。鸟儿看见她的美丽忘记了歌唱，月亮看见她的美丽不敢再露出脸庞。她是彝家姑娘最羡慕的榜样，是彝家小伙最喜爱的对象。

格外爱美的美女甘莫阿妞留给后人的，是对美不懈的追求，是对爱无止的追寻。彝族新娘服饰最为典型地体现了彝族女子身上纯真、质朴的美。

彝族新娘常戴着黑色头帕和有着精美刺绣的方帽，配有耳环、领花、领珠等装饰。上衣多是用黑色或蓝色布料手工缝制的图案复杂、刺绣丰富的衣服。下身是上下两节呈筒形的裙子，下面一层为褶形，所以俗称"百褶裙"。

彝族姑娘也常常佩戴银制的首饰，但她们不炫耀、不显露，只是用银制首饰恰到好处地点缀衣物，展现风貌。

彝族是一个纯朴的民族。他们自来吃苦耐劳，坚贞勤奋，这一点在彝族中年妇女身上体现得尤为突出。彝族中年妇女的服饰主要以红色、黄色为底，用蓝色做基调，整体上显得庄重、大方。（延5秒）

彝族是一个勤劳的民族。沉稳、持重是彝族老年妇女的特点，她们的服饰因此以蓝色和白色为底，采用黑色为主调，展现出彝族老年妇女饱经沧桑、老成持稳的气质。（延5秒）

绚丽多彩的彝族服饰，是峨边彝族物质财富丰盛的体现，也是彝族传统文化和审美意识的具体展现，更是彝族人民聪明智慧的结晶。峨边山环水绕，风光秀美。在这里，彝族人创造了底蕴深厚的彝族文化；在这里，彝族人创造了幸福美好的生活；在这里，彝族人齐心协力，谋划着更加光明的未来。

【主持人】

彝族是能歌善舞的民族，他们精美的民族服饰就是美丽歌舞的翅膀。

咱们乐山是一个多民族聚居的地方。一共有33个民族在这片土地上留下了各自的文化烙印。民族服饰不仅是各族人民宗教文化、生活习俗、色彩爱好和审美情趣的表现，还是弘扬民俗和拓展旅游的最佳载体之一。

"清水出芙蓉，天然去雕饰。"有着"天然大氧吧"之称的沐川县，就像各民族的人情风俗一样，绿色，青春，淡雅，养眼。

【《记录家园》小片头】

滴绿争幽沐川景

【字幕+配音】

沐川县地处四川西南边陲，辖区面积1 408平方千米。这里山青水碧，翠竹幽深，森林覆盖率达63.2%，是全国绿化模范县、全国生态示范区。它以其独特的自然生态景观，被誉为"天然氧吧"和"绿色明珠"。

【字幕：春之趣】

沐川的美，是随着季节的变化而流动的美。

眼前这片绵延7千米的万亩竹海，不仅是竹和绿的海洋，更是山与水的画卷，它以"翠"和"幽"的独特景象闻名遐迩。

绿色是竹的基调，而竹海这位色彩大师又把绿色调配得千变万化，明绿、淡绿、翠绿，随意点染，浑然天成。登上竹海巅峰，看竹山辉映。放眼望去，几十座山峦，满山遍野都是竹，根连枝叠，漫无边际，仿佛披上了一层厚厚的绿地毯。风起处，竹浪翻滚，吼声大作。这时，这才能真正体会到"竹海"二字是何等的贴切！婀娜多姿的翠竹丛林，层次分明的重重竹山，就像各种绿色组成的翡翠屏障展现在眼前。徜徉在竹海深处，掩映在绿叶下的凉亭，横过小溪的石桥，以及流泉飞瀑的响声，更觉山间的高远与幽深。难怪古人会留下"竹深人影翠，林静鸟声轻。清泉抒笑语，山涧注乡情"的诗句。

【字幕：夏之味】

风景如画的筒车坝库区，是沐川又一特色明显的景点。这里碧绿的湖水、青幽的环境，使人感到超凡脱俗。机动船在碧波荡漾的水面上，平流直行，两岸青山，迎面而来，绿浪舒卷。笔直的山崖立仞万千，飞鸟绝踪。崖上峰峦滴翠，水边怪石林立，群岭峻秀。木船拐进深处，水面顿时开阔起来。让人称奇的是生长在水中的一棵古榕树，独立水中，一根根虬枝从水中伸出来，姿态万千，美不言传。身临其境，你会感受到"人在画中走，画在心中留"的美好意境。

【字幕：秋之色】

黑熊谷原始森林是省级森林公园，位于沐川县西北部，距县城27千米。森林面积约30平方千米。这里地形起伏，峰峦重叠，悬崖绝壁，山高谷深，形成了壮观的绿色长廊。沟内灌木丛生，青石遍布，清清溪流滚岩穿石，时为瀑布，时为深潭，溪边古树参天，箭竹葱郁，藤萝缠络，穿行其间，回归自然之感油然而生。远离喧闹，让你的心和大自然的纯朴紧密融合。你的心将随着清野的山风，摇曳在这连梦也无法企及的地方。

【字幕:冬之韵】

秋冬之交,原野萧条。凝重而热烈的雪花驻满了山间。漫天飞舞的瑞雪把沐川变成了银装素裹、粉雕玉砌的世界。放眼望去,群山峻岭冰封玉塑,千姿百态,起伏无际。晶莹剔透的冰枝,银光闪烁的树挂,斑斓夺目的山峰,造型各异的冰雪世界,令人惊叹不已。晶莹的雪景引领着人们执着地追寻那亘古的情结。到处是雪白的一片。天、地、山都渐渐沉睡了。初春的声音在这宁静的琼瑶仙境里酝酿、发芽。

【字幕+配音】

从你踏上沐川的那一刻起,你便不再属于自己了。那里是绿的海洋、山的世界,世间所有的美好都在这里幻化成了碧绿的世界。她用最单纯的方式,表达着最简洁、最自然的美。在不久的将来,沐川将与峨眉山、乐山大佛联袂成为“峨眉看山,乐山观佛,沐川赏绿”的黄金旅游路线。

【主持人】

欣赏了一场别具魅力的彝家时装秀,游览了几处青翠碧绿的沐川旅游线,我想大家肯定都饿了,不要紧,我们下一站马上就到五通桥区的西坝镇了。西坝什么东西最出名,不用我说大家都知道吧,就是闻名全国的西坝豆腐。说起西坝豆腐,我口水都要流出来了……不说了,不说了,咱们赶紧去填填肚子吧,一会儿,还要去登峨眉山呢。

【《家园美食》小片头】

百味豆腐出西坝

老街道,石板路,古民居。淳厚民风,千株古榕,沫溪河静静流淌过西坝这座古镇。这里得天独厚的自然资源,造就了流传不衰的西坝豆腐。

现在乐山有许多西坝豆腐店,但要吃正宗的,还是要到西坝来,这其中的奥妙是什么呢?

【西坝豆腐第19代传人代川川谈西坝豆腐奥妙】

你别看小小的一块豆腐,做起来却挺费时间。西坝豆腐的上菜就特别慢,其原因是它的制作工艺非常复杂。从下锅到出菜一般需要5～8分钟,连调料都得按程序挨个逐一放进去,与一般的炒菜区别很大。

我们来到的这家西坝豆腐店,主厨在继承传统工艺的基础上,首创了“华诞豆腐”“一品豆腐”“飘香豆腐”“怪味豆腐”等一系列的豆腐菜,让每一位前来光顾的客人都既饱眼福又饱口福。

西坝豆腐的调料使用得特别多,比如熊掌豆腐层次感就特别强,慢慢品尝,才能体味到它的酸甜麻辣咸五种复杂的口感。要掌握这道豆腐菜的制作方法相当难,至少要在灶台上学习三年。

【豆腐上桌后的特写镜头5秒,出音乐】

【记者刘妍霞品尝菜品的同期声】据说西坝豆腐可以制作出360多种不同口味的菜肴,常见的就有108种,通过烧、炸、熘、蒸、拌,形成花色各异的豆腐菜肴。人们常说吃豆腐可以美容,把这360多种不同口味的豆腐都尝一遍,肯定能吃成“豆腐西施”。西坝豆腐,还真的养眼、养颜,美味、美胃(此四词出字幕)!

【主持人】

西坝豆腐太美味了。每次到西坝，我都吃得恋恋不舍。听说豆腐美容，是啊，你看西坝凡是做豆腐生意的女子，个个的皮肤都白皙细嫩，吹弹欲破，引得好多小伙子爱慕呢。

吃好了，该上路了。接下来，我们就去登峨眉山。有经验的登山者在登山时，都会使用一根拐杖助力。峨眉山的登山拐杖非常有特色，既是实用的工具，又是美观的工艺。峨眉山上有这么一对父子，从祖上继承了纯手工雕制龙头拐杖的工艺，做工精美细致，款式古朴典雅。他们制作的龙头拐杖，是峨眉人引以为荣的手工艺珍品。

【《家园逸事》小片头】

仙山龙杖有传人

这里是通往峨眉山万年寺的一条游山小道。绿色的树荫下，有一座普通的小店，店主是一位聪明能干的小伙子。

小伙子名叫陈再兴，今年30岁，是土生土长的峨眉山人。陈再兴初中毕业回到山里，经营起这座不足20平方米的小店，不仅销售小百货，也出售旅游纪念品。在出售的旅游纪念品中，最引人注目的，就是这些琳琅满目的龙头拐杖，而这些龙头拐杖的制作者不是别人，正是貌不惊人的陈再兴。别看他年龄不大，雕刻龙杖的历史已有10多年了。

陈再兴喜欢雕刻龙头拐杖，是受父亲的影响。他家祖祖辈辈生活在峨眉山，父亲陈正松有一手绝活，会雕刻龙头拐杖。父亲常说，峨眉龙杖书上早有记载，是峨眉山的传世精品，要把它一代一代传下去，不能在这一代失传。

龙杖制作者陈正松：小时候就听说有人雕龙，雕龙棍和观音棍，这是峨眉山的传统，我就专门集中精力来研究这个。但是从事这个事有很多困难，刀不快的时候，木头刻不进去；刀快的时候不注意就失了手。我手上的伤疤全是这么大块的，我这个指头基本上都削缺了。这个雕刻，我开始学的时候是流了血的，不流血是学不会的。但我还是有决心学好，这项技术不要失传了，雕龙的想法就是这样开始的。

为了让峨眉龙杖的技术传承下来，发扬光大，陈正松苦苦探索，四处求教木雕师傅并收集了龙各种造型的物品。在陈正松的家里，这些不引人注意的烧柴、树根、老藤，都成了陈正松雕刻龙杖和其他工艺品的宝贵原料。

随着年龄的增长，陈正松的视力没有年青时好了，体力和臂力也不如从前，雕刻龙头拐杖，尤其是雕刻五龙拐杖或九龙拐杖更是感到力不从心。于是，陈正松想把雕刻龙杖的技术传给初中毕业的儿子陈再兴。他看准了陈再兴聪明好学，是有出息的龙杖传人。

其实，陈再兴早就想跟父亲学手艺了。小时候，父亲雕刻龙头拐杖，陈再兴就在一旁帮着涂漆。闲着的时候，他还把黄瓜、南瓜当成原料，雕刻小龙、小兔，刻成之后，就让父亲看。终于有一天，父亲承认了儿子，收陈再兴做了龙杖传人。

龙杖制作者陈正松：老四（陈再兴）说他要学，我想这项技术还是把它传下去，只传一个人。你看他这个伤疤缝了七针，一戳上去（流血过多）就昏过去了。我想，他伤过以后，可能不会干了，但他还是有决心继续学。好多人都说他的雕刻技术还是达到了一定水准的。

功夫不负有心人，陈再兴成功了。当他雕刻的第一根龙头拐杖被游客用100元买走之后，陈再兴感受到了劳动的价值和成功的喜悦，这更坚定了他雕刻龙杖的决心。有一次，一个台湾旅行团到峨眉山万年寺游览，台湾同胞将陈正松和儿子陈再兴雕刻的20多根龙杖全部买了下来，特别是雕刻着九条龙的拐杖，最受台湾同胞的欢迎。他们拿着拐杖，数着缠绕在拐杖上龙的数量，十分专注、认真。也许，这就是"龙的传人"的精神所在。

峨眉山实行退耕还林之后，山里人纷纷从事旅游业。陈再兴继承了峨眉龙杖的雕刻，子承父业，在这游人如织的游山道上用心血和汗水雕刻着龙的形象。他们父子雕刻的龙杖受到了国内外游客的青睐，被十多个国家和地区的游客购买带走。这是陈家人的骄傲、峨眉山人的光彩。

【陈再兴雕刻龙杖同期声】

陈正松现在儿孙满堂，歇业已经好几年了。小店里悬挂着的这些龙头拐杖全部出自儿子陈再兴之手。当乡亲们夸奖陈再兴"青出于蓝而胜于蓝"的时候，陈正松这位年过花甲的峨眉山老艺人心里总是感到十分的欣慰。

游人与陈再兴讨价："咋卖？""八百元。这要雕两个月才能完成。""这个小的呢？""小的六百元。这要两个月才雕得起(完)。"

对于龙杖卖多卖少，价钱或高或低，陈再兴并不十分在意。陈再兴觉得，对于自己这个祖祖辈辈务农的农民后代来说，能生在峨眉山、长在峨眉山，而且学会了雕刻龙杖这门技术，成为"龙杖传人"，这就是自己的福气。是雄秀美丽的峨眉山给了他雕刻龙杖的艺术灵感。前不久，陈再兴被吸收为中国民间艺术家协会乐山支会会员，他打心眼里感到高兴。

小河水天天流，小日子天天过。陈再兴还是那个普通的小伙子，手中的刻刀还是不停地刻着、刻着……

【主持人刘霞】

北宋大文豪苏东坡曾经说："少年不愿封万户侯，亦不愿识韩荆州。颇愿生为汉嘉守，载酒时作凌云游。"东坡居士曾经游历大半个中国，生性奔放不羁，算得上是一个洒脱的旅游家。可只有嘉州，也就是古代的乐山，给了他极其深刻的印象，让这个游子醉心于秀丽的嘉山嘉水，愿意把乐山当作一生的归宿。

有东坡先生如此痴情，我辈岂不更爱自己的家乡？

乐山乐水乐逍遥，山美水美人更美，看《共同家园》，品逍遥民情。

我是刘霞，下周再见。

■ 获奖情况

2006年10月编排的栏目《共同家园》，被中国电视艺术交流协会"城市之星"电视节目评奖组委会评为第2届城市电视台"城市之星"优秀栏目奖。

二、作品：纪录片《父爱·责任》

【黑底白字字幕】

为了儿子的生命健康，仅有万分之一的希望，乐波尽了一万分的努力。

这就是父爱。

为了大家的环境清洁，面对前途艰难的事业，乐波仍要坚定地走下去。

这就是责任。

——题记

（推出节目片头:《父爱·责任》）

【解说词】

今年32岁的乐波曾经是四川省乐山市一家药厂的普通员工，他有一位贤惠的妻子，一个可爱的儿子。一家人和和美美，过着平静而快乐的生活。

家庭美满，事业有成，是许多人“鱼和熊掌兼得”的梦想，乐波两方面都得到了。他的事业做得非常出色，领导重视，同事羡慕，收入不菲。

可就在这个时候，也就是2004年，乐波放弃了喜爱的专业，舍弃了优越的工作，另起炉灶，干起了自己并不熟悉、并不擅长的室内环境污染清洁事业。一年来，这项事业持续亏损，乐波却无怨无悔，从未打算过放弃。

这其中的原因是什么呢？

【解说词】

事情还要从1998年说起。

这一年，乐波从公司在云南的办事处调回来，从事公司结核病防治新药的临床推广工作。这项工作乐波干得非常好，从这一年起，乐波的事业蒸蒸日上。

【乐波同期声】谈从1998年开始，自己在工作上取得的成绩和喜悦：任专项药品部副经理，此项工作业绩在全国行业范围内居第一，自己的收入也高；1999年6月儿子出生；2000年6月因为业绩突出分得新房，当时装修没有选规范的公司但材料选取了最好的；2003年1月为了一家人出游方便买了一辆新车。

一家人衣食无忧，生活优越；三个人其乐融融，尽享天伦。生活、事业，一切对乐波来说，都是那么阳光。

天有不测风云，人有旦夕祸福。一场意想不到的灾祸突然降临到这个原本平静而幸福的家庭。

【解说词】

搬入新居，买了新车的一段时间后，乐波不满三岁的儿子就经常出现咳嗽、头晕的现象。夫妻俩总以为孩子得的是感冒，也没有特别重视。直到有一天，乐波正在外面办事时，妻子打了个电话来。

【乐波同期声】谈妻子打电话来说儿子生病了；在医院诊断的情况；医生初步诊断为不可治疗的尤文氏病；自己的心情跌入了冰谷。

就像晴天里打了一个响雷，乐波一下子懵了，他不敢把这样的坏消息告诉年迈的父母，担心他们接受不了这么残酷的事实。乐波怎么也想不通，为什么这么可怕的事情会落在自己儿子身上。

一个原本幸福、和谐的家庭遭遇了严冰。尤文氏病，这种世界医学界公认的不可治疗的疾病，真的就落在自己儿子身上了吗？事情就没有转机了吗？

【解说词】

2003年6月，医院通知乐波到成都去拿儿子确切的诊断报告书。担心自己会因为意外的打击而出事，精神恍惚的乐波特地找到一个亲戚陪同自己一块儿去成都。

【乐波同期声】谈到成都拿到确切诊断：儿子的病症不是不可治疗的尤文氏病，而是罕见的病症“淋巴母细胞淋巴瘤”，它是白血病的一种；自己的心情、感受：虽然这种病是白血病的根源之一，但是至少是可以治疗的，对他们夫妻来说是一丝安慰。

白血病是血液中的癌症。早年的日本电视连续剧《血疑》让不少人加深了对这种疾病的认识。这是一种非常难以治疗的疾病。

因为白血病治愈的希望太渺茫了，有人劝夫妻俩干脆放弃对儿子的治疗，免得最后落个人财两空。

白血病、癌症、难以治愈……这每一个字眼，都那么让人触目惊心。站在十字路口的乐波夫妻俩，面临着艰难的抉择。他们会做什么样的选择呢？

【解说词】

乐波夫妻俩看着年幼的孩子，心中的痛楚难以言表。这么可爱的孩子，他还没有好好地感受过美好的生活，他还没有尽情地享受过明媚的阳光，作为他的父母，怎么能轻易地放弃他呢？

母爱是伟大的，父爱是崇高的。

出于对孩子深切的爱和巨大的责任，乐波夫妻俩达成了共识：孩子白血病的治愈即使只有万分之一的希望，也要一万分地去努力。

【乐波及妻子同期声】分别谈自己的想法，坚定治疗的决心。

2003 年 11 月，乐波夫妻俩带着儿子，慕名到北京儿童医院治疗。他们陪着儿子，在病房里度过了一个又一个揪心与痛楚的日子。

【乐波妻子同期声】谈儿子在治疗期间，自己情感上、心理上所承受的煎熬。

令人欣慰的是，因为孩子年纪小，生命力旺盛，治疗几个月后，效果非常好。这让大半年来一直心力交瘁的乐波夫妻俩激动得默默流泪。

现在，他们的孩子病情稳定，已经转入维持治疗阶段。再有一年多的治疗时间，他们的孩子就可以跟别的小孩一样健康了。

【解说词】

陪着儿子在北京儿童医院治疗期间，乐波一直在思考：自己和妻子身体健康，而且白血病也极少有来自遗传的先例，儿子为什么会患上这种可怕的病呢？乐波先后请教了北京医学界的几名专家，并且还上互联网找寻答案。

疑点越来越多地集中到环境污染上。

据中华慈善总会的一项调查显示，近年来，白血病已经成为青少年时期最常见的恶性肿瘤，中国 15 岁以下的青少年白血病的发病率达到十万分之四，每年平均新增白血病患儿近两万人。而另一项调查则指出，有大约 50% 以上的白血病患者家中在 6 个月以前进行过豪华装修。中山大学血液肿瘤专家指出，室内装修所散发出来的有害气体是危害健康、特别是危害青少年身体健康的不可忽略的重要因素。

【四川省肿瘤放疗专委会常委、四川省抗癌协会理事郭鹏同期声】谈白血病的起因、现在社会的发病率。许多白血病病例都表明极大可能是因为新近装修而造成的室内、车内苯、甲醛、芳烃类物质超标诱发了白血病。

医学专家的话，对许多普遍都在装修新房、装饰新车的家庭来说，是一个让人惴惴不安的消息。

现在，城市新建的楼房越来越多，几乎所有购买的新房都在进行装修；城市居民的生活越来越好，几乎所有购买的新车都要进行装饰。

我们，该怎么办呢？

【解说词】

知道了诱发白血病的最大疑点，为了消除心中那一直存在的阴影，在北京期间，乐波格外关心清除室内、车内苯、甲醛等致癌物质污染的技术。经过朋友的推荐，他接触到北京一家公司，他们可以用生物技术清除家庭中苯、甲醛等物质的污染。

自己的痛苦不能在别的家庭重现。

抱着这样的想法，乐波毅然决定放弃自己原本做得非常出色的专业，回到乐山开办公司，开创扫清人们身边污染的创业之路。

【乐波同期声】谈自己创业的初衷和目的。

因为自己亲身的经历，乐波意识到环境清洁的重要，意识到生命健康的可贵。他全身心地扑在这条前景不明的创业之路上，信心十足。

【解说词】

创业是艰难的，尤其是这样一个大家都还没有重视的事业。

一年来，乐波开办的公司不但没有盈利，反而亏损了 15 万元。

【乐波同期声】谈现在虽然白血病的发病屡见不鲜，但是许多新装修的家庭仍然忽视身边致癌物质这个隐形杀手，存在侥幸心理，不愿意专门对家庭居室进行清洁。

不少人都有一个共同的想法，这就是，不相信白血病会找到自己的家。为此，乐波没少费口舌，去一遍又一遍地说服那些正在进行装修工程的主人们，但收效甚微。

儿子每个星期要去医院维持治疗，需要支付数额巨大的费用。大多数人的家庭装修清洁理念还不是一两天就能够改变的，公司收入的提高也就不可能在短期内见效。在这样矛盾的情况下，何去何从？乐波再一次面临着抉择。

【乐波同期声】对未来仍有信心，自己的信念是要坚持下去的，为乐山人的健康坚持下去，不后悔自己的选择。

（乐波远走背影，淡出黑幕）

【黑底白字字幕】

对儿子的情感超乎一切，可以战胜病魔，这是父爱的伟大。

对社会的责任无可推卸，只能义无反顾，这是事业的崇高。

我们对家人、对社会，都有重担在肩的责任，不容推辞，不容回避。这样，我们的社会才能和谐，环境才能友好。

——记者手记

获奖情况

作品《父爱·责任》，在乐山市广播电视 2005 年度优秀作品评选中，被乐山市广播电视局评为“电视长纪录片”二等奖，并获证书。

频道：公共·新农村频道

一、简介

2007 年 2 月 5 日，公共·新农村频道正式开播《八面风》栏目，这是一档日播型的综合性杂志型栏目，时长 40 分钟。坚持“服务维权”和“为什么做，做给谁看”的采编理念，在内容选取上突出服务性、实用性、趣味性和媒体的社会责任感。整档栏目突出了内容家常化、叙述故事化、主持个性化、形式多样化的特色，体现生动明快、亲切平和的风格。

《八面风》栏目的网上(乐山新闻网)点击率也节节攀升,一些报道话题成为网上论坛的热门话题。

频道和栏目定位:以“为城乡观众提供生产生活服务,搭建一个服务经营平台”为基本定位,频道的栏目设置、宣传推广、节目编排和栏目内容,都要紧紧服从这个定位要求。

频道宣传口号:关注民生民情,服务城乡大众——乐山电视台公共•新农村频道。

栏目简介:

舒妹说事

宣传语:乡音乡情,关注您所关注的。用乐山方言评述时下热议话题,杂谈街谈巷议的焦点话题,讲述本地新闻故事,特别要关注具有民生意义的公共话题。

主持人定位:活泼、幽默、风趣的邻家小妹形象,充分发挥“说”的特长。

栏目分《有啥子说啥子》《身边龙门阵》《老邓有话》《东打西望》《舒妹谈天》五个版块。

七彩城乡

《创业有道》栏目,以真人秀和故事化的表现形式,对可推广和借鉴的典型创业经验和创新做法进行电视化演绎。**口号:**聚财有新招,创业有门道。

《健康密码》健康养生栏目,以真人秀的形式讲述一个个多发病、疑难杂症等患者的曲折医治经历以及养生长寿秘诀。**口号:**生命无价,健康有方。

《帮帮忙》栏目,是一档内容定位为民生资讯服务的栏目,帮助百姓解决生活中的难题,维护观众利益。**口号:**为您解决生活中的麻烦事。

《现场说法》栏目,请主持人与栏目的律师组每期节目到一个社区或一个乡村,为老百姓提供法律咨询服务。**口号:**各说各有理,律师现场说法理。

欢乐乡村竞技赛

口号:在劳动生产中制造欢乐,在竞技比拼中秀出农家风采。

《欢乐乡村竞技赛》是乐山电视台第一档观众参与度高、没有门槛、没有距离、没有限制的周播型乡村大众娱乐竞技栏目。

栏目的定位是“乡村竞技、趣味展现、大众参与”“在劳动生活中制造欢乐,在竞技比拼中秀出农家风采”。其核心是百姓喜闻乐见的生产生活方式,背景是喜爱乐山民俗民风的收视群。

公共 • 新农村频道串烧宣传词:

用家乡话说家乡故事,聊生活百态,品人情冷暖;公共 • 新农村频道《舒妹说事》每晚 18:40 准时开摆。

关注农情民意,说城乡的事,帮百姓的忙。公共 • 新农村频道《七彩城乡》,周一到周五晚上 20:50 准时与您相约。

风土人情、竞技绝活、体验参与。行走乡间,发现魅力!

公共 • 新农村频道《欢乐乡村行》每周六、周日晚上 20:50 准时与你见面哦!

立足农村,沟通城乡,公共 • 新农村频道真情实意为农民服务。

二、媒体中的公共·新农村频道

（一）乐山广播电视报

《乐山广播电视报》以《一个频道的公共影响》《频道背后的故事》《“舒妹说事”说说舒妹——舒妹，观众心中的邻家小妹》等文章介绍了公共·新农村频道。

频道背后的故事

“公共·新农村频道受到中宣部高度评价”，一条来自首都北京的新闻，让乐山电视台倍受鼓舞。2007年7月6日，中共中央宣传部《宣传信息清样》第17期，以《四川乐山开办“新农村频道”文化惠民服务“三农”效果好》为题，详细介绍了乐山电视台开办公共·新农村频道，开展文化惠民，服务“三农”的情况。全文2 000字，分为三个部分：坚持“三贴近”，新农村频道成为乐山文化惠民的重要载体；坚持服务“三农”，新农村频道成为乐山新农村建设的助推器；坚持特色，新农村频道成为乐山完善公共文化服务的一道亮丽风景线。

这份《宣传信息清样》的报送范围：中共中央政治局常委李长春，中宣部部长、副部长，人民日报、新华社、光明日报、经济日报、中央电视台、文化部、国家广电总局等21家主要宣传文化单位主要负责人，31个省、市、自治区常委、宣传部部长。一家地市级电视台所开办的频道受到中宣部高度评价并向全国各省市推介，不仅是乐山电视台历史上的第一次，在全国范围内也极为罕见。

2007年7月30日，中共四川省委常委、省委宣传部部长黄新初也做出重要批示：**“乐山市开办‘新农村频道’，文化惠民，服务‘三农’，思路新，办法实，效果好。开办服务农民的电视频道是落实省委‘富民惠民、改善民生’作风建设活动的具体行动和生动实践，值得其他市州宣传系统借鉴……”**

作为全国首创，没有成功的经验可资借鉴，公共·新农村频道在创办之初，确实需要一点“吃螃蟹”的精神。

全国首创

今天我们看到的乐山电视台公共·新农村频道，在2007年2月份以前叫做公共频道。当时与新闻综合频道相比，这个频道在观众中受关注的程度非常有限，它的存在甚至可以说是可有可无。

2006年6月，市委常委、宣传部部长罗佳明关于在乐山电视台开办一个对农频道的思路，被写进了市委2007年工作要点。根据市委的安排，乐山电视台决定将公共频道改为对农频道。几经磋商，频道定名公共·新农村频道。在乐山市广播电视局局长兼乐山电视台台长胡加伦主持下，公共·新农村频道初步完成了组建工作。

“面对一个全新定位的频道，我的心里那个虚呀！虽然过去做过一些零星的关于农村的新闻报道，但是我们所有的采编人员，没有一个来自农村，一些人真的可能把麦苗认成韭菜。农村是什么样子？农民在想什么？希望得到什么样的信息、什么样的服务？想看什么样的节目？我们心里真是一点底也没有。”公共·新农村频道总监王可这样告诉本报记者。

关键时刻，市委、市政府给了乐山电视台强有力的支持。市委副书记罗建安，市委常委、宣传部部长罗佳明，副市长方为加召集市级农口部门一把手开会，要求全力以赴支持电视台开办这个频道，各部门指定一名副职领导担任联络员，还在市农办设立了一个中心联络点。紧接着，罗佳明又主持建立了农村信息员机制，在全市11个区（市）县的部分村组聘请了一批信息员。要求信息员随时反映农村信息，收集开播后农民的反响，及时提出意见和建议，提供新闻线索。

“有市委、市政府的全力支持，有广大农民弟兄扎场子，我们一下子有了底气，大家摩拳擦掌，特别想干一番事业。不懂的东西，我们可以边干边学。”王可说。

但是，事情的进展并不是一帆风顺。

第一期《八面风·舒妹说事》样片做出来以后，报到台里去审。审完片后产生了很大争议，褒贬不一。频道人员顿时感到手足无措。关键时刻，局长兼台长胡加伦一锤定音：“有争议是好事，但先不忙下结论，听了农民的反映后再说。”

当天下午，样片向40多位农村信息员播放，出乎意料地得到了一片叫好之声。大家都说：“实在安逸，农民就喜欢这样的节目。”频道工作人员的信心又上来了。同时，根据台里和农村信息员提出的意见，对样片做了修改。开播前，一个人的到来，更增添了公共·新农村频道的底气。这个人就是闻名全国的湖南卫视《乡村发现》金牌主持人李兵——农民弟兄最喜爱的“兵哥”。兵哥认真看了节目后感慨地说：“真没想到，一家市级电视台能够做出这么好的对农节目！说实话，我看过的一些省级台也未必有这个水平。”他还评价《舒妹说事》用讲故事的方式说新闻，形式新颖，农民朋友肯定喜欢。

2007年2月3日，公共·新农村频道举行开播仪式。市委书记于伟、市长姜晓亭打来祝贺电话，市领导罗建安、李盛根、方为加、徐建群、范宗荣出席。这是乐山电视台历史上最隆重的一次频道开播仪式。专门为农民弟兄开办的电视频道，牵挂着党政领导的心。

2007年2月5日，综合性杂志型电视栏目《八面风》正式播出，《舒妹说事》《舒妹谈天》《七彩城乡》等自采自编节目同时亮相。俏皮活泼的“农家小妹”胡舒、文静内敛的“邻家小妹”刘霞，就此走进了观众的视野。不到一个月，广大农村观众和部分城市观众很快接受了这档节目，收视率逐月递增。根据央视索福瑞收视数据显示，最近的连续五周，在乐山市落地的42个电视频道中，新农村频道收视份额高居第二位，其中《八面风》收视率最高达到15.9%。

一档节目盘活了一个频道，公共频道低迷的状况彻底改观。

一群“拼命三郎”组成的团队

说来也许没有人相信，公共·新农村频道至今没有一台专用的采访车。记者外出采访，交通工具是公共汽车、出租车、摩的，更多的是记者们的双脚。那些反映“三农”的鲜活电视节目，就是这样采访得来的。

除了王可、刘滨几个年纪稍长外，大部分采编人员都是刚踏上社会的城里孩子。经过半年的锻炼，虽然还没有完全达到“农村通”的水平，但每个人说到“三农”都会滔滔不绝说出许多内行话，“春雨惊春清谷天，夏满芒夏暑相连”“立夏小满正栽秧”“寒露胡豆霜降麦”之类的农谚已记得滚瓜烂熟。

陆溢，一个20来岁的小姑娘，担任《八面风·七彩城乡·致富版》编导，至今已完成40多期节目。她对种植、养殖和加工三大类农村致富项目了解得头头是道，所做的许多节目在帮助农民致富方面都起到了指导性作用。她说：“我不敢说每一期节目都很精彩，但每一期节目都会对农民朋友有用。它们是采编人员辛苦工作的成果。我想，我会努力为农民朋友做出既实用，又更好看更有价值的节目。”

杨晓东、阳德智来自新闻中心，是为乐山电视台新闻频道改版出了大力的得力干将，如今在公共·新农村频道干得更欢。如果需要了解农村的社情民意，以及党和政府的对农政策，你就去问《七彩城乡·农情农策版》编导杨晓东，保证给你解答得头头是道；《七彩城乡·法治版》编导阳德智，最擅长讲述发生在农村中的与法有关的故事，以案说法是他的拿手好戏。

44岁的曹峻川是《舒妹说事》的"元老级"记者。半年多来，他经历了许多艰难备尝的采访。跋山涉水，过岭过坡，吃不上饭，对他来说再平常不过了。他给记者讲述了"最艰难的一次采访"：

"今年1月份，我带着两个实习的小女生，进入金口大峡谷腹地去采访报道《悬崖上的村庄》。那个地方有多险呢？村庄在悬崖上，与大渡河的垂直距离约2千米。村干部告诉我们，居住在崖上的村民失足坠崖摔死的，比病死老死的还多。村民把小猪从山下背上山，养成肥猪后却无法送到山下来卖，只能杀了大家分肉。那天山上还积着雪，我们去了，扛着脚架，背着250型摄像机，经过3个多小时的艰难跋涉才上到崖顶。拍摄采访完后，已经下午4点钟，必须赶在天黑前下山，否则太危险。下山就更难，脚下是万丈悬崖下的大渡河，像一根弯弯曲曲的线，我们只能柱着棍子，蹲在地上一步步往下挪。永和镇的书记陪着我们，指点我们怎样走路，为我们做保护人。两名小女生时不时吓得蹲在地上尖叫，不敢走。人说华山的鲫鱼背最险，我觉得这里比华山更险。下得山来，天已黑尽。大家脚杆一软，坐在地上起不来了。"

理直气壮为农民说话

"在现实社会中，农民由于自身的条件，容易成为困难群体中的困难代表。每天接到的热线电话中，十有六七是农民反映自己的合法权益遭受侵害而请求帮助的。从开播第一天起，我们就确定了'为农民的合法权益呼吁尽义务和责任'的理念。农民自己的电视频道，就要敢于为农民说话，为农民撑腰，帮农民维权。这是我们的职责，也是我们的良知。"频道总监王可说。

舆论监督是媒体的职责。半年多来，《八面风》理直气壮为农民说话，旗帜鲜明维护农民的合法权益，通过监督促进解决了一些乡镇、村组织积存多年的问题。许多观众高兴地评价：新农村频道是敢于说真话的频道。

舆论监督又是相当困难的工作。被监督对象往往利用强势条件，通过各种途径，想把监督扼杀在摇篮之中。有的被监督者，干脆直接向当事记者和电视台叫板，甚至威胁，或者利诱。

2月中旬，新农村频道记者在市中区牟子镇采访一起劣质饲料坑农案，遭到饲料经销老板暴力袭击，摄像机录像器被砸烂，后由公安机关出面处理；频道记者采访某县小农机作坊劣质农机具坑农案件，拒绝了该县相关部门给2 000元"红包"的暗示和吃饭的邀请，原先说好的下次执法配合采访被对方断然拒绝；还有几次，被采访对象塞给记者厚厚的红包，请求"手下留情"，记者推辞不掉，回到台里马上上交，红包内的钱被邮寄回去，节目照常播出……

"天生主持人"舒妹

乐山人现在很少有不知道、不认识舒妹的了，在农村甚至家喻户晓。舒妹参加"《八面风》进农家"活动，有些地方的农民甚至拉起大红标语欢迎她，里三层外三层围着请她签名。她在农民堆里表演她的拿手好戏"脱口秀"，把现场气氛烘托到沸点。谁也没有想到，这个进台不到一年的小丫头，居然成了乐山电视台建台20年来最红的主持人之一，拥有不计其数的"粉丝"。但舒妹很清醒："不是我水平高，是栏目设置得好，也是那些老主持人会带徒弟的结果。"舒妹的真名叫胡舒，出生在乐山城区一个教师家庭。

2006年7月，乐山电视台招募群众演员，胡舒陪妈妈董老师来报名。电视台领导在人群中发现了这个闹山雀子样的小姑娘，人越多越爱出风头。让她试镜，她既不怯镜也不怯场，大大方方表演起了脱口秀。2月份，中央电视台著名主持人敬一丹来乐山，看了舒妹用乐山方言主持的《舒妹说事》，说了她一句："你是个天生的主持人。"

舒妹以具有现代时尚气息的农家小妹形象走上电视屏幕。语言是农民耳熟能详的乐山方言，偶尔余一些苏语（苏稽话）、"峨"语（峨眉话）、夹江话、井研话，还来点普通话、赵本山的东北话，高兴了还要即兴唱嗓子。主持风格不拘一格，多才多艺，俏皮活泼，亲切生动。"用家乡话说家乡事""做乐山人骄傲，说家乡话自豪"，成了《舒妹说事》的经典语言。

舒妹用乐山方言说新闻，也引来了不少争议。但是农民"一边倒"地喜欢这种形式，他们对乐山话的感情超过了对普通话的感情。对此，乐山电视台领导也有自己的观点：东北话、陕西话、重庆话、成都话、粤语闽南话都可以上电视，为什么乐山话不行？作为乐山人，不应该对自己的母语自轻自贱。《舒妹说事》"让乐山人对乐山方言感到亲切和自豪，拉近了主持人与观众的心理距离，当然值得探索。"

一个报道改变了一个人的命运

9月18日见到椰妹，是在乐山欣欣艺术学校的教室里。一个体形特别瘦小、身高大约1米多一点的小姑娘，无论如何都像只有10来岁的发育不良的孩子，但她已经19岁了。

椰妹家住沐川县舟坝镇农村，由于一种奇怪的疾病，她的身体从10岁开始就停止了生长发育。当地人众口一词地称她为"椰妹"。"椰"在这里的读音是阴平声，在方言中的意思就是"个头小"。椰妹身体有残疾，却是一个有志向有抱负的姑娘，她不愿意成为家庭和社会的负担，一心希望通过自己的劳动养活自己。由于身体原因，她经过认真考虑，认为最适合做的工作是缝纫。

但是在那个条件艰苦的山区农村，她的理想基本上只是个梦。

终于有一天，新农村频道的记者来了，把小姑娘的梦想通过电视传播到乐山的四面八方。今年2月的一天晚上，乐山欣欣艺术学校校长潘复礼看到了电视。他马上跟新农村频道取得联系，主动提出帮助椰妹圆她的缝纫梦。在电视台牵线搭桥下，舟坝镇党政"一把手"亲自把椰妹从山里接出来，与电视台的记者一起把她送进学校，让她边读书边学习缝纫裁剪技术，将来做一个有文化的自食其力者。欣欣艺术学校免去了她的一切费用，还提供免费食宿和一定数额的奖学金。学校甚至将她未来的就业问题都提前考虑好了。

一个报道，改变了一个山区残疾孩子的命运。椰妹始终记得新农村频道，记得舒妹姐姐，记得曹叔叔。椰妹的故事在她的家乡广为流传，新农村频道成了当地农民每天期盼的文化大餐。

几个月来，新农村频道报道了大量反映农村困难群体与贫困、疾病抗争的故事，把他们的苦难，他们在苦难中的挣扎与奋斗告诉观众，如小春梅、进时妹妹等。这些熔铸着记者、编辑真情的催人泪下、感人至深的报道，在乐山城乡掀起了一个又一个捐资助贫、捐资救命、捐资助学的波澜。

让我们更了解乐山更了解农村

"特别喜欢看《舒妹说事》，主持人风趣得很，摆起龙门阵来特别好听。"家住乐山中心城区青果山社区的刘友燕告诉记者，我觉得和乐山电视台的其他节目相比，这个节目不仅针对中心城区，还涉及很多区县，把各个地方的奇事趣事告诉大家，让我们更了解乐山。

市民戴淑蓉是新农村频道的一位忠实观众。“只要看电视，我就要选到这个频道。新闻比较及时，通过节目可以了解农村的新面貌，晓得现在的农民们日子越过越好了。”

家住中心城区玥儿塘的汪池说，虽然新农村频道的节目很多都是围绕农时、农活和农民的话题来做的，看似离城市很远，但实际上是密切相关的。“我们吃的大米、蔬菜和水果，都是农民种的。通过电视节目了解今年农产品的长势和收成情况，也就相当于了解了自己家的‘菜篮子’。”

农民身边的“农技师”

市中区苏稽镇负责文化宣传的工作人员宋婉璐说，《八面风·七彩城乡》非常有益于农民群众。该节目内容广泛涉及农村政策、技术推广、致富经验、城乡消费、农村教育、维权普法等与农民生活相关的内容，而且节目形式多样，让农民朋友在轻松收看节目的同时获取了知识，无疑是农民身边的一名优秀“农技师”。

在市中区牟子镇开饲料店的王女士说，该镇有很多发展种植业和养殖业的农户，而《八面风》里讲的农业资讯和致富信息对农民发展生产大有帮助。

苏稽镇顺江村村民卢培军说，新农村频道的节目通俗易懂，准确把握了农民群众的需要，及时介绍科学种植养殖技术。而且，节目的细节做得很好，一些技术要点和涉农政策要点会在屏幕上打出来，这样方便理解记录。原本枯燥的技术知识很轻松地就弄明白了，党和政府出台的各项最新政策也了解到了。他说：“我现在习惯在电视机旁放一个小本子，每当节目播出有我需要的知识，我都会把它记下来。比如前不久播出的《给土地看看‘病’》，我看了才晓得，原来不同的土质对种植不同的农作物影响相当大。”

苏稽镇饶坎村村民何建平说，他对新农村频道曾报道过的一起制造“黑心床垫”的新闻印象很深。“看电视的同时还可以学到很多知识，大家都喜欢。”

乐山电视台公共·新农村频道的创办，得到了市委、市政府的大力支持。经过8个月的运作，频道主打栏目《八面风》越来越深入人心。本报记者就此专访了频道的主要设计者市委常委、宣传部部长罗佳明。

乐山广播电视报：乐山电视台公共·新农村频道，作为全国地市级电视台首创，在没有现成经验可资借鉴的情况下取得了初步成功。我们从农民那里了解到，这个频道尤其是《八面风》栏目，在农村受到广泛欢迎。请您谈谈开办这个频道的初衷。

市委常委、宣传部部长罗佳明：乐山是一个资源丰富的地区，既有雄厚的工业经济基础，又是一个拥有一定国际影响的旅游城市，但也是一个农业大市，全市农村人口多达267万。农村的文化市场和舆论阵地，我们不去占领，其他东西就会乘虚而入，比如那些走村串乡的低俗演出、封建迷信活动、黄色暴力录像节目以及赌博活动等。

此前，市委宣传部结合农村普查发了一万多份调查问卷。反馈的信息表明，休息时间里农民最喜欢看电视，他们获取知识和信息的主要渠道也是电视。但是长期以来，国内各电视台对农村的宣传服务基本上处于缺位状态。去年我们到井研农村调研周坡一户农民，他抱怨说：“乐山电视台的新闻节目好是好，但讲的大都是城里的事情，跟我们农民没有多大关系。”我们认为，既然农民朋友有需求，宣传部门和电视台就应该设法解决。因此，萌生了由电视台专门为农民办一个频道的想法。

今年年初，市委提出了建设社会主义新农村的发展战略。因此，我们决定在乐山电视台办一个专门针对农村的频道。其节目内容必须跟城市频道有区别，有没有广告、赚不赚钱在其次，首先必须得到农民的认可。《舒妹说事》的精彩之处，在于讲述的很多事情都是百姓生活，实用性强，还反映了基层群众的利益诉求。一些奇闻轶事也为观众带来了不少欢乐。

用家乡话说家乡事，安逸！

中心城区黄家山社区的李洪亮说："我就喜欢新农村频道的主持人舒妹，就喜欢这种用乐山话来'说'新闻的形式。舒妹平实近人，就像身边一个熟人在和你摆龙门阵一样，而且整个节目的内容做得很实在，让你看完后还能从中学到一些做人的道理。"

说起《八面风》栏目，市中区车子镇新龙街的何女士声音提高了八度，对《舒妹说事》这个栏目更是津津乐道："节目好看，说的都是身边的人和周围发生的事情，是大家熟悉的内容。我几乎每期都看，真的不错。"在牟子镇新龙街经营一家副食店的施学明也是《八面风》的忠实观众之一："《舒妹说事》讲的都是发生在我们周围的事情，说的又是本土的乐山话，听起来觉得很亲切。"

家住中心城区青果山街172号的强女士说："吸引我的就是舒妹说的乐山话，我听着很亲切，而且里面经常讲些赡养老人、孝敬公婆的故事，虽然事情发生在农村，但对城市居民一样有教育意义。"

"舒妹主持节目很巴适。"家住牟子镇菜利村的王先生在镇上开了一家小吃店。每天晚上九点过收拾完店里的事后，他都要赶回家去看《舒妹说事》。"她的语言硬实，丰富得很，一会儿乐山话，一会儿又来几句'川普'，还要整点外语，风趣得很。"

"舒妹的乐山话听起来很亲切，她的表情很夸张，再加上那些手势，整个人看起来很机灵。本来说的乐山话，有时候还要整几句普通话，好耍得很，经常看得我们哈哈大笑。"在牟子镇龙马路开农资店的何柏松和老伴都是《八面风》栏目的忠实观众。"《舒妹说事》《七彩城乡》通过讲故事的方式传递信息，再配上大家熟用的乐山话，看起来觉得很有意思，很受老百姓欢迎。"牟子镇党政办主任张新森告诉记者。

市中区车子镇平安村5组的田杨今年上初三了，她说我们全家都是舒妹的"铁杆粉丝"，家人吃晚饭时锁定的频道都是新农村频道，其中《舒妹说事》全家老小都喜欢看。田杨说"舒妹姐姐长得好可爱哟，喜欢看她主持的节目。"田杨的父母则喜欢《舒妹说事》的亲近性，感觉从舒妹口中"摆"出来的很多事情，似乎都发生在自己身边，看起来很起劲。

节目情真意切，观众看起舒服

苏稽镇不少村民觉得新农村频道的节目情真意切，主持人和观众之间没有距离。《舒妹信箱》不但增强了节目的互动性，还及时为观众解决生活中的疑难问题，让观众有话可讲，有问题有地方反映，真正做到了为观众服务。苏稽镇苏东路的方女士说："每天节目开头，舒妹的开场白就觉得很亲切——'观众朋友，你在吃饭了哇？''成，今天天气冷了点哈！'等，就是这样一两句随意又自在的话，活脱脱像一位邻家女孩在跟你打招呼。"方女士说："《舒妹谈天》这档节目也很喜欢，时间固定，实用性很强。舒妹天天在节目中提醒大家该注意防暑了，该抢收农作物了……这些都让观众看起舒服。"

车子镇惠安村村民林树全喜欢新农村频道节目的真实和真情。他说："该频道的许多节目关注困难群体，呼唤真情回归。比如，新农村频道讲述了沙湾一位13岁小孩撑起一个家的故事，非常感人。"林树全说："这些故事不但有看点，更对观众有启发意义。同时，该频道不少节目还对社会中存在的不孝敬老人、打架斗殴、拖欠农民工资等问题进行批评曝光,增强了节目的公信力和感染力。”

《西部广播电视学刊》(2007年第三期)刊登了介绍公共·新农村频道的文章,并配发《编者按》。现摘录几句作为本篇报道的结尾:

乐山广电人开办乐山电视台公共·新农村频道,不失为有远见卓识之举。“铁肩担道义,妙手著文章”,这道义就是乐山广电人满怀高度的社会责任感,摒弃了目前众多新闻媒体,只在城里为分割广告市场一份蛋糕而拼命厮杀——办节目给城里人,而对广阔的农村,相交于城里人的农民,以及国民经济最基础的产业——农业,却视而不见、听而不闻的办台理念,他们急党中央之所急,想亿万农民之所想,在自己所辖区域内办起了农村专业频道。这不仅在我省这个农业大省,即便在全国地州市级台也是开历史之先河……

(二)四川日报

《四川日报》于2007年5月20日星期日在《国际国内·文体新闻》版块以《〈八面风〉吹进乐山新农村》为题对《八面风》栏目进行了介绍。

《八面风》吹进乐山新农村

本报记者:刘若辰

王向华:“今天天气真是好,出去吃碗豆腐脑!”乐山电视台《八面风》的音乐刚响起,电视机前的观众便喊起了栏目的广告语。“每天《八面风》一开始,我全家老小的脑袋都伸过来了!”井研石牛村的王大妈告诉记者。

乐山电视台2007年2月5日才开办的《八面风》栏目,是全省地市级电视台第一个对农专业频道,3个月来已家喻户晓,成为当地老百姓热捧的电视栏目。

“农家小妹”讲乡土事

每天晚上18:40,《八面风》开播。在这档综合性节目中,既讲述居民身边新闻,也提供天气资讯,还有服务农村的专题报道。主持人舒妹活脱脱一个农家小妹,把她看到、听到的农村新鲜事、高兴事、难办事、农民想知道的事,通通“摆”给大家听。

“我们讲述农村政策、农民身边的事情,从不使用书面语。”农村频道总监王可说。这样一来,节目非常受欢迎,半个小时不知不觉就过去了。按照央视索福瑞指数统计,这档和《中央台新闻联播》几乎同时播出的节目,在乐山农村的收视率达41%。“说的是我说了一辈子的地道乐山话,讲的是我住了一辈子的乐山,我当然要看这个节目了!”沐川舟坝镇双堰乡的李大爷嘴衔着长烟杆说,3个月来,他每天都要看《八面风》。

服务农民有“三说”

乐山农业人口近267万,占总人口的70%,电视台决定开办新农村频道,是觉得这么多人的需要不应该被忽略。打造专业的地方对农频道有自身的特殊要求:关键是做对农节目,要“听农民说”“为农民说”“说农民话”。

在乐山新农村频道的探索中,节目除了给观众说故事之外,还为观众开通了热线电话,提供短信平台和网络平台,让大家把自己和自己身边的故事说出来,把自己的需要说出来。“我一直梦想当裁缝,但因为残疾,没有学校肯收我。”胡世霞说,3月份之前她还是沐川舟坝镇一个求学无望的侏儒姑娘,几乎绝望的她试着打电话给《八面风》,没想到命运从此改变。欣欣艺术学校免费给她提供了学习机会。不同的故事每天都在上演。

实现文化大家乐

“乐山每个村都有一个信息员,随时向栏目提供新的信息。”农村频道驻白马镇的信息员小伙子刘平说。除了跟信息员随时互动之外,栏目组还时不时“下乡”到各村,跟农民打成一片。“关注农民的文化生活是整个惠民行动中不容忽视的部分。”乐山市委宣传部部长罗佳明说,新农村频道短时间就取得很好的成效,是实现了惠民理念的转变,“要从给予的心态转变为服务的心态,要落到实处,还要长期坚持”。

目前,乐山除了有专门办给农民的电视节目,农村的日常文化生活也越来越丰富。2007年,乐山在每个县、乡设立文化场地,增加文体活动设施,计划每周至少在3个地方举办文艺活动或送电影下乡,实现文化大家乐。

(三)中宣部舆情局《宣传信息清样》第17期

中宣部舆情局2007年7月6号第17期《宣传信息清样》中评价乐山电视台公共•新农村频道:四川乐山开办的新农村频道,文化惠民,服务“三农”,效果好。

四川乐山开办新农村频道,文化惠民,服务“三农”,效果好

责任编辑:朱正楷

2007年2月,乐山市开通专门面向农村的专业电视频道——乐山电视台公共·新农村频道,为进一步推进社会主义新农村建设服务。

坚持“三贴近”,新农村频道成为乐山文化惠民的重要载体

一是市委、市政府高度重视新农村频道的筹建开播工作,将其列入工作要点,作为“文化惠民”的重要载体来抓。主要领导同志亲自做好协调工作,形成支持开办新农村频道的合力。二是从市电视台抽调精兵强将,组建频道创作和制作队伍,提高节目策划制作水平和质量。三是建立农村基层信息员队伍,专门收集、听取农民朋友对节目制作和播放的意见、建议,及时改进工作,提高节目针对性。四是在各农口部门确定联络员,加强同频道采编人员的联系沟通,对节目选题和专业技术进行指导,增强服务农民朋友生产生活的实效性。现在,乐山新农村频道已经拥有一批忠实观众,每日定时收看新农村频道节目。频道市场份额连续两个月保持在4%以上,最高达6.15%,跻身当地42个落地频道的前6位。新农村频道的出现,使乐山267万农民朋友有了自己的电视频道,大大丰富了精神文化生活。

坚持服务“三农”,新农村频道成为乐山新农村建设的助推器

通过农民朋友喜闻乐见的方式和丰富多彩的文化产品服务,积极占领农村舆论阵地。一是及时提供有用的信息。综合性栏目《八面风》,及时提供对农政策、致富经验、技术推广、农村教育、文明新风、维权普法、环保农业、生态旅游、名镇名村等方面与农民有关的内容,成为最受欢迎的一档栏目。二是着力增强趣味性。《八面风》栏目既设置有讲述城乡居民身边新闻故事的版块《八面风·舒妹说事》,又有用乐山方言趣谈方式提供综合资讯的版块《八面风·舒妹谈天》

《八面风·七彩城乡》等,以通俗易懂的方式为农民朋友提供资讯服务。三是提高服务实效性。《凌云村民削竹签,一年要挣20万》《水口村民厂里受伤,厂长百般推脱责任》等节目,不仅生动形象地展现村民生活、表现农民致富奔小康的聪明才智,而且积极宣传农民工权益保护政策,反映农村困难群体的呼声和愿望。四是注重通俗性。利用通俗易懂的电视节目,使枯燥的技术知识、农村改革政策等变得"轻松爱看,一学就懂"。五是拓展服务功能。积极解答观众询问种植养殖、增产增收、实用技术等问题的热线电话,热情细致地为农民朋友的生产生活排忧解难。

坚持特色,新农村频道成为乐山完善公共文化服务的一道亮丽风景线

坚持以"特色取胜",使新农村频道成为乐山对农宣传的一个新主阵地。一是坚持"为什么做、做给谁看"的节目采编理念。深入农村,深入实际,对频道节目制作进行集体讨论和攻关。特别是一线记者及时了解农民在想些什么、干些什么,有什么新鲜事、高兴事、难办事,使节目与农民朋友"心贴心"。二是不断推陈出新,改进节目表现方法和手法。根据时令变化,及时设立"有求必应""农时提醒"等小版块,信息量大,互动效果好。三是定期开展"《八面风》进农家"互动沟通活动。主持人和采编人员直接与乡村干部、农民朋友、乡镇农技人员等面对面地交流,听取他们对频道和节目的意见和建议,不断突出节目特色。四是培育名牌栏目和主持人。通过精心策划和培养,使现代农家小妹"舒妹"成为乐山家喻户晓的"主持明星",《舒妹说事》等栏目成为乐山电视台的品牌栏目。五是积极探索有创意、有针对性的社会活动、公益活动,提高频道的品牌价值。举办"十大绿色卫士""致富能手展示"等公益活动,在推进农村工作深入开展中,进一步形成独特的品牌优势。六是汇集18个专题节目,制作10套每套总长近250分钟的VCD光盘,请有关农业部门的专家编写《八面风·七彩城乡——农事通》致富手册,与光盘相配套,投放农村文化市场。

(据四川省乐山市委宣传部信息材料改编)

(四)四川省委《宣传信息清样》

省委常委宣传部部长黄新初的批示

四川乐山开办新农村频道,文化惠民,服务"三农",思路新、办法实、效果好。开办服务农民的电视频道,是落实省委"富民惠民,改善民生"作风建设活动的具体行动和生动实践,值得其他市州宣传系统借鉴。全省宣传文化战线都要按照"三贴近"的要求,深入研究,认真学习贯彻省第九次党代会和省第九届二次全会精神,办惠民之实事,切实做到把群众满意作为第一追求。

(五)光明日报

文化惠民服务"三农"

——四川省乐山市开办新农村频道受欢迎

记者:余长安　2007年9月1日

四川省乐山市针对新时期农村工作的新情况、新特点,在乐山电视台推出一个面对农村的专业电视频道——新农村频道。频道开播四个多月来,以其文化惠民、服务"三农"的鲜明特色,受到城乡广大群众的欢迎和好评。

文化惠民的重要载体

新农村频道开办之初，乐山市委、市政府就明确要求，紧紧围绕建设社会主义新农村、构建和谐社会的总目标，按“三贴近”要求，认真实施好这项新时期重要的文化惠民工程，努力为农民朋友送去“文化大餐”和“精神食粮”。

为此，乐山电视台专门抽调了精兵强将，组成频道创作和制作队伍；组建农村基层信息员队伍，专门收集、听取全市各地农民群众对新农村频道节目制作和播放的意见、建议；在各关联部门聘请联络员，加强同频道采编人员的联系沟通，提供节目选题和专业指导。

新农村频道开播不久就拥有了一批忠实观众，他们每日定时收看节目。新农村频道的市场份额连续两个月保持在4%以上，最高达到6.15%，跻身当地42个落地频道的前六位。同时，因为新农村频道的出现，使乐山267万农民群众有了自己的电视频道，党和政府的声音也可以及时传达到广大乡村千家万户。

新农村建设的助推器

新农村频道把节目定位于服务“三农”，并围绕这个宗旨，狠抓节目质量。

他们自办的用乐山方言讲述发生在城乡居民身边的新闻故事《舒妹说事》，方言趣谈天气《舒妹谈天》，成为全市农民心中的“联播节目”，还有对象性很强的服务类专题《八面风·七彩城乡》，广泛涉及农村政策、技术推广、致富经验、城乡消费、农村教育、维权普法等各方面与城乡居民特别是与农民有关的内容，也很受群众欢迎。

在表现农民致富奔小康的《凌云村民削竹签，一年要挣20万》《冬天里的“火”蘑菇》等报道中，生动形象地介绍了乐山各地农民在致富道路上所表现出来的聪明才智，让农民群众看到了身边的易懂易学的致富榜样；许多反映基层群众的呼声和利益诉求、新闻舆论监督、展现村民生活、城乡才艺能人以及奇闻逸事等方面的报道，既让农民群众深切感受到政府和社会的关心、关注，也给他们带去了欢乐和笑声。

许多节目播出后，农民的热线电话不断，询问哪些种植技术实用，能增产增收，养殖应选哪些项目能收到效益等。他们说：“新农村频道的节目通俗易懂，原本枯燥的技术和知识很轻松地就弄明白了。党和政府出台的各项政策很快就知道了。”新农村频道成为新农村建设的一道亮丽风景线。

新农村频道从第一期节目制作开始，就围绕“生产发展、生活宽裕、乡风文明、村容整洁、管理民主”的新农村建设20字方针开展宣传报道，以特色取胜，成为乐山农村宣传的又一个主阵地，努力使宣传达到使农民群众喜闻乐见和潜移默化的效果。

频道工作人员经常深入农村，深入实际，了解农民在想些什么、干些什么，他们有什么新鲜事、高兴事、烦心事、难办事、有趣事和想了解的事。为吸引观众，该频道还不断地研究节目表现手法和手段，不断接受领导、专家和观众的意见，推陈创新，增加了一些与农民朋友贴近的内容，增设了《有求必应》《农时提醒》等宣传栏目，信息量大，互动效果好。充满浓烈乡土气息的《舒妹说事》等栏目成为乐山电视台品牌节目。

新农村频道还通过开展有针对性的社会活动、公益活动来提升频道自身的宣传推广价值。近期正联合有关部门策划和组织“优秀农资产品”、“十大绿色卫士”、“十大乡村名食”评比以及“致富能手展示”活动等。

为推动新农村建设的深入持久开展，该频道还组织“《八面风》进农家”等互动沟通活动，让主持人和采编人员直接与乡村干部、农民朋友、乡镇农技人员等面对面地交流，听取他们对频道和节目的意见和建议，同时推介频道和栏目。

为更好地实现文化惠民的目的，频道汇集了开播以来的18个专题节目，刻制成10套每套总长近250分钟的VCD光盘，请专家按照致富类节目的内容，撰写相应的致富方法文字稿，再加上对农政策类和普法类节目内容，编成了《八面风·七彩城乡——农事通》手册“2007第一册”，与光盘相配套，赠予和投入市场，深受农民朋友的喜爱。

补充：

(1) 光明网转载:《文化惠民，服务“三农”》https://www.gmw.cn/01gmrb/2007-09/01/content_664171.htm (2007-09-01) 来源《光明日报》 作者:余长安。

(2) 人民网转载:四川省乐山市开办新农村频道文化惠民，服务“三农”(2007-09-01) 来源:《光明日报》。

(3) 新浪网转载:文化惠民，服务“三农” http://www.sina.com.cn (2007-09-01)。

(4) 新华网转载:四川乐山市电视台开办新农村频道大受欢迎(2007-09-01)。

(5) 中国经济网转载:四川乐山市电视台开办新农村频道大受欢迎(2007-09-01)。

(六) 中国新闻出版报

乐山市电视台开办新农村频道

——做一道农民“致富大餐”

作者:张 莹 2007年9月13日

2007年2月5日，四川省乐电视台以公共频道为载体，在四川率先开播了第一个定位于对农宣传服务的电视频道——公共·新农村频道，这也是全国地市级电视台第一个定位对农宣传服务的电视频道。频道开播七个多月来，其影响力迅速提高。9月初，频道总监王可告诉记者：“据央视索福瑞最新收视数据显示，我频道收视份额连续三周分别达到9.5%，9.53%和8.76%，在乐山市落地的42个频道中高居第二，其中自办栏目《八面风》对频道的贡献率是第一位的，其收视率最高达到15.09%。”公共·新农村频道使乐山市267万农民朋友有了自己的电视频道。

用“实在”打动观众

王可介绍，频道开播伊始就努力走品牌化建设的道路，集中人力、财力、物力，打造了一档40分钟的自办日播型的综合性杂志型栏目《八面风》。这档栏目里既有用乐山方言讲述发生在百姓身边的新闻故事、评说热点焦点难点的版块《八面风·舒妹说事》，又有用乐山方言趣谈天气的实用气象资讯版块《八面风·舒妹谈天》，还有对象性很强的服务类专题版块《八面风·七彩城乡》，内容涉及对农政策、技术推广、致富经验、城乡消费、农村教育、维权普法等各方面与城乡居民，特别是与农民有关的内容。其中，致富类节目播出后，观众打来的热线电话不断，比如，询问哪些种植技术实用，能增产增收，养殖应选哪些项目能收到效益……关于农情农策类节目播出后，有农民朋友打来电话说：“村级财务公开，以前只是知道，但并不晓得公开哪些，这回明白了。”“国家对林业产权制度的改革让我们农民看到了希望，我们对政府出台的改革政策有了新认识。”

做观众的“贴心棉袄”

公共·新农村频道以“服务、维权”和“为什么做、做给谁看”的理念来经营频道和采编节目，取得了明显的效果。如今，频道每天接到的农民观众打来的电话不断，他们有什么新鲜事、高兴事、烦心事、难办事、有趣事和想了解的事都在积极地向采编人员反映。《八面风》栏目在内容选取上突出服务性、实用性和趣味性，成了农民朋友答疑解惑、选择致富项目的良师益友。比如，《依靠科技有绝招，“人造大树”卖得俏》《维护“希望”》《选好当家肥》《购买农药看“三证”》《农机进农家》《给土地看看“病”》等节目播出后，农民朋友反映说：“真是帮了我们大忙”，“从节目里得到了实实在在的东西”。

作为专业的农村频道，从开播那天起，公共·新农村频道就确定了“为农民的生存呼吁尽义务和责任”这一理念。从开播到现在，《八面风》栏目讲述了一大批有关农村困难群体的故事，在乐山市引发了一次又一次的扶贫助困热潮。王可回忆道：“八月初，栏目对一位彝族少女因身患尿毒症无钱医治，而面临生命倒计时的情况进行报道后，连续两周不断收到捐款并还在延续。”此外，《八面风》的不少报道还敢于揭露一些乡镇、村组存在的问题，敢于为村民维权，敢于为村民撑腰。许多观众说：“新农村频道是敢于说真话的频道，《八面风》是敢于说真话的栏目。”

坚持走惠民路线

频道创办以来，通过积极尝试有创意、有针对性的社会活动、公益活动来提升频道自身的宣传推广价值。据了解，目前，公共·新农村频道正联合有关部门策划和组织一个“优秀农资产品”活动。年内，他们还将举办“十大绿色卫士”“十大乡村名食”评比以及“致富能手展示”等活动，试图通过这些活动来助推乐山市各项工作在农村的深入持久开展，同时也达到塑造宣传频道品牌的作用。

该频道还组织“《八面风》进农家”等互动沟通活动，让主持人和采编人员直接与乡村干部、农民朋友、乡镇农技人员等面对面地交流，听取他们对频道和节目的意见和建议，同时推介频道和栏目。王可说：“现在这样的活动每一两个月都要举行一次。”

此外，为更好地实现文化惠民的目的，达到宣传品牌的效果，该频道汇集了开播以来的18个专题节目，并刻制成10套，每套总长近250分钟的VCD光盘，请有关涉农部门的专家按照致富类节目的内容，撰写了相应的致富方法文字稿，加上对农政策类和普法类节目内容等，编成了《八面风·七彩城乡——农事通》手册“2007第一册”，与光盘相配套，赠予农民朋友。现在，频道每天接到农民观众打来的电话不断，他们有什么事都积极向频道反映。王可说：“这使频道的报道内容不断扩大，影响不断深入，受人民群众喜爱的程度也不断提高。”

补充：

（1）中国新闻出版网转载：四川省乐山市电视台开办新农村频道：做一道农民“致富大餐”http://cpc.people.com.cn/BIG5/64093/64100/6202201.html（2007-09-13）　作者：张莹。

（2）中国最大的农业网站中国农资市场转载：四川省乐山市电视台开办新农村频道：做一道农民“致富大餐”　作者：张莹。

（七）《四川日报》

《八面风》为啥影响大？面向最广大的群众，文化才有生命力

【事件点击】

“今天天气真正好，想去吃碗豆腐脑”，乐山电视台公共·新农村频道的《八面风》栏目的音乐刚响起，电视机前的观众便喊起了栏目的广告语。2007 年 2 月 5 日开办的公共·新农村频道是全国地市级电视台第一个对农专业频道，它的主打栏目《八面风》开播 8 个月来已家喻户晓，成为 267 万乐山农民热捧的电视栏目。

“新闻天天报，看了才睡觉”，这是乐山老百姓编的一句顺口溜。它说的是乐山电视台另一个知名栏目——新闻综合报道的《新闻天天报》。

两个名栏目造就了两个“明星级”主持人，一个是《八面风》的胡舒，一个是《新闻天天报》的贺小芳。原来名不见经传的小主持人，如今却成了乐山人眼里的“大明星”。

2007 年 9 月 29 日，乐山电视台举行“送节目下乡，关爱乡村儿童”活动，500 副电视天线送到贫困户家中。在市中区土主镇上千人围着电视台两个“明星”签名。村民陈秀云说，他们一家人最喜欢看《新闻天天报》，由于每晚 22 点播出，家人还为此改变了睡觉作息时间。

“没想到，在乐山，电视的人气如此超强。”一位外地来的记者摇头感叹。节目好看，带来一系列直观的连锁反应：两年来，近 4 000 万债务变成 500 多万元存款；广告收入翻番，2007 年可达 2 000 万元；国庆黄金周，乐山有 35 条新闻上了中央和省电视台。“群众需要什么，我们就做什么。实践证明，这是一条双赢之路。”市电视台负责人诠释这一现象。

谁也没有想到，2005 年前的乐山电视台还举步维艰、债务缠身、包袱沉重。市委、市政府意识到，一座国际性的旅游城市，须有一流的传媒来彰显其影响力。随后，波及全市的广电系统内部改革启开大幕，政企、政事、事企“三分开”，行政性事业单位开始向经营性事业单位转型。从“行政”到“经营”，一词之变，引发的是体制、机制活水奔涌。网络公司、广播电视报、乐山新闻网强势出击。每天晚上 18:40《八面风》开播。在这档综合性节目中，既讲述居民身边新闻，也提供天气资讯，还有服务农村的专题报道。主持人舒妹活脱脱一个农家小妹，把她看到、听到的农村新鲜事、高兴事、难办事、农民想知道的事，通通“摆”给大家听。

“我们讲述农村政策、农民身边的事情，从不使用书面语。”这样一来，节目非常受欢迎，半个小时不知不觉就过去了。

电视节目的成功转型，折射的是乐山新闻传媒理念的深刻变化。市委领导认为“文化的责任在于占领主流阵地，面向最广大群众用先进文化影响代代人”。

连续 3 年举办的新年音乐会，就是这一理念的实践方式之一。第一年，请来上海民族交响乐团演出，即便是送票，也没人来捧场，“来的大都是保姆”。第二年，又把上海爱乐乐团请来，一下子就进了 1 000 多人。第三年，上海芭蕾舞团驾到，市民抢票，但还是有许多人只能徘徊在大门。这让乐山电视台得到启示：高雅的艺术、主流的价值观，依然是大多数人的追求。不久前，这个市今年的新年音乐会又成功签约维也纳宫廷交响乐团，又一顿文化大餐等着市民品尝。

（八）四川收听收看

公共·新农村频道受到省局的关注，由四川省广播电影电视局编印的 2011 年第 4 期《四川

收听收看》，以整期专题评议的形式，编发了省广播电影电视局收听收看评议小组撰写的题为《以服务“三农”为核心，以对农频道为载体，为城乡居民构建服务娱乐的平台——乐山市广播电视台公共·新农村频道节目概述》的评议文章，并加了《编者按》，肯定了乐山广播电视台开办公共·新农村频道的做法。

■获奖情况

（1）2007年11月，《八面风》栏目被中共乐山市委宣传部、乐山市新闻工作者协会评为乐山市第十九届好新闻评选特别奖；栏目组获四川省新闻工作先进集体称号，受到省委宣传部、省新闻工作者协会的表彰。

（2）2008年1月，公共·新农村频道荣获乐山市2007年宣传思想工作最佳创新奖。

（3）2013年9月，公共·新农村频道被中国电视艺术家协会评为第五届新农村电视艺术节年度“优秀对农电视频道”。

栏目：舒妹说事

一、简介

《舒妹说事》是乐山电视台公共•新农村频道《八面风》栏目中的一个方言新闻故事子栏目，于2007年2月5日开播，每周一到周五晚上18:40首播，时长30分钟。

该栏目定位于“服务、维权”，用乐山方言讲述发生在农民身边的新闻故事，“乐山人，乐山事，乐山话，乐山味”，具有浓郁的地方特色。其创新之处在于：

一是内容家常化——说身边事、身边人，说农民话。

二是叙述故事化——它一反通常的新闻表现形式，采用了讲述故事的方式来展现新闻，中间穿插主持人胡舒独到而又富有个性的精彩点评，着重在“说”上面体现出栏目夹叙夹议的特色。

三是主持个性化——使用乐山方言，通俗幽默，趣而不贫、平而不俗、刺而不损、乐而不哗、妙而不媚。

四是形式多样化——突破常规性新闻节目的固定模式，大胆吸收各种文艺样式，如音乐、曲艺、动画、影视片段等形式，提高可视性。

栏目开播以来，立足于关注城镇居民和乡村农民的生存状态，采制了大量的与农民日常生产生活、合法权益密切相关的新闻故事，迅速赢得了广大观众的好评，美誉度极速提升，成为乐山电视台新创品牌栏目，栏目的影响力越来越大，收视率直线上升，成为乐山地区收视率最高的栏目之一。其做法和经验，经中宣部舆情信息局2007年第17期《宣传信息清样》登载后，引起了多方面的关注，四川省委常委、宣传部部长黄新初在该期《宣传信息清样》上做出专门批示，先后有《四川日报》、《光明日报》、《中国新闻出版报》、新华网、人民网、中国新闻出版网、《视听界》、《西部广播电视学刊》等媒体从不同的角度对乐山电视台公共•新农村频道和《八面风》栏目进行了专题报道。

《舒妹说事》创办于2007年2月5日，是乐山广播电视台公共•新农村频道主打的自办栏目之一。至今，《舒妹说事》已开办几年了，成为乐山地区最有名、影响力最大的栏目之一，同时在省内也小有名气，在全国的对农栏目评奖中也屡屡获奖。主持人胡舒（舒妹）是乐山名气最旺的主持人。

2011年，是《舒妹说事》栏目全面提升品质并取得丰硕成果的一年，《舒妹说事》栏目从内容到形式都进行了改版。改版之后的《舒妹说事》关注城乡百态、人情冷暖。内容上更加贴近基层、贴近农村、贴近农民，并且具有自身特色的故事讲述风格。节目内容主要涉及发生在城乡百姓间的麻烦事、悬疑故事、情感故事、励志故事、好人好事、奇闻趣事、突发事件等。节目定位更加准确，节目内容更加丰富，节目包装更加时尚，主持风格更具特色。

《舒妹说事》的首播时间是18:40，时长30分钟，是乐山广播电视台第一档与观众见面的自办栏目，也是采制时间最为紧张的栏目。合理的流程控制，确保了环节不脱扣。仅2011年，全年260多期节目，《舒妹说事》从未出现导向偏失、播出误时、播出出错等事故。这也确保节目万无一失，安全播出。栏目的广告收入高达160万元，成为乐山电视台广告创收最高的栏目之一。

二、荣获首届中国农业电视论坛暨节目评估电视栏目一等奖作品

方言新闻故事栏目《舒妹说事》节目串发单

2009年12月18日（第745期）

【内容提要】

（1）上百农民工围堵厂门，只为讨要血汗钱。

（2）夜来风雨声，柑儿落满地，愁怀果农。

（3）洋萝卜不卖钱，七旬老汉尝创业苦果。

（4）年终聚焦：乐山五保政策有突破，低保政策有新招。

【口播】

乐山乐水乐自在，家乡的事儿听我“摆”，酸甜苦辣有滋味，细细品味生活百态。观众朋友们，舒妹又来给你摆家乡的龙门阵了哦。现在农民工外出打工，最担心的就是自己的工资被拖欠。而且相关部门的负责人也说了，因为去年受美国金融危机的影响，今年，拖欠农民工工资的情况相对有所增加。我就发现，真是怕啥来啥，就在昨天，我们接到了观众打来的热线，反映在夹江县有120多名农民工的工资被拖欠，总金额高达10多万。

【解说】

昨天下午，当记者来到夹江县红照壁瓷砖厂营销中心门口的时候，这里已经围了上百名农民工，不用说，他们就是来讨要工资的。

【夹江县农民工王淑玉同期声】我们在这里找老板要钱。

【口播】

这个说话的女的名叫王淑玉，就是夹江县黄土镇的村民，也就是她给我们打电话反映工资被拖欠的事情。她说，她和其他一百多号工友与夹江县红照壁瓷砖厂签订了劳动合同，合同规定每月的10号就要发工资，但是在一个月之前，工厂突然出现了状况，自己的工资也拿不到了。

【同期声】

夹江县农民工王淑玉：它停产了，现在不发工资。

记者：有多久的工资没有发呢？

王淑玉：（就是）两个月。

【解说】

如今的夹江县红照壁瓷砖厂的确已经没有生产了，一些工人带我们在厂里走了一圈，说工厂的设备都已经被老板搬走了。

【同期声】

记者：那你们有多少人没拿到工资呢？

夹江县农民工王淑玉：我们全厂的（工人）都没拿到工资，只有厂长拿完了。

记者：全厂多少人？

夹江县农民工王淑玉：全厂一百多人，一百二三十个人。

【口播】

农民工们都说，其实自己的工资不多，平均也就 1 000 多块钱，但是总数就有十二三万。现在工厂停工了，老板也跑了，这工资不晓得找哪个才拿得到了。

【夹江县农民工同期声】10 点过到厂里面去（的），打电话他（厂长）不来，他说 11 点钟来，可是也没过来，我们才到门市上来的，又不见人，打电话又关机。

【解说】

正在大家不晓得该怎么办的时候，一个自称是经办夹江县红照壁瓷砖厂工资的人出来了。

【夹江县红照壁瓷砖厂工作人员同期声】10 月份的工资是我经办的，11 月份发了一半，11 月只上了半个月，销售上遇到点问题，所以借点钱来发一半的工资，我们这边稍微正常了就补起（发）。

【口播】

但是对于这个说法，农民工们是不相信的。你把设备都搬走了，还怎么生产啊，这不是忽悠人吗？大家非要这个工作人员说出个具体的方案来。后来，这个工作人员找来了夹江县信用社作担保，承诺第二天就支付剩余的工资。

【夹江县信用社工作人员同期声】（明天）两点钟来拿钱就对了，还要怎么样嘛！你们两点钟来拿钱就是了。

【口播】

今天下午两点，我们记者再次联系这些农民工们，他们说已经拿到了工资。眼看又要过年了，我们希望拖欠农民工工资的事情不要再发生。这段时间，正好是农村里头椪柑成熟的时候，果农们肯定在果园里头忙得不可开交，忙着摘柑子。按道理说，柑子是需要人爬到树上去摘的，但是在夹江县青州乡的一个果园里头，他们的柑子不需要人工采摘，只要摇一下树枝，柑子就跟下雨一样掉了下来。

【解说】

这段时间，夹江县青州乡东山村的陈永刚非常郁闷。原因就是这个果园，种着今年他从外地引进的日本杂交柑子新品种。按照经验，这个品种的柑子还有几个月才成熟，但是现在只要天一刮风，或者把树枝摇一下，柑子就呼呼呼地往下掉。

【同期声】

夹江县青州乡东山村村民陈永刚：一碰就掉，还（要）掉很多，非常厉害。

记者：现在有多少亩，掉了多少柑子？

夹江县青州乡东山村村民陈永刚：有 30 亩，掉了 1 万多斤。

记者：占总量多少？

夹江县青州乡东山村村民陈永刚：大约三分之一。

【解说】

因为柑子还没有成熟，掉了就等于浪费。这样一来，陈永刚种了5年柑子存下来的钱，今年全都要赔了。

【夹江县青州乡东山村村民陈永刚同期声】肯定心痛，掉一斤就要两块多。（预计）今年掉的果子不在5万元以下。

【解说】

柑子变成了“人参果”，一碰就掉，这到底是啥子原因？陈永刚最终怀疑是农药出了问题。

【同期声】

夹江县青州乡东山村村民陈永刚：这就是上次打的药，打药了果就掉了。

记者：什么时候打的？

夹江县青州乡东山村村民陈永刚：11月19和20号（打的药）。一包兑一杯水，我就用他的方法做，用了后果子就掉。

【解说】

陈永刚的农药是从乡上的一个农资店买来的，一种叫安泰生，一种叫植物龙。陈永刚二话不说，就找了这个农资店讨说法。

【同期声】

记者：刘老师这两种药是不是你给开的？

夹江县青州乡某农资店老板刘盛华：是的。

记者：植物龙是管什么用的？

刘盛华：保果。

记者：它是针对哪种植物？

夹江县青州乡某农资店老板刘盛华：是通用的，各方面都可以。

记者：植物龙，生产作物只是针对白菜啊，没有说是针对柑子啊？

夹江县青州乡某农资店老板刘盛华：它是通用啊，保花保果都在用。

【解说】

农资店老板一再肯定，农药是绝对没（得）问题的；是不是这样子喃？我们来听听专家咋个说的。

【夹江县农业局多经站农艺师吴平同期声】打的药配方是很正常的，安泰生是杀菌的，植物龙是生长调节剂，蔬菜果树都能用。

【解说】

既然专家排除了农药的嫌疑，那么到底是什么原因导致陈永刚的柑子像下雨一样往下落呢？

【夹江县农业局多经站农艺师吴平同期声】严重缺乏养分，特别是缺钾，一年起码不少于三次肥料，他只施了一次肥，冬季要保根，继续灌足水分。

【口播】

专家还说，陈永刚种的日本杂交柑子不耐寒，这也是柑子落地的原因之一。而现在柑子掉得太多了，已经很难挽救了。这个故事告诉我们农民朋友，搞种植一定要讲科学方法。另外呢，不懂的时候可以向农业部门的专家来学习了解，千万不要闷着头搞。希望陈大哥能吃一堑长一智，明年能有个好收成了。接着“摆”了！在我们乐山，有很多人都在种萝卜，什么红萝卜、白萝卜、胡萝卜。但是其中有个叫杨开文的人，人家种的就不一样了，而是韩国萝卜，但就是这小小的洋萝卜，让他是后悔得遭不住。

【解说】

73岁的杨开文，是沙湾区嘉农镇地道的农民。但是人家人老心不老，2007年，人家引进了韩国进口萝卜，准备在晚年再好好干一番事业。

【沙湾区嘉农镇村民杨开文同期声】试种后我拿到市场上去卖，卖到七八毛，最高一元钱一斤，有的人还到我家里问这种萝卜还有没有。我就想到这种萝卜是新品种，有出路。

【口播】

试种让杨开文尝到了甜头，于是他就开始精心构想自己的致富梦了。他又是到处咨询种植技术，又是到处寻找地方，最后他把自己的规模种植基地设在了夹江县的迎江乡，一哈（下）投资了十万。

【解说】

对于杨开文来说，当了一辈子农民，哪儿见过十万块钱，这钱都还是在三个子女帮助下凑齐的。

【沙湾区嘉农镇村民杨开文同期声】大儿子投资了三万，二女儿借出了四万，我自己拿了五千多（养老金），其他就是我小儿子拿的钱。

【口播】

为了节约开销，杨开文还在菜地附近租了一间民房，地里的活他都是亲力亲为，连帮他种萝卜的村民都觉得这个老汉不容易，但是辛苦是辛苦，这效果却不咋个好。

【沙湾区嘉农镇村民杨开文同期声】我还是请了一个技术员，技术不过硬，走了一些背包（弯）路。现在萝卜高低不均匀，生长期不一样，产量都提不高。最晚是九月底补的种，最后就没有心情补了，难得补了。

【口播】

这段时间，杨开文的萝卜已经成熟了，但是这个丰收的季节，却让他怎么也高兴不起来。因为自己这个韩国萝卜的销路一点都不好，价格低得让他伤心。

【沙湾区嘉农镇村民杨开文同期声】最开始时卖四角钱一斤，到最后五分钱一斤。这次对我打击太大了。

记者：这次你大概损失好多钱？

杨开文：可能有六七万块钱。

【解说】

现在为了联系销路，杨开文急得像热锅上的蚂蚁，请的村民也觉得老杨倒霉，虽然工钱低，但是他们还是帮着老杨忙着收萝卜，也为老杨着急。

【同期声】

村民：我们都是帮杨大爷的忙，三分钱一斤，有上货的我们才有钱，没有上货的我们还没有工资。

村民：这萝卜卖了还不够车费钱，还有这工人的工钱。

【解说】

现在，面对记者的采访，杨开文说得最多的就是“后悔”两个字。

【沙湾区嘉农镇村民杨开文同期声】后悔哦，我都已经73岁了。在这遭罪，劳民伤财，养老金都投进去了，想不通几乎要掉泪了。

【口播】

刚开始试种的时候价格还可以，为啥子后头又没有了销路呢？其实最开始，大家都觉得新鲜，吃下（尝一下）外国萝卜。后来才发现，韩国萝卜其实和国内的萝卜根本就没有啥子区别。反而这个成本还比较高，所以一哈（下）就失去了竞争力。说到底，还是老杨对市场行情没有把握准。现在老杨希望有人能帮他一把。接着“摆”了！昨天，我们给大家说了2009年我们乐山农村医疗救助所取得的成绩和功效。其实除了农村医疗救助以外，对于农村困难群体，我们国家还有很多救助性的政策，比方说五保和低保制度，就帮到了很多农民里头的困难群众。

【解说】

邹永祥是市中区白马镇友谊村的村民，虽然没有亲人，但他的晚年生活过得很安逸哦！大家看，屋（里）头的冰箱、彩电、音响等家电硬是一应俱全。不过，邹大爷跟我们说，所有家电包括整栋房子都不是他的。

【市中区白马镇友谊村五保户邹永祥同期声】不是的，这是我们村上的，我们村上的房子，免费的。

【解说】

村委会的房子咋个空出来喊个孤寡老人来住喃？原来，去年的时候，邹大爷还是住在农房里头。村干部看到老人家没得（有）人供养，就腾出了闲置办公室，让邹大爷免费住进了舒适的楼房；考虑到邹大爷无亲无故的，村上还跟（给）他办了五保证。

【市中区白马镇友谊村五保户邹永祥同期声】我拿的这个是政府发给我的“五保供养证”，我们五保户各个方面，有病、生活有困难啊就要凭这个。

【口播】

舒妹了解到，五保供养制度不仅帮助邹大爷解决供养居住问题，他每个月还能凭证领取150元的生活补贴；而在全市范围内，截止到现在，我们乐山农村五保人员就达到了14 684人，五保补贴发放额达到了3 287万元。说完了五保供养，接着我们再来说（一）下低保制度。

【解说】

同样是在友谊村，我们来到了一个享受低保的农民屋头（家）。这个老人家叫王静书，今年78岁了，丈夫在多年前已经去世，旁边是她唯一的娃儿周兵齐；因为娃儿智力有障碍，劳动力有限，所以屋头（家里）的生活非常困难。国家低保政策开始实施的时候，王静书就申请上了低保，不过当时的补贴标准，只是杯水车薪。

【市中区白马镇友谊村村主任刘光凯同期声】没有评标的时候，她就是每个月享受37.5元左右。今年根据她的实际情况，村委会给她定标定成了A类，一个月85块钱。

【解说】

村主任说他们村是从今年才刚刚开始实施新的低保分类救助政策的。另外，与往年不同的是，今年也有了全新的低保绿本本。

【市中区白马镇友谊村主任刘光凯同期声】去年低保证是一个小小的黄本子，也没有说明它的保障金额，今年在三月份的时候重新核定了低保证。

【解说】

民政部门的工作人员跟我们说，低保分类救助的新政策让低保制度更加科学，也体现了对不同低保户的公平对待。

【乐山市民政局低保科科长周德琼同期声】截至11月底，全市农村低保12 403人，累计保障1 365 144人次，支出保障金是7 415万元。

【口播】

记者还了解到，农村的五保、低保户，除了每个月都能领取到救助金，像参加新农合，享受医疗救助都能得到政策的优惠。这同样又体现了国家对农村困难群体的关爱和帮助。接着说了，这话说……（太长了，太长了）哎哎哎，我说小白，你可不可以稍微安静一哈（会）儿，我这一讲故事就在哪儿捣乱，啥子又太长了嘛。（我是说你头发太长了，一点都不好看）你懂啥子，这是最新最时尚的头发造型。（造型我是不太懂，但是剪头发我还是有两手的）安？跟你同事几年，我咋个不晓得你会剪头发喃？（给你说，我前两天拜了个师，人家的手艺高超得很哦）我看，收你做徒弟的人，他的手艺高超到哪个地方去，还真的不敢恭维哦！

【解说】

因为我不相信，所以小白就带起舒妹我找到了他的师傅，市中区临江镇稻香村65岁的理发师黄朝康。没想到，一个地地道道的乡村理发师，竟然在这儿被乡亲们称为"乡村第一剪"。

（现场剪头发，播放《稻香》音乐）

【市中区临江镇稻香村村民黄朝康同期声】1961年我在沙湾理发学校学理发，1962年回来理发至今，到现在48年。

【口播】

虽然说黄朝康已经理发理了48年了，但是刚才我看了一哈（下），这理发也没有啥子特别的嘛？但是村民说，吔，可不得了哦，人家的绝招还没有亮出来呢。

【解说】

到底这个黄朝康师傅有啥子绝招，我们是软磨硬泡，人家才答应小露一手。大家擦亮眼睛，精彩表演马上开始了哦。

我的个天啊，黄师傅居然就这样拿把刀子在客人的耳朵里头上上下下，左转一下，右转一下。看得我（来）是心惊肉跳，但是你看这客人们居然还谈笑风生，一副很享受的样子。

【市中区临江镇古楼街居民贺维国同期声】在黄师傅这个地方用人工掏（耳），掏起（来）很舒服，完全是一种享受。别人认为刀子那么长看起（来）危险，害怕，并不是那么回事。

【口播】

不看不知道，一看吓一跳。用刀子掏耳朵，想起就害怕。但是我给你说，这还只是人家黄师傅其中一项绝技哦！人家还有更神的！

【解说】

黄师傅用的刀都是平常农村（头）理发的普通刀儿，为什么他能用得那么神？靠的是多年来练成的本事。

【市中区临江镇稻香村村民黄朝康同期声】平常多用自己的手来实验，手感顺了，才敢在别人的眼睛上洗眼睛。练习了3年，手上捏一个圈，用刀来转。

【解说】

（要）不到好久，耳朵掏完了，眼睛也洗过了，客人们是在黄师傅的刀下走了一遭，这一走还挺安逸哦。

【同期声】

顾客：因为黄师傅的手艺好，岁数大的基本上都找他。

顾客：都是很好的，很舒服，所以，人们都喜欢到他这里理发。

【口播】

看来，虽然大家都把他叫黄师傅，但是人家的手艺一点都不“黄”。不过舒妹我在想，这样拿起刀子在耳朵上、眼睛上整来整去的，看起到是很安逸、很过瘾，科不科学哦？

【乐山市中医院耳鼻咽喉科医师王成瑞同期声】首先存在消毒不严格的情况，刀比较锋利，破损皮肤表面可能会引起血缘性的传染病的交叉感染。还有，他在操作时万一被刀碰到，容易损伤到要害部位。

【口播】

看来，这个还是有风险哦。黄师傅的手艺我们是要佩服，但是像这样掏耳朵、洗眼睛，万一哪天就不凑巧出点啥子事情，（哈）怕到时候就麻烦了，我看我们还是不提倡，安全为重嘛。好了，摆完了龙门阵，马上来听（哈）观众朋友今天要给你说点啥子（什么）？

【同期声】

市中区迎阳乡迎阳村村民：以前我们这条路是黄泥巴路，小孩读书（走过）弄得都是泥，回去洗衣服大人也难。生产喂的肥猪都运不出去，价格也卖不上（价）。现在因金土地项目，我们这（条）路两三个月前就通了车。现在我们社员高兴得很，猪、粮食都卖得出去了，这个金土地项目很好。

市中区石龙乡村民：今天我想说，我们村旱得太厉害了，特别是8组、7组、6组，没（的）地方引水来，种谷子种不起来，种花生也种不起来，都干死了。我希望有关部门考虑修个水池，或者整个水塘，我们愿意投工投劳。

农村公交司机：乐山到关庙线上的黑车太多了，影响了城乡的公交。这个黑车是非法经营，没（得）手续的，又没有买保险。希望城市的、农村的客户，还是以关庙线这个客运车为主体，坐这个安全一点。

【口播】

观众朋友说完了，马上轮到舒妹给你有啥子说啥子了。

有啥子说啥子。最近，有媒体总结了2009年官员“雷人语录”，舒妹摘录了两条，跟大家一起分享。第一件事发生在郑州，当时一块经济适用房用地被开发商建起商品房。郑州市规划局副局长这样子质问记者，“替党说话，还是替老百姓说话？”雷翻了不少网友。6月份，新华网的记者去采访济南一个文化局领导猥亵女教师的事情，没想到，见到记者，他气急败坏地说：“我是管文化的，你敢在新华网曝光，我就叫它关闭。”吔，你还管得宽哦。因为媒体披露和网络转载，这些“雷人雷语”每次出现，都能引起舆论广泛关注。这说明当前一些地方的官员官僚主义习气仍然比较浓厚，个别官员因为手中有权而觉得自己很了不起。

有啥子说啥子。最近，福建泉州市中级人民法院一审审理了一起案件，引起了社会的广泛关注。18名被告人被一审宣判，其中一人被判死缓。这18名被告人有两个相同的特征：一是公务员，二是因为嫖宿幼女被起诉。更可气的是，在这18名被告人中，有的是学校校长，有的还是当地的人大常委会委员。就是这帮人，组织幼女卖淫，介绍他人嫖宿幼女，甚至是自己强奸幼女，真的是恶贯满盈。在网上，网友对这起事件都是深恶痛绝。有人说，人大可以监督司法行为，可是当人大常委都犯事了，又该谁来监督呢？那些受害的孩子们以后的人生道路又该怎么走呢？

有啥子说啥子。这几天，网上各大论坛热传几乎相同的帖子，上海海事大学国际法女研究生杨元元在宿舍卫生间自杀身亡，矛头直指海事大学校方。据网上的帖子说，杨元元家里非常贫困，父亲早年去世，母亲体弱多病已经下岗，弟弟在北大读博士。上本科的时候，母亲就和自己一起住在学校宿舍，由自己照顾母亲。可是今年读研究生的时候，她向上海海事大学请求让母亲和自己住在一起，因为自己的确没有能力在校外租房。但是学校坚决反对，并奚落，没有钱就不要上大学。结果害得母亲大冬天的在学校的礼堂偷偷坐了几个晚上。也就是因为这样，这个女生在卫生间用两条毛巾自缢身亡了。事情发生后，社会舆论的矛头直指上海海事大学，作为一个教书育人的地方，却待人如此冷漠，让人寒心。这样的学校又该怎么让家长和社会信服呢？当然，也有人说杨元元太不值了，这一走，母亲又该怎么办？好了，做乐山人骄傲，说家乡话自豪。等下下(一会儿)给你说天气，不要走开哦！

三、2011年度四川广播电视节目奖“新闻类”广播电视“十佳栏目”(5月、12月两组)

(一)《舒妹说事》节目串联单(2011年5月30日)

【第一段提要】

十几块钱一斤的潜鱼卖出了168元的价格，记者暗访被痛宰，执法部门查处黑店。

商家吹嘘产品功效神奇让人怀疑，夸大宣传推销产品，他们专门忽悠老年人。

老人去看病却报不了新农合，系统显示她已经死亡。在世老人“被死亡”之谜，最终能否被揭开。

【演播室】

乐山乐水乐自在，家乡的事情听我“摆”，酸甜苦辣有滋味，细细品味生活百态。各位观众，这里是乐山广播电视台公共•新农村频道每周一到周五晚上的18:40和21:30为你播出的《舒妹说事》，我是舒妹。今天节目一开始，舒妹要跟大家介绍一家我们乐山的酒店。这家酒店不得了，那是可以说走出了我们乐山，在全国都出了名。在百度里头搜索这家店子的搜索记录是达到了7千多。不过，我们说这个出名的方式有很多种，有的是闻名天下，有的是臭名昭著，不好意思这家酒店，正好属于后者。这家酒店的名字叫作钟氏西坝豆腐，大家是不是对这个名字有点耳熟呢？没错，他就是曾经被媒体曝光，用“鲤鱼冒充三江鱼，98元1斤欺骗食客”的店子。最近这家店又出现在了记者的镜头前，这又是为什么呢？

记者暗访被“痛宰”3个菜竟“吃出”500多元

前天晚上6点过，记者和两个朋友扮作游客，来到了游客多次投诉的滨江路南段18号的“丁记泉水豆腐鱼庄”。刚刚走进这家餐馆，服务员就热情地迎上来，并善意地提醒，三个人，点三个菜就够吃了。

服务员：有豆腐、鱼，三个人一般点个豆腐、点个鱼，一个素菜就可以了。

【演播室】

可能有人要问了，之前舒妹我说的是“钟氏西坝豆腐店”，到现在咋个变成了“丁记泉水豆腐鱼庄”喃？牛头不对马嘴，是不是弄错了？跟你说绝对没错。这家店子在前段时间，擅自把名字改了。那么接下来记者暗访会发现什么呢？我们接着看。

刚落座，服务员就热情地推荐我们吃这里的招牌菜，江雪鱼，吃的人那是相当的多。

服务员：一般就江雪鱼、肥坨，江雪鱼、肥坨吃得人比较多。

记者：江雪鱼是什么鱼，长什么样子？

服务员：来，我带你们看一下嘛。

服务员将记者带到了鱼缸边上，随手捞了条鱼告诉记者这就是“江雪鱼”。可在记者看来，所谓的“江雪鱼”其实就是潜鱼而已。在服务员的推荐下，记者三人点了2斤半“江雪鱼”、一份豆腐和一份空心菜。结账时被告知消费了500多元，其中“江雪鱼”单价168元每斤。

【演播室】

市场上才卖十几块一斤的潜鱼，因为起了一个好听的名字，在这家鱼庄那身价可是翻了近10倍。你开得出这价，可是咱消费者可吃不了这亏。

昨天，记者将暗访到的情况反映给了市旅游局和工商局。今天，工商执法人员要求这家涉嫌虚假宣传、欺骗游客的饭店限期整改，罚款8 000元。

【演播室】

“黑店”遭到了处罚，大快人心。但是咱们想想，上回单靠罚款，并没有让这家黑店规规矩矩，这回还是同样地罚款，谁能保证黑店能引以为戒，不再重犯？另外，谁又能保证在景区周边没有其他这样的黑店呢？咱接着说。最近，在市中区苏稽镇的双红村发生了一件怪事。每天大清早，才6点钟，不少老年人就起床了。他们不是起来弄早饭，也不是锻炼身体，而是不约而同地来到了村上老年活动中心的操场上。奇怪了，一个操场有那么大的吸引力吗？

清晨推销产品涉嫌忽悠老人

今天早上6:30，我们来到了苏稽镇双红村老年活动中心的操场，这时已有一些老人等在这里。7点钟，一辆面包车开了过来，有人下来布置会场了。布置完会场，一位工作人员就开始向老人们收钱了。

销售人员：要买吗？买就350元，不要马上就退给你……把卡收好，卡掉了不认，只认卡不认人。

【演播室】

舒妹我搞清楚了，原来这里就是一个针对老年人的产品推销会。他们推销的一个叫作“消毒王”的产品。

销售人员：如果睡觉睡不好的，放在枕头旁边或者后面，不要放在枕头下面压变形了，就可以睡个安稳的觉。放在客厅里面，装水果的保鲜时间要比冰箱保鲜时间长三分之一。

销售人员说，这个“消毒王”只要350元，使用它不仅可以用来排除食物中的毒素，还能帮助睡眠。

【演播室】

其实，这个叫“消毒王”的产品就是一个金属制成的类似于果篮一样的东西，怎么可能有这么神奇的功能？在介绍完“消毒王”后，销售人员又推销了好几款产品，并且叮嘱大家，如果想买今天先交10元钱预订金，明天凭卡到现场来买，而且还会送礼品。一想到有礼品拿，不少老人都交了钱。这样的推销活动已经搞了一段时间了，每天销售不同的产品。

在看完了今天的整个推销过程后，记者亮明身份，找到了推销产品的商家。

记者：你觉得你们那个“消毒王”是不是具备治疗失眠的功能呢？

销售人员：没有，没有。

记者：但是你们讲没有讲过呢？

销售人员：没有。

记者：你们能不能提供发票呢？

销售人员：卖点锅碗瓢盆的，没有发票。

之前还说得天花乱坠，怎么突然一下就变了说法，这不得不让人怀疑。随后，我们将情况反映给了苏稽镇工商所，工作人员很快赶到现场进行调查。

苏稽工商所副所长许强：在经营过程中，有夸大、不实事求是地宣传的行为，我们要调查，确实是事实我们会做出处理。

【演播室】

因为涉嫌虚假宣传，商家的这种推销行为已被苏稽镇工商所取缔。其实向老年人推销商品我们过去在节目中说过很多。大多商家就是利用老人可以得礼品的心理，一环一环地进行设计，推销自己的产品。而且为了逃避执法部门的检查，他们往往都是大清早，在执法队还没上班的时候搞活动，到八九点呢就收摊完事。但是这些产品真有商家们口中说得那么好吗？我看不一定。接着说。对很多农村的村民来说，新型农村合作医疗保险，也就是新农合，能够补贴一部分医药费，让村民看得起病。最近在市中区关庙乡东林村却出现了一件奇怪的事，村民徐建梅的奶奶殷凤枝老人明明还活着，新农合登记本上却写着老人已经过世，导致老人看病报销成难事。这到底是怎么回事呢？

老人依然健在 却被登记“过世”

殷凤枝老人87岁了，上周她去医院看病，花了4 000多块钱。孙女徐建梅准备用新农合医疗证报销费用的时候，却发现老人的新农合医疗证不能用了。

殷凤枝的孙女徐建梅：一切费用都报不到(了)，医保什么都报不到(了)。

【演播室】

新农合报不了账，(医药费)确实对于这农村家庭来说是笔负担。为了搞清楚是怎么一回事，徐建梅马上来到乡政府查原因，这原因一查，真是吓了大伙一跳。

殷凤枝的孙女徐建梅：我们就来找乡政府，乡政府工作人员用电脑把资料调出来，就说这个人没(得)名字，显示是死亡。

我没听错吧，乡上的新农合花名册中竟然显示，老人已经过世。老人明明还活着，这是怎么一回事呢？

【演播室】

乡上的人随后就开始调查了，从乡上查到社保办，再查到村上，顺藤摸瓜地这番调查，才发现，原来是村上登记的时候出了问题。

关庙乡东林村支书徐刚说，是村上的工作人员在登记时一时失误，将老人的情况登记错了。老人的新农合医疗证现在不能用了，那以后看病咋个办呢？为了尽快解决这个问题，乡上已经和新型农村合作医疗中心取得联系，争取尽快帮老人补办手续。

市中区关庙乡新农合工作人员蔡燕：给乡上领导汇报之后，然后再跟新农合衔接后，(他们)喊我们先打个申请过去。

这补办手续还要几天，但现在看病怎么办呢？老人看病的钱由村上先行垫付。至于村上工作人员疏忽，误写老人去世，也会追究责任。

市中区关庙乡东林村村主任徐向东：最终我们追究责任，是哪个人的责任哪个人负责。

【演播室】

人还健在，新农合系统却显示老人已经死亡，但愿这样的失误以后不要再出现了。你说这样的一个被死亡的失误多伤人，放谁身上，谁都不干。现在，殷凤枝老人新的医疗证正在补办当中，亡羊补牢，还不算晚，上周看病花的 4 000 元由登记失误的责任人来承担报销相应比例的费用。好了，休息一下，一段广告后，节目更精彩。

【第二段提要】

水牛脾气大，挣脱缰绳玩消失，村民找了一天一夜，难寻踪迹。10 千米外的村子找到疯牛足迹，人们能否制服疯牛？

他的牙齿能提砖，能拉动一吨重的汽车，还能用铁钉插鼻子。他是村里出了名的老顽童，又是爱运动的七旬老头。

【片花】

【演播室】

欢迎回来，牛在人们的印象中是任劳任怨、容易驯服的。有句话不是说吗，吃下去的是草，挤出来的是奶。说的不就是牛吗？但是牛无完牛，在牛界，有性格温顺的牛，也有脾气大的牛。牛脾气要是发起来能有多大呢？话说在五通桥杨柳镇，就有一头脾气大得像是西班牙野牛那样的大水牛。它呀，几次从主人手中挣脱逃跑，更要命的是，有伤人的可能。

水牛脾气大，逃脱两次难找回

周成林在五通桥杨柳镇经营着一家肉牛屠宰场。三天前，有人送来了一头水牛准备屠宰。可没想到，这头水牛非常难驯服，很快就逃脱了。

牛主人周成林：在三点四十的样子，我们把牛牵去宰，在门口它不进去，就反性，然后就跑了。我们就去找，一直找到杨柳湾政府的背后，找到了早上六点多，一直没有找到。

隔了一天，一位朋友给周成林打来电话说，脱逃的牛已经被人抓住了，在 10 多千米外的牛华镇。周成林赶紧前往牛华镇的红岩子村牵牛，原本以为事情到此为止，不过这一次的结果更出乎了他的意料。

牛主人周成林：后来我们把刀啊、绳子（带）来了，还没走到牛面前，牛一冲就又跑了。

【演播室】

这是水牛第二次从眼皮底下挣脱，这让主人周成林心里特郁闷，心疼钱是一回事，他更担心这野性难驯的牛伤人。情急之下，只有马上报（了）警。今天，民警得到消息，脱逃的牛在牛华镇的汤家坝村被发现了。

脱逃疯牛难驯服，民警两枪除隐患

五通桥区牛华镇汤家坝村村民：我挑起水桶过来，发现牛在那里吃我的菜，我就叫了几个人围了一下，牵来拴在了树上。

虽然牛已经拴在了树上，可要想将它牵走并不容易。因为一旦处理不好牛就有可能伤人。经过商议，现场民警计划首先由屠宰场工作人员尝试靠近牛，将它现场宰杀。但是一旦屠夫靠近，牛就会焦躁起来，不好对付。

那么怎么办喃？只有用枪把牛现场打死。两名执行枪击任务的民警迅速到位开始准备。

【现场同期声】如果你是正面打就打在骨头上，现在这种办法就只有打角的下面。

经过短暂观察，狙击手选定了最佳的狙击位置并做好准备。而另一名负责补枪的民警也在一旁待命。

【现场同期声】“呯”，没反应呢？再上一颗（子弹），应该遭（打到）了，再上一颗子弹。快点抓紧，在动了。瞄准脑门心打。“呯”，对了，遭（打到）了遭（打到）了，不忙过去。

【演播室】

斗牛大战终于结束，牛在两声枪响后，应声倒地。牛魔王带来的安全隐患终于被彻底消除。随后，守候在一旁的屠宰场工作人员对疯牛的尸体进行了深埋处理。不是正常宰杀的牛，可不能上市销售，更何况这是一头疯牛呢。看来，这屠夫，尤其是杀牛的屠夫的工作也是很危险的，牛脾气一上来，后果还真就难以预料了。好在这次疯牛被拿下过程中，没有一个人受伤。接着聊。按理说，70 岁的老人牙口都不好了，可是这位老人最厉害的就是他的牙齿，传说他的那口钢牙能拉砖。

快乐“老顽童”，牙齿能提砖拉车

记者：你现在是在提砖？这个砖有多重？

井研县宝五乡五龙场村村民罗长友：最少有 70 斤。

这位老人就是井研县宝五乡，家喻户晓的罗长友，人家的牙齿厉害得很哦。简直无法想象这是一个 70 岁老人的体质。您往下看，还有更大的惊喜等着我们。

井研县宝五乡五龙场村村民罗长友：先看一下是不是铁的，（是铁的）看下有这么长。我开始了。

大家没看错，罗大爷接下来要表演的绝活就是把这根两寸长的钉子插进鼻子里去。

井研县宝五乡五龙场村村民罗长友：我十几岁的时候去赶场看到河南杂技团的人用钉子戳鼻子，我回来就慢慢地试，开始戳一分两分，慢慢地就可以戳两寸的钉子了。

杂耍艺人的绝技在当年的罗大爷心里扎下了根。在没有拜师学艺的情况下，小时候的罗长友就自己练本事，用钉子戳鼻子啊，劈叉啊，下腰啊，样样来。随着年纪的增大，罗长友绝技没有练成，却练就了一副好身体，今年刚刚满 70 岁的他身体比五六十岁人的身子骨还硬朗。

记者：（你）就这样子含着，我们拖吗？

井研县宝五乡五龙场村村民罗长友：恩！

大家用手，罗大爷用牙齿咬，这么大的差距我们还是输了。可罗大爷说他还有一个绝技。

井研县宝五乡五龙场村村民罗长友的邻居：大家来看他拖汽车。

原来罗大爷说的绝技，是用牙齿拉这辆汽车，他能办到吗？

记者：（你）这辆汽车有多重？

汽车司机：总重量是一吨多点。

【拉动汽车的现场】

【演播室】

看完罗大爷的故事，他身上除了有铁齿钢牙的绝技之外，让大家羡慕的还有他那一颗不老的心。好了，今天舒妹就跟大家说到这，欢迎大家随时以屏幕上显示的方式给我们报料，24 小时报料热线是：18908135501。欢迎在每周一到周五晚上的18:40和21:30，锁定公共•新农村频道，舒妹准时为您讲故事。

（二）新版《舒妹说事》第386期串发单

【标题】客运车超载严重，核载17人，实载33人（12月14号）

【标题】公交车上“连环腿”，三脚踢昏售票员（12月23号）

【标题】轻信加盟广告，村民被骗3万多（11月4号）

【标题】兄弟媒体帮忙，能否讨回损失？（11月15号）

【标题】灯泡菜刀光脚踩，“杨胆大”绝技惊人（1月23号）

【第一段提要】

客运车超载严重，荷载17人，实载33人，学生娃娃装了半车多。他们的安全哪个负责？

公交车上男乘客大施“连环腿”，三脚踢昏女售票员。公交公司悬赏千元寻找打人者。

【演播室】

乐山乐水乐自在，家乡的事情听我摆，酸甜苦辣有滋味，细细品味生活百态。大家好，我是舒妹。这里是乐山广播电视台公共•新农村频道每周一到周五晚上的18:40和21:30为你播出的《舒妹说事》。因为校车事故频频发生，国家现在是严抓校车安全，各级政府和部门是绷紧一根弦不放松，就怕孩子们出事。即使是这样，总有人听不进招呼，这只耳朵进，那只耳朵出，不顾孩子们的安全，继续超载。有井研的学生家长就找到了舒妹诉苦，说啊，我家的孩子在门坎初中上学，都要乘井研县开往这个石牛乡的客运车。班车超载，我们每天都是提心吊胆。

客运车超载严重，核载17人，实载33人

2011年12月14日

昨天下午15:00，当我们赶到井研县门坎乡门坎初中的时候，在学校上学的小学生们已经开始放学，离家较远的小学生只能坐途径学校门口的客运车回家。

【展示】明机抓拍到学生上车拥挤镜头和暗访机拍摄画面。

没过多久，一辆车牌号为川L37684的客运中巴车停在了学校门口，早已等候在这里的学生和几位学校教师先后上了这辆中巴车，车里头一下子拥挤起来。

【展示】明机图像车内拥挤镜头+暗访机拍摄到的车上画面。

记者在这些学生上车的时候大概数了一数，这辆中巴车在门坎中学学校门口就上了27个人。而这辆客运车却是“准载”19人。如果再加上车内原有的乘客，这辆井研到石牛的客运车实际上所载乘客已经达到了33人，超载了14人。

门坎初中学生：每天都是这样子的，有时还要拥挤好多，有时挤得很，有五六十个人。初三的没有走，走起来就不得了了。

【演播室】

童言无忌啊，小学生放学坐车已经够呛，初中生放学又是怎样一个场面？16:30，我们又回到了门坎中学门口，这正是初中生放学的点。一辆车牌号是川L15541的客运车开过来了。

【展示】车内暗访画面。

门坎初中学生：人多的时候，都要把人家小朋友挤哭了。

记者：最多的时候你们看见车子上坐了好多人？

门坎初中学生：不晓得，没有数过，（可能有）五六十个人。每回拥挤的时候脚都挤痛了。很多时候可以说人都挤成畸形的东西了。

记者：一直都是这么挤吗？

门坎初中学生：哦。

就在记者跟拍客运车的过程中，停车下人的售票员发现了紧随其后的采访车，客运车开始加速行驶，甚至连车门都没有来得及关。

（展示慢镜头打圈圈 + 箭头）

出于安全考虑，记者立即放慢了车速。而客运车在加速行进了一段时间之后，就到了目的地井研县石牛乡。记者数了数从车上下来的学生，一共就有25人。这还不包括中途下车的和还在车上的乘客。

记者：你车子上有几个人？

"井研至石牛"客运车司机：二十几个！超载了几个。

【演播室】

话说在门坎乡，每隔两个小时就有一班往返于井研县到石牛乡的客运车从这儿经过。几乎每辆车都超载，学生上下学的高峰期，那就更不用说了。家长们那个提心吊胆呀，好在超载车没出事。出事谁能担当这个责任？

今天上午，记者将调查到的情况反映给了井研县交警、运管部门。执法人员对涉嫌超载的客运车进行了强制报废，并处罚了客运公司和客运车司机。

井研交警大队副大队长王永忠：因为这个已经超过了20%，那么就应该罚2 000元，计12分。驾驶员也要学习培训一次。

超载司机陈利华：没有想到过（超载）这个问题这么严重。

【演播室】

超载车所属公司被罚，客运车司机也被公司开除了，这超载的事情算是处理了。门坎乡孩子们上下学坐车却面临难题，因为途经乡里的客运车实在太少了。

井研县门坎乡副乡长王甫开：井研到门坎乡境内原来有九辆中巴车，但年限比较久，报废后就只剩三辆，造成了交通资源的不足。

如今这剩下的三辆也一并报废了，学生和乘客们将面临无车可坐的交通难题。为了解决这个问题，运管部门抽调了其他线路的客运车。

井研运管工作人员王泽明：从井研到竹园线调集了四辆车子到井研至门坎这条线路，以缓解这条道路上的运输压力。

今天下午，记者再次来到门坎初中门口，这次的景象就已经和昨天大不相同了。学生们在教师的带领下有序地坐上了客运车。司机承诺绝不超载。

【演播室】

井研门坎初中学生上下学乘坐超载车辆的事情，总算解决了，让人放心了。但是大家想想，在我们乐山的乡镇和农村，还有多少这样的农村超载车辆在运行，还有多少学生被迫坐上了客运超载车往返于家和学校之间呢？这事，真不好说。接着说！这两天，舒妹在上网的时候发现，四川新闻网麻辣社区一张帖子的点击率那是相当的高，标题叫作《有视频有真相！暴力男当众殴打女售票员》。这是怎么一回事呢？

公交车上"连环腿",三脚踢昏售票员

2011年12月23日

事情发生在12月23号早上的犍为县1路公交车上。视频中,一名男子突然飞踹了女售票员一脚,女售票员倒地后,这名男子又连续猛踢了她两脚。

犍为县1路公交车售票员王举容:当时车子从大桥那边过来,在红绿灯口他就要求下车。我和他说要到前面玻璃厂的站台下。车子刚刚转过来,他就从后面踢我一脚,后来又连续给我两脚,我就昏了。

公交车没有进站,自然是不能随便停,售票员的做法是对的。眼看同事挨了这不明不白的打,驾驶员曾师傅也坐不住了,正准备减速停车找他理论,哪晓得他溜了。

犍为1路公交车驾驶员曾师傅:车慢慢减速,一靠边,他就强行扒门跳下去了,把门打开就跑了。

【演播室】

司机曾师傅说,因为以前也发生过两次公交车司乘人员被乘客殴打的事,所以这次,闹得整个公交公司的员工都非常气愤。但是几天过去了,还没有找到打人男子。于是公交公司就将这段公交车的监控视频发到了网上,并悬赏1 000元,发动网友寻找打人男子。

刚刚看视频的时候,细心的观众可能还发现了,那人在对售票员施暴的时候,车里有很多乘客,可是始终没有一个人站出来。如果当时有人勇敢地站出来,或许这打人者就没那么容易跑掉了。

犍为县环城公交公司办公室主任李勇:我们觉得车上的乘客应该出面来制止一下。我们还是希望有乘客能够提供线索,帮助我们找到这个男子。

【演播室】

我们应该谴责施暴男子的做法,相信早晚他会被找到,并为自己的行为付出代价。而对于车上冷眼旁观的乘客们,现在天气冷点不要紧,但是你们让我们这心也跟着冷了。现在,警方正在全力寻找打人者,希望有更多的热心人来提供线索。好了,休息一下,一段广告后,节目更精彩。

【内容提要】

一年能赚五六十万,村民轻信加盟广告,深陷诈骗迷局。

曾经百万富翁,如今负债累累,躺在病床上的她想用尽自己的力气,完成最后的心愿。

肚皮上切菜,光脚踩菜刀,五通桥67岁老人有绝技。

【片花】

【演播室】

欢迎回来,每个人都想致富,都想找一个投资小、收益大的项目。前不久,五通桥冠英镇的一位何大哥,就在一个电视节目上看到了致富广告。什么内容呢?代理电热水龙头,做买卖。

轻信加盟广告,村民被骗3万多

2011年11月4日

五通桥冠英镇村民何学刚:在云南电视台无意中看到康尔宝电热水龙头这个产品,我就感觉家乡没有这种产品,对农村比较适合。

【插短片】（字幕：康尔宝产品广告）

（视频开头）一个外观时尚好看的水龙头，温暖的热水就能让你舒适享用。经营灵活，总部扶持，超低价供货，你想不赚钱都不行。像我这样的门外汉，在总部的帮助下，现在做得有模有样了。一年下来也就赚了五六十万。

【演播室】

您瞧，一年能赚60多万，这也太过瘾了吧！何大哥心动了。半个月前，他就坐上了去湖北武汉的火车，决定到康尔宝电热水龙头的生产厂商——武汉华科鑫农科技有限公司去实地考察一番。

五通桥冠英镇村民何学刚：当时我一走进他们营销部，一看他们的公司还是比较大，布局也比较美观，我就感觉他们是正规公司。当时他们问我有没有钱，钱带够没有。我说没有。后来他们说签合同必须要交钱，我就交了1 000元的押金。（插短片里面公司镜头）

按照跟公司签的合同的约定，如果何大哥要做康尔宝电热水龙头的生意，就要花36 800元进货，才能获得代理权。赚钱心切的何大哥，刚回到乐山，就把钱打了过去。

五通桥冠英镇村民何学刚：10月3号的早上坐车返回，6号才把钱凑够了给他们汇过去。

十天之后，何大哥进货的首批产品到了，同时他借来了几万块装修了新店面。可是当他准备去办工商营业执照的时候，麻烦来了。

五通桥冠英镇村民何学刚：这些证书和册子都是和货一起过来的，但是我拿到工商局去都不行，而且有的他们也还没有拿过来。

【演播室】

因为何大哥提供不出厂家的生产许可证，所以工商执照并没有办得下来，这就意味着店开不起来了。而接下来，何大哥多次打电话要求厂家把生产许可证复印件传真过来，这厂家却是以各种理由推脱。

在采访中，何大哥又拨通了厂方的电话，对方却说已经传来。实际上，何大哥根本没有收到过。

五通桥冠英镇村民何学刚：那个东西你给我传过来没有？

厂家经理王强：发到昨天你和我说的那个传真号上面了啊。

事情发展到这里，何大哥顿时感到自己很有可能是遭骗了。而接下来的一次上网，更加确定了自己的猜测。

首先，公司在发货给何大哥的时候，同时发来了一张国家工商总局商标局审核的康尔宝商标申请受理通知书，但是在国家商标网上输入公司名称，没有查到结果。

其次，在武汉华科鑫农科技有限公司的官方网站上，公示了两张证书：一张是质量管理体系认证证书，另一张是外观设计专利证书。但是到国家相关部门的网站上查询，输入证书编号之后，得到的结果却是宁波的一家生产热水设备的公司，并非武汉的这家叫华科鑫农的公司。

【演播室】

商标未经过商标局核准，质量和外观证书又有盗用其他公司证书图片篡改名称的嫌疑，这公司确实有问题。眼看着花了那么多钱投资的生意化为乌有，何大哥只好找到了《舒妹说事》栏目组帮忙。舒妹马上为何大哥联系到了武汉电视台《百姓连线》栏目，他们能不能帮助何大哥讨回损失？

兄弟媒体帮忙,能否讨回损失?

2011年11月15日

昨天,何大哥从乐山赶到了武汉,找到了武汉电视台的记者。记者陪同何大哥来到武汉华科鑫农科技有限公司所属的武汉市东西湖五环工商所寻求帮助。

工商执法人员:待会我们把公司的法人代表喊过来。我们去收集证据后,会按证据办事。

工商执法人员说,最近一段时间,这家公司类似的投诉特别多。他马上通知相关负责人来接受调查。

武汉华科鑫农科技有限公司负责人:你如果不做,货退给我们,钱退给你。你们看这样行不行?

在工商部门的协调下,公司负责人同意与何大哥解除加盟合同关系,公司收货后退还何大哥加盟费36 800元。

【演播室】

通过媒体和工商人员的帮助,何大哥最终还是讨回了自己的损失。他的遭遇也给我们大家提了个醒。当你准备投资某一个项目的时候,可千万别马虎。多求证,求查资料,三思而后行。接着说的也是个生意人,不过她现在躺在病床上。

百万富翁破产,病重只想还债

2011年12月2日

这位叫王淑平,虽然得了糖尿病住了院。但是她心里的压力似乎比病痛更严重。

王淑平:现在我们一共欠债一百多万,欠了银行62.5万,还有私人的70多万。我们一直都在找出路,不管是国家还是私人的,我们都想把它偿还了。我们自家人都没有考虑。

【演播室】

这王淑平怎么欠了那么多钱?其实她以前还是个老板,人家在1992年的时候就开了一个厂子,不说多,怎么也得一年赚个一二十万元。在1992年那个时候,一二十万不是个小数。几年下来,就成了百万富翁了。但是这个百万富翁怎么会沦落到如今这幅田地呢?

王淑平是市中区车子镇的村民。1992年她和老公田军一起开办了车子棉制品加工厂,专门生产棉絮,还注册了自己的商标。

王淑平:以前嘉州电视台来采访,来采访了两年还是三年。这个乐福是很出名的,头几年产品是很红火的。

看着这生意不错,王淑平就想扩大生产,于是就贷款买了一台织布机。

王淑平:1998年,我们想做医院、学生的床上用品,我们就投资了60万,从浙江买了织布机来,想配套嘛,自己织布来配套。

【演播室】

买了织布机没多久,问题就来了,因为行业发展得太快了,设备很快就被淘汰了,相当于60万都打了水漂儿。钱亏了,银行的贷款还是要还的,两口子为了还债,又开始做起了另外的生意。

王淑平:2003年,洪雅在招商引资,我们就去养奶牛。那个时候牛奶的市场价格是1公斤2.5元。2003年我们投资,2004年投产。本希望趁着牛奶市场好,赚了钱就可以把贷款还了,没承想又亏了。

王淑平：2004 年，因为那个大头婴儿奶粉事件，所有的乳制品都萧条。我们一直亏，16 头奶牛，又亏了 30 万。

【演播室】

又亏了 30 万！这前后加起来的债务高达 90 万元。这钱怎么还？事到如今，王淑平还是没有灰心，2009 年她又搞起了生猪养殖。但是恰恰就那么不景气，养的猪突然得了病，全部都死了。

王淑平的爱人田军：这猪场我们本来是修来养猪，为了还账，结果又亏了一二十万。

【演播室】

经历了连续几次打击后，王淑平是心力交瘁。身体也是一天不如一天。前些天，她又被检查出得了重度糖尿病，经常住院。这样一来，王淑平两口子再也没有资金和精力做生意了。可是这欠的债怎么办呢。于是两人就商量着，把以前的棉制品加工厂的厂房转让了。

王淑平的爱人田军：但是我们的土地证、房产证和公司名称不一致，所以我们跑到房管局去咨询，这以前的税要补交十几万才换得成现在的公司。

要想把公司转让，就必须先把房产证和土地证换了。但是这换证的十几万从何方来？两口子简直绝望了。

王淑平的爱人田军：现在就是走投无路了。

王淑平：最坏的就是，患难夫妻一起死。

王淑平：我现在最大的心愿，就是把私人和国家的债还清，我自己个人完全是置之度外的。

【演播室】

欠债还钱，本是天经地义的事情，但是眼下，欠债不还的事情，还并不少见。虽然说这么些年，命运一波三折的王淑平两口子也没赚到什么钱，他们却用行动告诉我们“诚信”两字应该怎样去践行。真的希望他们两口子能尽快好起来。接着说，光脚踩灯泡，光脚踩菜刀，肚皮上切菜，听起来是不是挺吓人的呢？常人不敢办的这三件事，有人就能办到。

灯泡菜刀光脚踩，“杨胆大”绝技惊人

2012 年 1 月 23 日

昨天，在五通桥区广场的文艺表演中，一位大爷的表演引来了观众的阵阵掌声。

五通桥城区居民杨彦金：我要跳给你看，一二三四，轻功成功！掌声鼓励。

踩完了灯泡，杨大爷拿出了菜刀，在自己的肚皮上秀起了另外一个绝技。

五通桥城区居民杨彦金：像不像猪八戒？猪八戒的气功好好哦！哦，再切点红萝卜丝给你们看……好！大家来点掌声鼓励。

【演播室】

光脚踩灯泡，肚皮上切菜。这个人的表演吸引了现场所有人的目光。这位大爷叫杨彦金，67 岁的他有个外号叫作“杨胆大”。之前的表演只是热身，接下来他要挑战更高的难度。

五通桥城区居民杨彦金：今天我在刀上背你，你怕不怕？不要怕，我老猪是专门保护美女的专业户。在刀上我背着你，还要提三桶水。

【背成功的现场】

看到这儿，我有个疑问，对于现在很多有条件的老年人来说，唱歌、跳舞都是很不错的晚年爱好，但是杨大爷为什么会去尝试危险的踩刀和踩灯泡呢？

五通桥城区居民杨彦金：因为我看到中央电视台《星光大道》里有个人踩刀，我觉得我也能够踩，我就觉得我能踩。

【演播室】

凭着这绝技，杨大爷此前还参加了第三届《中国达人秀》的比赛，并进入了四川赛区60强。虽然为了表演和比赛他受过伤，也得不到子女的认同和理解，但是他还是始终坚持，不愿放弃。因为在他看来，不断挑战能带给自己快乐，也能给大家带来快乐。好了，今天舒妹就跟大家说到这，欢迎大家随时以屏幕上显示的方式跟咱们报料，24小时报料热线是：18908135501。欢迎在每周一到周五晚上的18:40和21:30，锁定公共·新农村频道，舒妹准时为你讲故事。

获奖情况

(1)《八面风·舒妹说事》在2011年度四川广播电视节目奖新闻类评选中，被四川省广播电影电视局、四川省广播电视学会评为"电视十佳栏目"。

(2)《八面风·舒妹说事》在首届中国农业电视节目评估中，被中国广播电视协会评为"栏目类"一等奖节目。

(3)《八面风·舒妹说事》在第三届中国(寿光)农业电视论坛及节目评估年会表彰活动中，获中国广播电视协会"电视栏目"三等奖。

栏目：欢乐乡村竞技赛

一、简介

《欢乐乡村竞技赛》是乐山电视台公共·新农村频道2008年4月18日精心打造、推出的一档原创型竞技类周播栏目，是第一档观众参与度高、没有门槛、没有距离、没有限制的周播型乡村大众娱乐竞技栏目。栏目活动化的探索是公共·新农村频道2008年创新的一个突破口，2010年又改成《我是冠军》。

栏目的特点："张扬乡村特色、秀出农家风采"的欢乐乡村竞技赛。节目形态是对《八面风·七彩城乡》栏目的运作理念进行的一次彻底颠覆，探索出一种真正的"寓教于乐"的生动化节目形态，从而让观众获得心理、生理以及精神上的享受。

栏目定位：劳动竞技、趣味展现、大众参与。"在劳动生活中制造欢乐，在竞技比拼中秀出农家风采。"其核心是百姓喜闻乐见的生产生活方式，背景是喜爱乐山民俗民风的收视群。

栏目最大的特点：张扬乡村特色、秀出农家风采。《欢乐乡村竞技赛》从开播到现在，已经累计制作播出了80多期。《赶鸭子上架》《推豆花》《乡村骑士大比拼》《水塘逮鱼》《灌香肠大赛》《采摘荔枝技能大比拼》《石匠技能争霸赛》等涉及农村生产生活的竞技节目播出后，还成为广大电视观众茶前饭后热议的话题。目前，《欢乐乡村竞技赛》不仅得到了社会的认可，而且还为广告商搭建了一个良好的服务平台，其经济创收为乐山电视台周播栏目之最。

在选题上，该节目选取那些既能反映当地普通农民的普通生活和劳动生产情景和特色，又能带来欢乐的素材；在形式上，采用能充分调动现场群众参与热情和电视观众收视热情的竞技、比赛、寻找、发现等趣味过程的游戏化展现。这样一个过程，极大地提高了举办地观众对乐山电视台公共·新农村频道的关注度。

《欢乐乡村竞技赛》的足迹已遍布市中区的各个乡镇和各区、市、县的部分乡镇。乡镇的干部群众不仅关注在自己家门口举办的竞赛，还关注其他乡镇举行的竞赛，相互对比，相互评论。《欢乐乡村竞技赛》成了人们劳动生产之余和茶余饭后议论的热门话题。

节目开播以来，已累计有数万名观众现场观看或参与，成就了电视台规模空前的“竞技赛”现象。仅从4月18日播出到2010年，节目收视率平均达到5%，最高达8%，创造了较好的收视率和社会知名度，引起了广泛的社会反响。

每周五晚黄金时间播出，时常20分钟。

参评的《欢乐乡村竞技赛》选取了2009年度播出的其中三期节目，分别是2009年5月15日播出的《石匠技能争霸赛》、2009年5月29日播出的《编草鞋比赛》和2009年12月28日播出的《周坡柑橘大比拼》。（可惜无资料，仅以《乡村骑士大比拼》为例）

二、七彩城乡·信息村——欢乐乡村竞技赛

乡村骑士大比拼（一）

（第二十八期）

编导：杨晓东　摄像：苏永华　编辑：李文涤　主持：刘　霞　制片人：刘　滨

（有 *** 的地方作字幕特技）

（本节目由中国电信独家冠名播出）

【现场同期声】“欢乐乡村行（左边观众），你我都能行（右边观众）”！（三个机位不同场景1遍）

刘霞：“信息连你我，欢乐传乡村。”电视机前的观众朋友，大家好，欢迎收看由中国电信独家冠名播出的《信息村——欢乐乡村竞技赛》。比赛一开始要问一个问题，现在农村十分普及的交通工具是什么？

观众：摩托车。

刘霞：没错，就是摩托车。在大街小巷、乡村田野都可以看到摩托车的身影，以便利的身影获得了乡亲们的青睐，我们就想到拿摩托车来比赛。这次比赛我们也一改往常一场比赛决出胜负的状况，我们来搞一次季赛。我们分别将在土主、苏稽、通江、车子4个乡镇举行初赛，每次比赛产生的冠军将在苏稽镇参加最后的决赛，总冠军将获得“乡村骑士”的美誉。今天，我们第一场竞技比赛就走进土主镇，接下来隆重请出参加今天摩托车竞技赛的4位参赛选手。

1号选手：来自土主镇铁牛村的黄夏；2号选手：来自土主镇高岩塘村的毛明星；3号选手：来自土主镇土门子村的潘元平；4号选手：来自土主镇杨家河村的刘林。

刘霞：你的坐骑是哪个？伴随你多少年了？

1号选手：五年，应该是熟悉的。

刘霞：在这场比赛中胜算多少？

1号选手：重在参与，尽量嘛，还是有信心。

刘霞：骑了多少年了？

4号选手：四年。

刘霞：3号在你旁边有没有压力？

4号选手：有压力。

刘霞：压力来自哪里？

4号选手：压力来自他们都比我骑得优秀。（大哥，谦虚哦！）

刘霞：选手介绍完了。下面我来介绍比赛的裁判。我们今天比赛的裁判有4位：一位是市中区交警直属一大队土主中队的指导员宋晚生，他也是今天比赛的裁判长；还有三位分别是乐山电视台公共·新农村频道的副总监刘滨，土主镇小学教导主任周光林、土主镇政府党政办主任王英，他们将共同来维护我们今天比赛的公正性。

裁判长宋晚生：作为裁判，我们在今天的比赛过程中，将严格按照比赛的规则，做出公正、公平、公开的评判，希望4位选手赛出水平、赛出风格！大家为他们加油，耶！

刘霞：好，介绍完选手，裁判做出了公正的宣言以后比赛马上就要开始了。那么，我们的比赛规则又是怎样的？比赛场上又将出现什么样的激烈场面呢？别急，休息一会儿，我们稍后继续。

【同期声】插播电信广告15秒！（欢乐乡村竞技赛稍后继续）

刘霞：欢迎回来，你现在正在收看的是中国电信《信息村——欢乐乡村竞技赛》节目。接下来，我就要介绍今天骑摩托车比赛的规则了。

【字幕+配音】比赛实行计分制，一共有三个环节：

第一个环节“交通法则知多少”：在比赛中每位选手要现场回答与《中华人民共和国道路交通安全法》相关的2道问题，回答正确加10分，回答错误不得分；

第二个环节“走在乡村小路上”：在比赛中选手骑摩托车过宽约0.5米、长约150米的弯曲赛道，用时最少加100分，依次以10分递减；无论前后哪个轮胎压线，1次扣10分；

第三个环节“骑车绝技秀一把”：在过独木桥中，无论摩托车前后哪个轮胎从桥上掉下或者选手脚着地，都不得分；快速通过者加20分。在原地画圈中，选手一只脚踩在画定圆圈的地上，一只脚踩在摩托车上进行画圈，限时2分钟，1圈加10分；摩托车跑出圆圈外，不计分。

【现场同期声】铁牛村，加油！（每村一次）

【现场同期声】高岩塘，加油！

【现场同期声】土门子，雄起！

【现场同期声】杨家河，冠军！

刘霞：首先要进入的是第一个环节“交通法则知多少”。下面请工作人员拿题，为公平起见先抽题。

【现场同期声】用快镜头展示抽题过程。

【出字幕】1号选手——第三套题；
2号选手——第二套题；
3号选手——第一套题；
4号选手——第四套题。

刘霞：接下来将按抽到的题做出回答，（第一环节比赛开始）首先1号选手回答，1号抽的是第三套题，你的第一道题是：乡村道路上行驶，进入弯道路口时驾驶员需要做什么？

1号选手：驾驶员需要减速、鸣号、开启转弯灯。

刘霞：1号选手回答正确。第二道题：根据道路交通安全法规定，摩托车后座乘坐人员不得低于多少岁？

1 号选手：不得低于 12 岁。

刘霞：正确，1 号选手在第一关获得 20 分。（啦啦队欢呼声！）

刘霞：2 号选手抽的是第二套题。你的第一道题是：二轮摩托车准载几人？

2 号选手：两人。

刘霞：正确答案，两人，恭喜你。第二道题：驾驶摩托车上路行驶应具备的手续有哪些？

2 号选手：应具备驾驶证、行驶证、第三责任保险。

刘霞：回答正确。（啦啦队欢呼声！）

刘霞：3 号抽的是第一套题。驾驶证为几年一换？

3 号选手：6 年。

刘霞：正确答案是 6 年。恭喜你。来看第二道题：驾驶机动车年龄至少不得低于多少岁？

3 号选手：18 周岁。

刘霞：恭喜三号选手。（啦啦队欢呼声！）

刘霞：4 号选手抽的是第四套题。我国机动车、非机动车实行靠左还是靠右通行？

4 号选手：靠右。

刘霞：看看，对了。

刘霞：第二道题：乡村道路前后车辆应保持多少车距？

4 号选手：5～10 米。

刘霞：答案正确。（啦啦队欢呼声！）

刘霞：第一个环节结束了，四位选手都获得了满分。

【出字幕】

第一个环节四名选手累计得分情况：

1 号选手——20 分；
2 号选手——20 分；
3 号选手——20 分；
4 号选手——20 分。

刘霞：接下来进入第二个环节“走在乡村小路上”。请 1 号选手做好准备，1 号准备好了吗？

1 号选手：准备好了。3，2，1。（第二环节比赛开始）

【现场同期声】1 号选手骑车出发的镜头。

刘霞：一声哨响，1 号选手呢？观众发出了一阵嘘声。1 号在转过第一个弯的时候压线了。（展示 1 号选手压线的慢镜头或者特写）（压线扣分）这个赛道模仿了乡间机耕道的田埂，非常窄，弯道非常多，选手有一定困难。

【现场同期声】快镜头展示 1 号选手通过场面。

刘霞：1 号选手已经完成了“走在乡村小路上”的比赛，请裁判宣布他的成绩。

裁判长宋晚生：1 号选手第二轮比赛压线两次，时间 28 秒 5。

刘霞：这个成绩算不算优秀还不知道。还有三位选手。有请 2 号选手到起点线做好准备，你有没有信心超过 1 号？

2 号选手：有。

刘霞：做好准备，3，2，1。（刘霞吹哨）

【现场同期声】2 号选手骑车出发的镜头。

刘霞:2号身手矫健,过第一个弯没有压线(2号啦啦队发出了一阵欢呼声)。(2号选手压线的场面)(压线扣分)

【现场同期声】快镜头展示2号选手通过场面。

刘霞:接下来宣布2号成绩。

裁判长宋晚生:2号选手压线两次,用时25秒7。

刘霞:3,2,1。(刘霞吹哨)(3号选手比赛中)

【现场同期声】3号选手骑车出发的镜头。

刘霞:有了前面选手的经验,3号选手从容了不少,看看他用时多少,又会不会压线呢?哦,好大的一声,话还没说完周围的观众都发出了感叹的声音,看来3号选手出师不利。(展示3号选手压线的慢镜头或者特写)(压线扣分)不知道两次失误会不会给成绩造成影响?

【现场同期声】快镜头展示3号选手通过场面。

裁判长宋晚生:3号选手压线三次,用时32秒1。

刘霞:3号稍微落后了一点,不知道是不是紧张的缘故?希望在接下来的环节中再接再厉。只剩下最后一位4号选手了,他已经在起点等待很久了。4号选手感觉怎么样?

4号选手:有压力。

刘霞:你觉得过赛道用时多少?

4号选手:可能比他们多一点。

刘霞:准备好了没有?

4号选手:好了。

刘霞:倒数,3,2,1。(刘霞吹哨)

【现场同期声】4号选手骑车出发的镜头。

刘霞:4号非常矫健,动作非常迅速。一阵嘘声。(展示4号选手压线的慢镜头或者特写)(压线扣分)我断定4号的确压线了,压了几次还不知道。

【现场同期声】快镜头展示4号选手通过场面。

刘霞:4号通过终点,第二轮比赛就结束了,裁判长手里掌握了4号选手的成绩,也掌握了四位选手的排名,请裁判宣布成绩。

裁判长宋晚生:4号选手第二轮比赛压线三次,用时21秒2。

第二轮比赛分数:1号选手60分,2号选手70分,3号选手40分,4号选手70分。

【出字幕】前两个环节四名选手累计得分情况:

第一名:2号选手——90分;
第二名:4号选手——90分;
第三名:1号选手——80分;
第四名:3号选手——60分。

刘霞:第二轮比赛也有了一个排行榜,落后的选手也不要气馁,还有第三个环节可以扳回成绩,比赛环节是否精彩呢?比赛规则是怎样的呢?休息一下再回来。

【同期声】插播电信广告15秒!(欢乐乡村竞技赛稍后继续)

刘霞:欢迎回来,你现在正在收看的是中国电信《信息村——欢乐乡村竞技赛》节目。接下来进入最后一个环节,叫作“骑车绝技秀一把”。

刘霞:如果说第二个环节困难的话,第三个环节就是难上加难,要考验选手的平衡性还有艺高人胆大，选手的心理素质对过独木桥来说也是很重要的因素。1号准备好了吗？

1号选手：准备好了。

刘霞：3，2，1，GO。

【现场同期声】1号选手过独木桥。

刘霞：1号选手非常顺利地通过了独木桥，来到了第三环节的第二部分，绕圆画圈，第一圈在最后一点的时候出圈了，调整速度平衡，第二圈又出圈了，（出线！）调整好心态，调整好车子，两圈了，三圈，四圈顺了，1号选手渐入佳境。

【现场同期声】1号选手转圈。（用快镜头）

刘霞：好，时间到了，请裁判长公布1号的成绩。

裁判长宋晚生：1号选手有效圈数17圈，独木桥20分，总得分190分。

刘霞：2号选手你觉得哪个环节难些？

2号选手：转圈要难一点，转圈要掌握平衡，不掌握好平衡不容易骑。

刘霞：倒数3，2，1，GO。

【现场同期声】2号选手过独木桥。

刘霞：非常顺利地通过了独木桥。看来独木桥对选手都不构成阻碍，接下来已经进入了转圈，选手们在不断调试平衡和状态。2号不要紧张，他已经慢慢适应这个圆圈了。

【现场同期声】2号选手转圈。（用快镜头）

刘霞：选手是全神贯注，随时在调整车，我说话的时候裁判示意时间到了，宣布得分情况。

裁判长宋晚生：2号选手独木桥20分，圈数17圈，得分190分。

刘霞：接下来看3号能不能超过1号1号？3号准备好没有？

3号选手：准备好了。

刘霞：3，2，1，GO。

【现场同期声】3号选手过独木桥。

刘霞：3号选手过独木桥的时候观众说了一声好玄啊。3号非常适应转圈的速度，一进来就以有效圈开始。

【现场同期声】3号选手转圈。（用快镜头）

刘霞：时间到了，裁判宣布成绩。

裁判长宋晚生：3号选手独木桥20分，圈数230分，得分250分。

刘霞：3号虽然在过独木桥的时候有惊无险，但在转圈的时候以优异的发挥得到了23圈的成绩，所以获得了250分的好成绩。看看4号选手有什么表现。3，2，1，GO。

【现场同期声】4号选手过独木桥。

4号也顺利通过了独木桥，看来独木桥对选手都不构成阻碍，接下来进行绕圈比赛了。

【现场同期声】4号选手转圈困难的镜头。（这车怎么不听使唤呢？）（哎，连爱骑也罢工？！）

【现场同期声】4号选手转圈和转圈困难的镜头（用快镜头）

刘霞：刚刚时间到的时候，听见啦啦队说，刚刚转顺了时间也到了。没办法，比赛就是这样。

裁判长宋晚生：4号选手过独木桥20分，转圈110分，得分200分。

刘霞：三轮紧张比赛下来，马上激动人心的时刻就要到来了，请裁判宣布今天比赛的结果。

裁判长宋晚生（同时出字幕）：下面我宣布，今天获得第四名选手是4号选手，得分200分；获得第三名是1号选手，得分270分；获得第二名的选手是2号选手，得分280分；获得冠军的选手是3号选手，得分310分。

三个环节四名选手累计得分情况：

冠军：3号选手——310分；
亚军：2号选手——280分；
季军：1号选手——270分；
参与奖：4号选手——200分。

刘霞：3号选手真是不错，后来居上，获得今天初赛的冠军。下面进行颁奖环节。有请获得参与奖的4号选手上前一步。有请土主镇副镇长李丹为他颁发奖品，他获得的奖品是价值60元的真空保温壶一个。（掌声）

刘霞：接下来颁发第三名，季军由1号选手获得，有请1号选手往前一步。有请乐山市交警支队直属一大队土主中队中队长彭中保为他颁发奖牌和奖品，他获得的奖品是价值100元的电信充值卡一张 。（掌声）

刘霞：接下来要颁发的亚军获得者是2号选手。下面有请土主镇党委副书记王群英为他颁发奖品和奖牌，他获得的奖品是价值150元的电信充值卡一张 。（掌声）

刘霞：接下来颁发今天的冠军了，是3号选手。有请土主镇党委书记杨德清颁发奖品和奖牌，他获得的奖品是价值300元的电信充值卡一张，他也获得了在苏稽镇总决赛的入场券。（掌声）

刘霞：今天我们在这里举行的这场骑摩托车比赛，除了要展示咱们乡亲们驾驭摩托车的技能，更重要的是要通过这样的竞技比赛，普及交通安全知识，让大家积极遵守《中华人民共和国道路交通安全法》的有关规定，平安出行，需要你我共同来参与。土主镇的乡亲们要喊出口号展示他们的热情，来，乡亲们。

"欢乐乡村行（左边观众），你我都能行（右边观众）"！（三个机位不同场景1遍）

刘霞："信息连你我，欢乐乡村行"，今天的活动到这就结束了。我们下周周五欢乐乡村竞技赛不见不散，拜拜！（完）

三、《乐山日报》对节目的介绍

"八面风"吹遍乐山，竞技赛欢腾乡村

2009年7月

今年以来，乐山电视台公共·新农村频道的《八面风·七彩城乡》栏目推出的一档反映普通农民普通生活的趣味性竞技赛成为该频道的亮点。该节目在竞技中体现娱乐，普及科学知识，展现当代农民风采，引起全市广大农民朋友的广泛关注。"欢乐乡村行，你我都能行"口号叫响了这一品牌节目《七彩城乡·欢乐乡村竞技赛》。

今年3月，乐山电视台公共·新农村频道策划举办乡村竞技活动，通过趣味、娱乐方式来反映普通农民的普通生活。经过与相关部门和乡镇负责人座谈，公共·新农村频道于4月初在杨湾乡举行了首场比赛"杨湾解牛"。据统计，截至目前已制作节目40期，播出18期。

"欢乐乡村行"以农民熟悉的农村生活场景来开展比赛，让农民朋友成为比赛的主角，并在电视上亮相，充分调动了观众的收视热情。据调查，8月8日晚公共·新农村频道的《欢乐乡村竞技赛》收视率没因奥运会开幕式直播而受影响，收看乡村竞技赛已成为农民朋友周末电视节

目的“重头戏”。“欢乐乡村行”趣味比赛丰富了农民农村业余文化生活，把农民朋友从牌桌前拉到了电视机前。在水口拍摄抢鸭子比赛时，围观群众近3 000人。在与节目主持人互动的过程中，参赛人员和观众的积极性被充分调动。大家关注电视节目里自身形象的同时，也开始关注每一期的竞技比赛，收视人群一直呈上升趋势。“欢乐乡村行”针对各个乡镇特色选题的比赛，突出了各地的产业特色和致富经验，让广大农民寓教于乐，开拓致富门路。从第一期的“杨湾解牛”开始，《欢乐乡村竞技赛》先后以临江蟮丝、青平竹编、罗汉枇杷、凌云竹签、车子葡萄、牟子蔬菜、剑峰脆红李、全福茶叶、九峰苦笋等为题设计比赛并组织拍摄，对宣传乡镇经济起到了重要作用。

获奖情况

(1)《欢乐乡村竞技赛》2009年8月获“第六届全国农业电视节目、电视论文评选、表彰活动栏目类”二等奖。

(2)《欢乐乡村竞技赛》在2010年首届中国农业电视节目评估中被评为“栏目类”三等奖节目。

(3)《欢乐乡村竞技赛》荣获“2011中国电视综艺类十大品牌栏目”称号。由中国电视艺术家协会主办的“2011年全国名优电视节目创新研讨会暨名优电视栏目总评榜活动”11月18—20日在江苏南京举行，乐山广播电视台选送的原创型电视栏目《欢乐乡村竞技赛》在评选中荣获“2011中国电视综艺类十大品牌栏目”称号。同时，获此殊荣的还有湖南卫视的《天天向上》、江苏卫视的《非常了得》、深圳卫视的《饭没了秀》等栏目。《欢乐乡村竞技赛》是该奖项唯一一个地市级台的栏目。同年，在四川省第五届新农村电视节目评选中，《欢乐乡村竞技赛》获得优秀对农电视栏目一等奖。

(4) 撰写的论文《在乡村劳作中发现娱乐元素，欢乐乡村竞技赛为农民搭建欢乐的舞台》在2010年度全省广播电视学术论文评选中，被四川省广播电视学会评为三等奖。

栏目：城乡晚9点

一、简介

2009年10月19日，《城乡晚9点》作为其全新打造的民生服务类新闻栏目在每天晚上的21:00准时和观众见面(栏目时长30分钟，包括插播广告)。栏目分三个版块，以杂志形式进行编排和表现:《城乡零距离》讲述发生在城乡百姓身边的新闻故事，这其中既有重大的主题策划宣传报道，又有突发公共事件的及时关注，既有环环紧扣的深度调查报道，又有短小的乡村趣事，多角度广范围地展现乐山城乡最新的动态;《城乡办事处》以男女主持一问一答的形式热心回答观众朋友通过信箱、邮件、网络、电话、短信等方式提出的在生产生活中遇到的实际问题，在政府和群众之间架起了一座服务的桥梁;《城乡情报站》每天固定发布和广大观众生产生活息息相关的实用信息。整档栏目突出了内容家常化、叙述故事化、主持个性化、形式多样化的特色，栏目在内容选取上突出服务性、实用性、趣味性和媒体的社会责任感，取得了明显的效果，成为乐山电视观众最喜爱的节目之一。

栏目的另一个特色是，通过多方面建立互动平台，开展活动加强和观众交流:在四川新闻网开设专题论坛页面，点击量超过 90 000 人次；通过建立 QQ 群，和近 8 000 名网友建立了沟通渠道；通过建立博客、微博等新兴交流平台，对栏目的对外营销起到了巨大作用。同时，栏目组先后举办四场观众见面会，参与总人数超过 2 万人。暑假期间，栏目开展的“捐书一本，助你圆梦”的大型捐书送书活动共筹集各类书籍 30 000 多册，让近 5 000 名农村偏远地区的学生获得了自己需要的书籍。

二、《城乡晚 9 点》上半年一组（2010 年 5 月 25 日）

（一）城乡零距离

【口播】

关注城乡百态，服务解忧帮忙。观众朋友，晚上好！欢迎你在每晚 9 点准时收看我们的《城乡晚 9 点》。首先还是走进我们的《城乡零距离》，看看今天我们要关注些什么事情。

【片花】

【零距离提要】

菜价连续上涨，消费者、菜农有何反映？究竟又是什么原因导致菜价一路飙升？

农村坝坝宴吃翻不少人，农村群体性聚餐，饮食安全该如何保障？

三亩地分处 28 个地方，这样的土地怎么种？

高考即将来临，孩子备考忙，父母最关心。

夹江城区一广告牌垮塌，砸伤一人。

【口播】

欢迎走进今天的《城乡零距离》。今天，我们首先来关注一下最近全国各地都在谈论的一个热点话题——菜价。几乎从年后开始，全国很多地方的蔬菜价格都是一路飙升，北京、山西、河北的部分蔬菜价格更是超过肉价，而这次全国性的蔬菜价格上涨的风潮，也影响了乐山。

乐山菜价为何上涨？

记者：王　译

这段时间，经常上街买菜的市民都会发现一个问题，大部分蔬菜的菜价涨了，还涨得很厉害。

乐山中心城区市民：现在的茄子（价格）比以前高得多，以前两三角一斤，现在要两块多；莴笋以前两三角都是贵的，现在要一块，买得高点一块二，买得合适点八角，什么菜都买不起了。

在中心城区一家农贸市场，大部分蔬菜的价格都在两块钱左右，有的甚至卖到了五块钱，而一块钱以下的蔬菜更是难找。

乐山中心城区蔬菜经销商：我们这边的菜价，这段时间基本上都上涨了，比往年菜价都上涨了，往年卖几角钱一斤的茄子，今年卖两块多。还有苦瓜，叶叶菜都涨了。

菜价上涨，买菜的市民感觉压力大，种菜的菜农们却赚了个满堂彩。这几天，市中区牟子镇槐子村的菜农宋明伍，心情是格外的好。

市中区牟子镇槐子村村民宋明伍：种菜还是有信心的，菜价也好，黄瓜、南瓜、葱子这些收益都还可以。

宋大哥告诉我们，今年他总共承包了七亩地种蔬菜，就拿两亩地的黄瓜来说，一天一个价，持续朝上飙。

市中区牟子镇槐子村村民宋明伍：前天七角，昨天八角，今天又是九角，这一阵子的黄瓜像这种价格就可以的。

我们了解到，今年，我们乐山蔬菜种植面积达到了82万亩，产量也比去年有所增长，既然蔬菜供应充足，为什么价格却不降反涨呢？一些菜农告诉我们，因为今年倒春寒持续的时间比往年长，强度大，四川自贡、重庆、贵州等地的蔬菜减产厉害，乐山有大量的蔬菜都外销了，而且生意火爆。这样一来，本地市场的蔬菜上市量有所减少，成为蔬菜价格上涨的主要原因。

记者：这些蔬菜主要往哪儿运呢？

乐山中心城区蔬菜经销商：往外面运，朝贵州、重庆等地方运。

【口播】

虽然这段时间的蔬菜价格一直走高，但我们也要提醒广大菜农，不要在这个时候盲目加大投入，增加规模，以免价格回落的时候遭受损失。我们接着来关注，如今在乡镇上，谁家要有个婚丧嫁娶、祝寿过生或者是房屋乔迁、子女满月，都喜欢摆坝坝宴，这坝坝宴摆起来热闹喜庆，可是也千万要小心，饮食安全忽视不得。

农村坝坝宴，别忽视饮食安全

记者：王　译

市中区水口镇周陆村的村民李兰一家是当地有名的养鸡专业户，前不久，他家修起了崭新的二层小楼。乔迁新居之际，按照当地风俗，李兰摆起了坝坝宴，来自四邻八乡的近两百名亲朋好友吃吃喝喝非常热闹。但是当天晚上，意外发生了。

市中区水口镇的周陆村村民李兰：当天晚上三点钟刚过我们的邻居有一个就发现肚子疼，马上就送往医院去了。另外的村干部、民兵连长也遭了，后来我的父亲也遭了，随后我也遭了，我的爱人也遭了。

市中区水口镇卫生院工作人员张泽高：我们组织了医务人员（下去）调查了解，区卫生局、卫生监督所（工作人员）也（下）来了。现在这个病情基本稳定，没有继续发展。

事态总算及时控制住了，可到底是哪里出了问题？李兰想起了当时坝坝宴上的一幕。

市中区水口镇周陆村村民李兰：当时有人发现这菜不对，我爱人的一个朋友说，这鱼怎么有点不新鲜呢？

后来，市中区卫生监督执法大队的工作人员对坝坝宴的食物进行了取样检测，但是因为剩余食物存放时间过长，已经检测不出食物当时的情况了。不过，工作人员说，像这样的情况是完全可以避免的。因为在2008年7月份，市中区食品安全协调委员会就印发了《市中区农村群体性聚餐活动管理办法》的通知，要求农村举办的群体性聚餐，要提前一星期进行申报。

市中区卫生执法监督大队中队长袁长富：如果是两百人以下的，举办者就要向当地的村委会进行报告；如果是两百人到四百人之间的，就要向我们的乡镇人民政府报告。

除了申报，参与宴席制作的乡村厨师还必须由乡镇进行专门的培训，还要有卫生局颁发的上岗合格证，并且村厨本人还要提供有效的健康证明。但是，我们从李兰口中得知，这次坝坝宴，她并没有向村委会进行申报，至于自己请的厨师有没有健康证，她更不清楚。

在周陆村，村主任毛树明给我们看了一份农村群体性聚餐活动登记备案表，从2008年开始到现在，进行过集体聚餐活动申报备案的却很少。

市中区水口镇周陆村村主任毛树明：签了一两份，我只拿了一份来。这个少，说句老实话。

而在记者对一些村民的采访中也发现，对于集体聚餐的申报，很多人都不清楚，有的还觉得很麻烦。

市中区水口镇周陆村村民：不申报。哪儿要申报哦？不晓得有这回事。哦，不晓得有这种程序。

市中区苏稽镇村民：我们这边一般就是请的人觉得哪家做得好吃，就跟着请哪家嘛，基本上就是这样的。

看来，农村集体聚餐申报制度虽然有章可循，但实施的效果并不理想。亡羊补牢，为时未晚。经过水口镇的这次事件之后，现在当地政府和卫生主管部门行动了起来。

市中区水口镇周陆村支书雷雄伟：专门召开了会议，通知所有村的书记和主任对各村的情况进行拉网式的排查，如果再有这种举行宴席的情况，要向村委会及时进行汇报，村要向镇进行汇报。

【口播】

举办集体聚餐，目的是让大家高兴，一起庆祝。但是如果在饮食安全上忽略了、大意了，那结果可能就是乐极生悲，酿成大祸。本着对自己负责，也对别人负责，我们还是希望，农民朋友们再举办集体聚餐的时候，及时申报，为饮食安全多加一道砝码。我们接着来关注，对许多农民朋友来说，土地是他们生活的主要来源，大家都希望在自己仅有的土地上有所作为。在乐山井研县王村镇，有一个村民同样有这样的愿望，但是他的愿望实现起来难度不小。

3亩地分28处，主人发愁怎么种

记者：饶珂宇

林志珍大姐是凉山人，1987年嫁到井研王村后，就一直和丈夫王行海在家务农。两个女儿，一个在外打工，一个在读大学。为了维持这个家庭的生活，林志珍一直有个心结总也解不开。

井研县王村镇永兴村村民林志珍：我们有13块田，15块旱地。

原来，林志珍到王村以后，村上的土地早就集中分过了，只能用当时零碎的闲置土地给林志珍家分了土地。这导致他们家得到的3亩土地分散在28个地方。

记者：你们最大的一块田在哪？

井研县王村镇永兴村村民林志珍：就在这里，一亩多一点点。

而最小的一块土地连一厘都不到。

井研县王村镇永兴村村民林志珍：一厘都不到。还有一块这么大的，在人家地旁边，拿给人家栽秧子去了。

林志珍家3亩地几乎是分布了大半个村子。最远的一块地，来回都要走一个小时。因为土地分散、面积小，她没有办法搞种植，只好转包给其他农民。

井研县王村镇永兴村村民林志珍：我去年(这)一年的纯收入有3 000来块钱。

年收入3 000元，显然不能满足供大学生上学的农村家庭的需要。为了供女儿读书，林志珍想把所有土地利用起来，但是因为各块土地土质不一样，又分散，也就不晓得该种什么。

井研县王村镇永兴村村民林志珍：我种过柑子树，也没长起来。因为那些都是干山坡、干沙土，长不起来。后来我还种过桉树，也没长起来。种过玉米也没长起来过。现在我们种桑树，桑树也没种起来。

现在林志珍又在学习养蚕，她真希望有人能给他们指出一条致富的明路，好多挣点钱供女儿读大学。

井研县王村镇永兴村村民林志珍：我最希望的就是在这28份土地上搞点啥子经济作物。只要能搞好我家的经济富裕，我啥子苦都不怕。

【口播】

看了林大姐的烦恼，我们也感到很麻烦，这分散到28处的3亩土地，到底该怎么种？电视机前如果有经验的朋友，大家快来帮她支支招。我们接着来关注一下高考，今天已经5月25号了，再过十天高考就要开始了。这几天，在很多学生都忙着备考的同时，不少家长也正面临着一场考试。

高考来临，家长也“备考”

记者：王　译

还没到中午，市中区苏稽镇双红村的卢建琼就在灶头前忙开了，女儿赵丹莉马上就要高考了，当妈的自然就要做好后勤工作了。

市中区苏稽镇双红村村民卢建琼：每天早上六点钟就要起来，第一件事就是先打豆浆嘛，把豆浆打起来就要煮蛋啊。

其实学校中午的伙食也不错，可是考虑到考前多给女儿补补身体，所以，卢建琼还是坚持每天做饭，然后送到学校里去。

市中区苏稽镇双红村村民卢建琼：红萝卜的维生素比较高，可以补充维生素C、维生素B，还有藕可以清热解毒。加上她这几天身上有点不舒服，肚皮有点胀，藕可以清热解毒。

以前，卢建琼每天都在镇上经营自己的小生意，可是自从女儿参加高考进入了倒计时，自己在这个月初，也就彻底地把摊子撂下了，专门为女儿的高考保驾护航。

市中区苏稽镇双红村村民卢建琼：我们就是因为没有读书，也没有重视读书，生活才好辛苦。所以说，我不希望她走我们这条路了。

接近中午，卢大姐提起饭盒骑起电动车，准时地在放学的时候来到女儿的学校，等着女儿出来。和往常一样，女儿拿着妈妈亲手做的饭菜来到教室。

记者：你觉得妈妈给你做的饭好不好吃呢？

卢建琼的女儿赵丹莉：嗯，很好吃，很香，我很感谢我妈妈。

市中区苏稽镇双红村村民卢建琼：我也不晓得这样子对不对，但是我觉得无所谓，陪她走这个过程，很重要。（插做饭、照顾女儿的慢镜头，音乐）

【口播】

其实，在高考来临的时候，还有很多家长都像卢建琼一样，为了孩子的考试忙得晕头转向。可见当父母的对子女的期望。当然这个时候再苦再累，那父母的心里也是很甜蜜的。接下来，这条新闻的主人公也是一位妈妈，为了儿子高考，她专门陪着儿子一起生活。

孩子临考，父母陪读

记者：胡　林

兰玉珍是峨边人，儿子杨茗在乐山一中上学，马上就要参加高考了。这段时间，她专程向单位请了长假，来到乐山当起了陪读妈妈。

陪读家长兰玉珍：我是上周五过来的，等他高考完了才回家。我想儿子还有几天就要高考了，我儿子压力比较大，就想着过来陪他。主要就是洗衣服、煮饭，饮食上煮点好吃的加强营养。

儿子是和三个同学一起租房子住。兰玉珍来了以后，本来可以和儿子住一间卧室，但是为了不影响儿子学习，她在饭厅的一个角落里临时搭了一张小床。眼看到中午了，兰玉珍开始忙着为孩子准备午饭。

陪读家长兰玉珍：一般就是三菜一汤，尽量清淡，符合他的口味，对身体好点。

等到儿子回家，午饭做好了，母子两个一起吃饭，并没有太多的语言。

陪读家长兰玉珍：少和他说话是对的，说错引起他心理反感就麻烦。我现在尽量听他说，他愿意说我就听他说，我的话说多了就显得很唠叨。

在儿子杨茗的房间里，兰玉珍特意在墙上贴了一张纸。

陪读家长兰玉珍：我发现儿子情绪比较低落，调研考试考得不好，心情比较焦虑。我就想了一些办法，写了这几句话贴在墙上，对他也是一种鼓励。

其实我们记者在调查的时候也发现，最近乐山中心城区高中附近的出租房生意都非常火，每天的入住率达到了80%，而居住的人群主要就是高三的学生和陪读的家长。

乐山中心城区某小区门卫：高三的学生就住了60多个。陪读的家长有三分之一。没有陪读的家长这段时间中午、下午都要来，给学生送些营养品，给学生鼓励，体现了家长的一片爱心。

陪读家长周素梅：我女儿马上要面临高考了，这个月我就专门在星河家园租了一套房子给她做中午饭和晚饭。

记者：你了解陪读的多不？

陪读家长周素梅：很多，还有几年里都在这里陪读，还是为了娃儿成长，当父母的应该尽到自己的责任。

【口播】

尽到父母的责任，这是陪读家长们的话。其实，这更是一份沉甸甸的爱和一份深深的期望。但愿同学们在父母这样的关心之下能够考出好成绩。当然，也要更加体会到父母对自己的爱。接下来，我们要带大家去关注一下“2010年全省民营企业招聘周”活动的情况。今天上午，在我们乐山的海棠广场就举行了专场的招聘会，究竟情况怎么样？我们马上去看一下。

大型招聘会，5 200岗位剩3 700

记者：王　译

上午9点，招聘会一开始就吸引了大量的应聘者，其中应届大学毕业生成为招聘会上的主要群体。21岁的廖万均学的是计算机专业，在招聘会现场转了一圈后，他发现和专业对口的工作真的很难找。

乐山应届大学毕业生廖万均：本专业的很少，招计算机专业的可以说是少得可怜。我在下面转了一圈只发现了一个岗位，一个招网络维护的。

招聘会上的用人单位大都是乐山本地的民营企业，而他们招聘的职位大都是服务和技术性岗位，对工作经验也都有所要求，这让很多应届大学毕业生觉得门槛难迈。

乐山某企业招聘人员：肯定希望专业人士来，我们不想招刚从学校出来的毕业生，因为毕竟是年轻人，他们没有实践的管理经验。

乐山应届大学毕业生廖万均：对电工、焊工完全不懂。

而另一些对学历和工作经验要求比较低的工作职位，用人单位也觉得并不适合大学生这个群体。

乐山某企业招聘人员：你是本科生？算了，因为我这要求不高。

记者发现，在招聘会上用人单位开出的待遇普遍都是800～2 000元，其中也有开上5 000元的一些职位。但是整场招聘会下来，招工和求职双方还是存在明显的矛盾。

乐山某企业招聘人员：今天来咨询的人多一些，实际报名的不多，填表的只有十几个。这里面就包含各种类型的人，下岗的、大学生、中专生，应届生多一些，没有实际工作经验的多一些。

【口播】

我们了解到，这场招聘会总共有130家民营企业提供了5 200多个工作岗位，而截止到下午2点，一共有8 000个求职者进场参加招聘，却只有1 500个求职者与用人单位达成了就业意向。看来，招工和求职之间的矛盾还不仅仅是开场招聘会就能解决的。企业进一步提供更广泛的职位，求职者努力提高自身技能，只有这样，才能在企业和求职者之间寻找到共同点，实现招工和应聘的双赢一条龙。我们再来看一件夹江发生的事情。今天下午3点左右，夹江县街心花园一块广告牌突然掉了下来，一个人当场被压在了下面。

广告牌垮塌，砸翻一人

记者：杨红梅

记者在现场看到，一块长约10米、宽近2米的广告牌掉落在人行道上，将整个人行道路面全部占据。脱落的广告牌碎片四处散落在地面上，事发地已经被拉上警戒线，受伤人员已送往医院抢救，消防队员正在现场清理垮塌的广告牌坠落物。

现场目击者：是从卖冰粉儿的上方开始垮的，当时就听到"喳喳喳"地响，朝那边垮，然后"轰"的一声，我们还以为是地震了，前后就是五六秒钟。

现场目击者：周围的人都跑开了。卖冰粉儿的在巷子里，以为是地震，就跑出来，结果没来得及躲开，被埋在下面，我们就一起马上把他抬出来。

我们了解到，这块广告牌归夹江县荣发金店所有，是成都一家装饰公司负责安装的，挂上还不到一年半。这段时间，并没有发现有任何异样，不知道为什么会突然脱落。现在，事故原因正在进一步调查中。

【口播】

希望这起事件能给其他广告公司提个醒，悬挂广告牌无论是从选址还是悬挂方式上，一定要注意，避免留下安全隐患。最后我们再带大家到峨边彝族自治县宜坪乡去看看热闹。昨天在这里举行了一场富有乡土气息的农民运动会，现场的热闹程度让人感觉像是在过节一样。

农民运动会，村民齐上阵

记者：先劲松

这次运动会总共有9支农民代表队参加，"金芋满仓""劳动能手""腊肉飘香""软硬兼食"等8个跟农民生产生活相关的项目，一听上去就知道这是一场既精彩又好耍的比赛。

"软硬兼食"是最有看点的比赛项目，要求参赛的夫妻必须以最快的速度吃完两斤枇杷和

20 个核桃。

峨边宜坪乡桐花村村民：我活了 40 多岁了，一直没有搞过这个活动。（家里）红薯没有栽，花生草没锄就来搞这个活动，我非常高兴。我吃是第一名，不管吃哪样都是第一名。

而比赛最激烈的就是“金芋满仓”这个项目了。参赛队员要手捧马铃薯以接力赛跑，队员们你追我赶，互不相让，有的摔倒了，爬起来就追，场面十分热闹。

峨边宜坪乡草坪村村民：今天（举办）宜坪农民运动会，整得太安逸了，这样的活动丰富了我们宜坪人民的文化生活。

【口播】

这里我们还要告诉大家，比赛当天，我们《欢乐乡村竞技赛》栏目组也走进了美丽的峨边宜坪乡，录制了一档精彩的节目。比赛还没看过瘾的朋友，可以在今后的《欢乐乡村竞技赛》当中去感受宜坪乡彝汉同胞的风采和热情。

好了，今天《城乡零距离》就是这样，稍后是《城乡办事处》，我们将回答观众朋友提出的关于出租车经营、提前退休手续办理、幼儿疫苗注射等问题。大家不要走开，我们马上回来。

（二）城乡办事处

【片花】

【口播】

遇到困难寻帮助，记得来找办事处。欢迎大家继续收看我们的《城乡办事处》。我们马上让办事员巍巍回答今天观众提出的问题。

观众朋友大家好，我是办事员巍巍，来看看今天观众有哪些疑问需要解答。

中心城区手机尾号为 0205 的张先生问：自己应该怎么样才能参与中心城区的出租车经营呢？

乐山大众出租汽车公司回复：您必须持有乐山本地的驾照，有三年以上的驾龄，并寻找到车主签订聘用关系，这样出租车公司就可以帮您办理从业资格证了。

沙湾区手机尾号为 3350 的黄小姐说自己的父亲在高山高寒地区工作了 22 年，然后辞职回家，现在已经 55 岁了，问：是否能够办理提前退休手续？

市人力资源和社会保障局回复：你父亲这种情况，必须工作 10 年以上，档案里要有记载，并有当地劳动部门出具的在 3 500 米以上工作年限的证明。如果这些手续齐全，就可以到参保所在地的社保局办理提前退休手续。

中心城区手机尾号为 4257 的李小姐说，自己的孩子一岁多，小宝宝夏天用风扇和空调扇哪个更好呢？

市人民医院儿科医生回复：对宝宝来说，电扇是不能直接吹的，吹得多了，宝宝容易出现热伤风。如果使用空调，一旦室内温度降下来，就要暂停，每天必须开窗通风一两次，让空气对流，保证孩子的健康。

夹江县手机尾号为 7746 的陈先生说，他住的楼房有 18 户人，天然气表全都安在厨房里面。但是其他楼里的住户，天然气表是安在居室外的，这合不合规定，有没有危险呢？

市燃气公司回复：现在新修的楼房大多是把天然气表安装在室外，而过去的老房子大多是安装在厨房，不管是安装在厨房还是室外，只是一种安装方式，只要是按照正规操作程序安装，就不存在安全隐患。

市中区手机尾号为 8542 的杨女士说，自己平时上班很忙，只有星期六可以带孩子去社区医院打疫苗，不知道星期六社区医院是否可以打疫苗呢？

乐山多家社区医院回复：现在社区医院的统一规定是星期六上午上班，下午休息，所以您得抓紧时间上午带孩子去打疫苗。

市中区手机尾号为3492的戴女士说，现在已经夏天了，红眼病也进入了高发期，想问问孩子怎么预防红眼病。

市人民医院眼科医生回复：预防红眼病要尽可能避免与患病人群及其使用过的物品接触，同时要注意个人卫生，不要用脏手揉眼睛，勤剪指甲，有条件的话还可以用抗生素或抗病毒眼药水进行预防。

好了，我们今天的办事处就是这样了，稍后是《城乡情报站》，不要走开。

（三）城乡情报站

【片花】

【情报站提要】

情报站最新情报：2路车终点站调整为北欧印象小区，城区老站台将根据实际情况更换。

乐山岷江一桥将“体检”今晚交通管制。

【口播】

城乡情报站，信息最全面。欢迎大家接着关注我们的《城乡情报站》。 一起来看看我们的情报员巍巍今天给我们带来了哪些信息。

首先还是一起来看历史上的今天有哪些值得纪念的大事件：1960年5月25日，中国登山队运动员王富洲、贡布（藏族）、屈银华3人首次集体安全地从东北山脊登上世界最高峰珠穆朗玛峰，开创了人类从北坡登顶的先例。1928年5月25日，中共决定将工农革命军定名“红军”。

来看看乐山，从明天起，2路车线路将进行临时调整。2路车在经过乐山职业技术学院后不再开往成都理工大学工程技术学院，终点站也由理工大学内迁至北欧印象小区外，前往理工大学的乘客可在“满庭芳”外下车。这一调整既方便了住所较远的市民出行，也可减少公交车在校园内通行带来的安全隐患。

另外，目前乐山城区滨江路一带以及通江万人小区内的部分车站台都是简易式的。乐山市运管处表示，近期乐山城区的旧站台都将更换，根据道路宽度和人流量来设置安装不同类型的站台，市民等车将不再遭受日晒雨淋了。

乐山城区岷江一桥因桥梁安全检测，将于今天晚22:00至明日凌晨6:00实行交通管制，届时将禁止任何车辆通行。需要通过乐山岷江一桥的车主，请绕行乐山岷江二桥或乐山岷江三桥。

近日，成都、乐山、绵阳等成都经济区8市的卫生局在成都签署了《医疗卫生区域合作协议》，将从疾病防控、应急救援和临床医疗等多个方面进行合作，并在区域内二级以上医疗、预防、保健机构中试点推行门诊通用病历。这意味着乐山市民将享受更好、更便捷的医疗服务了。

昨天省教育考试院公布今年高考时间和录取日程安排，6月7—8日为普通高考时间，6月25日左右公布分数线。这里要提醒广大考生和家长，应准确把握重要时段、关键环节的有关事项。6月11—24日为高考评卷和统分时间。其间，6月15日前各县（市、区）招办指导、组织艺术、体育考生填报艺体本、专科志愿；6月12—15日，省教育厅和省体育局将组织体尖生测试；6月15—17日，省教育厅将组织艺尖生测试。6月25—30日，各县、市、区招办指导、组织普通类考生填报高考志愿。其间，6月28日前完成提前批院校志愿填报；同时组织考生对网上填报的志愿信息进行签字确认。

下面一起来看看天气情况。预计未来几天，影响我国的冷空气势力较弱，全国大部分地区气温基本与常年同期持平或偏高，主要降雨区位于江南、华南及贵州等地，大部分地区降雨量基本接近常年同期。预计，从今天晚上到明天白天，乐山阴有阵雨，最低温度17 ℃，最高温度22 ℃。最后一起来看看市人力资源服务中心有哪些招聘信息。

市内用工信息。金海棠大酒店：餐厅服务员20名，男女不限，18～30岁，月工资900元以上；地毯清洁工2名，男性，月工资900元以上；门童4名，男性，18～30岁，月工资900元以上。好运沙龙美发美容厅：发型师10名，2 500元以上／月，包吃住；发型师助理10名，1 000～3 000元／月，包吃住；收银员5名，女性，1 200～2 000元／月，包吃住；会计5名，2 500元／月。市外用工信息。群康科技(成都)有限公司：操作员5 000名、检验员5 000名，35岁以下；转正后2 390元／月；公司依法为员工购买社会保险。

说到这里，我们今天的节目也要结束了，这里我们要告诉大家，如果你身边发生了什么新鲜事、稀奇事，有困难需要我们的帮助，都可以打进我们的热线电话告诉我们。对于有价值的新闻线索，一经采用，将有机会获得由天朗电器提供的爆料奖！别忘了，我们《城乡晚9点》的重播时间是第二天的早上9:00和中午12:30。如果你错过了首播，可以在重播时间收看。好了，关注城乡百态，服务解忧帮忙，明天晚上21:00我们再见，再见！

三、《城乡晚9点》下半年一组(2010年12月14日)

(一) 城乡零距离

【口播】

关注城乡百态，服务解忧帮忙。观众朋友，晚上好！欢迎你在每晚21:00，准时收看我们的《城乡晚9点》。首先还是走进我们的《城乡零距离》，看看今天我们要关注些什么事情。

【片花】

【零距离提要】

小区楼房有裂缝，上千住户住起(着)不踏实！安全问题让人忧心。

老师开罚单，学生交罚款，学生觉得不合理。

村干部为了动员村民修路，竟然出“奇”招，打个横幅吓唬人。

峨眉一民房突发大火，消防紧急救援。

犍为发生一起交通事故，两车追尾，一车飞入轮胎店。

打牌也会要人命，犍为一老太命丧“点点红”。

贰柒拾规则有了英文版，老外学贰柒拾更方便。

【口播】

欢迎走进今天的《城乡零距离》。一段时间以来，住在市中区竹林路警苑小区的329户，1 000多名居民，每天都过着提心吊胆的日子。因为，他们住的小区的楼房，到处都是裂缝。这是怎么回事？

警苑小区楼房有裂缝，上千名住户安全受威胁

记者：杨红梅

昨天，记者找到了警苑小区业主委员会主任彭加丽，说起现在小区的楼房，她是一脸的担忧。

警苑小区业主委员会主任彭加丽：去看看那个缝子有多厉害，吓人得很，下坠的，拉裂的，这是构造柱全断了的。

我们注意到，一面墙的墙体被一条宽达 3 公分的裂缝分成了上下两部分，看得人触目惊心。

警苑小区业主委员会主任彭加丽：上下完全脱节了，你看，好长（拉出放进去的棍子）。

而最吓人的还是楼房间的伸缩缝。彭加丽说，现在整个小区内，每幢楼房的伸缩缝都出现不同程度的开裂。

警苑小区业主委员会主任彭加丽：伸缩缝本来是 5 公分，上面（楼顶）就是一二十公分，现在就是 8 公分了。

在楼顶，一量才知道，这个裂缝已经被活生生拉宽到了 26 公分。我们跟着彭加丽在小区里转了一圈，发现整个小区都有这样大大小小的裂缝。

警苑小区业主李秀明：11 月份我们发现有一点点（裂缝），现在整个是拉通了的，越来越严重。

警苑小区业主姚平：我们才装修了的房子准备过年的时候住，你看，这样怎么住？

住户们都说，住在这样的房子里，他们连睡觉都不安稳。

警苑小区业主李秀明：稍微一点地震，我们的生命安全肯定不能得到保证。

警苑小区业主：恐惧，根本就睡不好，怕哪天埋在里面了，失眠，长期失眠。

因为裂缝越来越严重，小区里有几位老人考虑到自身安全，都从小区搬走了。那么裂缝究竟是什么原因造成的呢？记者了解到，小区部分单元在“5•12”中遭到破坏，但开发商当时及时采取了维修加固的措施。然而，住户们说，去年 11 月份的时候，旁边开工建设的“华泰•棕榈湾项目”，沿着警苑小区墙角进行大面积开挖，这之后就引起警苑小区地基下陷，造成了地面开裂、房屋倾斜、墙面开裂等一系列状况。

警苑小区业主委员会主任彭加丽：这是 2010 年 12 月 24 号看到的，每当（裂缝）变化了我就做（了）个记号，现在还没来得及做新标记的（裂缝），已经到这里了，一直都在延伸。

住户们说，后来市质监站对警苑小区下达了《质量安全隐患告知书》，指出小区房屋主体发生倾斜，并要求棕榈湾项目停止施工，直至解决安全隐患并经小区业主同意后继续施工。

警苑小区业主委员会主任彭加丽：这二十几天没停过工，至今天还在工作，现在是加班加点地工作。

随后，我们找到了棕榈湾项目承建方，华泰公司总经理余德富。余德富表示，事情既然发生了，他们会以积极的态度对待这件事。现在他们正在等待主管部门的处理意见。

华泰公司总经理余德富：鉴定结果出来如果是我们的责任，我们华泰公司是决不推辞的，该我们的责任我们会承担。至于解决问题也得要等鉴定报告出来后主管部门拿出处理意见，我们再按照指示来办。

而对于近来的施工行为，余德富做出了这样的解释。

华泰公司总经理余德富：专家来鉴定时也建议我们赶快把这个基础抢起来，要把周边回填了才安全，否则会造成新的安全隐患。

【口播】

上千名住户的安全令人担忧。今天，我们咨询了市规建部门。相关负责人表示，省上专业鉴定机构正在对房屋的结构进行鉴定，这两天就会有结果，到时候会给住户们一个满意的答复。接着说。都说教师是人类灵魂的工程师，教书育人，教师被很多人认为是种高尚而有意义的职业。但是，在我市一所中学里，却有教师利用手中的职权，制定一些内部规定，擅自对学生罚款，甚至还体罚学生。真的有这样的教师吗？

老师定“规矩”，学生交罚款

记者：王伟宁

反映这些问题的，就是这群高中生。由于担心老师认出他们，他们约记者在海棠公园见面，并小心翼翼地跟记者讲述他们遇到的一些烦心事。

【画面 + 声音处理】

乐山二中高一一班学生：上个星期五的晚上，我们上晚自习，我们一个数学老师很迟才来，班里面就有点闹。有些同学就在那里摔书，有可能把老师的书摔了。然后老师就走了进来，骂我们脏话，然后当着全班的面把一个杯子摔了，又把手机拿出来摔，摔向后面的同学。

学生们说，虽然他们是调皮、捣乱了点，但是老师拿手机扔同学的做法让他们无法理解和接受。更让他们没想到的是，最近，老师竟然让全班同学赔偿他摔坏的手机。

乐山二中高一一班学生：班主任就喊（让）我们每个同学拿 20 元钱，来赔偿给数学老师。我们班上有 70 个人。

班主任的要求令全班同学难以接受。这些学生还说，不止这些，平时老师还对他们进行过许多不合理的处罚，让他们敢怒不敢言。

乐山二中高一一班学生：比如说迟到或者（上课）说话嘛，我们班主任就说迟到一次交一块钱，（上课）说话一次交一块钱，经常叫同学交这些钱，很多人都交过。

甚至还有学生反映，在他们高一一班，还出现过体罚学生的情况。

乐山二中高一一班学生：一次上晚自习的时候，我们班上就有同学不小心说错了话。然后班主任就进教室听到了，他就直接当着全班同学的面，把那个男生拖出来了，然后还打了几耳光，把鼻血都打出来了。

对于学生反映的问题，记者随后找到了该校高一一班的班主任了解情况。

【现场】

记者：你们学生说今天通知他们这两天准备交 20 元钱？有没有这么一回事？

乐山二中高一一班班主任：不晓得，我不晓得。你究竟想说什么？有哪些学生反映，说清楚！有哪几个学生在反映，把名单给我拿出来。好，不要拍，我要生气了哈！

让学生赔偿老师手机的事情，这位班主任给予了否认。但对于上周五晚自习摔坏手机的事情，该班数学老师没有否认。

乐山二中高一一班数学老师：我当时骂他们的时候，就是批评嘛。手机摔坏了，主要是想起警示作用。因为当时已经开始上课了，还有学生在左顾右盼，转前转后地摆龙门阵，所以我就随手把我拿的手机一下扔在了地上，摔坏了。

【口播】

对于调皮捣蛋的学生，当老师的严格管教，这无可厚非，但是还是要注意方式方法，擅自对学生进行罚款显然不行，体罚就更加不行。目前，学校的负责人表示，他们已经在着手调查学生反映的这些问题，如果查实，他们将对责任人进行严肃处理，有不合理的将及时更正。来看下一条。现在咱们乐山的公路建设可以用“四通八达”来形容，上到城市主干道，下至乡村小路，这些年都发生了很大变化。这个功劳除了要归功于各级政府、主管部门的努力外，当然也少不了基层干部细致的工作。但是我们接下来要给大家介绍的井研县磨池镇龙池村的村干部，却在动员大家集资修路上做得有点过了头。

动员村民修路，村干部竟用雷人标语

记者：魏　鑫

昨天上午，记者来到井研县磨池镇龙池村，一提起村里集资修路的事情，村民们都诉起了苦。村民刘松告诉记者，其实大家都希望修路，却被一条横幅伤了心。

井研县磨池镇龙池村村民刘松：肯定愿意修路，谁不愿意修路？但是这个路要怎么修，就像大家说的这个账目应该公开，还有这个路能不能修起来应该给大家个说法。作为一个基层干部或者镇政府干部怎么能骂“断子绝孙”呢？

竟然有这样的事，记者一开始还不敢相信。但是刘松说，他们是有证据的。随后几位村民带记者来到了张贴标语的地方。刘松告诉我们，这个标语就是村干部贴出来的，虽然后半截已经被人撕掉，但是他们有照片为证。（展示照片）

村民们说，看到这幅标语，他们是又气又伤心。

井研县磨池镇龙池村村民：我们不是不修路，不是不出钱，这个“断子绝孙”，下至3岁小孩上至80岁老人都知道意思，“断子绝孙”了那我修这条路做什么呢？

井研县磨池镇龙池村村民：政府写的也好，村委会写的也好，素质这样差吗？能够咒群众“断子绝孙”吗？群众就不服。

记者了解到，龙池村的这条路长度大约是2千米，是龙池村3组、4组、5组村民集资修的。因为年久失修，现在路面到处是坑坑洼洼！村上在规划修这条路的时候，由于和村民意见不一致，所以导致一些村民不愿意交钱。

井研县磨池镇龙池村3组村民：（每）人平均出700元，问题是还有1公里路没给我们解决。一家人还要出几千元，我们是不服，给我们修通（路）该出好多钱我们还是出。

随后记者联系了正在外面办事的龙池村支书刘建云，对于村干部挂雷人标语的事情，刘建云并没有否认。

【电话采访】

记者：村委会贴了一个标语说“谁修路谁受益”，不修路的就“断子绝孙”，是怎么回事呢？

井研县磨池镇龙池村支书刘建云：这个事是这样子的，我们以前也修了另外一条路，采取的是“投资投劳”，大家都很乐意。但是，某一部分既不是困难户也不是五保户的少数人，都不愿意尽责任尽义务，只晓得享受国家的权益。所以我们就用这种制度来约束这些（个）人。当然我们村里面还是不支持的……有什么不妥当的地方我们该纠正的就纠正。

【口播】

刘书记在电话中坦言，贴出这种标语确实不太妥当，他们已经进行了纠正，并要求村里的村干部严格规范自己的行为。对于集资修路的事情，村上也会继续跟村民好好协商，争取早点解决这个问题。下面来看看发生在峨眉山市的一场大火。今天中午12:20，峨眉山市一民房突发大火，接到群众报警，峨眉消防中队的消防队员迅速赶到现场。

民房突发大火，消防紧急救援

记者：刘春雷　谢远红

现场着火展示

失火民房位于金佛宾馆附近，整栋楼的三楼房间和阳台火光冲天、浓烟滚滚，不时发出噼里啪啦的响声。由于借助大风火势发展很快，火焰不断地从阳台向外喷出。接警后，峨眉消防中队迅速出动，展开灭火工作。

现场：救援、灭火

当得知房间内还有三名小孩时，消防队员对房间进行仔细搜索，随后在楼下找到了三名小孩。三人脸上被熏得乌黑。在消防队员的紧张扑救下，大火终于被扑灭了。

【口播】

目前，火灾原因还在调查中。消防部门提醒广大市民，冬季天干，在使用取暖设备时一定要注意安全，不要留下安全隐患。说完了峨眉的火灾，我们再来看犍为的一起交通事故。今天下午，在国道 213 线犍为段，一辆面包车和一辆大众小轿车追尾相撞后，滑行 50 多米，冲入街边一家店铺中，造成 3 人受伤。

两车追尾，一车飞入轮胎店

记者：谢承宏

当记者赶到现场的时候，这辆车牌为川 L57841 的面包车还卡在街边的这家轮胎店里，而另一辆肇事车辆已经被交警拖离了现场。撞车现场还有两辆车相撞后留下的汽车碎片和一条约 50 米长的刹车印。说起当时的情况，这家轮胎店老板仍然心有余悸。

轮胎店老板：我刚刚从家里上完厕所出来，我说遭了，那个车已经冲到我们屋里面，把东西都整烂了。

经目击者介绍，这辆面包车是从沐川开往犍为的，走到这家轮胎店附近时，被一辆从后面冲上来的小轿车追尾。由于轿车车速过快，导致了面包车刹车失灵，最后冲入路边的轮胎店中。

【口播】

事故造成包括两名车主在内的三人受伤。目前，伤者正在医院接受治疗，事故原因也在进一步调查之中。下面这件事同样发生在犍为。打牌是咱们比较喜欢的一种娱乐方式，平时没事了邀上三朋四友，打打牌，高兴高兴，这无可厚非。但凡事都要讲究一个度，如果不注意，这打牌也会要人命。昨天，犍为县罗城镇53岁的村民唐淑清，就因为拿了一手好牌乐极生悲，不幸去世。

拿手好牌太高兴，老妇命丧“点点红”

记者：傅维军　谢承宏　林仟仟

昨天，是犍为县罗城镇赶场的日子。罗城镇新权村四组村民唐淑清一大早就来到镇上，赶完场以后，平时喜欢打牌的她来到船形街上了牌局，和大家打起了一种叫“点点红”的字牌。不想这一打，悲剧就发生了。

目击者：（她）拿到了大牌，坤大、大糊这些。安逸昏了，糊到起了，哎哟！又糊，大糊了。她弯腰下去捡牌，就倒下去了。

目击者：(她)在椅子上坐着，一下子就倒下去了，倒到地上去了。他们赶快喊男同志掐人中，(但是)掐了没有反应，一会儿就死了。

今天，记者来到罗城镇船形街，看到许多市民依然在这里打牌娱乐，而昨天唐淑清打牌的地方已经关门了。

记者林仟仟：观众朋友你好，我现在所在的位置是罗城镇的船形街。昨天有一位53岁的老太，坐在这里打牌，由于拿到一手好牌，突然之间就倒了下去。大家可以看到这里就是昨天为她烧纸留下的痕迹。这家店铺现在也已经关了门，店主也不知道去哪了。

【口播】

其实类似这样的事情也不是发生一次两次了，乐极生悲，拿一手好牌结果让自己搭掉了性命，当然很不值得。特别是患有高血压、心脏病的老年人，在这些方面更要注意，避免类似让人心痛的事情发生。还是一条和字牌有关的新闻。2006年，贰柒拾字牌被列入乐山市首批“市级非物质文化遗产”。同年，贰柒拾还成为乐山十大城市名片之一。可以说，贰柒拾对于乐山人而言，是熟悉得不能再熟悉的生活的一部分了。不过，最近有人弄出了英文版的贰柒拾规则，希望让外国朋友也能一起感受贰柒拾的魅力。

英文版规则，老外扯上贰柒拾

记者：胡　林

对于研究多年乐山本土文化的杨正常来说，贰柒拾早已经融入了他的生活，对贰柒拾的规范化传播，成了他一直在努力的事情。2009年11月，乐山师范学院将“贰柒拾”列为面向外籍留学生开放的选修课。作为授课老师，杨正常每次授课都要带一名翻译辅助教学，加上翻译对贰柒拾不了解，教学效果大打折扣，于是他干脆又推出了英文版的贰柒拾规则。

乐山贰柒拾研究学者杨正常：我就做了一个简单的中英文对照说明书，外国人一下就明白了。

昨天下午记者和杨正常一起来到了乐山师范学院，几位外国朋友早就在教室里等候。来自美国的留学生卡特，对中国文化特别感兴趣，尤其是对贰柒拾情有独钟。

乐山师范学院留学生卡特：今年四月份来到中国以后，在很短的时间(内)我就学会了(打)麻将。我发现有了这个册子以后贰柒拾非常有趣。

在教室里，杨正常通过使用英文规则书给这些留学生讲起了贰柒拾，几位留学生很快就明白了基本原理，在老师的指点下扯起了贰柒拾。

乐山师范学院留学生卡特：这个小册子能够很好地帮助我学习贰柒拾这项运动项目。

乐山师范学院留学生夏雨：也需要有人帮助我，有了英文规则书可以自己看着学习。

乐山贰柒拾研究学者杨正常：英文版规则的印制，是为了中外友人拿到对照本以后，能够一看明了，自学成才，掌握乐山贰柒拾文化，力争把乐山贰柒拾打造为国际智力运动项目。

【口播】

杨正常告诉记者，现在乐山的外国朋友很多，如果这些朋友需要英文版的贰柒拾规则，可以到中心城区嘉祥路1293号的乐山贰柒拾文化研究会免费领取。当然，我们也要感谢杨正常对推广乐山贰柒拾所付出的努力。好了，我们今天的零距离就是这些内容。稍后是我们的《城乡办事处》，我们将回答观众提出的关于参军条件和增开的3路公交车路线及时间安排等问题。我们稍后见！

（二）城乡办事处

【片花】

【口播】

遇到困难寻帮助，记得来找办事处。欢迎大家继续收看我们的《城乡办事处》。我们让办事员圆媛为我们回答今天观众提出的问题。

观众朋友大家好，我是办事员圆媛，来看看今天观众有哪些疑问需要解答。首先我们来看看今天哪些观众打进了热线电话。

来自中心城区、手机尾号为1742的冯先生说，自己想进一家外企工作，想咨询一下，国家相关法律是否有规定，外企员工也应享有“五险一金”的福利？

这个问题我们咨询了乐山市法律援助中心，律师解释说，按照我国现行规定，只要设立于我国境内，受我国法律约束的企业，包括外资企业，都应为员工购买五险，但对于公积金的购买，没有硬性规定。

来自沙湾区、手机尾号为3778的陈女士说，自己现在22岁的儿子想明年去当兵，想问：这个年龄符合征兵要求吗？

就此我们咨询了乐山市武装部，了解到，按照今年国家征兵规定，18～22岁的男性公民都是可以参军入伍的，专科毕业生，年龄限制放宽到23岁，本科及以上毕业生，可放宽到24岁。

来自中心城区、手机尾号为9013的曾女士说，家里最近刚装修了，遗留一些建筑垃圾，想问：城里哪里可以倾倒建筑垃圾？

就此我们咨询了主管部门乐山市城管局，了解到，目前乐山中心城区暂时还没有建筑垃圾的倾倒点，按照主管部门的规划，在水口镇燕儿凼设有暂时的建筑垃圾倾倒点。

来自中心城区、座机尾号为7189的龚先生说，听说在岷江一桥施工期间，3路车在上下班时间有加班车，想具体了解这个加班车是怎么增设的。

这个问题我们咨询了乐山市公交总公司，工作人员回复说：3路车的加班车具体安排是早上6:20—8:30和下午16:00—18:00增加6辆公共汽车开行。加班车运行路线由乐山广场至大佛博物馆，需要提醒你的是，周末及节假日不加开加班车。好了，今天的办事处就是这样了，稍后是我们的《城乡情报站》，我们广告之后再见！

（三）城乡情报站

【情报站提要】

今年乐山首批廉租房20日摇号。

乐山严查非法产销烟花爆竹。

2011年春运实名售票，范围不扩大。

【口播】

城乡情报站，信息最全面。欢迎大家接着关注我们的《城乡情报站》。一起来看看我们的情报员圆媛今天给我们带来了哪些信息。

首先还是一起来看历史上的今天有哪些值得纪念的大事件：1994年12月14日，举世瞩目的长江三峡水利枢纽工程正式开工；1999年12月14日，巴拿马运河的主权交接仪式在巴拿马正式举行，巴拿马运河的回归标志着美国在中南美洲的殖民统治正式结束。

来看看乐山：位于中心城区肖坝大田惠民小区的2010年乐山首批廉租房项目已竣工，原享受廉租住房租赁补贴的851户低收入家庭申请了实物配租，并将于12月20日在体育馆进行电脑摇号。另外，今年第二批廉租住房的申请和配租工作也将于春节前展开。

市安监局等多个部门从12月起到2011年1月30日，在全市范围内开展烟花爆竹专项行动。同时按照国家相关规定，要求批发公司必须在12月30日前交纳30万元风险抵押金。已取证的零售经营户需要在2011年1月15日之前交纳不低于5 000元的风险抵押金，办新证时把交纳风险抵押金作为前提条件之一。逾期不交者按《四川省安全生产条例》的规定处以5 000元至2万元的罚款；逾期未改正的，责令停业整顿。

2011年铁路春运，部分地区仍将实行实名制售票，售票范围仍与2010年相同。实行实名制后，旅客可以通过各火车站售票窗口、集中售票处、火车票代售点、电话订票4种渠道购买实名制车票。火车站售票窗口和集中售票处，可以适用20种规定的证件购票；而电话订票仅受理居民身份证；火车票代售点则只能用二代身份证。要注意的是，改签或退票时，同样需要核实票、证的一致性，不一致的不办理改签、退票。

近日有媒体称："食用油企业大面积停产已现先兆，业内担心此情况会导致春节食用油供应紧张。"国家发改委表示："今年我国大豆进口大幅增加，国家油料油脂库存充裕，企业库存充足，生产正常，当前和后期国内食用油市场供应是完全有保障的。"

近日，5种木质门产品因浸渍剥离性能较低、使用寿命短被中消协曝光。它们分别是北京春天木业有限公司的"春天"实木复合门、北京伯艺创展木业有限公司的"伯艺"实木复合门、天津龙甲特种门窗有限公司的"龙甲"实木复合门、北京安居益圆工贸有限公司的"益圆"实木复合门等。这些不合格样品售价多在2 000元以上，最贵的达到2 680元。看来，价格高也并不代表着质量就一定好。

下面一起来看看天气情况。今天，冷空气主体南下，对我国南方大部分地区展开全面进攻。中央气象台继续发布寒潮蓝色预警。从今天开始，新一轮的强冷空气将袭击我市，14～16日，乐山日平均气温将下降5～7 ℃，最低温度仅4 ℃。预计，今天晚上到明天白天，乐山有小雨，最低温度9 ℃。最后，一起来看看市人力资源服务中心有哪些招聘信息。

市内用工信息。新天源太阳能电力有限公司：操作工45名、机修工15名，月工资1 500元。金海棠大酒店：餐厅服务员20名，男女不限，18～30岁，月工资900元以上；地毯清洁工2名，男性，月工资900元以上；门童4名，男性，18～30岁，月工资900元以上。市外用工信息。群康科技（成都）有限公司：操作员5 000名、检验员5 000名，35岁以下，转正后2 390元／月，公司依法为员工购买社会保险。

说了这么多情报，我们今天的节目也要结束了。在这里我们要告诉大家，如果您有什么事需要帮忙，有疑问需要咨询，或者有招工就业、产品供销等各类信息的发布，都可以和我们取得联系。我们的热线电话是2306668，2429634。对于有价值的新闻线索，一经采用，还有机会获得由天朗电器提供的爆料奖！另外，我们《城乡晚9点》开通了博客，如果你对我们的节目有什么看法，可以登录 lstvcx@sina. cn，给我们栏目组留言，我们将及时给予回复。别忘了，我们《城乡晚9点》的重播时间是第二天的早上9:00和中午12:30。如果你错过了首播，可以在重播时间收看。好了，关注城乡百态，服务解忧帮忙，明天晚上9点我们再见，再见！

获奖情况

（1）在2009—2010年度中国广播影视大奖广播电视节目奖评选中，《城乡晚9点》被中国广播电视协会授予"电视栏目"提名奖。（中国广播影视大奖是由国家广电总局、中国广播电视协会主办的广播影视政府奖，下设电影"华表奖"、电视剧"飞天奖"、"中国广播电视节目奖"等子项，评选工作两年一次。该奖项是中国广播电视新闻事业发展与进步里程碑式的奖项，也是我国广播电视工作者成就最高荣誉的象征。《城乡晚9点》获此殊荣，是近年来乐山台广播电视作品获得的广播影视类的最高级别的奖项。）

（2）《城乡晚9点》在2009—2010年度四川广播电视节目奖评选中被评为优秀奖（电视十佳新闻栏目类）。

作品：电视新闻专题《老胡的麻烦》

主创：陆　溢　王　可　白鹏骞　李文涤　刘　霞

【现场同期声】手机响声——手机屏幕显示信息。

【画外音+字幕】

你好，我曾前往河北学习养殖苍蝇的技术，经过一年多的实践和摸索，已初步成功，向市场推出了虫子鸡。但目前陷入了举步维艰的境地，我迷茫了，我不知道自己还能坚持多久。

【画外音】

2008年7月16日，记者突然接到了这样一条求助短信，随后立即与对方取得了联系。对方告诉我们，他叫胡吉祥，是乐山市市中区悦来乡的一个养殖户，在致富创业过程中遇到了麻烦。于是，我们决定第二天到胡吉祥的养殖场地去看一看。

【推出片名】

老胡的麻烦

【字幕】

市中区悦来乡。

【现场同期声】

记者：你就是那位养虫子鸡的？

胡吉祥：哦。

【画外音】

是什么原因让他养虫子鸡呢？

【胡吉祥同期声】当时，我看到一个朋友的孙子才十二三岁，他的那个胡子很深（浓密），声音也变了。可能吃的东西激素比较多。

【画外音】

老胡平时爱看些科技类的报刊，他说到的那个孩子的生理上的早熟触动了他，于是，他萌生了自己能够生产出一种绿色食品来的想法。说干就干，2004年老胡退休后，一门心思地找报纸、看电视。终于，他盯上了用蝇蛆喂养肉鸡的方法。

【胡吉祥同期声】然后我直接到河北去学了，到河北苍蝇女王靳任那里去学的。

【现场同期声（苍蝇房）】

胡吉祥：这是喂苍蝇的，就是红糖和奶粉配的，苍蝇主要起产卵的作用。这就是卵，这白的就是卵。

胡吉祥：现在这个过程就是我要取卵，取卵出来放在极化物里面。

记者：好久变得成蛆呢？

胡吉祥：一天的时间。这就是麦麸，这麦麸用M料发酵，作为蛆的食物。这个蛆抓来就可以吃的，因为它是无菌无毒的，完全可以吃。

【吃蛆镜头+字幕】

啊，他敢吃蛆！

【胡吉祥同期声】这个就是（生长）一天的蛆。这就是第四天的，第四天就要用了，第四天就要拿给鸡吃了。

【画外音】

然而，让胡吉祥想不到的是，采用这种蝇蛆加粮食的饲养方法成本相当高。

【现场同期声】

记者：一袋奶粉配得到（可以喂）好久？

胡吉祥：一袋奶粉就够喂一次多点。也就是说3次就用两袋奶粉，平均两天就要换一次。

记者：要多少钱？

胡吉祥：那个成本就不好算，首先奶粉一袋是20多元，红糖也是10多元钱左右，还有40斤麦麸，36元。

记者：那么一天就要用几十元钱？

胡吉祥：啊，一天就用几十元钱。成本高就高在这个地方。

记者：你现在鸡的费用有多高？

胡吉祥：现在这个配比（的成本）就是（每斤活鸡）12.3元左右。

【画外音】

胡吉祥说，这个价仅仅是食物的成本价，他不愿意再去算人工、水电等其他费用，因为现在他的虫子鸡拿到市场上去的定价是15元一斤，都很少有人接受。

【胡吉祥同期声】因为市场不接受，不了解。我想的就是让大家先来品尝一下，我就以成本价卖给大家。

【画外音】

以成本价销售没有达到胡吉祥想象的效果。老胡觉得，这麻烦来了。而家人的反对更是让他进退两难。

【同期声】

胡吉祥妻子：因为觉得辛苦，他年龄也到这里了（大了），又不是很年轻，不是二三十岁。

记者：现在心情怎么样？

胡吉祥：现在感到很茫然。

【画外音】

面对不知道该何去何从的老胡，我们明白了，他所遇到的麻烦是市场不认可他的虫子鸡，当然也有由此带来的家人的反对。那么，这样精心喂养的鸡，为什么市场就不接受呢？于是，记者决定去市场上看看胡吉祥是怎样卖鸡的。

【现场同期声】

记者：你一直是在农贸市场卖，其他市场你没去了解过？

胡吉祥：没有。

记者：我们干脆陪你一起，到超市或者是畜牧局去找专家咨询一下，看一下虫子鸡到底有没有销路，它的市场价值如何，你觉得呢？

胡吉祥：可以，可以。

【字幕】

上午9点，乐山城区某菜市。

【现场同期声（菜市卖鸡）】

顾客女：我喜欢吃土鸡。我记着你，应该是这（鸡）颈项上就没的（没有）淋巴？

胡吉祥：淋巴肯定就少得多。

顾客女：那个鸡淋巴就少，而且炖出来没的泡泡。

胡吉祥：哦，对了，没（的）泡泡，你拿来一炖就没（的）泡泡，而且香味就出来了。

记者：你觉得这鸡15元一斤贵不贵？

顾客女：如果是货真价实就不贵。如果是歪的，饲料鸡就没（的）吃头。

记者：你还是担心买到歪的？

顾客女：担心买到。担心。

胡吉祥：认真说，这个鸡是不贵的。

墨镜男：但是市场在这里，这里的人倒相信科学。你看《致富经》栏目里的土东西，贵得很。想致富都干不起。

市民：这卖得好，多（少）钱一斤？

胡吉祥：15元钱一斤。

市民：哦，更贵。

胡吉祥：更贵？一分钱一分货。

胡吉祥（发传单）：你没的（有）事看了再来买，如果你合适的时候可以（到）现场来看一下，看了就更明白，买东西要买得明明白白的。

记者：买的人好像比较少？

胡吉祥：主要（是）大家不理解。你说你的是虫子鸡，你拿什么来说明？那么我就说你马上拿去杀，一杀，胃（子）里面肯定是有蛆、有虫子、有粮食，没有一点点饲料。但是他又觉得杀了以后怎么说得清楚了。

记者：我看你每做一笔生意都要费尽口舌。

胡吉祥：是的，费了很多口舌，大家觉得太贵了。

【画外音】

从9点到11点，胡吉祥还没有做成一笔生意，但他并不以为然，似乎已经习惯了人们的质疑。而这时，一位顾客来了。

【现场同期生（菜市卖鸡）】

记者：你买这个鸡多少次了呢？

顾客：4次。

记者：你为什么要买他的鸡呢？

顾客：它的肉好吃，不像其他有些鸡肉吃起是绵的，这个鸡吃起脆。

记者：你觉得价钱贵不贵？

顾客：照他们的成本算来觉得不贵。

【画外音】

一上午的时间只卖出了一只鸡，而且是回头客。记者和老胡一合计，觉得菜市场属于大众消费平台，15 元一斤的鸡高于了这里的消费水平。于是，记者决定陪胡吉祥去超市看看能不能进入那里的生鲜市场。

（记者和老胡到超市的一段同期画面）

【现场同期声】

北京华联乐山超市生鲜部胡顺齐：我们卖场不能卖活鸡啊。

胡吉祥：我知道不能卖活鸡，但是我可以每天给你杀了送来嘛。

北京华联乐山超市生鲜部胡顺齐：你量多大？

胡吉祥：我现在量不是很大，我现在刚刚打开市场。

北京华联乐山超市生鲜部胡顺齐：我想问一下，你和我们合作的话，它是一个公司还是？

胡吉祥：不是，是个人。

北京华联乐山超市生鲜部胡顺齐：需要公司的，你要和（给）我开票，因为我们现在是一个综合型的超市，不是像农贸市场一样的，你拿货过来我拿现金给你。而是你拿货过来，我们公司进行购买，在一定时间内才跟你结账的。我相信这个产品打入市场是没有问题的，因为乐山市民在吃的方面是很有研究的。

记者：但是在外面菜市场卖的时候他们都觉得价格很高，那么进入超市的话有门槛费，价格会更高？

北京华联乐山超市生鲜部胡顺齐：这不一定，和农贸市场的定位不一样。你进入我的超市，格调上就已经提升。

北京华联乐山超市生鲜部胡顺齐：我们会经常给（和）你取得联系，主要是观察一下你这边的动态，当你条件成熟以后，我会主动去给（和）你联系，把你这一块的绿色无公害的鸡引进到我们超市来。我们超市现在就是缺少高端、健康、绿色的禽类。

【画外音】

从超市出来，胡吉祥显得有些无奈。

【现场同期声（超市门口）】

胡吉祥：我觉得货真价实的东西，要进入市场，看来还是很难。

记者：这条路并没有堵死，只是你需要一些条件。

胡吉祥：但是我觉得那些条件有点虚啊，货真价实的东西也喊去办这些手续，这路就难走了嘛，要形成规模了才可以嘛。

【画外音】

农贸市场和超市这两条渠道都似乎不尽如人意，而酒店宾馆是胡吉祥早已放弃了的市场。

【胡吉祥同期声】第一个，如果是和他们交涉的话，很可能今天把货拿去了，钱收回来难。第二，酒店品牌一旦打出去了，我这里供不应求，他很可能就拿其他的产品来冒充我的鸡。

【画外音】

最后，失望的胡吉祥决定去市畜牧局听听专家的意见，在市场不认可的情况下，他究竟应该怎么做？

（过场画面）

【现场同期声】

乐山市畜牧局畜牧站副站长薛才斌：如果你的虫子鸡想打开市场的话，首先你要把你的品牌打出来，至少要从几方面。目前都是朝无公害的禽类或者是绿色的禽类方向发展。无公害的禽类一个是要在无公害的基地上生产，另外一个你要申请无公害的产品认证证书或者是绿色产品认证证书。

记者：对于他们这种特种养殖没什么政策？

乐山市畜牧局畜牧站副站长薛才斌：特种养殖目前没有特殊的政策，基本上没有扶持政策。

记者：那么他现在应该怎么样去宣传呢？

乐山市畜牧局畜牧站副站长薛才斌：你肯定要走正道。首先要申请相关的资质，你的生产工艺、生产流程、执行标准都要取得相关的资质认证。

【画外音】

一天的走访下来，胡吉祥明白了不少道理，他知道了要想让虫子鸡能够在市场上推广，必须具备一些条件：一是在量上面的规模化，二是在品质上面的相关认证。然而，这两点对于单打独斗的他来说都太难了。

【胡吉祥同期声】我想呢，我一个人的资金和精力各方面（都）达不够（到）。如果要把这个东西做大，做一个成产业型的东西，那肯定的，还是希望能够找到一个志同道合者，来共同把这个事情做大，让人们都能够吃到绿色食品。

【画外音】

当然，能找到一个合作伙伴是很好的。而在眼下，这样的合作伙伴仅靠这位老实巴交的胡吉祥去寻找，恐怕还难以找到。无奈，老胡还是决定，靠自己的力量撑下去，尽管这是一条漫漫长路。

【胡吉祥同期声】我现在想的是以我的诚意慢慢地打开这个市场，让大家到现场来，随时随地来看，我绝对不会喂饲料，只喂粮食、虫子，保证我的（鸡的）质量。我相信大家慢慢会接受，这就是我的想法。至于办证那些我真的不想去办，因为我总觉得办证太虚了。

【画外音】

看来，老胡的麻烦一时半会儿解决不了。其实，在我们广大的农村，像老胡这样在致富路上艰难创业的人不少，他们都苦于没有经验，苦于遇到麻烦不知道怎样解决。

老胡依然困惑着。不过，老胡觉得眼前明亮了许多，他弄清了未来的发展方向。

获奖情况

《老胡的麻烦》在2007—2008年度四川广播电视节目奖评选中，被四川省广播电视局、四川省广播电视协会评为“专题类”提名奖。

作品：养鳝之争

2007年11月26日首播

【导视】

他从十几岁开始养黄鳝，不仅亏钱，和父亲也闹矛盾。

【犍为县舞云乡玉泉村周顺华同期声】他就看我年龄比较小，不懂事。

【犍为县舞云乡玉泉村周顺华父亲周熙能同期声】我不拿钱给他，我说随便你做。

经过了十几年的摸索，他成功了吗？

【犍为县舞云乡玉泉村周顺华父亲周熙能同期声】就晓得他有这个创新的思想。

【主持人口播】

发现城乡致富经，讲述身边致富事，欢迎收看《七彩城乡》致富版块节目。黄鳝是很受老百姓喜爱的食物，因为它肉质鲜美，营养价值高。然而，黄鳝的价格并不便宜，尤其到了寒冬腊月时，黄鳝的价格更可达到二三十元钱一斤。犍为县舞云乡就有这样一个人看中了黄鳝的商机，用了十几年来走一条养黄鳝的漫漫长路。

【画外音】

来到周顺华的水塘，我们看见，几十个箱子浮在水面上，箱子里栽满了绿油油的水葫芦。这是做什么呢？周顺华向我们介绍，就在这水葫芦下面，每个箱子里有100多斤黄鳝。就是靠这箱子，自己十几年来的梦想成真了。

【犍为县舞云乡玉泉村周顺华同期声】当时家里面比较穷，没有钱，要想吃一顿肉很困难，几个月才能吃一次肉，所以把黄鳝逮回去可以当肉一样打一下牙祭。然后捉黄鳝到市场上去卖可以换一点钱来缴学费。

【犍为县舞云乡玉泉村周顺华父亲周熙能同期声】几岁的时候就喜欢抓黄鳝，抓回来，就做来吃，还要受骂，几根黄鳝也要弄来吃一顿，一根也要弄来吃一顿。

【画外音】

后来，上了初中，年龄大了，周顺华喜欢抓黄鳝的爱好却始终没变。如果一定要说变，那就是这时的周顺华冒出了一个早熟的想法。

【犍为县舞云乡玉泉村周顺华同期声】我们这些地方一般上半年价格都比较低，一般下半年价格就是二十几元钱一斤，都很贵。如果是成批三百斤五百斤，或者一吨两吨地养，那么这个经济效益是相当可观的。如果能发展到这种程度，就不仅仅是解决家里面的经济补贴问题，而且能致富。

【画外音】

都说穷人的孩子早当家。那时的周顺华才15岁，却开始打算要人工养殖黄鳝。当他兴冲冲地把这个想法告诉父亲，想要获得父亲的支持时，得到的却是父亲的强烈反对。

【犍为县舞云乡玉泉村周顺华同期声】他就看我年龄比较小，不懂事。

【犍为县舞云乡玉泉村周顺华父亲周熙能同期声】我说我们祖祖辈辈都是农民，还是要读点书有文化。

【犍为县舞云乡玉泉村周顺华同期声】他就听别人说这个黄鳝养不起来，所以他就全力反对。

【犍为县舞云乡玉泉村周顺华父亲周熙能同期声】哪里有人养黄鳝的？养鱼养别的我都听说过，没有听说过养黄鳝的。

【画外音】

尽管父亲是坚决反对，小小年纪的周顺华心里却铆足了一股劲儿，非要把这事干成不可。于是，一天他趁着父亲不在家的时候，把田里的水放了，准备砌池塘。

【犍为县舞云乡玉泉村周顺华父亲周熙能同期声】我看到就很冒火，(他)弄得一身都是稀泥巴。(他)就把这个田，用水泥和砖砌了一米高。在(从)砖厂捡的烂砖，捡来在对面倒了一堆，还(需)要水泥。

【画外音】

在旁人的劝说下，周熙能拿了一些钱给周顺华砌塘买鳝苗，可他从心眼里根本不相信儿子能把这事做起来。于是，周顺华一个人开始用池塘养殖起了黄鳝。

【犍为县舞云乡玉泉村周顺华同期声】池塘就是用砖砌起，底子打成水泥的，勾点泥巴，(就)这样在里面喂。

【画外音】

然而，没过多久，周顺华发现，黄鳝真如父亲说过的不好养。尽管自己一直在看各类书籍，也到处取经，甚至道听途说用牛粪来喂养黄鳝，各种办法都试过，可是，养殖的两批黄鳝最后都死了，一根也不剩。

【犍为县舞云乡玉泉村周顺华同期声】第一次失败就是(因为)水的深度太深了，造成了黄鳝的缺氧，窒息死亡了。第二次主要是池塘里面的泥巴。它长期在里面生活要产生粪便，年长日久，粪便多了，细菌也多了，泥巴就变质了。

【画外音】

这两次失败让周顺华总共亏损了两千元钱。不仅自己心情不好，父亲那头更是不好交代。

【犍为县舞云乡玉泉村周顺华父亲周熙能同期声】当时我就要骂他，他妈就说算了，娃儿小，即使失败了，就一两千块钱嘛。

【画外音】

周熙能告诉儿子，亏了一两千块钱就当是家里的肥猪没有卖出去。话是这么说，可周熙能心里还是不怎么痛快。于是，他开始想办法来限制儿子养黄鳝。

【犍为县舞云乡玉泉村周顺华父亲周熙能同期声】我不拿钱给他，我说随便你做，你人小，找不到钱。

【画外音】

面对着父亲采用的强制政策，周顺华没有退缩。

【犍为县舞云乡玉泉村周顺华同期声】(黄鳝)完全是靠节约，晚上去喂(养)黄鳝。

【犍为县舞云乡玉泉村周顺华父亲周熙能同期声】十几岁的娃儿，在中学读书，一天要吃两斤米。我们估计(的话)，怎么会吃两斤米呢？(他)说拿去换了点馒头来吃。可能那个票就卖几毛钱，就整这方面(黄鳝)的事情。

【画外音】

儿子就这样从自己的手上把钱都要去养黄鳝，周熙能简直是哭笑不得。就这样，在一边偷偷摸摸养黄鳝一边上学的过程中，几年过去，周顺华初中毕业了。而这时养黄鳝依旧没有起色。周顺华向父亲提出要到北京去打工，周熙能一口就答应了。他心想，儿子终于不会再养这永远也成功不了的黄鳝了。

周顺华去北京一去就是七年，在酒店里当上了厨师。然而，周顺华并没有被大城市的繁华所迷惑，晚上一闭上眼睛他的脑海里想的依然是黄鳝。

【犍为县舞云乡玉泉村周顺华同期声】我个人的想法就是我要创造我自己的(一个)事业，虽然这个黄鳝在别人眼里也许看不起。

【画外音】

在北京的日子里，周顺华一有空就去图书馆阅读有关黄鳝养殖的书籍，去水产研究所拜会专家、教授，甚至专门去中央电视台农业频道咨询养鳝信息。就这样，周顺华在理论上充实了许多关于养鳝的知识，也得到了一项新的技术，用网箱养殖黄鳝。而远在犍为的周熙能并不知道儿子在北京的情况，他只知道儿子一个月的工资有三四千元，却从未寄给家里。于是，对儿子憋了一肚子的火。

【犍为县舞云乡玉泉村周顺华父亲周熙能同期声】都没有拿过钱回来，糖果没有给家里面买过一个(块)。农村的土话就说我要理抹(收拾)一下他。

【画外音】

一心想要收拾一下儿子的周熙能没想到，从北京回来的周顺华一开口就是黄鳝，行李里一拿出来全是养殖黄鳝的书。他这才知道，周顺华从不给家里寄钱，是为了把钱存起来养黄鳝。看着这么大又倔强的儿子，周熙能是无可奈何，怎么管也管不了了。于是去年，周顺华投资了3万元修起了池塘，买起了网箱。尽管周熙能心里依然有思想包袱，但儿子一直在做他的思想工作。

【犍为县舞云乡玉泉村周顺华父亲周熙能同期声】他就给(和)我说，不要看到(成)是暂时投资，这是我们自己的固定财产，是永垂万古的，我一定要做成功，养这个黄鳝。

【画外音】

周顺华的信心很足，因为他说用网箱养黄鳝有扎实的理论依据。

【犍为县舞云乡玉泉村周顺华同期声】它有眼子(网箱)，外面的新鲜水可以对流到里面去，所以就解决了水的问题。还有粪便，池塘里面的粪便就拉在池塘里，你清除不了。这里它拉了后就掉到箱子底下去了，自然地水的对流就把它带走了。所以网箱养(黄鳝)就把这些关键的技术解决了。

【画外音】

正如周顺华所预计的，网箱养殖黄鳝果然半年就给自己带来了效益。

【犍为县舞云乡玉泉村周顺华同期声】去年只养了12箱(黄鳝)，赚了万块钱(1万元)的样子。一箱能够产120斤左右，喂呢就喂30斤或者35斤(食物)。

【画外音】

周顺华把黄鳝销往成都，市场上是供不应求。于是今年他在自己的水塘里养了36个箱子，预计年底卖纯利润能达到三四万元钱。看着自己的黄鳝一根根迅速长大，周顺华高兴得不得了。

【犍为县舞云乡玉泉村周顺华同期声】现在我心里面比较高兴，也比较激动，确确实实(在)这么多年都失败了，但是现在成功了。

【画外音】

此时的周熙能思想终于扭转过来了，看着儿子长年的付出真的有了回报，他不得不承认儿子确实是好样的。

【犍为县舞云乡玉泉村周顺华父亲周熙能同期声】现在我就懂得这个创新了，就晓得他有这个创新的思想，有发展的思想。

【画外音】

正是有创新、发展的思想，周顺华认为只有把规模做大，才能树立品牌，增强知名度。而单靠自己的力量是不够的。于是，他成立了养鳝协会，希望更多想养殖黄鳝的人能加入这个队伍中来。

【犍为县水产协会网箱养鳝分会办公室主任税兰同期声】我们想向广大的农民朋友和有意养鳝的鳝农们宣传国家的方针政策，举办鳝鱼养殖技术、经验交流座谈会这些，把我们掌握的信息毫无保留地传递给他们，使大家共同发展。

【井研县马踏镇参观者同期声】感觉蛮不错的。他这样做,应该是比较成功的。确实是一种创新,今天就是过来学习的嘛。

【主持人口播】

周顺华的养鳝之路并不是特别顺利,但正是因为他孜孜不倦的追求,最后终于取得了成功。而成功之后,父亲也终于理解了儿子。付出总是会有回报的,就在于能不能一直坚持。好了,这期节目就到这里,如果您对我们今天的致富故事感兴趣,还是您有更好的致富办法,或者您想看到哪方面的致富项目,您都可以拨打我们的致富热线:2429634。

获奖情况

《养鳝之争》被中国国际农业电视协会评为“第六届农业电视节目、电视论文评选、表彰活动”专题类二等奖。

作品:新闻专题《养鸡赚钱招招鲜》

主创:陆　溢　王　可　白鹏骞　魏　仙　刘　霞

【字幕】

据说,在乐山市市中区安谷镇有一个“五星级酒店”,记者便来到这里一探究竟……

【记者现场口播】

大家好,我是刘霞,今天我就来到了市中区安谷镇。您可不要以为我后面的这座房子是一座普通的民房,我告诉您,它是一个五星级酒店,您信不信?不信跟我去瞧瞧。

【推出片名】

养鸡赚钱招招鲜

【音乐+刘霞走进门的快镜头】

鸡舍内:

刘霞:哎,好多鸡啊!你好,想问下这有多少只鸡啊?

老板:这边有一万二,那边还有二万五。

刘霞:哇,你养的鸡可不少哦,这都是你的顾客?我一进来就听到这声音特别悠扬,来,听听。老板你可真有创意,他们都说您这是五星级酒店。

老板:对于鸡来说这肯定是五星级酒店。

刘霞:因为听这个悠扬的轻音乐哈?

老板:它吃(喝)的水全部是纯净水,每天定时听六个小时的音乐,全部是定时机械喂料。

刘霞:我就想问一下你怎么想起给鸡听音乐呢?

老板:这是根据鸡的习性来的。因为我们发现鸡吃饱之后,有些时候就有相互抓斗现象。当听(到)轻音乐时它就很安静了,这样(就)促进它的生产,减少死亡。

刘霞:这些音乐都是轻音乐哈?

老板:嗯,我选了 39 首轻音乐,不停地播放。

刘霞:要是鸡会唱歌的话肯定天天都唱这 39 首。为什么是轻音乐,不是其他音乐?

老板:轻音乐听到(着)比较休闲,把身体放松一下,尤其是它(的)产蛋期,听轻音乐对它影响更好。

刘霞：哦，这个鸡其实是比较胆小的动物，只要有一点杂声，可能对它的产蛋量就有影响，是吧？换了轻音乐，让它们性情温和了，不打斗了，然后也不那么害怕了。

老板：不害怕了，因为外面的杂声就进不来了。

【现场口播】

我说这里是五星级酒店，现在您该相信了吧！瞧，这些鸡们多幸福啊，吃(喝)的是纯净水，享受的是轻音乐。这么有创意的鸡场，怎么能不去参观呢。现在就随着我去参观一下五星级酒店。

（找和鸡场匹配的轻音乐放大 + 刘霞参观镜头）

【画外音】

在钢琴和小提琴的伴奏声中，这里的鸡显得是格外安详。我可是第一次见到这样的养鸡场，当地的村民怎么看呢？

男村民一：很有新鲜感，有创意。

男村民二：比以前的养鸡场有进步。

女村民：完全是(他自己)想象的。可能安谷乃至市中区都没得(有)这种整法的，这个人确实比较创新。

【画外音】

看来就连当地村民的看法也很一致，那就是真有创意。那么这位养鸡场业主的创意除了让鸡听音乐还有哪些招数呢？而他又是为什么会有这些创意呢？我们就来看看他的故事。

【转场】

【画外音】

3年前，李崇德还在田里负责优质稻的生产。然而他通过跟一些养鸡户的接触，这位种水稻的高手竟对养鸡产生了浓厚的兴趣，并一头栽了进去，投资了10多万元，办起了拥有6 000多只蛋鸡的养鸡场。然而，事与愿违，实际情况与他想象的是大相径庭。

【市中区安谷镇安谷村李崇德同期声】第一年(在)三块七八的行情都没赚到钱，(那是)蛋鸡里最好的行情了。

【画外音】

为什么行情最好的时候都赚不到钱？这个疑问让李崇德苦苦地思索。最后答案终于让他给想到了，那就是传统养殖容易受气候、水质和空气的影响。

【黑场字幕 + 音效】

冬天多喂食降低了利润。

【李崇德同期声】一是气候，因为鸡最适宜的温度是15～25 ℃。像我们这些地方最高气温38 ℃，冬天5 ℃，这个气温就相差了33 ℃。在全年温差33 ℃的情况下，冬天就采食多，为了保持它的热量，每只鸡多吃几分钱，就把利润吃起(掉)了。

【黑场字幕 + 音效】

水质不良增加药物开销。

【李崇德同期声】我们这安谷的地下水含硝比较重，然后大肠杆菌严重超标，那么鸡长期饮用就会得肠道上(方面)的疾病，从而影响产蛋。

【黑场字幕＋音效】

空气传播病菌同样增加药物开销。

【李崇德同期声】比如这边养鸡的多，有一户的鸡得病，病(菌)就通过空气进行传播。

【画外音】

这下，李崇德找到问题的根源了。饲料、药物成本投得太高了，就算蛋的行情再好也没什么用。如何能让鸡少生病、多产蛋，把饲料、药物费用降下来？此时，一个大胆的奇思妙想在李崇德头脑里萌芽，他要靠自己的凭空想象修建一个前所未有的养鸡场。2007 年下半年，李崇德多方筹资了 100 多万元，修建起他理想中的养鸡场。这个举措引起了当地其他养鸡户的不解和质疑。因为，如果是建同样规模的传统养鸡场，只需要花费 30 万左右。

【李崇德同期声】他们说，你那种高投入，不一定得到高回报。亲戚朋友喊(让)慎重考虑。

【画外音】

然而，这时，不管是质疑也好，反对也好，李崇德仅仅是一笑而过，因为他深信自己绝对能赚到钱，而他的信心来源于一切都通过周密的研究和计算。首先，李崇德要把鸡场封闭起来，把温度控制到 20 ～ 30 ℃。

【李崇德同期声】采取策略是地下通风，水降温，走顶上排风。

【现场水幕降温】

记者：李师傅，这个东西是不是咱们鸡舍里面的空调？

李崇德：嗯，算是空调了。这个是我自己想办法整的，达到降温增湿的效果。冬天起升温的作用，夏天起降温的作用，还可以除掉空气中的灰尘。(字幕：循环水幕增湿降温)这个位置就相当于我们鸡舍定点净气的位置，再加上我们的消毒管，水全部采用循环水，里面有个 8 米深的水池，这水沟里还顺便养鱼。

记者：不放过任何一个赚钱的机会？

李崇德：你看，这水沟有一米深。

【画外音】

通过这道水幕和排风系统，李崇德的鸡场成功地把温度控制在了常年 20 ～ 30 ℃。接着，李崇德在进风口处安装了紫外线消毒设备，24 小时对进入鸡场的空气消毒。

【李崇德同期声】空气上我们采用定点净气，定点消毒，让鸡呼吸的所有空气都是消了毒进去的，并且我们鸡舍每天消三次毒，人进去一次就消一次毒，全部采用紫外线消毒。

【画外音】

当然，对空气消毒是为了隔离病菌的传播，而鸡喝的水同样也是一个病菌传播的途径，该怎么样控制水里的细菌超标呢？这时，李崇德又想了一个好方法，他要给鸡喝纯净水(字幕)。

【现场鸡场】

记者：这就是鸡喝的水哈？

李崇德：恩，纯净水。

记者：像我们人有时都没喝到纯净水哈？像我就喝凉白开。

【现场水处理设备】

记者：这个设备花了多少钱？

李崇德：两万多。药就节约了 10 多万。

记者：虽然成本看似高，但的确节约了成本。

李崇德：这是处理水中的杂质，这是处理水里的农药残留，这个是提纯，提取矿物质，这个是杀菌的，四大处理功能。

【画外音】

鸡场的硬件设施就这样被李崇德充满新意地建起来了。然而，李崇德发现鸡一旦吃饱了就会出现打斗，引起死伤。这个问题要怎么解决呢？

【李崇德同期声】开始我们琢磨很多，后来看报纸，上面说很多奶牛场播放音乐，来提高奶牛的产奶量，我们就从中得到一定启发。

【画外音】

奶牛听了音乐能多产奶，那是不是鸡听了音乐就能多生蛋呢？李崇德说做就做，立刻在鸡场里安装了全套音响设备，从网上下载了三四十首轻音乐，由电脑控制按时播放。还别说，这个方法还真有效，鸡听上了音乐，变得温和安静多了。而且还发现了许多与众不同的细节。

【现场口播】

咱们李师傅的这个五星级酒店，除了水空调、轻音乐、纯净水，还有很多细小的和别人不一样的地方。您看，走进这个鸡舍，就感觉非常温馨。大家可以看到，这个天花板上透光的地方都用红色油漆刷了一遍。李师傅，这个作用是什么？

李崇德：这个作用主要是减少强光，给鸡提供一个很柔和的光照，这样来减少打斗。

【画外音】

您看啊，通过这么多新鲜的招数，李崇德的养鸡场真可说是独一无二，很有特色。不过，我可担心一个问题，虽然成本有所下降，但投资毕竟这么大，收得回本吗？

【李崇德同期声】外人看，我们这样做生产成本会增加，实际上我们的生产成本反而减少。全年温差才 10 ℃，10 ℃的范围内，我们的鸡就要少吃一个产蛋周转期，那么一年就要少吃七斤饲料，按半年算就是 10 斤饲料，这 10 斤饲料以目前市场价格算，就要节约 11 块钱。在药物方面，普通的养殖户，一只鸡药物需要 3 块 5 角钱，而我们的鸡只需要一块五的预防药物，节约两块钱。

【画外音】

按李崇德 5 万只鸡的数量来算，从他修起鸡场到现在，每只鸡比传统养鸡场的鸡节约成本 13 元，而总数就相当于比同样规模的传统养鸡场成本节约了 65 万元。这可真是笔不小的数目啊！另外啊，通过这些妙招，李崇德养鸡场里的每只鸡比传统养的鸡的产蛋期延长了 4 个多月，在同样长度的产蛋期内可以多产 2 公斤鸡蛋。在美国，每只鸡一个产蛋期可产蛋 18 公斤，而李崇德饲养的蛋鸡已达到 19 公斤。咱们的李师傅的蛋鸡产蛋率可以说是已经达到了国际顶尖水平。

【李崇德同期声】他们（传统养鸡场）需要 10 年时间，而我 5 年时间足够回本。

【画外音】

瞧，李崇德说话这么自信！当然人家有自信的理由了。因为在去年蛋价行情最低的时候，养殖户们通通亏本，李崇德竟然一枝独秀，大赚了一笔钱。

【现场装蛋】

记者：像您这个蛋一天能捡多少个呢？

李崇德：两万个。

记者：你这 10 个大概多少钱呢。

李崇德：我们是讲一件，一件 360 个，卖上 142 件，每个投（入）3 角 7 一个。

记者：这是在我们本地销售吗？

李崇德：不是，都是送广州。

记者：去年有多少钱的利润？

李崇德：去年有25万的利润。

记者：今年才过了一半，你预计有多少利润？

李崇德：今年可能有50万的利润。

记者：为什么今年比去年高那么多呢？

李崇德：因为去年有半年没有产蛋，今年全是产蛋鸡。

【画外音】

李师傅啊，这么高的利润，看来您的5年回本是一点问题都没有了。

【现场口播】

记者：咱们李师傅是一个非常有头脑的人，养鸡场里处处都有他的创新，都有他的心血。为了追求利润最大化，咱们李师傅不放过任何一个赚钱的机会。那么，有一样东西，大家认为是废物的东西，它却让李师傅赚到了钱。李师傅，您这件变废为宝的东西是什么啊？

李崇德：是鸡粪。

记者：鸡粪？您怎么把它变废为宝的啊？

李崇德：我们每天把它清出来拉到鸡粪厂去卖，专门有收鸡粪的，一天可以卖30多块钱，一年可以卖一万多。

【画外音】

您看，咱们李师傅还真是物尽其用，什么东西到他手上都可以变成赚钱的途径。如果我们的养殖户都能像他一样这么有创意，还怕什么市场风险啊！总结李崇德的经验，就一句话，只要您勇于创新，勤于思考，那么生活当中就不乏赚钱的机会。

获奖情况

2009年8月，新闻专题《养鸡赚钱招招鲜》获“第六届全国农业电视节目、电视论文评选”一等奖。

作品：电视新闻专题《生死5小时》

编导：阳德智　摄像：刘春信　编辑：廖文谧　主持配音：刘　霞　制片人：刘　滨

【字幕】

2008年11月3日夜晚，夹江县歇马乡乱石溪村发生大面积山体滑坡，一排靠近山崖的民房顷刻间被淹没，4名在当地做生意的浙江人被泥石流埋了半身，其中一名妇女被压在两块重达10吨以上的巨石下，一场生死营救此时拉开了帷幕。

【音乐　推出片名】

生死5小时

【解说石溪村全景转现场】夹江县歇马乡乱石溪村地处县城以南偏僻的丘陵山区，由于近期连续降雨，村落四周的矿山已经发生过多次小规模坍塌，但这并没有引起村民们的重视。2008年11月3日晚上21:30，小村东侧一处山体突然发生滑坡，山下一排民房在5秒内被泥石流淹没（音效）。

【村民阿炳同期声】我们家正在看电视,就听到喊,喊“救命!”我们走出来,(山)已经垮了,人都埋在里面去了,人都埋着的。

【解说】

这处被泥石流掩埋的六间民房内住着四名浙江籍生意人,山体坍塌发生时,四名浙江人全被埋在地下。村民阿炳听到山体坍塌的巨响和呼救声后第一个赶到事发现场,拨打报警电话,并和随后赶来的人们从泥石流中挖出三名浙江男子。

【获救者林根财同期声】当时就是“哗!”的一声响,我以为地震了,两块大石头滚下来,我们都在梦里,以为地震了。我们就喊“救命”。我们四个人,她老公逃出来了,喊救命,她老公力气大,爬出来了。老婆压在里面了,人看不到,好像老鼠在里面叫“吱吱吱吱”的声音。我们也慌得不得了。

【解说】

三名浙江男子获救后,人们得知还有一名女子埋在地下,从土层内隐约传来含糊的呼救声,可当人们挖开泥土后,人们看到了这样的情景。

【救援民警同期声】我们看到那个石头,估计最轻的那个在5吨以上,重的那个在10吨以上。

【解说】

在被困女子的下半身,竟然压着一块当时估计重达5吨的巨石,而女子头部的房墙后,斜靠着一块更大的巨石,随时都有倒压的危险。这时,人们才意识到事态的严重性,被困女子命悬一刻。及时赶到的110民警在反复勘查后,向夹江县消防大队请求援助。

【夹江县消防大队大队长何涛同期声】赶到现场后,对现场进行了初步侦查,发现发生滑坡的这个山体非常陡峭,有两块非常大的巨石已经砸向了山下的一栋民房,民房的主体结构已经损坏,有一名妇女被压在巨石下。

【解说】

携带着各种救援器械的消防队员的到来,无疑让绝望的人们为之一振。此时,距离泥石流发生已经过去40多分钟了,人们在担心,这被困的浙江女子阿玲能救出来吗?

【救援现场同期声】

消防士兵:不要着急!生命安全有没有受到威胁?

救援民警:其他地方都没有受伤,医生都看了的。

【夹江县消防大队大队长何涛同期声(插画面)】对当时的具体情况进行进一步的详细侦查,发现这个救援存在两个非常大的危险:第一个危险就是,泥石流发生在夜晚,加上下了点小雨,山上有很大的雾气,那么山体的具体情况就看不清楚,随时有可能再次发生山体滑坡,就给我们营救人员的生命安全带来了危险;第二个危险就是,房屋由于受巨石的冲撞,主体结构已经严重受损,摇摇欲坠,有可能发生坍塌,这也给我们的救援人员生命安全造成危险。

【解说】

通过进一步勘查,被困女子阿玲虽然已经昏迷,但生命体征明显。让消防队员万万没有想到的是,经初步测量,压在阿玲身上的巨石重量肯定不止5吨,从体积和密度判断,至少在10吨以上。这样一个庞然大物压在身上,阿玲怎么可能逃过一劫?面对随时都可能发生的第二次山体坍塌,救援该怎样着手?

【夹江县消防大队大队长何涛同期声(插画面)】首先是对妇女被困的这个狭小的区域的所有泥土、建筑的砖瓦进行了清理,然后我们就观察妇女被埋压的情况。当时的情形是这个妇女的两腿被压在这个巨石下面，中间就隔了一层棉被。我们根据这个情况，就觉得这个棉被能够起到一定的缓冲作用，有利于我们营救工作的开展。我们就迅速进一步地把那些杂物进行清理，然后就看到了她的两（条）腿。

【救援现场同期声】

消防士兵：看看她的脚是怎么回事？看！这是她的脚，这是脚后跟。这里，这块石头挪开后就可以取出来了。这是脚后跟吗？

阿玲：对！

【夹江县消防大队大队长何涛同期声（插画面）】针对这个情况我们迅速制订了下一步营救方案。首先第一个方案就是考虑采用救生起重气垫，这个装备也是我们大队刚刚配备的装备。

【解说】

救生起重气垫是夹江县消防大队最先进的安全移重设备，可以抬起20吨以内重物。然而，这种设备在使用时，会产生强大的震动，并且需要足够的空间，在已经摇摇欲坠的民房内，在随时都有可能发生山体坍塌的情况下，在两块巨石的狭缝中，起重垫的使用对所有营救人员和被困者来说，都将是更大的威胁。面对随时都可能再次发生山体坍塌的危险，这第一个方案能行吗？时间在一分一秒地过去。

【夹江县消防大队大队长何涛同期声（插画面）】这个方案就被否决掉了。否决掉后，我们就决定利用液压撑顶器进行救援。利用这个液压撑顶器救援的话，就必须要在巨石下方找到一个着力点。当时这个巨石呈椭圆形，就没有这么一个着力点。我们就迅速利用装备，在巨石的下方开凿出一个着力点。

【救援现场同期声】凿岩石。

【夹江县消防大队大队长何涛同期声（插画面）】在开凿着力点的过程中又遇到了麻烦。首先是我们的切割机无齿锯对巨石进行切割。据当地村民讲，巨石里面含有很多铁矿物质，相当坚硬。我们在切割时果然就遇到了麻烦，切割不动。

【解说】

此时，时间已经过去了两个小时。被困女子阿玲从昏迷中苏醒后，情绪开始波动。而紧靠在阿玲头部墙体的巨石发生了两次移动，墙体开始断裂。如果此时发生第二次塌方，包括营救人员在内的所有人，将一起被埋在巨石下。

【现场同期声】切割巨石。

消防士兵：我怕时间太久了。（又过了）一个小时，不行，太高了！用千斤顶打这个位置呢？要把里面打个坑！

【何涛同期声（插画面）】我们就边切边用这个钻子进行敲打，把遇到铁矿石成分的区域整体剥了。经过半个小时左右的努力，就成功地在巨石下方开凿了一个着力点。开凿出着力点后我们就对下方的杂物进行了清理，然后找到了这个建筑的地面。它的地面是水泥地面，这个正好具备了着力的条件。那么我们就用液压撑顶器对这个巨石进行着力，把它抬起来，给被困者的腿部活动留出一定空间。刚开始应该是进展（得）比较顺利，看起来巨石慢慢就（被）往上抬起来了。

【解说】

眼看救援就要成功了。可就在巨石开始抬起时，令人意想不到的事情发生了（音效），承重的水泥地面竟然无法支撑10吨重物，液压撑顶器被直接压进了地面，回落的巨石向阿玲身上前进了1厘米，而头部的巨石也因地面塌陷向前移动。阿玲和消防队员再次面临生死一线的严峻考验。

如果阿玲没有被救出并和消防队员一起被巨石或者山体压埋，那后果是不堪设想的。现场人们已经悬着的心被提到了嗓子眼！

【现场同期声】慢点！慢点！不行！地下软了！慢点！把这里掏一下，把下面的（被子）割了，稍有缝子就可以出来了。

【夹江县消防大队大队长何涛同期声】由于巨石的重量有10多吨，然后它的重量通过撑顶器传递到地面把水泥地面压穿了，撑顶器的下部沉降到泥土当中，就没有起到承重的作用。那么我们又立即采取下一步措施，就找来了大量的砖块、木块，把撑破的地面进行了进一步的夯实，把它加固，让它的受力面加大，这样我们进行了第二次努力。

【现场同期声】

士兵：可不可以动？

阿玲：现在我动不了，啊！

士兵：不要动，哪个地方被卡着？右边的脚没遭（事），那只脚扭着，要找个着力点才行。

【解说】

时间一分一秒地过去了，距离阿玲被困已经整整过去了5个小时，多次营救方案的失败让巨石下的阿玲无法自控，也不再配合消防队员的营救行动。这时，山雨再次降临，不远处的山体再次发生泥石流。所有人明白，如果不在短时间内救出阿玲，人们面对的将是生死抉择。11月4日凌晨2点，消防队员经过周密布置的起重器械成功将巨石抬高3寸，可阿玲依然无法摆脱困境。而更换的气压撑顶器抬高的空间长度已经达到极限，并且从理论上说只能支持几分钟。也就是说，如果在这几分钟内，无法救出阿玲，营救将宣告失败。因为这一次抬高的巨石会因为器械的断裂，直接将10吨巨石压向阿玲的全身。

【夹江县消防大队大队长何涛同期声（插画面）】她的情绪非常激动，可能觉得这个石头那么大，要把她救出来的可能性很小，她有这种感觉，情绪完全失控了。这时候我们又对她进行安抚，让她坚信有我们消防队员在，能够确保把她安全成功地营救出来。

【解说】

时间一分一秒地过去，巨石仍旧死死压住阿玲的双腿。此时，人们把最后的希望寄托在这3寸的空间中。这仅仅的3寸空间真能把阿玲救出来吗？

【现场同期声】

士兵：左脚往前，右脚往后。

阿玲：我没有力气了，先生。把我这个弄一下……刚才两个压在一起了。

士兵：不着急！马上就可以出来了，你试一下。看能不能把她抱出来……

阿玲：松很多了，我的脚让被子压着，还能高吗？

士兵：已经最高了，自己调整姿势。

【营救同期声】时间过去的滴答声。

【解说】

11月4日凌晨2:25，被毁房屋后山再次出现塌方迹象，就在救援人员隐约预感到希望渺茫时，奇迹出现了！

【夹江县消防大队大队长何涛同期声（插画面）】最后这个被困者突然非常兴奋地叫了一句，她说我的腿能够松动了，这时候大家都看到了希望所在。

现场（阿玲被成功救出）：担架！担架！

【音乐+救出阿玲现场同期声+慢镜头】

画面叠字幕:2008年11月4日凌晨2:26,被10吨巨石重压5个小时的浙江女子阿玲成功获救。除腿部粉碎性骨折、踝骨断裂外,没有受到其他伤害。目前已被送往医院救治。

获奖情况

《生死5小时》被选送参加2009年第十届四川电视节"金熊猫"奖国际自然灾害影视节目评选中,被四川电视节"金熊猫"奖国际电视节目评选办公室评为"纪录片类 短篇 入围奖",并获证书。

作品:大学生村官不在村

【口播】

观众朋友,大家好,欢迎收看今天的《七彩城乡》节目。2006年,按照每个村配备一名大学生村官的目标,国家开始全面实施大学生村官计划,选拔优秀的大学毕业生进村工作。这不但能给农村基层工作带来新鲜血液,同时也是促进大学生就业的一项重要政策和途径。几年过去,到乐山的大学生村官是来了走,走了来,换了一批又一批,但是有村民和我们反映说,这大学生村官基本上都不在村!

【解说】

记者首先来到乐山市市中区牟子镇槐子村,向村民们打听起了大学生村官的情况。

【同期声】

记者:你们这个村子新来了一个大学生当村干部,您知道这事儿吗?

村民:不晓得。

村民:村干部?大学生?没得呢。

村民:不,不晓得。

记者:大姐,您是这个村的村民吗?

村民:嗯。

记者:听说你们这个村来了个大学生村干部,您知道这事儿吗?

村民:是的。

记者:那您最近见过他吗?

村民:没有。

记者:大概有几个月没见到他呢?

村民:好几个月没看到过了。

记者:那您没见过他平时工作?

村民:没有。

【解说】

随后,记者又来到乐山市市中区白马镇友谊村,同样是向村民问起了大学生村官的情况。

【同期声】

记者:大姐,您好,你们村来了一个大学生村官,您知道这个事儿吗?

村民：不晓得，不知道。

记者：您是不是本地人？

村民：我是这儿的本地人。

记者：村上来了一个村官，大学生，知道吗？

村民：没有来得，哪儿有嘛？

记者：都不晓得吗？

村民：都不晓得，没有来的呦。

【解说】

除了牟子镇槐子村和白马镇友谊村，记者还走访了市中区的童家、棉竹、茅桥、苏稽、水口等多个乡镇的自然村，发现这里同样早在两三年前就配备了大学生村官，但是村民们对此并不清楚，要么根本不知道有大学生村官这回事，要么就是知道有村官，但是从未见过面。那么，大学生村官不与村民打交道，又在干什么呢？

【同期声】

乐山市市中区白马镇友谊村支书刘艳梅：这个村官，他是(被)安排到村上，有事就到村上，如果村上没事的情况下就到镇上协助计生工作。因为现在的村官都基本上……如果村上没事了，他们就在上面……安排了一定的工作。

乐山市市中区牟子镇党务干事张燕：我们为了(就是)……大学生村官的成长，长期在村上我觉得对他们的成长不是很有利，到镇上来他(们)可以了解全镇的基本情况，多学知识。

【解说】

听村镇干部这么一说，我们感到很诧异，大部分的村官被抽调到乡镇上去工作了，这大学生村官所扮演的角色岂不是和自己的头衔不相符吗？乡镇都有这样或者那样的理由抽调大学生村官到政府工作，岗位这样随意变动，究竟符不符合国家关于大学生村官进村工作的规定呢？

2009年初，中央组织部《关于选聘高校毕业生到村任职工作的意见》明确规定：选聘到村任职的高校毕业生聘用期间必须进村工作，乡镇以上机关及其他单位均不得借调使用。同时明确指出，大学生村官进村的主要工作职责是协助村干部做好本村产业发展规划，领办、创办专业合作组织、经济实体和科技示范园，配合村干部完成社会治安、计划生育、矛盾调解等工作。

对于乐山市市中区出现的大学生村官大量不在村的情况，市中区人事局负责人的解释和之前乡镇和村上负责人的解释是一致的。

【乐山市市中区人事局局长谢福江同期声】我们按照上面的要求，不允许区级任何部门借用村官，(村官要)全部到村上。可能就是说，一些乡镇有季节性或中心工作，搞不赢时可能会把村官抽到这个乡镇来帮助一段时间，(然后)又回去。有这种情况，但是我们要求的是必须在岗位上。

【解说】

记者通过向乐山市市中区区委组织部核实，到目前为止，乐山市市中区的在岗大学生村官有218名，但是其中95%的人大多数时间都在乡镇工作，甚至有人从来没有下过村。市中区是这样的情况，那么其他区县的情况会不会好一些呢？

乐山市井研县也是乐山大学生村官相对较多的一个县，2007年和2008年，全县一共选用了139名大学生村官。但是记者调查发现，这里的村官和市中区一样，很多都没有下村，而是被乡镇截留了。

【井研县县委组织部党建办副主任吴伟同期声】由乡镇根据这个“村官”比如说学历、专业、性别以及现有村级班子的需求,来进行(这个)科学合理的搭配。基本上不征求“村官”的意见,一个是时间来不及,还一个是他对这个村的情况不了解。所以,一般由乡镇党委来决定。

【解说】

也正是因为像刚才这位负责人说的:“基本上不征求村官的意见,由乡镇党委来决定。”所以大学生村官才这么普遍地被乡镇截留。乐山市市中区的一位乡镇负责人告诉我们,乡镇之所以要截留大学生村官,最主要的原因就是乡镇人员编制普遍不足。

2008年,大学生村官戴维加、夏琴音、刘金容被选到市中区的三个乡镇的自然村当村官,但是没隔几天,他们就被调回到了乡镇。

【同期声】

乐山市市中区大学生村官戴维加:镇上工作具体就是打(下)文字材料,喊(让)整什么就是(干)什么。我觉得可能就是那些办公室人员搞不赢(定)的时候就让我们去帮帮忙。

乐山市市中区大学生村官夏琴音:我是在村上搞选举完了后,就在村上协助整理党务工作。过后一月份就通知我到镇上计生办报到。把我分到计生办,我就负责搞统计。根本就没一个村官在村,自己经常还两边受委屈,造孽得很。

乐山市市中区大学生村官刘金容:因为你本身是“村官”嘛,而且当初考虑的那个愿望也是在村上工作,但是突然喊(让)你到另一个地方,好像就不是你工作的地方。(现在)走访村民那种(工作)基本上没有。

【解说】

乡镇随意对村官借调、截留,一些大学生村官对目前的工作状态感到不满意。对出现的这些情况,当地的组织部门、人事部门和乡镇党委政府都非常清楚,但都是睁只眼闭只眼。很显然,在对大学生村官的科学使用和规范管理上,主管部门没有尽到责任。

在调查中,我们也了解到,虽然大学生村官不在村的情况很普遍,但是也有一部分村官是真正地进村工作了,而且还取得了不错的成绩。

井研县镇阳乡凉风村的村主任助理汪侪,是2008年进村的大学生村官,短短一年时间,他已经和另一个大学生村官江巍自筹资金建起了养兔场,并且成立了“扬帆兔业专业合作社”。现在,合作社已经吸纳了80户村民,正在发展壮大。

2007年10月,大学毕业生齐天军参加了大学生村官的选拔考试,到市中区全福镇台子村担任党支部副书记。如今,他自筹资金成立的钻井队在当地已经小有名气。这不但解决了一部分村民的就业,更重要的是通过给村民打深水井,解决了当地生活用水不方便的现状。

【口播】

通过我们的调查来看,那些真正扎根基层的村官,已经用自己的知识和干劲为农村发展带来了成效,但这样的大学生村官所占的比例还较小,乐山大学生村官不在村的现象还比较普遍。国家精心选拔出来的优秀大学生大部分没有在村里发挥应有的作用,而是在乡镇部门搞一些抄抄写写,甚至是端茶倒水的工作。国家耗费物力、财力而实施的大学生村官服务农村计划,其效果在很大程度上打了折扣。大学生村官,他们有专业的知识,有创新的想法,有强烈的干劲,只有真正下到农村最基层,才能为农村的发展贡献力量。好了,今天的节目就是这样,我们下期节目再见!

获奖情况

《大学生村官不在村》在首届(2010年)中国农业电视节目评估中,被中国广播电视协会评为“评论类一等奖”节目。

作品:小火车司机

【“纪录·中国”和金鹰奖对《小火车司机》的解说词】

【黑底白字+配音】

在四川省乐山市犍为县嘉阳集团,有一列从芭沟镇开往石溪镇的蒸汽小火车。这列轨距几乎只有正常列车轨距一半的嘉阳小火车,是目前世界上唯一还在正常运行的窄轨客运蒸汽火车,被誉为“原生态的工业革命活景观”。今天,我们要讲述的,就是一位普普通通的小火车司机的生活。

(2009年9月27日下午15:10　犍为县芭石铁路起点站石溪站)

54岁的小火车司机柳永明,在芭石铁路开小火车已经29年了。和他搭档的司炉李正伦,今年53岁,从事小火车工作也有27年。两个老伙计对芭石铁路的一草一木都熟悉得很,几乎闭着眼睛也能走个来回。他们刚刚接手了9号机车,准备加开一趟到5公里之外的跃进站的客运车次。

嘉阳小火车司机柳永明:公路现在封闭(修路),职工的上下班、附近村民的进进出出,就靠我们加班来完成。

按照操作规程,每一趟车出发前,都要仔细地对机车进行体检,做好各项准备工作。检修完毕,柳永明就按照调度的安排,在站台内驾驶机车把车厢不断地挪来挪去。

嘉阳小火车司机柳永明:挪车(的时候)是相当多的,也是最考脑壳的时候。要算到怎么挪,怎么早调,这样工作才能达到目的。

发车时间到了,柳永明驾驶着小火车驶出了石溪站。小火车驾驶室的空间还不到两平方米,可麻雀虽小,五脏俱全。

嘉阳小火车司机柳永明:这个就好比汽车的油门,这个是刹车,这个是前后转向。这个是锅炉的水位,那个气表就是管压力高低的。司炉工负责锅炉内的水位和气压,司机就要负责车速、行人、道路、自己的车况。我们这个温度要达到50℃,汗水可以说是(用)手一把一把地撸来甩。一天吃(喝)水都要吃(喝)到十四五斤,吃(喝)进去马上排汗了,还不得屙尿。天气稍微闷热一点,短裤都没有干了的。

驾驶室里除了司机就是司炉。司炉主要的职责是往锅炉里加煤,同时兼任小火车的副驾驶。

嘉阳小火车司炉李正伦:温度确实太高。当司机累(的话),这样的活(路)更累(了)。

嘉阳小火车司机柳永明:干这个每天(挣)三元钱,买水都不够。

从跃进站返回时已经是下午17:30了,柳永明也该下班了。他匆匆向上晚班的司机交接了机车,就登上了一趟马上就要出发的小火车回家。

(下午18:20　芭石铁路菜子坝站)

在芭石铁路的第4站——菜子坝站,柳永明下车了。从这里步行十多分钟,就能回到芭沟镇光辉村3组的家。

走不多远，柳永明的妻子背着外孙来接他了。今天，柳永明回家比往常迟了点，妻子有点担心了。

柳永明的妻子万科玉：哎哟，累得弯头驼背的样子。你没洗澡嘛？

嘉阳小火车司机柳永明：没有，跳下来就回来了。

柳永明的妻子万科玉：我打电话没有人接，我说咋个回事。

嘉阳小火车司机柳永明：我可能正在开车。

柳永明的妻子万科玉：你看嘛，就跟叫花子一样(的)。你可能早饭都没吃。

嘉阳小火车司机柳永明：吃了。

柳永明的妻子万科玉：绝对没有吃午饭。

嘉阳小火车司机柳永明：我(自)个儿打的蛋(汤)来吃的。

柳永明的妻子万科玉：(自)个儿打的蛋(汤)？你搞得赢吗？

嘉阳小火车司机柳永明：中午弄了米来整起，打的蛋汤来吃的。

柳永明的女儿和丈夫在外地打工，家里就只有柳永明夫妇和1岁多的外孙。

嘉阳小火车司机柳永明(对孙子)：山山(先)不抱，等我洗了澡来抱你。

(下午19:00　犍为县芭沟镇光辉村3组)

柳永明开火车很辛苦，平时难得顾家，家里种地、耕田、养鸡、养猪等农活，都是妻子在操持。时间久了，妻子就有意见。现在，柳永明已经带了四五个徒弟，都在学开火车。

柳永明的妻子万科玉：有啥子经验，你还是教一下他们嘛。

嘉阳小火车司机柳永明：是在教他们啊。

柳永明的妻子万科玉：教下他们新的(技术)嘛，你老了，就该退休了嘛。

明年就要退休了，一想到这，柳永明的心里就像打翻了五味瓶。

嘉阳小火车司机柳永明：小火车对我来说，应该说是像自己的子女一样。从很陌生的时候认识它，到慢慢熟悉它，慢慢地掌握它，现在能达到，开起走(来)，耳朵一听，就晓得它的故障发生在哪儿。跳下去，到那儿(去)就能直接把故障排除了。我肯定是舍不得离开，毕竟和它一起度过了30个年头，还是有深厚感情的。这其中呢也有爱也有恨。五六月的时候，连裤带都没有干的，也会产生一点抱怨心理。但这么几十年还是对它产生了深厚的感情。

出于对小火车的喜爱，1978年，柳永明从煤矿工人转行，当上了一名小火车司炉。2年后，他就成为一名人人羡慕的小火车司机。在那个特殊的年代里，火车司机很吃香。柳永明当时都已经跟青梅竹马的万科玉恋爱了，还有不少女孩托人前来说媒。柳永明现在想起来还十分得意。

开火车快30年了，柳永明跟其他司机一样，也落下了一身的职业病。

嘉阳小火车司机柳永明：我们开车的，必须把头部伸出窗外，看(到)前后，一个是行人，一个(是)自己车辆的问题。现在我们好多司机都出现膀子痛，像我就(是)有神经痛，(只要)一痛起来还是相当厉害的。

在柳永明的司机生涯中，有一件事情其他任何司机都比不了。那就是他收了一个老外——英国莱斯特郡议长戴维为徒弟。

嘉阳小火车司机柳永明：2007年11月，英国莱斯特郡和嘉阳集团搞了个列车命名的揭幕仪式。我们煤矿任命(了)莱斯特郡议长戴维为名誉司机。他提出来要当个名副其实的司机，就上了我的机头。他不懂得这个机车的操作，我给他指点，他就学开火车。他兴高采烈地挥手向观众致意，然后鸣笛大约开了四五百米。

高鼻子、黄头发的戴维是第一个开嘉阳小火车的外国人，他高兴得不得了，真觉得自己驾驶着雄壮的火车头很威风，就有点儿不安分了。

嘉阳小火车司机柳永明：戴维觉得很兴奋，也很高兴，就接着问我如何加快速度，因为他毕竟是第一次摸，也不能让速度跑得太高（快），我就不允许他加快速度。

戴维在欧盟委员会担任了职务，人大面大的，可是，在师父柳永明面前，他还是得服服帖帖地听招呼。能对戴维下命令，柳永明很自豪。

柳永明的妻子万科玉：国庆节放假，走（到）哪儿去耍一下嘛？

嘉阳小火车司机柳永明：两天时间，走得到哪儿啊？我不走（到）哪儿去。在家里弄点（来）吃算了。

柳永明的妻子万科玉：要的，就在屋头耍。

嘉阳小火车司机柳永明：咋安排下生活呢？

柳永明的妻子万科玉：你说咋个安排？我就咋个吃。

嘉阳小火车司机柳永明：就杀只鸡嘛，看姑娘（女儿）回不回来嘛。

（9月28日凌晨6:15　芭石铁路跃进站）

天还没亮，当天的第一趟小火车已经出发开往终点黄村井站，柳永明就要乘坐这趟两个多小时后返回的火车。今天，柳永明继续上中班。为了准点交接机车，他一早就起床了。临走的时候，妻子像往常一样要唠叨两句。

嘉阳小火车司机柳永明：时间差不多了，我要去上班了。

柳永明的妻子万科玉：要的，你慢慢地去，对工作负责任一点，把安全工作做好。那么多人来旅游的。就这样吧，慢慢地去。

嘉阳小火车司机柳永明：要的。

（上午7:30　芭石铁路菜子坝站）

在等火车的时候，一位村民很不满意地向柳永明反映情况。原来小火车在这里排放炭渣，负责清道的工人不小心把炭渣弄进了这位村民的田地里。

芭沟镇铁牛村村民：我打了招呼，叫他们不要倒，都丢到我的田（里）了。我就要喊（让）他们道班工来钩（铲）起来。

嘉阳小火车司机柳永明：去反映一下吧。你找机电楼，找运输科都要（可以）的。你给他（们）建议一下，尽量不要整在那边中间。

芭沟镇铁牛村村民：嗯，我就是不晓得在哪儿点（反映）。我估计是在运输科。

嘉阳小火车司机柳永明：因为直接管我们的就是运输科，你给（和）公司说，他们（还不是）不懂这个生产环节，是吧？

抵达小火车起点站石溪站的时候，离交接机车还有两个多小时，柳永明在简陋的临时宿舍里休息了一会儿，就开始自己动手做午饭。其他的司机基本上都住在站台附近，吃住在家里，方便得多。像他这样的，还没两个。

（上午11:30　芭石铁路石溪站）

柳永明今天还是和李正伦搭档。临近中午，一列小火车从山里出来了，这就是他们要交接的机车。

柳永明把机车开到检修地点，照老规矩开始进行出发前的准备。今天，他们驾驶的是14号机车，这辆机车在嘉阳集团现有的4辆机车中动力最弱，司机们心里都不踏实，生怕这个家伙随时罢工。

嘉阳小火车司机柳永明：刹车的拉簧拉不回来，把这个提闸爆了，爆了就增加负荷。这样检查了，我们的车子跑起就要活一点。这个14号车要差点，它的产气要差点。就像我们人干活（路）一样，超过了它的负荷拉起就有点吃力。

嘉阳小火车司炉李正伦：害怕跑起（来）连杆出（了）问题。

嘉阳小火车司机柳永明：那就试了油来（再）跑。

嘉阳小火车司炉李正伦：就检查一下嘛，气压、水位。

嘉阳小火车司机柳永明：这（人）都到了，我们把安全会开了。道路上注意车辆安全，发现危险的事情就火速地进行处理。记得多看一下，调车要相互联系一下，把车调好。注意车的安全，也要注意人身的安全。各个站的信号，大家多注意一下，发出正确的信号。平平安安上班，平平安安下班，注意自己的工作任务。好，就这样。

柳永明和李正伦这趟是到芭石铁路的终点站黄村井执行煤炭运输任务。在这条全长19.84公里的铁路上，人车混杂的情况很普遍，即使是运输货物，也不能跑得太快，平均时速不到20公里，跑一个来回，就要接近3个小时。

（下午15:20　芭石铁路石溪站）

14号机车已经老了，拖着十几节车厢跑起来嘿哧嘿哧地很吃力。柳永明和李正伦费了不少的劲，总算哄着它平安地完成了煤炭运输任务。可是返回的时候已经比原定时间晚点20多分钟。

【黑底白字+配音】

半个多世纪以来，一代又一代的嘉阳小火车司机们，就这样平凡而辛勤地工作着。虽然每天工作的时间不长，但是神经高度紧张，加上工作环境恶劣，愿意当小火车司机的人并不多。司机们一天天老了，小火车却依然生机勃勃。柳永明这样的小火车司机，用他们的青春和汗水，为我们延续着蒸汽小火车一段又一段的传奇。

《小火车司机》收视率

2009年9月30日，《小火车司机》在乐山电视台公共·新农村频道播出，平均收视率为3.6%，平均市场份额达到7.3%，节目同时段排名第三，仅次于中央一套、湖南卫视和四川卫视。

获奖情况

《小火车司机》入选四川第25届中国电视“金鹰奖”优秀作品。四川省电视艺术家协会、四川省广播电影电视局宣传管理处联合通知文件。

作品：电视专题片《百岁夫妻》

【字幕+配音】

执子之手，与子偕老，是人生的最大幸福。能够牵手90年的夫妻，全国都十分罕见。我们乐山市井研县千佛镇瓦子坝村的张近才和卢淑容老人，就是其中的一对。都说，“百年修得同船渡，千年修得共枕眠”，这是一个怎样的姻缘？是什么使他们能携手共度百年，健康长寿？在重阳节到来之际，我们栏目组专程去看望了两位老人。

出片名：百岁夫妻

从公路边远远望去，竹林掩映之处就是张近才夫妇的家，绕过窄窄的田埂，一抬头，便看见一位老人满脸笑容招呼我们。这一定是张近才了。

井研县千佛镇瓦子坝村村民张近才：我数到了五个人，是不是五个人嘛？我使劲喊你们过来的嘛，听到没有嘛？（没听到）

原来，老人的眼力还很好，远远地就看见我们了，使劲呼喊我们，见我们没有回应，心里老大的不高兴。

井研县千佛镇瓦子坝村村民张近才：（你们）耳朵又不对（好使），眼睛又不对（好使），我看到你们。

我们的到访让老人很高兴。不难看出，他是个很好客的老人。（字幕：热情好客）

井研县千佛镇瓦子坝村村民张近才：今天有客人，明天有客人，天天有客人，热闹热闹对不对嘛？

张大爷热情地招呼我们坐下，便与我们聊起来。

记者：吃（得）几碗饭？

井研县千佛镇瓦子坝村村民张近才：吃的饭没数，不晓得颗数，使劲刨（嚼）使劲刨（嚼），咬一下就吞下去了，没数颗数。

原来张大爷还很是有些搞笑天赋，他无厘头的回答弄得我们哭笑不得。

早就听说张大爷已经有100多岁了，见他这精神头，我们有些怀疑。于是向老人提出，看看他的身份证。张大爷摸摸索索，很慎重地解开一层层衣服扣子，从里面的衣袋里拿出个小纸包，取出他细心保存的证件。（字幕：条理清楚）身份证上清楚地写着：张近才，出生日期1902年2月23日。这样算来张大爷今年已经整整107岁了。为了试试张大爷的思维是否真的清楚，我们决定考考他。

记者：你今年好多岁了？

井研县千佛镇瓦子坝村村民张近才：今年哦才七八岁。

嗯？才七八岁，难道他真的老糊涂了。

记者：前头的100岁哪去了呢？

井研县千佛镇瓦子坝村村民张近才：多了的不说嘛，重来嘛，就跟七八岁一样，光吃不做。天天要吃，又要喝点酒，又要吃点肉，挑咬得动（的）拈（吃），咬不动的不拈（吃），有咬得动的嘛！（笑）（字幕：嘿嘿，我心里明白着呢！）

短短十几分钟，我们已经感觉到张大爷虽然107岁了，但仍然思维敏捷，头脑清楚。虽然说不上耳聪目明，起码眼力还是不错。不仅如此，在我们的采访中，我们还感受到老人非常热爱生活。别看老人已经100多岁了，对外面的新生事物一点都不陌生，而且还有很多自己的想法。

记者：你去不去赶场呢？

井研县千佛镇瓦子坝村村民张近才：我没有车，我想买个（辆）自行车来骑。骑着自行车随便到井研也要得，到千佛也要得，到竹园也要得。在四川的地面是走不完的。你们也没有走完过。（我还想要看看外面的世界）

张近才喜欢热闹，所以到赶场天总会想着去凑热闹，当然也不空着手去，这间屋子里的竹编都是张近才自己编的。

张近才的小儿子张大元：年年都要编，昨天他还喊我回去给他砍竹子。三天编一个，原来我们搬房子的时候一天（编）一个。

张近才年轻的时候就学会了编晒垫的手艺，至今仍然没丢，闲来无事就随手编编。

等到赶场天，张大爷就会带上自己的这些竹编到市场上卖。张大爷卖东西和别人还不一样，也不用怎么吆喝，单单就是在那里一坐，就有许多人围了过来。眼看着有几块钱进账了，张大爷就收拾自己的东西，来到街边的老茶馆里。这棵老树下的茶馆，是张大爷最常来的地方。回家之前，他都不忘给老伴带点东西。因为老伴卢淑容的身体一直没有张大爷硬朗，几年前就没有上过街，每次都是张大爷上街给她带回她最喜欢吃的蛋糕。

说到张大爷的老伴卢淑容，怎么我们坐了半天也没看到她呢？现在她的身体还好吗？

张近才的小儿子张大元：母亲？看嘛还在床上睡（起的）。她白天睡多了，晚上整到天亮。老年痴呆那种，有三年了。

张大元到屋里喊醒了母亲。卢淑容出生于1906年，比张大爷小4岁。1918年，经媒人介绍，卢淑容走进了张家的门，就一直没有离开，至今已经91年了。卢婆婆慢慢走出房间，张大爷可等得着急。

井研县千佛镇瓦子坝村村民张近才：巴巴适适坐到那。老孃儿喂，你出来了？呵，喜笑颜开嘛！（做鬼脸）

这么多年，张大爷就一直和卢婆婆这么打趣逗乐，经常让卢婆婆哭笑不得。现在卢婆婆身体越来越不好，精神也大不如从前了。可是这样也免不了被爱逗乐的张大爷调侃。

井研县千佛镇瓦子坝村村民张近才：老孃儿她妈叫刘氏婆，她叫流屎狗，她流屎的嘛！

90多年来，老两口就是这样相濡以沫走过来。有张大爷这个老顽童在身边，卢婆婆怎么会生活得不快乐呢。

井研县千佛镇瓦子坝村村民张近才：人嘛要忍得（住）气嘛，有三不忍，有三不怕。比我强的我不怕；你比我弱的，算了我让你一手。夫妻俩打架是没有问题的，打耍儿的，未必真的打哦。真的打，她未必遭（禁）得住几拳头哦，我一锤要打四五十斤。

夫妻相处就是这样，迁就、忍让换得一团和气。不仅是夫妻之间，张大爷的处世哲学也是如此。

井研县千佛镇瓦子坝村村民张近才：人有几个"忍"的嘛。逢恶不怕，逢软不欺，大事说成小事，小事说成没得事，就算了。

【片花】

问起老人的养生之道，张大元笑了。

张近才的小儿子张大元：我们最近两年才好一些的，两个女儿（嫁）出去了才好些。那个时候我们恼火（穷）得很。

多年来，张大爷夫妇一直跟着小儿子张大元一起生活。他们所处的千佛镇是一个纯农业乡镇，主要依靠田地里的收成，生活一直过得紧巴巴的。与别的人家没什么不同。不管日子怎么样，老人一直保留着自己多年的一点偏好，是什么偏好呢？

张近才的小儿子张大元：12岁就开始抽叶子烟了。那时候（有）烧水烟、叶子烟、纸烟、经济烟。那时候大重九就是很出名的。

原来是吸烟啊。张大爷的烟龄可不短，掐指算来有95年了，而且烟量还不小呢！

张近才的小儿子张大元：一个月要三十斤(烟叶)(字幕：好大的烟量！表情：汗)

这么大的烟量，多年来老人却不咳不喘，实在让人惊叹。面对我们的镜头，老人似乎还很得意，对着镜头摆起了造型。(字幕：我想怎么抽就怎么抽！)

除了抽烟之外，老人还有个爱好，这个"朋友"他也离不了，这又是什么呢？

张近才的小儿子张大元：年轻的时候就喝酒，从我小时候(他就喝)。那时候每天都要喝一斤半啊，一斤二三两啊。现在，每天都是七八两。

每天吃饭都离不开酒，而且要喝七八两。看见了吧，这样的养生之道，并不是医生推崇的，我想也不是每个人都能学到的。说起喝酒，这里面还有个小故事呢。有一次，张大元打工回来，晚上睡觉就听见父亲在房间里叫唤，他怕是父亲哪里不舒服，赶紧去看看。

张近才的小儿子张大元：我去看(他)。问他咋个，他说不咋个。我说有酒没，他说没有酒。我熬夜去给他打酒，我一两点钟走路。那时候没有车，我走路(去)到村里给他买酒，打一斤回来喝了就没(得)事了。

原来是父亲没了酒喝，心里不舒服，人也没了精神。还是儿子了解父亲，一下手就药到病除。可见张大爷对酒那可是情有独钟啊。有了酒有时连饭都可以少吃一碗。

张近才的小儿子张大元：我们的一天生活就是这样子。顿顿他都想要吃点肉啊，一个星期最多一回搅点苞谷渣渣啊。红苕出(下)来了，就把红苕留起，整点红苕饭啊，新鲜饭，要吃两碗，米汤是不少(少不了的)，他要吃碗米汤。

和一般人认为的养生方式不同，张大爷在日常生活中还特别喜欢吃肉。

张近才的小儿子张大元：哦，他吃肉比我们吃得(多)，(而且)喜欢吃肥肉。我们隔个三天两天就割肉回来，蒸啊，炖啊，或者买鸡、买鸭子回来。

相比之下，卢婆婆就没有那么好的胃口了。

张近才的小儿子张大元：母亲，新鲜饭还是要多吃点。(如果是)冷饭，就整点蛋汤啊，汤圆那些。

今年107岁的张近才和103岁的卢淑容，一起走过了91年的时光。在他们身上我们看到了热爱生活、乐观向上、爱凑热闹，还有凡事不计较、善于自娱自乐的老顽童精神。拿得起，放得下，笑对生活，成就了张近才和卢淑容的百岁人生。我们也愿这对老人能携手走得更长、更远。

获奖情况

电视专题片《百岁夫妻》2010年在四川省第四届"新农村新农民——中国农村小康故事"电视专题片评奖活动中，被四川省电视艺术家协会评为三等奖。

作品：电视新闻专题《乡村大厨》

主创：陆　溢　王　可　王伟宁　魏　仙　刘　霞

【字幕】

四川省乐山市市中区苏稽镇倒拐店村　上午8点

(一段装车镜头　开车出门)

这段时间，几乎每天早上，村民陈忠顺都要拖着一车的桌椅板凳出门去，他这是干什么去呢？（白场）早上9点，陈忠顺回到了家中，做了一些准备工作后，他换了一辆摩托车再次出发了。10分钟后，他来到了附近一位村民的家中。

（换厨师衣服　炒菜的现场镜头）

原来，陈忠顺是当地的一名乡村厨师，今天他受邀到这户人家里办厨。

（陈忠顺切酥肉现场）

记者：陈师傅，您今天要办几桌？

市中区苏稽镇倒拐店村村民陈忠顺：10桌。

记者：10桌！是每天都有这么多吗？

市中区苏稽镇倒拐店村村民陈忠顺：不一定嘛，三天五天的。

记者：那一般干什么事情的时候会找你呢？

市中区苏稽镇倒拐店村村民陈忠顺：这农村里头红白喜事都要找我，有些当兵啊，考起学校（升学）啊，结婚啊，修房子啊，丧事啊，都要请客，都要找我给他们办。

记者：你干了多少年？

市中区苏稽镇倒拐店村村民陈忠顺：40年了，我都56岁了。报国寺、红珠山宾馆（那些）我都去干过。

看来，陈忠顺是一名资深厨师了，40年的厨师生涯，陈忠顺做起菜来可是游刃有余。

（陈师傅在熟菜旁边）

记者：我看这些鱼啊，酥肉啊，都是事先把它们炸好的吧？

市中区苏稽镇倒拐店村村民陈忠顺：对，事先把它们炸好的。到了开饭的时间，这鱼还要下锅炸，虾还要炒，酥肉也要炸，手抓排骨要拌起调料才端出去。这所有的菜都是今天早上才进回来的。他们老板进回来，我们帮他们制作（就是）。

（陈师傅炒虾）

市中区苏稽镇倒拐店村村民陈忠顺：我们农村里面最（有）特色的（是）辣子虾，这炸起来以后再弄起（用）辣椒炒。

记者：现在农村里办宴席，菜色好像都很丰富了？

市中区苏稽镇倒拐店村村民陈忠顺：现在生活水平提高了。农村（的）有九大碗，外加虾子啦、串串香，还有鱼，还有掌中宝——鸡。只能说数量不是很多，但是和宾馆里的（菜）还是差不多。我们农村厨师主要是给人家办得实惠，这些投下来就两百多元一桌。

这么丰盛的菜肴只要两百多元一桌，这可是相当实惠！怪不得现在乡村里面还延续着在自家办酒席的传统呢。

市中区苏稽镇倒拐店村支书谢厚功：我们村里面有10来个（厨师），像今天这个大厨手艺好，（菜）味道好。（他）在这方圆环城20公里（都是）生意很好的，可以说一年365天他起码有两百天都在办厨。

（陈师傅在锅灶旁）

市中区苏稽镇倒拐店村村民陈忠顺：算得上。搞不赢（过来），活（路）多得搞不赢就不答应他嘛。有些时候三五天，有些时候天天都没得空。

记者：你最繁忙的时候是什么样的？

市中区苏稽镇倒拐店村村民陈忠顺：特别是这下半年，国庆节以后，基本上天天都有活（路）

要干。

市中区苏稽镇倒拐店村支书谢厚功：这个职业在农村头（里）是相当赚钱的，因为（他是）一桌收好多钱。手艺不好喃也不（得）行，这也是体现个人能力问题。

据说啊，厨师收取一桌的费用是30～50元不等。这样算来，如果按30元一桌的费用收取，陈忠顺今天能赚300元。不过，陈忠顺告诉我们，他一个人是没办法完成一次宴席的，每次都要带上自己的徒弟和打杂人员，而收取费用也要按比例分一些给徒弟。

陈师傅教徒弟：好了。糖，好好好。铲一下，免得粘了锅。

记者：你多少岁啊？

陈忠顺的徒弟：19岁。

记者：19岁就干乡村厨师的活了？怎么想起来拜陈师傅为师呢？

陈忠顺的徒弟：喜欢这个。

记者：是因为能赚钱吗？

陈忠顺的徒弟：赚不到好多，但是喜欢这一行的嘛。

（轻快音乐）

名师才能出高徒，陈忠顺的手艺在当地乡村远近闻名，到现在，他的徒弟人数已经上了两位数。陈忠顺每次接活都带上徒弟，师徒搭档，干活不累。（接一段现场镜头）

（陈师傅和徒弟休息）

陈忠顺的徒弟：我们的菜已经准备巴适（好）了，12点钟就给大家开饭了。

市中区苏稽镇倒拐店村村民陈忠顺：准备巴适（好）了。打杂的是比较慢。就还有这些烧鸭脚皮。争取早点开饭嘛。

短暂的休息之后，陈忠顺返回厨房做起了热菜。

（陈师傅准备烧热菜）

记者：陈师傅，要做热菜了，是不是要开席了？

市中区苏稽镇倒拐店村村民陈忠顺：快了。

记者：一般几点开席？

市中区苏稽镇倒拐店村村民陈忠顺：12点。

记者：有没有应付不过来的时候？

市中区苏稽镇倒拐店村村民陈忠顺：有，有，早上材料回来得迟，就会拖延时间。不过一般说来，人家请了你，有好多桌数，你就要把人员给人家安排够（好），准时给人家开饭。今天比较不忙，桌数比较少。

就在陈忠顺忙着准备给主人家开饭忙碌之时，生意又找上了门。

陈师傅接电话：有好多桌（数）呢？八九桌哦，8号吗？11月8号嘛。我问你，我现在紧（忙）得很，时间搞不赢，恐怕你抽空过来哦。在哪儿呢？天天活（路）都搞不赢。

看来，陈师傅的生意如他所说，总是接踵而至呢。忙了一上午，开饭的时间到了。

（现场翻蒸笼、浇汤、上菜，客人吃饭，群像快镜头，轻快音乐）

（陈师傅忙完抽烟）

记者：陈师傅，今天的活干完了？现在可以休息了？

市中区苏稽镇倒拐店村村民陈忠顺：可以休息了，就等到下午6点以后，等大家把晚饭吃完，我们把工具收起就可以回去了。

趁着下午的休息时间，我们跟着陈忠顺回到了他家里，聊起了他的厨师生涯。

（自家厨房里）

记者：陈师傅，我觉得您家这个厨房比我们城里面的还要现代化。

市中区苏稽镇倒拐店村村民陈忠顺：最近两年生活好了才改善的嘛，以前农村（头）都是石灰糊的灶头。

记者：你是从什么时候喜欢做菜的？

市中区苏稽镇倒拐店村村民陈忠顺：我就是从小就喜欢做这个白菜，用糖用醋整这个糖醋白菜，我喜欢吃糖醋白菜，做来人们也喜欢（吃）。慢慢就喜欢整这个农村厨师工作。

陈忠顺从做糖醋白菜开始，慢慢自学起了厨艺。土地下户之后，陈忠顺外出打工，去了峨眉山，在当地的各个宾馆、招待所都干过。

市中区苏稽镇倒拐店村村民陈忠顺：我们来自五湖四海嘛，那个时候的厨师很多，大家一起交流经验，我就学了很多特色的菜谱回来。

在外打工10年，陈忠顺的手艺得到了用人单位的一致认可，甚至连远在千里之外的青海马可河林业局招待所都邀请陈忠顺去帮忙带学员。然而，10年过后，陈忠顺还是决定回到农村里来。

市中区苏稽镇倒拐店村村民陈忠顺：当时在外（头）只拿两百元一个月。我在农村（头），（我）种田，空闲时候我就去办厨，（我）当时只收两三元钱一桌。我当时在外（头）才拿十来元钱一天，我回来办厨一天能拿二三十元钱。那样就合算一些嘛。

刚回到家乡时，陈忠顺的厨师生意还不是很好，因为别人并不知道他的手艺。他通过多次的毛遂自荐，渐渐的，形成了口碑，陈忠顺的生意日渐好了起来。而随着生活水平的渐渐提高，乡村厨师开始不像过去一样只出手艺就行了，他还要负责安排酒席的种种环节。

（陈师傅介绍他的器具）

市中区苏稽镇倒拐店村村民陈忠顺：1990年以前，在农村（里去）办厨，都是用农村里的方桌板凳。1990年以后，人们生活水平提高了，我们就做了桌椅板凳，像这大圆桌、筲箕、盘子（带起一路），锅碗瓢盆（带到一路）。老板（来）找到你以后，（你）一车拉（起）去，人家就不用去借桌椅板凳，就很喜欢。

记者：你的桌子椅子一共有多少套？

市中区苏稽镇倒拐店村村民陈忠顺：我一个人就有16套。这已经是第三代了。我的蒸笼也是两三套，可以同时做三家人的活（路），这些蒸笼已经换了几十代了。这一套蒸笼最多用三年。

记者：我看你的餐具好多都是不锈钢的。

市中区苏稽镇倒拐店村村民陈忠顺：以往吃饭的饭碗都是用的一般的碗，那个不便于搬运，容易摔坏。最近几年（以后）我们都换成了不锈钢的，鱼盘、装菜的盘子。现在生活水平不断提高，这是吃蘸水虾吃虾子的盘子，这是碟子。

记者：我看还有农村里的土碗。

市中区苏稽镇倒拐店村村民陈忠顺：这是蒸甜烧白咸烧白的扣碗，这个是不上桌的。只能在蒸笼里面用，蒸好了以后就翻在这盘子里面。这种蒸就要烂。这土碗就永（远）蒸不烂。

要准备办厨器具、运输器具，就得要有交通工具，陈忠顺可是花了血本投资的呢。

（车库外）

记者：这个车和那个车都是你的？

市中区苏稽镇倒拐店村村民陈忠顺：这是前些年买的一个(辆)车，太小了。这是买的一个(辆)新车，这个车就大。这两个(辆)车花了一万多。

记者：那你的桌椅板凳包括餐具你投资了多少钱?

市中区苏稽镇倒拐店村村民陈忠顺：两三万才办得到。

记者：厨师有抢生意的情况吗?

市中区苏稽镇倒拐店村村民陈忠顺：有这种情况。有的年轻人(他)没有生意，晓得(人家)哪家有事就(要)去问，你找我不?他们要去做就等他们去做嘛，我是从来不跟任何人去搞这些事的。

记者：是不是因为你的生意太好了，你不计较?

市中区苏稽镇倒拐店村村民陈忠顺：找我的人要上门来，我一年四季搞不赢，我就是六、七、八月一个月也要做十几家人的活(路)。这下半年我天天都有活(路)。

记者：看来咱们陈师傅是这个苏稽厨师界的大腕?

市中区苏稽镇倒拐店村村民陈忠顺：我在这个片区算得上是一流的了，不是自吹。

看人家陈忠顺可是相当的自信哦，那么能成为这个片区一流的厨师，陈忠顺靠的是什么呢?

(陈师傅算材料)

记者：陈师傅，你在算什么呢?

市中区苏稽镇倒拐店村村民陈忠顺：这个是我们办厨的一个菜单，为了人家请的客人要吃好，我们要给人家安排好。你看这椒麻鸡，这是我8号要去做的9桌人，人家要手抓排骨、串串香、卤菌肝、蒸鸽子、烧黄鳝、烧鸭脚皮。我们就要把价给人家核出来，人家说300元。

当地村民：一定不能浪费材料，很关键。我们作为一个农民来说，(浪费材料)太可惜了，纯粹的农民找(挣)钱也很不容易，现在的消费水平相当高，尽可能不浪费。

市中区苏稽镇倒拐店村村民陈忠顺：照我多年办厨的经验，是不可能出现多给人家(计划)材料的。只要主人家说了，喊我给(你)办10桌，我就把10桌的材料给你计划够。

记者：你怎么样去拿捏分寸?

市中区苏稽镇倒拐店村村民陈忠顺：这就是我多年积累的经验，一桌人一份凉菜，比如干巴牛肉只要3两5。

记者：可能一些年轻的厨师就没有这些判断力。

市中区苏稽镇倒拐店村村民陈忠顺：一来是他人年轻；二来是他活路做得少，经验少。他就大而化之地整，整来不(是)多就(是)少，给人家浪费很多，老板就不安逸(满意)。除了材料的计划妥当，还有一个关键因素就是口味。

当地村民：要味道比较好，要适应大家的口味，大众口味的那种才可以。

陈忠顺告诉我们，口味上一定要让至少60%的客人满意，这样，才能算是一桌合格的宴席。然而，随着生活水平的逐渐提高，口味上也要不断地创新。

(厨房里)

市中区苏稽镇倒拐店村村民陈忠顺：就像这花生米，以前就是油炸了裹起盐巴就给人家拿出去。我们不断地创新，后来裹起豆粉炸，现在弄来炒好以后，把皮皮剥了，用糖裹成白糖花生仁，又香脆又可口，大家就很喜欢。

记者：你是怎么样创新的呢?

市中区苏稽镇倒拐店村村民陈忠顺：有基础了就自己在家里研究，你自己买回来（食材）先研究好了再给（向）人家老板推荐。

记者：我听说你经常去看海鲜市场？

市中区苏稽镇倒拐店村村民陈忠顺：经常到海鲜市场去看有哪些产品，有哪些东西能给人家上桌，看好了以后我就先买点回来自己（屋头）吃，吃了以后才给顾客推荐。

说到这里，陈忠顺便现场为我们做起了他自己用花生米创新的菜肴。

（现场镜头，配轻快音乐）

市中区苏稽镇倒拐店村村民陈忠顺：这就是刚才你们看到的花生米，制作过程就是花生米先放（起）盐炒，炒好以后退膜、熬糖，好了以后把花生米倒进（糖里）去和，和来就是这样了。这就是白糖花生仁。

记者：这是你自己发明的？

市中区苏稽镇倒拐店村村民陈忠顺：我自己发明的。

记者：我尝一尝呢？真的很好吃，很脆，很甜。

通过几十年来积累的丰富经验和不断学习创新的过程，陈忠顺成了当地最有名气的乡村厨师之一。每年靠着这门手艺也可挣上几万元。不过，任何行业都有酸甜苦辣，乡村厨师也不例外。

市中区苏稽镇倒拐店村村民陈忠顺：辛苦的就是人员的安排、工具的安排，有些时候愁得晚上睡不着觉。尤其是前天的九九重阳节，村里面办了50多桌。我晚上3点过就起床，为了给老人们整个很好的午餐，一晚上都没睡觉。一般农村里头办五六十桌都是（用）两次或三次摆出去。我要愁工具，要愁桌椅板凳，要一次性把这55桌摆出去，大家要吃好。

所幸的是，这一次坝坝宴没有出一点错误，受到了各方的好评。老人们吃得高兴，陈忠顺心里也特别有成就感。

市中区苏稽镇倒拐店村村民陈忠顺：靠的就是一个信誉，你又要收费合理，又要给人家做好，大家吃得满意。

【字幕】

一下午的时间匆匆而过，陈忠顺再次离家去准备晚上的宴席。

获奖情况

《乡村大厨》在2010年四川省第四届“新农村新农民——中国农村小康故事”电视专题片评奖活动中，被四川省电视艺术家协会评为一等奖。

作品：政策性农业保险为何理赔难？

【口播】

从2007年开始，乐山市市政府在全市范围内开始政策性农业保险的试点和推广工作，目的就是给农民朋友在农业生产中加一道保险，通过补偿农民朋友遇到的灾害损失来保障农民的利益。但是，最近不少村民给我们反映，政策性农业保险虽然是好政策，但是理赔起来有难度，让大家感到不满意。

市中区土主镇地势平坦、土地肥沃，这里的农民以种植水稻为主。从2007年开始，政府鼓励当地农民购买政策性农业保险，政府补贴70%，农民只交保费的30%就可以参保。想到是好事，当地很多农民都入了保。45 岁的铁牛村村民万明祥当时就是看着政策好，积极地交了保费。万明祥家里有三亩多水稻田，两亩多玉米，可是就在今年快要收获的时候，一场接一场的自然灾害，让他家的田地损失惨重。

乐山市市中区土主镇铁牛村村民万明祥：七月初的时候，下了一场大雨，水稻给淹了。后来八月份又起了风，又吹倒了一大片。

受灾之后，万明祥想到了政策性农业保险可以赔付，于是赶紧向村上上报了灾情。

乐山市市中区土主镇铁牛村村民万明祥：这两次灾（害）发生后，我都及时把灾情报给了村上，村上接着又报给了镇上。

乐山市市中区土主镇农业中心工作人员游仲民：我们镇政府统计过后，就把统计的灾情及时反馈给了保险公司。

万明祥心里暗自庆幸，多亏购买了保险。可是左等右等，万明祥也没有等到保险公司的人来现场勘查，保险赔付款也无从谈起。

乐山市市中区土主镇铁牛村村民万明祥：现在谷子都收了一两个月了，受了这样的灾害还没有赔偿下来。

发生灾害之后，得不到及时赔付，让不少村民对购买政策性农业保险失去了信心。

乐山市市中区土主镇铁牛村村民万明祥：这个保险对于我们来说，本来是一件好事情，真的出（发生）了灾害，没有人来理赔，报上去都没人来处理。大家都（觉得）很不信任这个保险，都觉得有点寒心，下次再买大家都觉得没人再买了。

乐山市市中区土主镇铁牛村村民：我们想的是，明年再喊（让）我们买这个保险，我们就不太想买（这个保险）了。

乐山市市中区土主镇铁牛村村主任毛启国：确实我们 70%的老百姓对这个政策性农业保险有意见。

很多村民明年不打算再购买政策性农业保险，对于村组干部来说是个大麻烦，因为购买政策性农业保险是上级下达的目标任务，必须完成，现在他们左右为难。

乐山市市中区土主镇铁牛村四组组长李郈文：因为这是强制性的，任务又压在我们组长身上。

乐山市市中区土主镇铁牛村村主任毛启国告诉我们，购买政策性农业保险的任务是层层下达的，如果完不成投保任务，就要扣他们的基本报酬，而且还会被亮黄牌警告。

乐山市市中区土主镇铁牛村村主任毛启国：我们只有给我们组长下硬性任务，喊他们不管想什么办法，就是拿自己的工资也要顶起来，把任务完成了。

而对于村民遭受的损失迟迟得不到赔偿的情况，村干部也只有拆了东墙补西墙，临时性地解决村民遇到的困难。

乐山市市中区土主镇铁牛村村主任毛启国：最后我们采取对于损失严重的老百姓，用政府划拨的冬林款和春荒款来解决（特别难的农户）。

种植户们的保险赔付难，那么从事畜牧业养殖的农户们在理赔上是否要顺利点呢？今年 40 岁的汪贵明，是市中区九峰镇明月村的村民，今年年初，他投入 8 万多元，养了 60 多头生猪，并且在 4 月份给生猪全都买了保险。

乐山市市中区九峰镇明月村村民汪贵明：政府宣传这个政策性农业保险，我就通过镇上和村上的宣传买了这个保险。

仅仅过了一个月，汪贵明的养猪场就发生了大规模疫病。

乐山市市中区九峰镇明月村村民汪贵明：五月份，我们的生猪就发生疾病，死了十几头，兽防站给我们做了现场勘查和登记，我也向保险公司报告。报告过后两三个月都没有赔付，四五个月才赔了我们前期的(几头死猪)，14 头猪还有 3 头没有赔。

乐山市市中区九峰镇畜牧兽医站站长刘洪先：政策性的生猪保险在我们这个地方的赔付情况(是)，还有一部分人没有及时赔付，没有及时赔付有打击农户(积极性)的因素。

看来，无论是种植业还是养殖业，政策性农业保险赔付难的确是个通病。而且据记者调查，这样的情况在整个乐山都很普遍。那么，政策性农业保险的理赔流程到底是怎么样规定的呢？记者采访了承担政策性农业保险工作的中华联合财产保险股份有限公司乐山分公司的相关负责人。

中华联合财产保险股份有限公司乐山分公司农险部经理胡万斌：政策性农业保险，我们总的是农民报案在 24 小时之内，我们必须要去复勘。然后收割完以后，在 10 月份进行赔付。一般我们 10 月份把钱赔付到农民的手中，这是作为种植业的……养殖业按照规定是在一个月之内进行赔付，因为养殖业当天报案，我们当天就要去查看，不会跨出 48 小时，我们收到资料过后最多一个星期内，款就打出去。

既然有这么严格的赔付流程，那为什么还会出现上面农民所说的一两个月既没有人现场勘查，也没有拿到保险赔付的情况呢？胡万斌解释说，由于政策性农业保险属于一项新的保险险种，目前还没有技术性较强的专业仲裁机构，难以确定灾害损失程度，再加上理赔定损手续非常烦琐，才导致了理赔缓慢。

中华联合财产保险股份有限公司乐山分公司农险部经理胡万斌：牵涉农田面积的核实、种子的鉴定。因为损失的鉴定是要通过农业局把收割完以后的损失与前三年损失平均值减产量，来制定赔付的标准，这里我们存在工作难度和勘查难度。

胡万斌说，由于理赔程序多，工作量大，一个理赔案件需要经过现场勘查、取证、确定赔偿比例、打款等多项手续，而这一整套手续又牵涉保险公司、农业局、银行等多个部门，任何一个部门和环节工作滞后，都会导致理赔不及时的情况出现。记者了解到，目前全市有 1 120 多个乡镇的农民参与了政策性农业保险，涉及的村组有 3 000 多个，可是保险公司负责农业保险勘查理赔的人员却只有 21 人，对他们而言，工作量特别大，常常很难按照既定的理赔流程工作。所以像万明祥等村民说的，报了案迟迟没人来现场勘查也就不足为奇了。另外，胡万斌还说，即使他们能及时勘查完毕，银行在保险赔付金上账时也会遇到难题。

中华联合财产保险股份有限公司乐山分公司农险部经理胡万斌：银行工作上，最开始是一天打 50 笔账目。我们是把钱打到银行，银行再每天支付 50 笔。我们滞留了很多案子在银行，就出现赔付慢的问题。

对于胡万斌所说的银行打款慢等问题，银行方面做出了这样的解释。

中国农业银行乐山市分行直属分行副行长徐晓蓉：每天下午两点过，他才开始把一些数据传到我们农行。然后我们(在)网银上做落地处理(资金清算)。(但是)通过我们的业务，再通过人民银行的大、小额支付业务系统到信用社，通过人民银行交换。因为我们农行和信用社是两家行，通过人民银行再转给信用社，所以环节比较复杂。

记者在采访中了解到，以上的各种原因导致政策性农业保险理赔难，仅仅表现在工作流程上，而更为深层次的原因主要在于农业保险目前运行的机制很难调动保险公司的积极性。政策性农业保险是政府搞的一项惠民工程，但是作为具体操作实施的保险公司，从中很难获得利润，甚至做着赔本的买卖。乐山市委政研室副主任熊军介绍，如果要想调动保险公司的积极性，就必须让农业保险走上商业化运作的模式。

乐山市委政研室副主任熊军：只是依靠政府来做农业保险不现实，建议政府让保险公司在经营种植业和养殖业保险以外，还可以兼顾经营财产保险、责任保险、短期人身意外伤害保险和健康保险等，达到“以险养险”的目的。农业保险实现公司化运作之后，公司自然就会积极地规范理赔流程，简化业务手续，形成一个良性循环。

而除此以外，保险行业相关资深人士和政府相关部门分析，法律法规的缺失也是阻碍政策性农业保险实施的一个重要原因。

中国人民保险公司乐山分公司农险部经理张林：我国至今还没有一部完整的法律法规对政策性农业保险业务予以扶持，地方也没有管理条例，农业保险的业务开展所依靠的是政府各级职能部门的相关规定来实施。

看来，政策性农业保险在整个实施过程当中，面临的问题的确不少。既然现在问题已经发现了，那么该如何破解理赔难的瓶颈，提高农民的投保积极性，使农民真正得到实惠呢？

乐山市委农工办农经科雷春：政府要加强对保险公司的绩效和服务考核。根据考核优劣确定农业保险市场份额及财政补贴投放比例，促进保险公司不断提高服务水平。另外，充分发挥农业财政补贴直补卡作用。

另外，专家建议，还应该建立理赔“黑名单”和媒体联动机制。

乐山市委政研室副主任熊军：要建立问责机制，对不能及时进行勘查理赔的情况，要追究相关部门、相关工作人员的责任，以此来督促保险理赔提高效率。

对于骗保农户，保险公司将其记入“黑名单”，并适时通过媒体曝光，或通过一定程序录入人民银行的征信系统，最大限度规避道德风险。通过多种措施，使农业保险按照“政府引导、农户自愿、市场运作、稳步推进”的原则走上正常的轨道上来。

【口播】

开展政策性农业保险工作，是政府的一项惠农工程、民生工程，涉及的是农民最实实在在的利益。如果这项政策面临的问题一直不解决，那么惠农、助农的愿望就变成了竹篮打水，最后的结果无疑是农民遭受损失，政府失去公信力。所以，面对这项惠农政策目前存在的问题，政府部门、主管单位、参与企业必须高度重视起来，理清头绪、查找问题、疏通渠道，让政策性农业保险真正发挥作用，把这项惠农工作做实做好。

获奖情况

（1）《政策性农业保险为何理赔难？》在第21届中国新闻奖（2010年度）评选中，被中华全国新闻工作者协会评为“电视评论”三等奖，并获证书。《光明日报》公告：第21届中国新闻奖获奖作品目录（14版2011年10月21日星期五）。

（2）《政策性农业保险为何理赔难？》在2009—2010年度四川广播电视节目奖评选中，被四川省广播电影电视局、四川省广播电视学会评为“电视评论节目类”优秀奖，并获证书。

（3）《政策性农业保险为何理赔难？》被中共乐山市委宣传部通报表彰（《中共乐山市委宣传部关于对乐山广播电视台节目创优工作进行通报表彰的决定》乐市宣〔2011〕17号）。

作品：新闻专题《再见，小木屋》

【放鞭炮场景】

2011年12月7日，对于乐山市市中区悦来乡的袁春容和赵明富夫妻来说，是一生中最重要的时刻，在同村老少的见证下，他们正式领养了来自马边大山里的彝族男孩曲别吉日，这一天，他们为儿子起了一个新名字——赵钰锋。这样的举动在小山村里成了稀奇事儿，一下子就传开了。

市中区悦来乡村民：彝族人脾气怪，长大了惹些事情还懒得收拾。

市中区悦来乡村民：为什么要分彝族、汉族嘛？彝族、汉族都是一样的，人家是孤儿，就当献爱心。

市中区悦来乡村民：我觉得我就不愿意弄来养，喂大了是人家的。就看他们对他如何，如果对他好他哪里会跑呢？

村民们有的疑惑，有的赞许，而袁春容夫妻却掩藏不住内心的喜悦。说到这里，我们不禁要问，家庭条件比较优越的袁春容为什么会收养马边的这名彝族小男孩呢？在这个彝族小男孩身上，有着怎样的故事？这要从马边大山里的一个小木屋说起。

【黑屏转场】

在距离马边彝族自治县10公里的地方，有一座张家山，这里地处偏僻，人烟稀少。沿着崎岖不平的山路往山上走一个半小时，一个挂满玉米的简易木棚进入视线。在木棚的旁边，是一间用木柴搭建的小木屋。这个不足10平方米的小木屋里，住着年过八旬的阿机奶奶和她的孙子孙女。他们是11岁的依罗、8岁的木日和5岁的吉日。

5年前，因为一场意外，阿机奶奶的小儿子和媳妇双双离世，一时间，三个幼小孩子的抚养成了问题。

阿机奶奶：当时我也想死，但看到三个孩子这么小，无依无靠。

阿机奶奶还有5个子女，但家家负担都很重，有心而无力。最后，阿机奶奶只好带着三个孤苦伶仃的孙子投靠了老二曲别罗多。这下，曲别罗多的家从五口人增加到了九口人，一个月光大米都要吃三百多斤。

阿机奶奶二儿子曲别罗多：我娃娃吃啥子他们吃啥子，我娃娃穿啥子他们穿啥子，我娃娃能读书他们就能读书，我怎么管我娃娃，就怎么管他们。

时间一长，曲别罗多夫妻俩不堪重负，他们的大儿子被迫辍学。不得已，阿机奶奶让曲别罗多给她在竹林旁搭建了这座小木屋。小木屋不足10个平方，是用木柴和竹子加上石棉瓦搭成的。透风是肯定的，没有衣柜，没有写字台，除了电灯，再没有任何家用电器。木床只有一米二宽，却得容纳祖孙4个人。

穷人的孩子早当家，孩子们都很懂事。

孩子中最小的吉日这天没有下地干活，因为前些天砍玉米秆划伤了脚。阿机奶奶心疼得不得了。

就在这个小木屋里，祖孙4人已经生活了5年。孩子们慢慢长大了，小木床和小木屋也显得越来越小。于是，年过80的阿机奶奶心里萌生了一个愿望。她渴望能有人收养三个孩子，带他们离开破旧的小木屋。

阿机奶奶：(我)现在年龄已经大了，也不知道能活多久，希望一些人来领养这三个孩子，(这是)为了他们将来打算。

【转黑屏】

【黑屏字幕+敲击键盘声音】

2011年9月，记者在马边进行“走转改”采访的时候，从当地群众口中意外了解到小木屋里的故事，于是真实记录了阿机奶奶祖孙四人的生存状况。报道播出后，一批又一批的客人来到了小木屋。

马边彝族自治县居民罗秀兰：我们现在为了他们(的)健康成长就把这两个大的接到民族小学读二年级。但学校有规定，四年级以上有寄宿制。通过和学校沟通，学校也觉得(他们情况)很特殊，然后给了他们特别照顾，让他们去就读，还(能)住校。

正在说话的这个人是马边城区的居民罗秀兰。在看到报道后，她第一时间联系学校，解决了两个孩子上学的问题。接着，她还通过网络联系到了来自广州的律师叶进国。叶律师积极地帮孩子们申请到了一笔助学金，并带着这笔钱专程来到马边。

广州市法律援助中心律师叶进国：今天我受东莞市律师协会会长的委托代表东莞市律师协会把这6 000块钱的慰问金送给你们，希望对你们有所帮助。

新学期，依罗和木日住进了县城学校整洁的宿舍，不用再挤小木床了。

木日：安逸，每个星期都可以洗澡。

两个孩子已经安顿好，阿机奶奶既高兴又伤感。因为5岁的小吉日还跟着自己住在小木屋里过着苦日子。她继续盼望有一天，小吉日也能告别小木屋。终于，她还是等来了这一天。

【黑屏转场】

2011年10月28号，是彝历新年的前一天。这一天，小木屋里来了一位客人。

市中区悦来乡村民袁春容：我朋友说有三个孤儿比较可怜，我今天特意来看看，准备带个回去。

来自乐山市市中区悦来乡的袁春容刚到小木屋，就为阿机奶奶送上了1 000块钱，同时也提出想收养其中的一个孩子。11岁的伊罗已经懂事，不愿离开；而8岁的木日和5岁的吉日听说要去城里，倒是开心得很。

这一天，阿机奶奶的话一直很少。

记者：随便哪个走了会不会舍不得呢？

阿机奶奶：(犹豫后)舍得。

考虑到吉日最小，最容易适应新的环境，最终袁春容决定领养吉日。先带回家住一段时间，如果能适应新家的生活再回马边办理领养手续。

阿机奶奶：跟着他们走要听话，以后有时间要回来看奶奶。

依依不舍中，奶奶带着另外两个孙子送走了吉日。

理发、买新衣服，在马边县城将吉日打扮漂亮后，袁春容带他回了家。这幢一楼一底的小楼房就是吉日在市中区悦来乡的新家。

(补采访)袁春容的老公：因为我和老婆一直没有娃儿，现在领养了小吉日，就想把他培养起来，所有的精力都放在他身上，他要啥子我们都尽量满足他。

新家里，吉日有了属于自己的大床、小枕头，还有玩不够的玩具；新家里，吉日可以看动画片，可以跟爸爸出去兜风，还可以在大人面前尽情撒娇，而新奶奶也经常带小吉日去赶集。

新奶奶帮吉日穿袜子准备出门，摸着伤口问：“还痛不痛？”小吉日回答：“不痛！”

在新家，吉日被全家人疼爱着，他很快就喜欢上了这里的生活。

直到这个时候，三个小孩全部离开了小木屋，过上了新生活，阿机奶奶的心愿也全部实现。此时的小木屋里，阿机奶奶却独自忍受着和孙子分别的悲伤。她最放心不下的就是年纪最小的吉日。

【同期采访】

记者：你最想谁？

阿机奶奶：最想吉日，一手从小带大，离自己最远。

记者：你不想伊罗、木日吗？

阿机奶奶：他们每周都要回来陪我。

得知小吉日过段时间就要回来办领养手续，阿机奶奶用她独特的方式一天天地数着日子，等待12月6号这天，小孙子回到小木屋看望她。

【黑屏转场】

12月6日早上，在开往马边的车上，在爸爸怀里，吉日尽情地享受着父爱。

刚走到小木屋门前，听到孙子的声音，阿机奶奶赶紧跑上前来。

阿机奶奶：好好听爸爸妈妈的话，穿新衣服了，不要打小朋友，我们会去看你的。

看到吉日的变化，所有的亲戚都很高兴。

吉日的二伯母：他们(管着)干净得很，我们家脏得很，没洗干净。

吉日：身体好不好？

阿机奶奶：好。

欢聚过后，奶奶陪着吉日赶往了马边民政局办理领养手续。

就在第二天，袁春容夫妻在亲友的见证下，正式成为吉日的父母。

而此时，远在马边的吉日的哥哥姐姐那里也传来好消息，他们作为孤儿的帮扶金从以前的170元涨到了每月480元，医疗方面也是全面报销。同时，阿机奶奶的二儿子曲别罗多向亲戚借了三万块钱，加上彝家新寨的政府补贴款项两万五千块钱，阿机奶奶的新房子正在紧张地修建中。再过一个月，阿机奶奶也将和小木屋说再见，开始新的生活。

一场突如其来的意外，让阿机奶奶和三个孙子的生活变得无比艰辛，却有无数好心人在关注他们、帮助他们，让这个家庭又获得新生。

【画面定格+名字+音乐】

广东东莞市律师协会资助6 000块钱，李军夫妻资助3 000块钱，陈小红夫妻资助1 000块钱，罗秀兰帮助孩子进入了寄宿制学校，袁春容夫妇收养了吉日。记者杨红梅全程跟踪报道，帮助协调收养事宜。

获奖情况

(1) 在乐山市广播电视节目奖2011年度评选中，《再见，小木屋》被乐山市广播电影电视局评为“电视新闻专题”优秀奖。

(2) 在2011年度四川广播电视节目奖新闻类评选中，《再见，小木屋》被四川省广播电影电视局、四川省广播电视学会评为“电视新闻专题类”优秀奖。

(3) 在第三届中国(寿光)农业电视论坛及节目评估年会表彰活动中，《再见，小木屋》被中国广播电视协会评为二等奖。

作品：电视科普节目《打败红蜘蛛》

【口播】

市中区安谷镇是乐山市出了名的柑橘种植基地，最近这十年，柑橘年产量都在2 500万斤以上，占到市中区水果总产量的一半，柑橘树成了农民的摇钱树。不过，当地的果农每年都会遇到一件影响柑橘产量和品质的麻烦事儿。

郭元军是安谷镇的柑橘种植大户，在山上种的这十多亩柑橘树成了家里的主要经济来源。今年，他家的柑橘树跟往年一样，又生病了。

【市中区安谷镇果农郭元军同期声】你看这柑橘叶子就是老发黄，落叶多，果子不肯长，打了几次药都不管用。

果树生这种黄叶病，柑橘的产量至少要减15%。在安谷镇，有1 000多户规模种植的果农，年年都会像郭元军一样，为柑橘的这种黄叶病感到无奈。那么，果树究竟为何年年得病，得的又是什么病？

这次，郭元军请来了市农业局植保站经验丰富的农技专家杨志刚。杨志刚在果园里仔细检查后，告诉郭元军，果树是长了虫子。

郭元军就纳闷了，这果树上没有看到虫子啊！杨志刚指着一片树叶说，这种虫啊，肉眼是看不见的，而且它有一个美丽的名字——红蜘蛛。

【市农业局植保站副站长杨志刚同期声】如果树上生了红蜘蛛，这叶子就会一点一点地变黄，最后枯死。没有了叶片，果树产量也会大幅减产。

杨志刚说的红蜘蛛到底是何方神圣呢？

【市农业局植保站副站长杨志刚同期声】红蜘蛛其实是大家通俗的叫法，它又叫柑橘全爪螨，是节肢动物；这个家伙可是我国柑橘生产的头号害虫。除此之外，水稻和蔬菜它们也不会放过。

一头雾水的郭元军，被杨志刚带到了植保站，通过放大几百倍的体视专业镜头，郭元军看清了红蜘蛛的庐山真面目。

瞧！这些红艳艳的正忙着织网的虫子，就是红蜘蛛，也就是前面说到的螨虫。

这些螨虫体形很小，最大的也只有0.5毫米，这就是为什么郭元军用肉眼难以看到的原因。

【市中区安谷镇果农郭元军同期声】这么小的螨虫是咋个繁殖的呢？

【市农业局植保站副站长杨志刚同期声】你看，它的嘴巴可以刺破叶片，然后吸掉叶片的汁液，而且还到处排粪便、结网，把干干净净的叶片弄得是一塌糊涂。这还不算，更重要的是，它还要影响叶片的光合作用，好好的叶子会提前萎缩，最后掉叶。红蜘蛛螨还有一个特点，就是繁殖力很强，几天就要繁殖一次，要治住它难度很大。

郭元军这下明白了，原来正是这些看不见的杀手，在一点点地残害着他家的果树。那么，应该怎么对付这些讨厌的螨虫呢？

【市中区安谷镇果农郭元军同期声】我们一般用(的是)三唑锡、达螨酮、克螨特这些农药喷。(药名打特效字幕)

郭元军说的方法就是往生病的果树上打农药，红蜘蛛高发期时，十天就得喷两次药。让郭元军头疼的是，这样传统的方法不仅增加了种植成本，而且防治效果也不理想。这是为什么呢？

【市农业局植保站副站长杨志刚同期声】你看，红蜘蛛螨在化蛹的时候，身体表面会裹上一层厚厚的蛋白质保护层，这样化学农药就很难渗到里面。另外，它们还擅长拉丝结网，躲在网里，农药的杀伤力就被大大削弱了。

杨志刚说，更为严重的是，大量喷洒农药，还会让柑橘的品质因为农药残留偏高而大受影响，威胁着我们的健康。那么，就没有一个更加安全有效的防治红蜘蛛的方法吗？

【市农业局植保站副站长杨志刚同期声】有，用一种生物武器！

杨志刚说的这项技术就是目前四川正在推广的一种绿色防控方法，这种方法不仅可以有效地控制柑橘红、黄蜘蛛和蓟马的危害，而且还可以大幅度减少果树的农药残留。那么这种说来神秘的方法究竟是什么呢？

【市农业局植保站副站长杨志刚同期声】这种方法就是用益螨吃掉害螨！

螨虫之间会相互残杀吗？什么样的螨虫能够与红蜘蛛为敌？

【市农业局植保站副站长杨志刚同期声】在螨类的家族中，有一种叫做胡瓜螨的肉食螨，专门捕食其他害螨。

这些就是科技人员人工饲养出来的胡瓜螨。您瞧，红蜘蛛和胡瓜螨相遇了，单从个头上看，让我们为胡瓜螨捏了一把汗。不过，好在胡瓜螨的协同作战能力很强，几只胡瓜螨把一只红蜘蛛团团围住，最后将它制服。

【市农业局植保站副站长杨志刚同期声】不过，要让胡瓜螨发挥更大的威力，就必须把握好出击时机。

在红蜘蛛还没来得及织出丝网的时候，胡瓜螨就要被放在果树上，这样胡瓜螨就可以占据数量优势，所向无敌。

在杨志刚的指导下，郭元军开始尝试着打一场以螨治螨的“生防战争”。

几天过去了，在放过胡瓜螨的地方，郭元军惊喜地发现，不光红蜘蛛得到了控制，其他虫害也很少发生了。杨志刚告诉郭元军，这种方法用好了，果树一年内都不需打农药。

【市农业局植保站副站长杨志刚同期声】胡瓜螨吃掉红蜘蛛和其他害螨以后，叶片就很少被咬伤，也就不容易感染其他的病虫害。同时，你投放了胡瓜螨，橘园打农药的次数也少了，受伤的叶片很容易恢复，这样因为喷了过多农药被破坏掉的自然平衡就又会得到恢复。

那么这些经过专家一手精心培育、适应性如此强的胡瓜螨，它们一旦到了野外，会不会大量地繁衍生息，最后也泛滥成灾呢？杨志刚说，这个问题不用担心。胡瓜螨是肉食性螨虫，口器生来就是这种剪刀形的，而害螨的口器是这种刺针形的，所以它们根本不可能像害螨们那样吸食植物汁液。另外，在饥饿无食的情况下，胡瓜螨会互相残杀，直至最后消亡。在完成使命之后，胡瓜螨就这样干干净净地离去。

既然以螨治螨既安全又环保，那么这种技术农民朋友容易掌握吗？

【市农业局植保站副站长杨志刚同期声】果农只需要到当地的农业部门或者指定的供销商那里，就可以轻松买到胡瓜螨等益螨，按照农技人员的指导，根据不同园地柑橘树的覆盖度，按照每亩 3 ~ 5 万头（多少袋）的标准放置在果树上，像红蜘蛛这样的害螨就再也不用怕了。

杨志刚说，用胡瓜螨一年只投放一次，每亩的成本大概是 90～180 元，如果用杀螨剂，一年至少要打 10 次，成本就要 300 多元，成本上节约一半，综合效益很高。而且，这种方法也适合于其他遭受红蜘蛛侵害的植物。（注释图标）

现在，郭元军再也不用为红蜘蛛祸害果树发愁了。他打算向周围的果农和菜农好好地宣传一下以螨治螨这种绿色无污染的防虫方法，大伙一起种出环保水果和环保蔬菜。

获奖情况

《打败红蜘蛛》在2011—2012年度四川广播电视节目评奖评选中，被四川省广播电影电视局、四川省广播电视学会评为“电视科普节目类”优秀奖。

作品：纪录片《冬梅》

【字幕】

2012年11月30日（星期五）；地点：乐山市市中区青平学校（寄宿制）。

在班主任黄老师的指引下，我们见到了11岁的冬梅。

记者：你是冬梅吗？

冬梅：我是冬梅，我是李冬梅。

这个就是我们要找的那个家境贫寒的冬梅吗？如此清秀的模样和甜美的笑容和我们想象的截然不同。

【冬梅班主任同期声】她（的）家庭比较困难，但没有影响她的学习，（她）在学习上非常刻苦。她很快乐地成长着。

今天是星期五，体育课后就放学了。在学校待了5天的孩子们，个个归心似箭，忙着收拾东西。

【同期声】

记者：这个是什么？

冬梅：这个是一首诗，因为我叫李冬梅，我特别喜欢这首诗。

【字幕】

梅　花

墙角数枝梅，
凌寒独自开。
遥知不是雪，
为有暗香来。

【推出片头】冬梅

【字幕】

下午15:50学校放学，我们跟着冬梅一起去她家。

【同期声】

记者：有没有人来接你？

冬梅：没有。

记者：怎么回去？

冬梅：走路回去。

从学校到冬梅家的这段路长达6公里。冬梅说，从6岁开始，每个周末，她都要独自往返一趟。

【冬梅同期声】一年级，又跑又跳，又休息下，走得慢就一个半小时。

和大多数孩子不一样，冬梅很惦记家。

【冬梅同期声】在学校没有见到爸爸妈妈不放心，回来还放心点。

究竟是什么让冬梅如此放心不下呢？

【同期声】

冬梅：我妈妈在那儿！

记者：哪个？

这个46岁因小儿麻痹症而落下残疾的女人就是冬梅的妈妈。

【同期声】

冬梅：妈妈，我的爸爸呢？

冬梅妈妈：（到）你姑妈家去了。

记者：你好。

冬梅：爸爸好久回来？

冬梅妈妈：（天）黑了（时）回来。

冬梅：他去干什么？

冬梅妈妈：姑妈家杀猪。

【同期声】

记者：冬梅，你的房子还（很）漂亮嘛，好久修的？

冬梅妈妈：前几年，地震……

冬梅赶紧做起了翻译。

【同期声】

冬梅：这个房子是地震的时候修的，差不多花了一万多。

记者：自己出的钱？

冬梅：不是，是政府。

【现场】

冬梅扫地坝、择菜、淘米、做晚饭。

【冬梅同期声】爸爸，这是我的爸爸。

冬梅爸爸70岁了，但外表上怎么看都像她的爷爷。

【现场】

冬梅、爸爸、妈妈一起做饭。

【字幕】

晚上八点开饭了。

【冬梅爸爸同期声】今天30号，领了300元，赶（4份）礼就花了200（元），还剩100元钱，就用这一个月，除了（这100元钱）就没有钱。学校还（要）交疫苗费，交了疫苗费，（除了）就没有钱了，这个月低保就用完了。除了（剩下）就是养老金55（元钱）。那个现在取不到，所以我们家里这一两个月要打紧。

这么些年，一家三口全靠每月仅300块钱的低保和55块的养老金生活。除此之外，冬梅爸爸还种了一亩多的谷子和几分地的菜。

【现场】

烧水、洗脸、洗脚。

【冬梅同期声】不要把鞋子打湿了。

这个电视是在外地打工的表哥寄放在他们家的，冬梅总喜欢看看再睡。

【冬梅爸爸同期声】不要看太久(电视)。

【现场】

看电视,关灯睡觉。

【字幕】

星期六早上7:00。

【同期声】

冬梅爸爸:今天你就在家,吃不吃肉?

冬梅妈妈:要吃。

冬梅爸爸:吃的话我们就把谷子卖了点,割肉回来吃,正好冬梅要(过)周末。

【冬梅爸爸同期声】冬梅起来了,吃饭了,吃了饭要赶场就去赶场。

【现场】

起床、梳头。

【同期声】

冬梅:妈妈你看,那白鹭又来了,每天都来,(天天都要来)就是嘛。

冬梅妈妈:来看我们。

冬梅:对的,它们每天来看我们,看,走了一只。

家里两只鸭子每天都在生蛋,爸爸总为冬梅留着。

【现场】

做蛋汤、吃饭、装谷子。

冬梅爸爸这两天咳嗽得厉害,于是把卖谷子割肉的任务交给冬梅独自完成。

【冬梅同期声】背得起,背得起。

【冬梅妈妈同期声】割了肉早点回来。

冬梅爸爸把冬梅送到了村口,还给了她6块钱的车费。

因为担心女儿,冬梅爸爸还是跟了上来。

在公路边上,没等一会儿,就遇到了同村从事摩托车运营的摩的师傅。

【摩的师傅同期声】赶场哦?走,免费给你送过去。

【现场】

冬梅上车。

【摩的师傅同期声】等下我就免费给你送回来就是了,没事。

周围的人都知道冬梅家的情况,免费坐车对冬梅来说是再平常不过了。

【收谷子商贩同期声】自己拿来的?困难不?26斤,37块。

【现场】

割肉、买包子、回家。

【冬梅同期声】卖谷子(卖了)37元,割肉12元,买包子6.5元,加上你给我的车费,还有23.5元。

冬梅第一次单独赶场显得异常顺利,她给爸爸妈妈带回了丰盛的午餐和晚餐。

同村里,很多人对冬梅一家人的生活投来关注的眼光。

【冬梅邻居同期声】真的可怜,这样的人可怜。

【冬梅邻居同期声】她爸爸70岁了,妈妈又是残废,冬梅又只有十来岁,好恼火嘛。肯定惨,那日子肯定惨,又没有经济收入。

【冬梅同期声】我常常听别人说，你看，这个女儿好可怜，不过长得还可以。

记者：你有什么感觉？

冬梅：我感觉我不可怜，我生活得快乐。因为有爸爸妈妈陪着我。

【冬梅爸爸同期声】有冬梅陪（着）我们，每个星期都回来，走在对面就喊你，没看到的话赶快跑上山喊你，很幸福的。

【冬梅同期声】爸爸妈妈说只要平时学习很好就有可能考上大学。

【冬梅爸爸同期声】冬梅的妈，她的妹妹说了，实在没人就他们照顾，（说）实在不行就送养老院。而冬梅的事情我们根本就没管过，党和政府在管，营养费都是政府在管。

这个特殊的家庭得到了很多关爱。冬梅的衣服从来都是别人送的；政府每年都要划拨1 800块钱给冬梅作为营养补贴；去年，残联还送给冬梅妈妈一把轮椅……冬梅的爸爸对将来的生活没有过多的担心，他觉得这辈子已经很满足。

【冬梅爸爸同期声】她把大学读出来我都好大年龄，哪里还在呢，看得到看不到无所谓，反正一辈子有后了，农村就这样，有后代就好了。

【字幕】

星期天早上10:00。

【同期声】

冬梅：爸爸，为什么老是说我是捡来的呢？

冬梅爸爸：他们说爸爸那么大岁数，（好多人）不信你是你妈妈生的。

冬梅：那我是怎么生出来的呢？

冬梅爸爸：生的时候，你妈妈在床上（正）睡着，（突然）说肚子痛，我又跑去喊你婆婆，刚跑到李老四那里，李二娃就喊，三爸，快点，妹妹在叫了，在哭了。我和你婆婆点蜡烛过来，（回来）你妈妈把你（生）都生了，把你弄在干的地方睡着了。

独自生下冬梅，一直是残疾妈妈感觉很自豪的事情。对于他们夫妻而言，冬梅就是上天的恩赐。

【冬梅爸爸同期声】好多（人）还问要不要，不要他们弄去养，我说我怎么不要呢。瘸子家给我两万，我说你给我20万都不干……后来就天天背起赶场。

没事儿，冬梅总喜欢带着妈妈运动。运动完后，给妈妈洗澡就已经成惯例了。

【同期声】

冬梅：妈妈，这水烫不？

冬梅妈妈：不烫。

冬梅：妈，你看你又长瘦了，多吃点饭。

冬梅妈妈：要吃得进去才吃。

冬梅：多运动就吃得下去了。

周围没有同龄人，小鸟成了冬梅最亲近的伙伴。

【字幕】

星期一早上6:25。

【同期声】

冬梅爸爸：这75元是打针的，这个是零花钱5元，老规矩，给你。

冬梅：不忙（急），我还有40元。

冬梅爸爸：这40元你存嘛，以后没有(再)拿出来，你拿去用。

冬梅：你拿去放着，以后你没有，没有再存嘛。

【现场】

父母送冬梅出门。

即便是加紧赶路，最终还是迟到了几分钟。晨会后是语文课，这堂课的内容是口语交际——父母的爱。

【冬梅同期声】我的家庭比较特殊，爸爸70多(岁)，妈妈是残疾人，家里有什么重活，他们不让我做。他们对我的成绩比较严格，他们不在乎我考试的分数，只在乎我是否努力。他们这么在乎我的学习，是因为他们觉得供不起我读大学而是要我自己去努力。

因为太过动情，冬梅有些语无伦次，但真挚的情感赢得了阵阵掌声。

冬梅是快乐的，父母的疼爱、社会的关爱、老师同学的关心，让这个出生在寒冬里的小梅花时时刻刻绽放着灿烂的笑容。

获奖情况

(1)在2011—2012年度四川广播电视节目奖评选中，《冬梅》被四川省广播电影电视局、四川省广播电视学会评为“纪录片类”提名奖。

(2)《冬梅》被第二届中国西部(国际)电影节组委会评为第二届中国西部(国际)电影节“纪实类”一等奖。

(3)《冬梅》被中国电视艺术家协会评为第五届新农村电视艺术节年度“优秀对农电视作品二等奖”。

大型惠农活动：以“情系‘三农’，服务下乡”为主题的《欢乐乡村——春之行》

一、简介

《欢乐乡村——春之行》是乐山电视台公共·新农村频道以《欢乐乡村竞技赛》拓展的一项集表演和服务于一身的大型媒体活动。主题是“赶大集，看大戏”。

大集——就是把农业、畜牧、计生、卫生、农资、农机、农技、气象、就业、法律等与农民生产生活有关的行业或服务团体邀请到现场为农民服务，让农民得到实惠和帮助，体现更广范围的“三下乡”。

大戏——就是为农民朋友组织一台贴近性强的演出，有歌舞、脱口秀、绝技、小品等。参加表演所请的“大腕”，有老百姓非常熟悉的巴蜀笑星，有当地艺术家，有乡土“明星”。

总之，这次的大型惠农活动要让农民朋友得到实惠，享受欢乐。

二、《欢乐乡村——春之行》大型惠农活动演出安排

演员到场时间：2010年4月13日上午9:00。

上午9:55：市(区)主要领导上台宣布演出活动开始，领导集体放飞希望的蝴蝶。

演出流程：

节目一：雪域飞歌

表演者：乐山师范学院沫若艺术团

节目二：峨眉武术绝技表演

表演者：峨眉派武术文化公司 杨文林

（舒妹、刘霞现场互动，推广栏目）

节目三：小品“李扯拐”的故事

表演者：乐山沙湾铜河艺术团 杨世新

节目四：脱口秀

表演者：胡舒

（邓辉、蔡明明、邓于思、管琴现场互动、推广栏目）

节目五：粉墨春秋

表演者：乐山市川剧团

节目六：魔术

表演者：李易霞

（宋闯、段定然现场互动、推广栏目）

节目七：独唱《作对》

表演者：“2010 乐山快男”亚军 杨伽一

节目八：巴蜀笑星脱口秀

表演者：火巴哥、凤姐

三、乐山电视台新浪博客的介绍

政府主导，媒体搭台——唱好惠农大戏

农资农机推广、农副产品展示、招聘就业指导、农业政策咨询、特色项目服务、文艺演出登台，2010 年 4 月 24 日，一场名为《欢乐乡村——春之行》的大型惠农活动在乐山市市中区茅桥镇上演，超过 5 万名农民朋友享受了一道丰富的惠农大餐。这项活动也成为乐山电视台深入开展“三项学习教育活动”的生动实践。

媒体搭台　架通惠农服务桥梁

《欢乐乡村——春之行》是乐山电视台积极响应中央一号文件，按照乐山市委、市政府“情系三农，服务城乡”的思路，同时结合“三项学习教育活动”，坚持贴近农民，贴近观众，依托电视台自办栏目《欢乐乡村行》而开发出来的大型惠农活动。早在 2007 年，乐山电视台就在全国地市级电视台中，率先开办了专业的对农频道——公共·新农村频道，并推出了多档专业对农电视栏目。依托这个特有的平台，乐山电视台一直致力于架通政府、企业与农民之间的服务桥梁。而《欢乐乡村——春之行》正是一种新的尝试和探索，旨在通过这样的大型现场惠农活动，让政府和企业的惠农行为能实实在在让农民看得见、摸得着。

政府参与　惠农内容丰富多彩

在积极搭建惠农平台的同时，电视台还广泛邀请乐山的政府职能部门积极参与，力求让惠

农活动内容丰富，种类齐全，服务到位，效果明显。在本次《欢乐乡村——春之行》的活动现场，来自乐山市区两级的农业、畜牧、计生、供销、卫生、就业、司法等近30个政府职能部门积极组织人员参加，在派出专家现场为农民朋友提供各类政策咨询的同时，积极组织相关涉农企业进场为农民朋友提供服务。就业局组织24家用工企业进行现场招聘，提供岗位1 000多个；农机局组织当地农用机械企业，带着近30个品种的上百台各类农机供农民选购；供销社组织5家在当地发展较好的专业合作社现场向农民传授种养殖技术；农业局组织多家企业现场向农民提供各类化肥和种子，并进行技术指导；多家医院组织几十人的医疗服务团现场为农民朋友进行免费体检；文化局、川剧团组织精彩的文艺节目让农民朋友享受了精神文化大餐；甚至还有社会企业自发组织到现场为农民朋友提供免费的家电维修服务。

农民进场　既开眼界又得实惠

据不完全统计，当天参加《欢乐乡村——春之行》的人数超过了5万人，这些农民朋友都是专门从各地赶过来参加惠农活动的。在长达4个小时的活动当中，农民朋友不但开了眼界，更得了实惠。

在当天的活动现场，有460多名农民工和用人单位签订了意向性的就业协议；有500多人接受了免费的健康检查；两家农资企业共计免费派发了1 000斤肥料，让近500名农民朋友受益；超过50人接受了免费的法律维权服务；共计10万份的各类政策宣传和种养殖技术的资料被农民朋友抢要一空；当地居民的近40台各类家电在现场得到免费维修。

一位来自乐山市井研县磨池镇的农民朋友说，现在农村缺的就是这样能提供实在服务的活动，希望这样的活动以后能越来越多，走的地方越来越远。

继续创新　打造更大惠农品牌

据此次活动组委会的相关负责人说，《欢乐乡村——春之行》大型惠农活动是乐山电视台对举办大型惠农活动的一种探索，是生动具体开展“三项学习教育活动”的一种尝试。通过不断地总结经验和完善，在以后，还将推出“夏之行”“秋之行”“冬之行”，而活动的内容也会更加突出主题性、服务性、实用性。将《欢乐乡村行》打造成为家喻户晓、有广泛影响力的惠农助农品牌活动，打造乐山农民最盛大的节日，同时继续把“三项学习教育活动”开展得更有力度，更有深度，更有广度，更具实效。

2010年4月

大型美食电视评选活动：“乐山味道”

一、2011“乐山味道”美食大型电视评选活动简介

乐山境内具有浓郁地方特色的餐饮和小吃种类繁多，构成具有鲜明特色的“乐山味道”。虽说乐山一些地方和媒体也搞过几次名小吃、名餐饮的评选，但是，究竟哪种饮食才算得上是地地道道的“乐山味道”，并没有准确而权威的评价。乐山人自己更是说不清说不准哪种饮食才算是乐山的。

鉴于此，市商务局、市旅游局、乐山广播电视台、市餐饮行业协会、市旅游协会联合推出

2011“乐山味道”美食电视评选活动，目的是从浩瀚的乐山美食中选出乐山人心目中的“乐山味道”，进而使其成为乐山的一张形象名片。另外，我们也想通过这次评选，能找到一些曾经红火但现在已经消失的传统乐山饮食，希望能够二次开发。

这次评选只评选有着广泛大众基础的地地道道的乐山本土饮食，包括菜品和小吃，但不包括餐饮店自己创新或引进的招牌菜。

“乐山味道”美食大型电视评选活动是乐山有史以来规模最大、影响最广的美食评选活动。王可作为这项全新的大型活动总策划和组织实施，得到了台里的大力支持，并联合市商务局、市旅游局等部门，克服了人员紧张、工作烦琐、协调面广等困难。从2011年5月10日开始拉开活动帷幕，立即就调动起了乐山全城“好吃嘴”的积极性和极大兴趣，每天守在电视机前，将自己品味过的美食打电话告诉节目组，许多商家也踊跃推荐自己的美食；而节目组也不失时机地分批分期地请了一些乐山的历史学家、美食家、学者等以及商业局、旅游局的负责人，在电视上从历史的、文化的、民俗的、旅游的、商业的等不同方面介绍“乐山味道”与四川其他地方的川菜的不同味道和流传渠道。到9月底，历时5个月的第一阶段的美食种类评和第二阶段电视评选取获得圆满成功，共有数万人投入推荐、投票和票决当中去，在近百种菜品中，评选出12种最能代表乐山味道的菜品，其中分三场进行了电视录制、播出的票决节目，长达6个小时。活动影响力巨大，几乎是家喻户晓。那几个月里乐山人茶余饭后的谈资就是乐山味道的美食。同时“好吃嘴”们也到初评出来的商家门店实地去品尝美食，做评价后反馈给节目组。商家也借此活动提高了利润。特别是6月23日的票决有线收视率平均为6%，最高到7.5%，创乐山电视台大型活动收视率新高。6月25日拉开大幕的第二阶段电视评选，采用了电视、网络、户外广告、户外LED、报纸等媒体的立体宣传模式，在数百个经营商家中，选出了72个经营商家进入电视展播行列。而要拍摄72个展播片，其工作更为艰巨，展播片的采制时间紧、商家多、要求高、责任大。在电视台领导的支持下，公共•新农村频道在全台范围内，组成了由17名记者、15名编辑组成的摄制组，摄制组规模之大，动用人员之多，为建台以来举办大型活动之最。最终，有57个商家脱颖而出，获得“乐山味道”称号。

这次活动不仅取得了社会影响力，还取得了很好的经济效益。

二、“乐山味道”总宣传片

酸、甜、麻、辣、鲜，乐山最地道的味道在哪儿？

煎、炒、烹、蒸、煮，嘉州美食的传统究竟是啥子？

吃在嘴上，爱在心头，推荐你最钟爱的乐山特色美食。

展示文化，比拼工艺，哪个能成为叫响乐山本土的餐饮名片？

由乐山市商务局、乐山市旅游局、乐山广播电视台主办，乐山广播电视台公共•新农村频道承办的嘉州长卷——2011“乐山味道”美食大型电视评选活动5月20日摆开阵势。最权威的专家评审，最广泛的大众投票，搞快点来参加，评出你心目中的地地道道的乐山美食哦！

三、十个字归纳乐山味道精华

2011年7月18日《城乡晚9点》播出

【口播】

欢迎回来，我们继续关注嘉州长卷 2011“乐山味道”美食电视评选活动。这段时间，我们节目对“乐山味道”12 种代表菜品的精华进行了一一梳理。看了那么多菜品精华特点之后，很多观众都在问一个问题，整个“乐山味道”归纳起来，其特点又是什么呢？

中心城区市民：像我们的嘉州鱼火锅，这里面有泡海椒、泡生姜，所以那个酸味就很好。还有辣味，最体现出来的是酸辣味。

中心城区市民：我觉得乐山人特别喜欢吃香辣味，比如说跷脚儿之类的，汤也香，吃起（来）也香，海椒面蘸起（来）辣呼辣呼，香辣味吃起（来）非常好。

中心城区市民：麻辣味就是我们（的）乐山味道，因为我们都是四川人，都喜欢吃麻麻辣辣的（东西）。我们乐山的麻辣味确实有一种很香的特色，又麻，又辣，又香。

中心城区市民：乐山味道就是麻辣嘛，麻辣味道，这就是我们乐山的特点。

对于“乐山味道”的特点，市民都有自己的看法。那么作为“乐山味道”评选活动组委会的评委，他们又是怎么归纳“乐山味道”的呢？评委组组长魏云光告诉记者，集合这 12 种菜品的共性，“乐山味道”的味型具有以下特点。

“乐山味道”评委组专家评委魏云光：（以）这次评选进场的 12 种菜品种类来讲，它主要的特点就突出体现在麻辣、香辣和酸辣，这是一种基本的口味特点。

而评委李海横则认为，除了调味品基本的酸、甜、苦、辣、咸、鲜、香、麻八个基本味道以外，“乐山味道”的另外一个特点就是味道具有复合型。

“乐山味道”评委组专家评委李海横：我们有很多调味品，我们自制的调味品自身也带了复合味，比如我们的豆瓣酱，它自身就包含泡海椒、泡姜，自身就有辣味，辛辣再加上酸味，它是（非常）气味复合味型的调味品。

另外一名评委伍世明则从文化内涵上归结了“乐山味道”的特点，总结出了纯、温、厚、道、润五个字。

“乐山味道”评委组市民评委伍世明：这个“纯”是指我们乐山（菜）本地的特色很浓；“温”是我们乐山菜整个味道显得不过极，比如说重庆（菜）它偏重于麻，成都（菜）的味道偏重于辣，乐山（菜）就是不麻不辣；“厚”是指味道悠长厚重；“道”是指我们乐山独特正宗的味道，独具特色；“润”是指我们的乐山整个菜显得回味无穷，同时吃了以后回肠荡气。

而评委黄江龙则认为鲜香是“乐山味道”最大的特点。

“乐山味道”评委组市民评委黄江龙：“鲜”肯定就是入口给人的感觉就是，整个（我们的）口腔味蕾要能够打开；而“香”就是指余味很悠长，慢悠悠的漫（延），是一个（种）很厚重的感觉。

结合市民、评委的各种观点，“乐山味道”评委组在经过商议之后，最终给出了“乐山味道”的总结性特点。

“乐山味道”评委组专家评委魏云光：从“乐山味道”总体来概括，应该这样说：味浓味厚，麻辣鲜香兼并。

【口播】

味浓味厚，麻辣鲜香兼并。就是这十字，让“乐山味道”终于有了一个归纳性的特点描述。别小看这十个字，要真的在烹饪过程中体现出这个味道特点，那还真的很考验手艺。所以，在后期我们“乐山味道”评选的时候，我们就要集中展播各个参评商家的制作工艺等，看看他们的菜品能否符合这个特点。

四、信息

“乐山味道”美食大型电视评选活动第一阶段美食种类评选圆满结束

由乐山市商务局、乐山市旅游局、乐山广播电视台、乐山市餐饮行业协会、乐山市旅游协会主办，公共·新农村频道承办的“乐山味道”美食大型电视评选活动第一阶段美食种类评选圆满结束。

这项活动是乐山有史以来规模最大、影响最广的美食评选活动。在台的统一领导和指挥下，从5月10日起全面进入预热宣传和准备工作，5月20日起拉开帷幕。到现在，历时一个多月的第一阶段的美食种类评选取得成功，共有数万人投入推荐、投票和票决当中来，在近百种菜品、小吃中，评选出12种最能代表“乐山味道”的菜品、小吃，分三场录制播出了美食种类票决节目，累计长达6个小时，影响力巨大，几乎是家喻户晓。特别是6月23日的票决节目，有线收视率平均为6%，最高达7.5%，创我台大型活动收视率新高。

这次活动还取得了很好的经济效益，台广告部已进账35万元，新视觉公司创收10多万元。

目前，活动已进入第二阶段的电视评选，预计7月底或8月初进行8～10场的电视评选实况录制，随后将举行授牌仪式及万人品尝美食活动。

公共·新农村频道

二〇一一年七月五日

五、2011“乐山味道”美食大型电视评选活动组委会授权声明

2011“乐山味道”美食大型电视评选活动于2011年5月20日开始，2011年9月8日结束。活动共评选出“乐山味道”美食12种，入选商家57家。为了加强对入选商家的后期长效管理，树立起“乐山味道”的品牌形象，“乐山味道”美食大型电视评选活动组委会拟成立“乐山味道”美食大型电视评选活动办公室，办公室常设于乐山广播电视台公共·新农村频道，并授权负责对入选商家履行协议和评选标准的行为进行日常监督和管理。

特此声明。

2011“乐山味道”美食大型电视评选活动组委会

二〇一一年九月十三日

六、媒体报道“乐山味道”

（一）四川日报《说两句》

说两句

本报讯（冯丹远　记者：杨国庆）

2011年12月31日，“2011‘乐山味道’美食大型电视评选活动”结束，57户商家获得“乐山味道”金字招牌。

此次评选活动从2011年5月20日启动，经市民广泛推选，评委现场票决，评选出了跷脚儿、

乐山烧烤、乐山豆腐脑、麻辣烫等12种最能代表乐山特色的菜品入选“乐山味道”。经过层层评选,最终共有57户商家获得了“乐山味道”金字招牌。

(二)凤凰网

作为中国八大菜系之一的川菜,包含重庆、成都和乐山、内江、自贡等地方菜的特色风味,主要特点在于味型多样。乐山境内具有浓郁地方特色的餐饮和小吃种类繁多,既承袭了川菜“一菜一格,百菜百味”的鲜明个性风格,又以“小河帮菜”的麻、辣、鲜、香的特点享誉省内外。同时,由于乐山江河纵横,故乐山的河鲜佳肴堪称一绝。乐山又因其独特的地理环境,气候宜人,物产丰富,故美食取材广泛,品种繁多,仅名小吃就有百种之多。乐山丰富的饮食种类构成具有鲜明特色的“乐山味道”。但长期以来,鲜有人对“乐山味道”进行归类总结,乃至于乐山人自己都很难对“乐山味道”有一个明确而权威的说法。鉴于此,市商务局、市旅游局、乐山广播电视台联合推出“乐山味道”美食电视评选活动,目的是从浩瀚的乐山美食中选出乐山人心目中的“乐山味道”,进而使其成为乐山的一张形象名片。

(三)百度百科

https://baike.baidu.com/item/%E4%B9%90%E5%B1%B1%E5%91%B3%E9%81%93/9533983？ fr=aladdin

(四)搜狐网

《“乐山味道”颁出金字招牌》 2012年01月03日07:12。

(五)优酷视频

https://v. youku. com/v_show/id_XMjY5NDM0ODI4.

(六)恒旅网

《2021“乐山味道”TOP30美食进行线下评审圆满结束》。https://baijiahao.baidu.com/s?id=1708770914920914026&wfr=spider&for=pc.

第三编

王可同志新闻生涯年谱

1991年前

1976年12月—1984年8月　青海省第五地质队：汽车驾驶员、光谱化学分析员。
1984年9月—1987年11月　青海地质高等专科学校矿产地质专业学习(毕业)。
(其间1985年12月加入中国共产党)
1987年12月—1991年6月　青海省第五地质队：1:5万区域地质调查组地质组组长。

1991—1992年

1991年6月—1992年11月　调入四川省二〇七地质队：1:5万区域地质调查组地质组组长。

1992年

11月　参加乐山有线电视台在全市公开招考播音员，在近500名报名者中以播音和上镜双第一名的成绩入选，先后从事新闻播音、采编工作。

1993年

11月　任四川省乐山有线电视台新闻部主任。

1994年

9月　因在四川省第三届青少年运动会宣传工作中成绩突出，被四川省第3届青少年运动会组委会评为“先进个人”，并获证书。
12月　晋升为初级新闻专业职务(助理记者)。

1995年

1月　被中国共产党乐山市人民政府机关委员会授予“优秀党员”称号，并获证书。
同月　发表论文《“带露鲜花”分外娇：提高电视新闻水平的几点浅见》(《乐山新闻》1995年第1期)。
3月　被乐山市广播电视局评为“1994年度先进工作者”，并获证书。
7月　在《四川农村日报》发表文章《古镇借东风，旧城变新城》。
1995年9月—1998年6月　在四川师范大学经济管理专业(本科)函授学习(毕业)。

1996年

9月　破格晋升为中级新闻专业职务(记者)。

1997年

1月　发表论文《强化管理，多出精品》(《乐山新闻》1997年第1期)。
5月　参加1996年度四川电视奖“有线电视节目”评选活动。
同月　参加四川省第四届广播电视理论研讨会。
7月　发表的论文《浅谈有线电视新闻节目的“经营”》在1997年乐山市优秀论文节目评选中，被乐山市广播电视局评为优秀奖，并获证书。

1998年

1月　发表论文《浅谈有线电视新闻节目的“经营”》(《广播电视天地》1998年第1期)。

同月　发表论文《强化管理,多出精品》(《乐山新闻》1997年第1期)。

4月　发表论文《加强基本技能训练 提高电视新闻报道水平——地方电视台通讯员来稿中常见问题刍议》(《广播电视天地》1998年第4期)。

5月　策划、创办并主编的《都市报道》,开本地新闻杂志性节目之先河,在广大观众中产生了较大影响。

6月　获得中央广播电影电视部岗位培训证书。

1999年

1月　在1998年度考核中工作成绩突出,被乐山市广播电视局评为“优秀专业技术人员”,并获证书(乐事奖〔1998〕43号)。

同月　发表论文《电视新闻杂志性节目刍议》(《乐山宣传》2000年第1期)。

2月　发表论文《地方台发挥新闻舆论监督作用探析》(《新闻界》2000年第2期增刊)。

同月　发表论文《制片人制运作中应注意的几个问题》(《西南电视》2000年第2期)。

5月　作为主编、总制片人策划、创编的节目《都市报道》,在广大观众中产生了较大影响,节目的贴近性、可视性和多样性,受到多方好评。1999年5月,乐山市广播电视局就直属台所开办的各类电视节目在乐山城区进行了不同对象的民意调查。结果,各方对《都市报道》的满意度名列榜首。由此,《都市报道》荣获首届乐山市广播电视局直属台“新闻节目”第一名,并获奖状(乐市广宣传〔1999〕13号文件)。

11月　作为记者参与“乐山师范高等专科学校专升本的宣传工作”。贯彻市委、市政府的决定:全市人民齐努力,为创建乐山师范学院而奋斗,申办乐山师范学院是科教兴市的重要举措。跟随采访教育部及国家检查组到乐山师专和教育学院实地检查及汇报会。“有线视点”做了一期标题鲜活、形式活泼、材料翔实、文字图像并茂的节目,表达乐山师范高等专科学校围绕达标而做出的工作。12号播出。

2000年

1月　在1999年度考核中,被乐山市广播电视局评为优秀(乐事奖〔2000〕050)。

同月　在2000年度广播电视工作中成绩显著,被评为优秀共产党员,并获证书。

同月　作为乐山有线电视台新闻部主任参加市委宣传部举行的新闻通气会,宣传重点是西部大开发。要求《有线视点》做些深度报道,重点是市委、市政府的有关重大部署,各部门区、市、县的动态报道。

同月　作为乐山有线电视台新闻部主任参加乐山市广播电视局举办的西部大开发解放思想讨论会,《都市报道》播出在《乐山的东部人看乐山、看西部》。

同月　乐山市广播电视局召开三台(乐山电视台、乐山有线电视台、乐山广播电视台)新闻部合并动员会,从“五一”开始合并,搞一套新闻。

同月　发表论文《对地市县级电视台人才结构现状的思考》(《新闻界》2000年第4期)。

同月　发表论文《现代广告与民族文化意识》(《西南电视》2000年第4期)。

5月　乐山有线电视台并入乐山电视台,任新闻采编、新闻编辑。

同月 应聘乐山电视台新闻中心主任或副主任，提出《乐山电视台新闻中心运作方案》十二个字基本思路：重策划、严管理、创新意、抓精品。在新闻中心成立编委会，接受局台的领导和指导。其成员由中心正、副主任和《乐山新闻》《晚间报道》的文字编辑以及骨干记者组成，每周一定期开会，研究确定本周的新闻报道的重点选题，策划重大题材的报道（台编委会制度被采用至今）。

6月 发表论文《人才，人才，呼之可来？》（《南方电视学刊》2000年第6期）。

2001年

1月 在2000年度广播电视工作中成绩显著，被乐山市广播电视局直属机关党委评为优秀共产党员，并获证书。

同月 在2000年度工作中被乐山市广播电视局评为先进个人，并获证书。

2月 贯彻四川省委的要求，开展“我为乐山新跨越做什么？”的宣传活动。

3月 任乐山电视台新闻中心副主任、新闻采编。

同月 主编、创办、开播乐山电视台《晚间报道》。

4月 发表论文《组建“广电集团”路向探微》（《西部广播电视学刊》2001年第4期）。

5月 参加乐山市委宣传部马克思主义新闻观教育动员大会。

6月 被中共乐山市直机关工作委员会评为1999—2000年度优秀共产党员，并获证书。

同月 参加乐山市广播电视局国际国内形势讲座学习。

7月 跟随四川省政府、乐山市政府代表团参加2001年哈尔滨名优特新博览会。

同月 参加2001年4月15日考试，获得职称英语B级考试合格证。

同月 经四川省高评委评审，获得主任记者任职资格。

同月 获得普通话水平二级甲等级测试证书（乐山市语言文字工作委员会颁发）。

同月 乐山电视台办公地点由人民南路的钟楼搬至春华路的广电中心大楼。

12月 发表文章《对广电集团化的一点思考》（《电视研究》2001年业务专刊下核心期刊）。

2002年

1月 论文《创新：四川广电业应对“入世”的必然要求》（《西部广播电视学刊》2003年第1期），在四川省第七届广播电视学术论文奖（省级政府奖）评选中，被四川省广播电影电视局、四川省广播电视学会评为“决策与管理理论”二等奖。

2月 发表文章《别让荧屏弥漫铜臭味》（《电视研究》2003年第2期）。

3月 发表论文《西部大开发，西部电视发展的三道题》（《西部广播电视学刊》2002年第3期）。

5月 发表文章《警惕同期声中的“假声”》（《南方电视学刊》2002年第5期）。

6月 发表文章《“新闻联播”的改法妥吗？》（《电视研究》2002年第6期）。

同月 发表的论文《“三个代表”重要思想是立台之本、力量之源》（《西部广播电视学刊》2002年第6期）获中国广播电视学会“三个代表”重要思想与广播电视征文优秀作品奖。

7月 参加了由四川省广播电视学会举办的“四川广电如何应对入世冲击波”的理论研讨会，本人有《创新：四川广电应对入世的必然要求》和《组建“广电集团”路向探微》

两篇论文参加研讨。其中,《创新:四川广电应对入世的必然要求》一文参加“四川广电如何应对入世冲击波”课题研究及优秀论文评选获二等奖。

同月　发表文章《“省”与“自治区”不能混淆》(《观感选辑》中央电视台研究室编 2002 年第 8 期)。

2003 年

1 月　参与四川省哲学社会科学“十五”规划项目的子课题,由四川省广播电视学会组织完成。发表的论文《创新:四川广电业应对“入世”的必然要求》(《西部广播电视学刊》2003 年第 1 期),获四川省第七届广播电视学术论文奖“省级政府奖”二等奖。

同月　被四川省军区及预备役旅任命为乐山预备役旅炮兵团政治处保卫股股长。

2 月　参加乐山电视台新闻通联会,做了“区市县台 2002 年来稿存在的主要问题”的发言。

同月　发表论文《浅议城市台社会新闻“度”的把握》(《西部广播电视学刊》2003 年第 2 期)。

同月　发表论文《别让荧屏弥漫铜臭味》(《电视研究》2003 年第 2 期)。

3 月　在四川省泸州市参加由四川省广播电视学会主办的“2002 年度四川广播电视新闻奖、广播电视播音与主持作品奖、广播电视文艺奖”评选会。

5 月　发表论文《电视栏目的定位、品牌和机制》(《西部电视》2003 年第 5 期)。

同月　发表论文《广告文化的人文精神内涵及其表现》(《西部广播电视学刊》2003 年第 5 期)。

同月　发表论文《广电集团“核心竞争力”构成要素》(《天府论坛》2003 年第 5 期)。

同月　被四川省军区授予预备役少校军衔,任中国人民解放军乐山预备役旅炮团保卫股股长。

6 月　《浅议同期声中的“假声”》一文见 2003 年 2 月《声屏世界》。此文具有一定的推广价值和实践指导意义,经媒体推荐和总编室审核,被新华丛书编辑委员会编入《走向辉煌》21 世纪大型理论文集。

同月　参加了由四川省广播电视学会举办的四川省广播电视省级政府奖会并参加了广播电视高级理论研修班的学习。

8 月　参加 2002 年度四川省广播电视省级政府奖颁奖晚会及四川省广播电视新闻业务高级研修班。

9 月　发表论文《试析营造优质电视媒体广告投放环境》(《声屏世界》2003 年第 9 期)。

11 月　在香港举行“四川—香港合作发展”活动,四川省委书记张学忠、省长张中伟率领包括基础设施、中医药、服务与贸易、旅游与文化、成都市等 5 个分团 300 多人的四川代表团赴港。

受局台派遣,王可随乐山市经贸代表团赴香港参加川港合作发展周活动,圆满地完成了采访报道任务。采制的长达 20 多分钟的系列专题报道《乐山魅力耀香江》共 5 集,在《乐山新闻联播》中连续播发。另外,还挤出时间,采访了一条《香港见闻:行人不闯红灯》,在《晚间报道》中播发。

12 月　参与《中国广播电视评优论》课题的子课题,由四川省广播电视学会组织完成。论文《广播电视节目创优评优思考》刊载于《探索与开拓》一书中(2003 年 12 月出版),并获得乐山市第十次社会科学成果优秀奖。

全年 到各区市县广电局进行专业授课共七次。

2004年

9月 被聘为乐山师范学院新闻学客座教授。

同月 发表论文《浅议“领导满意”和“观众满意”》(《西部论坛》2004年专刊)。

同月 发表文章《电视新闻串联词写作技巧小议》(《新闻记者》2004年第9期)。

11月 鉴于在广播电视学术研究方面的成就和影响,被四川省广播电视学会、四川省广播电视新闻与传播研究所特聘为:四川省广播电视学会和四川省广播电视新闻与传播研究所特约研究员。

12月 论文《浅议“领导满意”和“群众满意”》参加四川省广播电影电视局、四川省广播电视学会评选,经评审委员会评选通过,被编入《四川新跨越发展论坛》,入选编号为SCu-2028,并出版,获入选荣誉证书,依法享有该文的著作权。

2005年

3月 发表论文《试论电视新闻策划和选题创新》(《西部广播电视学刊》2005年第3期)。经省广播电影电视局推荐,该文入选《2005年度中国广播电视年鉴》中。

4月 发表论文《浅谈电视新闻的“硬化”和“软化”》(《西部广播电视学刊》2005年第4期)。

5月 在乐山市广播电视局改革座谈会上发言。

6月 发表论文《浅论成就、经验和典型报道应把握的几个问题》(《西部广播电视学刊》2005年第6期)。

7月 任乐山电视台对外宣传中心主任、公共频道总监。

8月 被选为四川省乐山市影视艺术家协会第三届理事会理事。

同月 被聘为中国广播电视协会电视文艺研究委员会第二届理事会理事。

同月 被中国广播电视协会电视文艺研究委员会聘为中国广播电视协会电视文艺研究委员会第2届理事会理事,并颁发证书。

同月 与原公共频道总监交接工作,开始担任公共频道总监。

同月 完成乐山市委宣传部布置的乐山师范学院舞蹈《雪域飞歌》在央视播出的一个电视专题片。

同月 参加乐山市电视台中层干部扩大会,其中关于新闻节目改版的议题,提出:一是报道形式,节目时效、形态及表现形式(杂志可不可取?);二是编排包装;三是两次回顾。

同月 参加乐山市电视台编委会学习中办发〔2005〕11号文件《关于进一步加强舆论监督工作的意见》。

同月 参加乐山市广播电视局关于频道改革问题的研讨会。

9月 发表论文《理念创新:应对电视节目同质化的有效措施》(《声屏世界》2005年第9期)。

同月 参加四川省宣传与媒体系统防治艾滋病知识培训班。

同月 参加乐山市电视台各频道改版讨论会。胡加伦台长要求:

一是公共频道要办好，不能办成垃圾频道；二是积极调动区县力量；三是这个频道对乐山电视台发展具有战略意义，今后区县撤了，变成记者站，不考虑收视率，区县领导满意了，这个节目就办好了。

同月 到川台国际部送两部片子《邓小平与峨眉山》（3 集）、《文幼章》。

10 月 参加乐山电视台工作会。

同月 改版倒计时，需要落实的事儿：片头、样片。

11 月 被中共四川省委宣传部、四川省新闻工作者协会评为“四川省优秀新闻工作者”，并获证书。

同月 被聘为乐山市社会科学中级职务评审委员会委员。

12 月 主持的公共频道外宣工作被中共四川省委宣传部、中共四川省委对外宣传办公室评为 2005 年度对外宣传供片奖一等奖，并获证书。

2006 年

1 月 发表论文《浅议“领导满意”和“观众满意”》（《视听天地》2006 年第 1 期）入选《四川新跨越发展论坛》（四川省对外宣传及文化交流重点项目）。

同月 入选《中国电视艺术年鉴 2006 卷· 电视艺术人物篇 第十三章 电视人物 王可》。该片旨在推介和宣传对我国电视艺术及产业发展有所贡献的人物。（编辑出版机构：国家广电总局、中国文联、中国电视艺术家协会，中国广播电视出版社出版）。

3 月 发表论文《广播电视节目评奖的现状、地位及科学评奖体系的建立》（《中国电视论坛》2006 年第 3 期）。

同月 发表论文《地方台加强新闻舆论监督应把握好四个“度”》（《西部广电学刊》2006 年第 3 期）。

同月 经四川省广播电视局推荐《试论电视新闻策划与选题创新》一文收录于 2005 年《中国广播电视年鉴》中。该文发表于《西部广播电视学刊》。

5 月 发表论文《浅议成就、经验和典型报道应把握的几个问题》（《电视研究》2006 年第 5 期）。

同月 参加的由中国广播协会主办的全国广播电视节目系列（新闻、文艺、社教）培训班开班。

9 月 按照中国广播电视协会理论人才调查推荐的要求，被台里推荐入选“中国广播电视理论人才库”。

12 月 任乐山电视台台编委、公共•新农村频道总监。

同月 参加湖南卫视《乡村发现》主持人兼制片人李兵做的《乡村有你》的专题讲座。

同月 乐山电视台进行新一轮改革，成立公共•新农村频道。在公共•新农村频道成立前夕参加与全体频道人员见面会并讲话。

2007 年

1 月 为乐山电视台《八面风》杂志 2007 年第 1 期卷首语撰写公共•新农村频道的代发刊词《对农电视节目传播延伸的探索》。

同月 参加公共•新农村频道开播座谈会。乐山市市委副书记、分管副市长、宣传部部长以及农业局、科技局、气象局、水利局、个体局、司法局、市卫生局、计生委等部门的负责人参加。

同月　参加公共•新农村频道跨农部门(司法局、水利局、计生委、供销社、粮食局、救灾办、畜牧局、乡企局等)联席会议。会议由乐山电视台江波副台长主持。

同月　与湖南卫视《乡村发现》专栏的制片人和主持人李兵通电话,沟通节目的形式:真人秀—海选—情景剧—乡土元素—文化背景(很重要)。

同月　参加公共•新农村频道新节目样片审看会,央视沙洲和刘老师以及台领导和新栏目主创参加。

同月　参加公共•新农村频道农村信息员征求意见会议。茅桥、峨眉、五通桥、峨眉九里、沙湾、市中区、犍为、夹江、马边、峨边、犍为等宣传部部长参加,并提出了很好的修改意见。

同月　参加公共•新农村频道开播仪式协调会。

2月　参加全频道周前会。

同月　参加乐山电视台公共•新农村频道开播仪式。

公共·新农村频道开播是乐山"三农"工作的一件大事,是今年乐山宣传战线上的一项创新性工作。这项工作能够有效地体现乐山市委、市政府抓"三农"工作的成效。开播的《八面风》为30分钟的自办日播型的综合性杂志型栏目。这档栏目里既有用乐山方言讲述发生在城乡居民身边的新闻故事版块《舒妹说事》,又有用乐山方言趣谈天气的版块《舒妹谈天》,还有对象性很强的服务类专题版块《七彩城乡》,涉及对农政策、技术推广、致富经验、城乡消费、农村教育、维权普法、生存状况、名镇名村、环保农业、生态旅游等各方面与城乡居民特别是与农民有关的内容。

同月　参加市中区召开的公共•新农村频道开播第一天征求意见座谈会。区委宣传部部长、副部长专门落实市委宣传部的指示。市中区各乡镇书记、乡镇长、区农工办、农业局、林业局、水利局、教育局、畜牧局、文体、妇联、科协等单位参加。

同月　与频道编导座谈,汇总公共•新农村频道第一天开播各方面的意见。

3月　参加乐山电视台中层以上及2006年8月份招聘的新同志培训会。市委宣传部部长作报告。

同月　参加公共•新农村频道周前会并讲话:

(1) 2月25至3月3日,收视数据表明频道收视率发生明显变化,有较大幅度的提高,在三个频道中遥遥领先,无论是收视率还是市场占有率都有所提高,显示出其较强的竞争优势。

(2) 无线用户远高于有线用户,说明新农村频道开始被农民观众所接受。

(3)《舒妹说事》收视率明显高于《七彩城乡》。

同月　发表《市州台对农频道的尝试和探索》(《西部广播电视学刊》2007年第3期)。

同月　发表论文《地市台对农频道的尝试和探索 》(《视听界》2007年第4期)。

5月　发表《经验和典型报道应把握的问题》(《党员电教与远程教育》2007年第5期)。

6月　被吸收为乐山市文学艺术界联合会第五届委员会委员。

同月　在乐山市广播电视局参加央视索福瑞成都经理关于"收视率调查方法和流程"的讲座。

同月　在乐山市广播电视局参加市财政局农经科科长关于"公共财政对'三农'的有关政

策和‘三农’政策的演变”的讲座。

11 月　担任总制片人的乐山电视台公共·新农村频道制作团队荣获“四川省新闻工作先进集体称号”,受到省委宣传部、省新闻工作者协会的表彰,并获证书。

同月　被评为乐山市优秀新闻工作者(十佳)。

同月　担任总监、总制片人的公共•新农村频道荣获乐山市 2007 年度宣传思想工作最佳创新奖,并获证书。

同月　被中共乐山市委宣传部、乐山市新闻工作者协会评为 2007 年度乐山市优秀新闻工作者,并获证书。

12 月　汇报乐山电视台开办公共•新农村频道的情况。

2008 年

1 月　荣获 2007 年度市级广电系统“突出贡献奖”即“最有价值”奖。市广电系统各单位各部门推荐,评委会投票逐轮淘汰,最后只选出一个人!

2 月　发表的论文《“农生新闻”:对农电视节目的民生化之路》(《南方电视学刊》2008 年第 2 期)获“第六届全国农业电视节目、电视论文评选”特等奖。

4 月　《欢乐乡村竞技赛》开播,这是全国唯一一档农民户外竞技娱乐类栏目。

5 月　四川汶川发生 8. 0 级地震。

同月　台要求《舒妹说事》的内容统一用台里的报道,用《乐山新闻天天报》的稿件;《七彩城乡》停止正常节目,与地震局联系编辑了一个防震知识短片。

同月　参加局长召集会议。会议传达抗震指挥部会议精神。要求:安民心,恢复正常的生产生活秩序,救灾,理顺各个环节。我台转向生产自救,恢复各类工作的正常秩序。

同月　局长紧急传达国家广电总局省局、省委宣传部急电:5 月 19 日 00:00—21 日 00:00 为全国哀悼日,停止一切娱乐活动,新闻综合频道、公共•新农村频道自办节目滚动播出。《乐山新闻》《天天报》找正点。《八面风》找半点,滚动播出。

同月　乐山市市长姜晓婷来台慰问去过灾区的记者。

6 月　母亲去世,请假三天。

7 月　乐山市蒋辅义市长下午 17:10 来台视察。

同月　26 日晚 19:30,参加局奥运火炬传递协调会。乐山乐山,乐在其中,分四个篇章名山、名佛、名城、名人,围绕人文乐山展开,人民乐山,魅力乐山,和谐乐山,激情乐山。要求各频道的宣传加大力度。

8 月　奥运圣火传递到世界自然与文化遗产峨眉山－乐山大佛的所在地乐山市。本次传递区域位于峨眉山低山景区,共有 185 名火炬手参加了传递活动。火炬传递历时近两小时,在全长 7. 5 公里的传递线路上,历史古迹与自然风光交相辉映,充分体现了人文奥运、绿色奥运的理念。

同月　参加局奥运火炬传递的小结会。

奥运火炬传递取得圆满成功。时间紧,要求高,难度大,体现了乐山电视台的综合实力,提高了技术水平和协调能力,涌现了大批不计名、不计利,全力以赴奉献的同志。技术部是在关键时刻能拉得出去,能打硬仗的队伍。

同月　参加中层干部例会。

台里通报:7月份收视率增加,特大暴雨收视创新高。

(1)新农村频道的观众群稳定,但观众中的忠诚度有摇摆的情况,主要原因是内容起伏大。所以,定位很重要。7.20特大暴雨,大时段、大容量报道取得巨大成功。

(2)成功直播奥运火炬在乐山的传递。

同月 参加乐山市广播电视局国家安全工作知识培训。

9月 参加台编委会。

10月 被续聘为四川省广播电视协会理事。

11月 被续聘为乐山市社会科学中级职务评审委员会委员。

12月 与刘滨、杨晓东去峨边、金口河联系举行欢乐乡村竞技赛事宜。初定在峨边黑竹沟镇举行彝族摔跤赛,在金口河共安乡林风村举办"三雄夺魁赛"。

2009年

1月 在2008年事业单位工作人员年度考核中,被评为优秀,并获证书。

3月 发表论文《为农民搭建欢乐的舞台》(《西部广播电视学刊》2009年第3期)。

同月 作为专家参加四川省广播电视作品评选会。记录:

(1)省拟推荐中国新闻奖的名单

作品:乐山电视台电视评论《政策性农民保险为何理赔难?》。

(2)省拟推荐中国广播影视大奖

其中,评论广电两件、广播综艺一件、长篇连续播一件。

乐山电视台电视评论:《政策性农民保险为何理赔难?》。

5月 发表的论文《在乡村劳作中发现娱乐元素——〈欢乐乡村竞技赛〉为农民搭建欢乐的舞台》(《电视研究》2009年第5期)获四川省广播电视学术论文评选三等奖,并获证书。

同月 发表的论文《在乡村劳作中发现娱乐元素》(《电视研究》2009年第5期)。

8月 被续聘为中国广播电视协会电视文艺研究委员会第三届理事会理事。

同月 发表的论文《对农电视节目民生化的思考和实践》(《中国国际农业影视》2009年第8期)获"第六届全国农业电视节目、电视论文评选"特等奖。

10月 在2008年事业单位工作人员年度考核中,被乐山市广播电视局评为优秀,并获证书。

2010年

2月 发表论文《以服务"三农"为核心——乐山电视台开办公共•新农村频道的经验和启示》(《北方传媒研究》2010年第2期)。

同月 作为总导演,组织策划和实施的以"情系'三农',服务下乡"为主题的大型惠农活动《欢乐乡村——春之行》在乐山市市中区茅桥镇太阳街举行,取得巨大成功。一个小小的茅桥镇,竟一下子吸引汇集了5万多各地来的群众前往"赶大集,看大戏"。该活动成为乐山有史以来规模最大的惠农活动。

6月 论文《以服务"三农"为核心——乐山电视台开办公共•新农村频道的经验和启示》(《北方传媒研究》2010年第2期)获中国农业影视中心、中国农业影视协会和《农业影视》杂志年度评选优秀论文奖。

同月　发表的论文《在乡村劳作中发现娱乐元素——〈欢乐乡村竞技赛〉为农民搭建欢乐的舞台》在2010年度全省广播电视学术论文评选中，被四川省广播电视学会评为三等奖，并获证书。

同月《欢乐乡村竞技赛》更名为《欢乐乡村竞技赛——我是冠军》，栏目做成不限地域、不限行业的大众广泛参与的竞技类栏目。

2011年

1月　发表的论文《采制理念：变则通》(《南方电视学刊》2011年第1期)获中国广播电视协会征文优秀论文奖。同时，被《中国广播电视学刊》评为"'泰州广电杯'城市广播电视改革发展征文评选"优秀作品奖。

同月　参加"3.15"晚会策划讨论会。

2月　频道内讨论2012年运行思路安排。

同月　由刘岩出品、侯咏为导演，在赵本夫原著的基础上改编的电视剧《天下无贼》在乐山拍摄。王可被推荐饰演刑警队队长一角。因要到省上参加四川省广播新闻电视作品评奖会，只参演了第一集。导演认为他演得不错，后续不演很可惜，但也没有办法。为此，改了这一段的剧本。《乐山晚报》报道：最敬业的群众演员——王可。

3月　参加由四川省广播电影电视局、四川省广播电视学会举办的"2009—2010年度四川广播电视节目奖(含民族语言广播电视节目奖)"评选会。

5月　被吸收为四川省电视艺术家协会会员。

5—9月　担任乐山有史以来最具影响力的美食评选——"乐山味道"大型电视美食评选活动的总负责、总导演，负责本次活动的策划、组织、实施和电视节目录制、直播等具体工作。历时几个月的活动受到省内外的广泛关注。经过市民推荐、网络投票、电视票决、现场评议、电视展播等多项程序，本着公开、公平、公正的原则，在推荐的100多种菜品中确定了20种菜品入围，最终评选出"乐山味道"菜品12种和代表商家57个。活动组委会的评委专家首次概括出"乐山味道"的精华：味浓味厚，麻辣鲜香兼并。

作为主编，编印了《舌尖上的乐山》(内部资料)"乐山味道"美食攻略一书。

6月　被乐山市直属机关党工委授予优秀共产党员称号。

同月　发表论文《地方台电视节目采制理念的转变》(《声屏世界》2011年第6期)。

7月　在四川省第七届"十佳电视艺术工作者"评选活动中，以优异成绩当选为"十佳电视艺术工作者"，被四川省电视艺术家协会表彰(川视协字〔2011〕7号)，并获证书。

8月　乐山广播电视台关于对王可同志进行表彰的通报。

台各部门：

由四川省电视艺术家协会等组织开展的四川省第七届"十佳电视艺术工作者"评选活动评选结果已揭晓，乐山广播电视台编委、公共·新农村频道总监王可同志获得本届"十佳电视艺术工作者"荣誉称号。

王可同志从事广播电视工作20多年来，主创或参与主创的近100件作品获全国、省、市各类奖项；在省级以上专业刊物上发表论文共51篇，其中12篇在核心期刊上刊登；他所在频道团队2007年曾荣获"四川省新闻工作先进集体"称号。

经台研究，决定对王可同志进行通报表彰，并给予3 000元奖励。希望王可同志戒骄戒躁，在今后的工作中，锐意创新，再创佳绩。全台干部职工要向王可同志学习，努力钻研业务，奋发进取，为我台又好又快发展争做贡献。

乐山电视台

二〇一一年八月十一日

9月　编辑的作品《政策性农业保险为何理赔难？》获得第21届中国新闻奖新闻评论三等奖，被中共乐山市委宣传部以《中共乐山市委宣传部关于对乐山广播电视台节目创优工作进行通报表彰的决定》（乐市宣〔2011〕17号）通报表彰。

10月　任乐山广播电视台台编委、公共•新农村频道总监。

11月　参加乐山广播电视台编委会，并发言：

我（王可）对收视调查提出质疑，收视率几乎掌握着我们的生杀大权。

（1）样本数量。100户代表几百万收视人群，必然产生较大误差，样本数量少是传统收视率调查公司对于成本妥协的结果。准确率提高，需要增加样本数量，成本也会提高，但收视率精度每提高一点都是有意义的。

（2）样本结构。低收入群体占大多数，无论是日记卡法还是什么法都要付佣金，都不被高端人群接受。这群高端人群没有时间和兴趣填写日记，也不允许调查公司的人去打扰他们。所以，只有低收入人群容易成为样本。但这种结构一直受到全国电视机构的质疑。

（3）调查手段。落后的日记卡法大大降低了准确度。日记卡法有很多先天的缺点：首先，最小记录单位是15分钟有效，收视时间定义为8分钟，不足8分钟的不能够被体现；其次，日记卡方式是事后调查，一切都要靠观众自己进行回忆，但是观众的回忆并不准确，容易产生马太效应；最后，要求日记卡样本库有极高的责任心，但这一点在实际执行中面临较大困难。

（4）调查结果。广义争议：零收视率结果普遍存在。电视从业人经常对收视率结果产生这样的质疑：有些节目收视率为什么比想象的高？有些节目为什么会大起大落？为什么会出现零收视率的结果。以上只有两点：一是人为干预，二是调查方法本身有缺陷。

人为干预，最可能是影响样本户，只要找出几个样本或施加影响，就足以对收视率结果产生影响。零收视率是日记卡调查方法缺陷最突出的表现，零收视率并不代表零收视，是因为样本户太少，样本户中没有几个人看节目，但又无法说明样本户中收看这些节目的情况。这是传统收视调查的缺陷。目前富森、中视广联等都采用了海量样本收视调查。

海量样本收视调查准确度、安全性大大提高，几乎不会出现零收视率的情况、人为干扰影响因素。我不否认，收视率是衡量一个节目的重要指标。

我（王可）个人的意见是：委托第三方调查。

台里同意。

同月　参加四川省电视艺术家协会举办的第七届“十佳电视艺术工作者”颁奖及高级编导培训班暨“金熊猫”优秀中外纪录片观摩活动。

同月　在2011年度工作中表现突出，成绩显著，被中共乐山市机关工委评为优秀共产党员。

同月　“乐山味道”授牌仪式。授牌分五组，“跷脚儿”为第一组（12 家），“西坝豆腐、乐山豆腐脑和嘉定白宰鸡”为第二组（11 家），“嘉州鱼火锅、麻辣烫和嘉州脆皮鱼”为第三组（12 家），“熟食鳝丝和乐山烧烤”为第四组（11 家），“卤鸭儿、烟熏鸭和叶儿粑”为第五组（11 家）。

2012 年

1 月　乐山电视台通报表彰：

王可同志担任公共·新农村频道总监、总制片人创作的栏目《城乡晚 9 点》荣获 2009—2010 年度中国广播影视大奖广播电视节目奖提名奖。

2009—2010 年度中国广播影视大奖广播电视节目奖评选结果于 2011 年 12 月 23 日在京揭晓，乐山广播电视台选送、省广播电影电视局推荐的对农电视栏目《城乡晚 9 点》荣获提名奖。

中国广播影视大奖是由国家广电总局、中国广播电视协会主办的广播影视政府奖，下设电影“华表奖”、电视剧“飞天奖”、“中国广播电视节目奖”等子项，评选工作两年一次。该奖项是中国广播电视新闻事业发展与进步里程碑式的奖项，也是我国广播电视工作者成就最高荣誉的象征。《城乡晚 9 点》获此殊荣，是近年来我台广播电视作品获得的广播影视类的最高级别的奖项。

乐山电视台

二〇一二年一月十二日

2 月　发表论文《通过现象抓实质——获奖电视评论〈政策性农业保险为何理赔难？〉创作谈》（《西部广播电视学刊》2012 年第 2 期）。

同月　发表的论文《采制理念：变则通》（《南方电视学刊》2011 年第 1 期）被《中国广播电视学刊》——评为“‘泰州广电杯’城市广播电视改革发展征文评选”优秀作品奖。

同月　按照台确定的“创新奋进”发展思路，公共·新农村频道将《欢乐乡村竞技赛——我是冠军》栏目改版为《欢乐乡村行》。

同月　参加台研讨会，并汇报 2012 年公共·新农村频道栏目调整方案。

总编室主任：一是思路很好，层次分明；二是频道为台争光不少，暂时陷入低谷；三是频道定位：办农民的节目不给农民看；四是走转改与频道的工作相结合。

江波副台长：频道总的来说为台增光添彩，为台里增了浓烈的一笔。目前是再创辉煌。

同月　参加台编委会。

市里评奖结果已出来，全市 16 件（6 广、10 电）。新农村新闻专题《再见，小木屋》获二等奖，《舒妹说事》获“十佳栏目”奖。

3 月　被四川省广播电影电视局、四川广播电视学会聘为评委，参加 2011 年度四川广播电视节目奖“新闻类”评奖会。

6 月　参加台编委会。汇报：上周《七彩城乡》。

总编室主任：今年的收势波动很大。5 月份收视分析：

（1）开机率下降，收视网点增长快速。

（2）集中度，45 岁以上工人、公务员等喜欢看电视，15～24 岁人群不喜欢看，35～44 岁人群看电视较多，但整体上收看电视人群数量下降。

(3) 频道竞争。更分散,强势频道多了几个。我台5月份收视率下降,公共频道栏目表现较好,三档栏目创今年新高。公共·新农村频道就要抓特点才能稳住,要持之以恒。

同月 参加台工作会,提出:

一是要减少收视对节目的影响,认真研究5月份收视报告,积极发挥主观能动性;二是节目质量要大幅提高,新农村频道现在节目有特色了,流失的观众又回来了。

7月 参加台总编室召开的编排协调会。(王可)提出:严格执行编排,培养约会精神、忠诚度。

同月 参加台编委会。汇报:《七彩城乡》的时效性、贴近性、服务性。

8月 参加乐山市电视艺术家协会第四次会员代表大会,当选为乐山市影视艺术家协会第三届理事会副主席。

9月 在"共产党献计献策"(扩大)活动评选中,提出的《主持人屏幕形象设计、建立新闻资源平台等内容的建议》一文,荣获乐山广播电视台"推动广电台科学发展良策"奖,并获证书。

同月 在"共产党员示范台"创建活动中带头示范,成绩突出,被乐山广播电视台创先争优活动领导小组(代章)评为优秀共产党员,并获证书。

12月 被选为中共乐山广播电视台党委委员。

同月 当选为乐山市首届学术和技术带头人。

2013年

1月 对《舒妹说事》改《非常冲壳子》的报告台里如下回复:尽早递交请示和方案。《冲壳子》名称要再思考一下;做好《舒妹说事》的完美收官,毕竟这档节目在乐山有着很大的影响力,同时做好《非常冲壳子》的营销。

2月 在2012年度工作中表现突出,成绩显著,被中共乐山广播电视台党委评为优秀共产党员,并获证书。

3月 在办公室思考:制作《舒妹说事》告别专题片。《舒妹说事》从2007年2月5日至今已走过了6年的路程,乐山观众伴随《舒妹说事》6年。28～29日将在《舒妹说事》和《七彩城乡》中营造氛围。《舒妹说事》含笑谢幕,《非常冲壳子》上场,扬帆起航。

同月 参加周前会,《非常冲壳子》样片已录完,准备一系列宣传。

同月 要求《非常冲壳子》18日必须拿出样片。

同月 组织《非常冲壳子》审片会。

同月 "春之行"实地踩点。

同月 参加2011—2012年度四川广播电视节目奖评奖会。

同月 代表乐山市参加2011—2012年度四川广播电视节目奖评选活动。

5月 通过四川省新闻正高专业评审评委会评审,获得高级记者(正高)任职资格。

12月 被乐山市委、市政府授予"乐山市第八批市级拔尖人才称号",并获证书,证书号201327。

6月 任乐山广播电视台台编委。

注:2014年6月—2017年6月 任乐山广播电视台台编委。

附录一

王可获奖作品

1993年

1月 采、编、播、制的作品《乐山市第二届人民代表大会第5次会议开幕式》被中共乐山市委宣传部、乐山市人大常委会办公厅评为“乐山市第一次宣传人大制度好新闻”二等奖，并获证书。

1994年

3月 作为第一署名人与刘滨同志一起采、编、播、制的《引导农民奔小康系列报道》，被乐山市新闻学会评为1993年全市“好新闻”作品三等奖，并获证书。

同月 作为第一署名人与刘滨同志一起采、编、播、制的作品《危难之际见深情》，被乐山市新闻学会评为乐山市第六届(1993年度)优秀新闻作品“专稿类”二等奖，并获证书。

9月 采、编、制的作品《市二届人大六次会议彝文翻译组》，被四川省人大常委会办公厅和中共四川省委宣传部评为1994年度四川省宣传人民代表大会制度“好新闻作品”三等奖，并获证书。

同月 作为第三署名人与张建伟、刘滨、吕志滨同志合作采编、制作的作品《奋战一百天》，获乐山市第七届(1994年度)优秀新闻作品“新闻类”三等奖，并获证书。

10月 作为第一署名人与刘滨、吕志斌同志合作采、编、播、制的《三青会开幕式》，被四川省第3届青少年运动会新闻宣传部评为“三青会”好新闻三等奖，并获证书。

同月 作品《师专学生苦练三青会大型文艺演出》被四川省第3届青少年运动会新闻宣传部评为“三青会”好新闻三等奖，并获证书。

11月 作为第一署名人与刘波、吕志滨同志合作采、编、播、制的作品《市二届人大第六次会议开幕》，在乐山市第二届宣传人民代表大会制度好新闻评选中，被乐山市人大常委会办公厅、中共乐山市委宣传部评为“好新闻”二等奖，并获证书。

1995年

5月 作为第一署名人与刘滨同志采、编、播、制的作品《大佛节开幕式》，被乐山市新闻协会评为1994年全市“好新闻作品”二等奖，并获证书。

同月 作为第一署名人与刘滨、张建伟同志合作采、编、播、制的作品《奋战100天》，被乐山市新闻学会评为1994年全市“好新闻作品”三等奖，并获证书。

1996年

3月 作为第一署名人与吕志滨同志合作采、编、制的作品(新闻)《凌云山下小康人》，在1995年乐山市优秀电视节目评选中，被乐山市广播电视局评为一等奖，被乐山市新闻学会评为1995年全市“好新闻”三等奖。

同月 在1996年四川广播奖(桃园杯)、四川电视奖(桃园杯)、四川电视奖(有线台部分)评选中获得“消息类”三等奖。四川省广播电视厅文件(川广宣自〔1996〕12号)。

同月 作为第二署名人与刘波、吕志滨同志合作的采、编、播、制作品《青神全县动员办教育》,在1995年乐山市优秀电视节目评选中,被乐山市广播电视局评为三等奖,并获证书。

11月 在1996年度全市农田水利基本建设“大佛杯”新闻宣传竞赛活动中表现突出,被乐山市农田水利基本建设指挥部评为三等奖,并获证书。

1997年

4月 作品《放眼看中山》被乐山市新闻工作者协会、乐山市新闻学会评为乐山市1996年度“新闻奖”二等奖,并获证书。

同月 作为第一署名人与江波同志合作采、编、播、制的作品(消息)《春寒面前抛秧显神威》,被乐山市广播电视局和乐山市新闻学会评为1996年“新闻奖”三等奖;在1996年度四川电视奖(有线电视节目)评选中,被四川省广播电视厅、四川省广播电视学会评为二等奖。均获证书。

1998年

4月 作品《南安路劳务市场的表面与背后》被乐山市新闻工作者协会、乐山市新闻学会评为乐山市1998年度“新闻奖”二等奖,并获证书。

1999年

3月 作为第一署名人与王棱、万玲同志合作采、编、制的《都市报道(一组)》,在1998年乐山市优秀节目评选中,被乐山市广播电视局评为二等奖,并获证书。

同月 作为第二署名人与张楗祥、万玲、赵宁宁同志合作采制的《(稽征)人打伤瓜农竟为两元五》,在1998年乐山市优秀节目评选中,被乐山市广播电视局评为二等奖,并获证书。

同月 作为第三署名人与杨晓东、陈明祥、王棱、万玲、赵宁宁同志合作采、编、制的《嘉州儿女献真情》,在1998年乐山市优秀节目评选中,被乐山市广播电视局评为三等奖,并获证书。

同月 作为第三署名人与张楗祥、杨晓东、王棱、万玲同志采、编、制的《英宝公司是这样走出低谷的》,在1998年乐山市优秀节目评选中,被乐山市广播电视局评为二等奖,并获证书。

同月 作为第三署名人与杨晓东、陈明祥、王棱、万玲同志合作采、编、制的《从盲目扩张看西坝大酒店被查封》,在1998年乐山市优秀节目评选中,被乐山市广播电视局评为三等奖,并获证书。

同月 作为第三署名人与张楗祥、杨晓东、王棱、万玲、赵宁宁同志合作采、编、制的《搓圆了“珍珠圆”的下岗女工》,在1998年乐山市优秀节目评选中,被乐山市广播电视局评为一等奖。

同月 作为第二署名人与刘涛、王棱、万玲同志合作采、编、制的《孩子还是自己走路好》,在

1998年乐山市优秀节目评选中，被乐山市广播电视局、乐山市新闻工作者协会、乐山市新闻学会评为一等奖，均获证书。

同月　作为第三署名人与杨晓东、江波、王棱、万玲、赵宁宁同志合作采、编、制的《云雾山中执教情》，在1998年乐山市优秀节目评选中，被乐山市广播电视局评为三等奖，并获证书。

4月　与乐山有线电视台新闻部同志合作采、编、制的作品《奋战100天，确保经济增长10%》，被乐山市新闻工作者协会、乐山市新闻学会评为乐山市1998年度“新闻奖”特等奖。

同月　作为第三署名人与张楗祥、杨晓东、王棱、万玲同志合作采制的《南安路劳务市场背后》，在1998年乐山市优秀节目评选中，被乐山市广播电视局、乐山市新闻工作者协会、乐山市新闻学会评为乐山市1998年度“新闻奖”二等奖，均获证书。

同月　作品《透过黑夜的光明》在四川省第五届残疾人事业“好新闻奖”评选中，被四川省新闻工作者协会、四川省残疾人联合会、四川省残疾人事业新闻宣传促进会评为电视类三等奖，并获证书。

2000年

2月　作为第二署名人与杨晓东、江波、燕宁、王棱、万玲同志合作采、编、播、制的《笑对人生的无臂女孩》，在乐山市1999年度广播电视优秀节目评比中，被乐山市广播电视局评为一等奖，被乐山市新闻工作者协会、乐山市新闻学会评为乐山市第十二届(1999年度)“新闻奖”二等奖，均获证书。

同月　作为第一署名人与张楗祥同志合作采、编、播、制的《什么身材穿什么衣》，被乐山市新闻工作者协会、乐山市新闻学会评为乐山市十二届(1999年度)“新闻奖”三等奖，被乐山市广播电视局评为二等奖，均获证书。

同月　作为第二署名人与张楗祥、江波、王海东、万玲同志合作采制的《从密集滞销看农民增收》，在乐山市1999年度广播电视优秀节目评比中，被乐山市广播电视局评为二等奖，并获证书。

同月　作为第二署名人与陈明祥、王海东、王明、万玲同志合作采制的《一步跨千年的巨变》，在乐山市(1999年度)广播电视优秀节目评比中，被乐山市广播电视局评为二等奖，并获证书。

4月　作为第一署名人与张楗祥、江波同志合作采、编、制的《从蜜橘滞销看农民增收》，被乐山市新闻工作者协会、乐山市新闻学会评为乐山市十二届(1999年度)“新闻奖”三等奖，并获证书。

7月　作为第二署名人与白晓金同志合作采、编、制的作品(四川省劳模片)《甘于奉献的人》，在四川省劳动模范先进工作者评选领导小组、四川省总工会、四川电视台共同举办的四川省劳动模范先进工作者电视专题片评选展播活动中获得三等奖。[关于《四川省劳动模范电视片评选展播活动评选结果》的通知(川工宣发〔2000〕13号)]

2001年

2月　作品《六头生猪上税罚款1 000多，该不该？》被乐山市新闻工作者协会、乐山市新闻学会评为乐山市第十三届(2000年度)“新闻奖”一等奖；在2000年度四川省广播电视省级政府奖评选中，被四川省广播电影电视局、四川省广播电视协会评为“电视新闻”类(连续报道)一等奖。均获证书。

2002年

3月 编辑、制片的作品《乐山新闻联播》，在2001年度乐山市广播电视节目评选中，被乐山市广播电视局评为“电视新闻”类“新闻编排”一等奖，并获证书。

4月 作品《垃圾毁了一个村》在2001年度乐山市广播电视节目评选中，被乐山市广播电视局评为“电视 长消息”三等奖，被乐山市新闻工作者协会、乐山市新闻学会评为乐山市第十四届(2001年度)“新闻奖”二等奖，均获证书。

同月 作为第一署名人与何沛同志合作采、编、制的《乐山岂能缺水》，被乐山市新闻工作者协会、乐山市新闻学会评为乐山市第十四届(2001年度)“新闻奖”三等奖，并获证书。

8月 编辑、制片的作品《〈乐山新闻联播〉2001年1月1日》，在2001年度四川省广播电视省级政府奖评选中，被四川省广播电影电视局、四川省广播电视学会评为“电视新闻”(新闻编排、现场直播)二等奖，并获证书。

2003年

3月 编排、制片作品《晚间报道》，在2002年度乐山市广播电视节目评选中，被乐山市广播电视局评为“电视节目编排”类一等奖；在乐山市新闻奖2003年度评选中，被乐山市广播电视局评为“电视新闻编排壹等奖”；在2002年度四川省广播电视省级政府奖评选中，被四川省广播电影电视局、四川省广播电视学会评为“播音主持”类“电视播音”一等奖，均获证书。

5月 作品《街中老鼠吐戏言》在2002年度乐山市广播电视节目评选中，被乐山市广播电视局评为“电视短消息”类一等奖；被乐山市新闻工作者协会评为“言论一等奖”，并获证书。

同月 作品《3万公斤江团猝死是天灾还是人祸？》在2002年度乐山市广播电视节目评选中，被乐山市广播电视局评为“电视连续系列节目”类一等奖；被乐山市新闻工作者协会评为“通讯一等奖”；在2002年度四川省广播电视省级政府奖评选中，被四川省广播电影电视局、四川省广播电视学会评为“电视新闻”类“连续报道”一等奖；并获证书。

7月 作品《金口河区干部群众同心协力抗击非典》被四川省广播电影电视局、四川省广播电视学会评为“全省新闻界抗击非典新闻报道优秀作品奖”，并获证书。

同月 作品《街中老鼠吐戏言》在2002年度四川省广播电视省级政府奖评选中，被四川省广播电影电视局、四川省广播电视学会评为“电视新闻”类“短消息”二等奖，并获证书。

2004年

6月 作品《晚间报道》在乐山新闻奖(2002年度)评选中，被乐山新闻工作者协会评为“新闻编排”一等奖；《晚间报道》(2003. 8. 12一组)，在第25届(2003年度)四川广播电视省级政府奖评选中，被四川省广播电影电视局、四川省广播电视学会评为“电视新闻”类（新闻编排）一等奖；《晚间报道》2004年下半年一组（8月12日播出），被推荐为参评2004年度政府奖省市级“十佳栏目”。均获证书。

8月　作品《礼品回收有名堂》在第25届（2003年度）四川广播电视省级政府奖评选中，被四川省广播电影电视局、四川省广播电视学会评为“电视新闻类（消息）”三等奖，并获证书。

2005年

8月　作品《晚间报道》在2004年度四川省广播电视省级政府奖评选中，被四川省广播电影电视局、四川省广播电影电视协会评为“电视新闻”类“十佳栏目”奖，并获证书。

同月　作品《家长眼中的“谢师宴”》在2004年度四川省广播电视省级政府奖评选中，被四川省广播电影电视局、四川省广播电视学会评为“电视新闻类（消息）”三等奖，并获证书。

2006年

9月　作品《父爱·责任》在乐山市广播电视2005年度优秀作品评选中，被乐山市广播电视局评为“电视长纪录片”二等奖，并获证书。

10月　编排的栏目《共同家园》被中国电视艺术交流协会“城市之星”电视节目评奖组委会评为第2届城市电视台“城市之星”优秀栏目奖，并获证书。获奖文件：《关于第2届“城市之星”电视节目获奖的通知》（艺协字〔2006〕006号）。

2007年

11月　担任总制片人的公共·新农村频道的节目《八面风》被中共乐山市委宣传部、乐山市新闻工作者协会评为乐山市第十九届好新闻评选“特别奖”，并获证书。

同月　作为公共·新农村频道总监，采、编、制的《八面风·舒妹说事》在乐山市第二十届好新闻评选中，被中共乐山市委宣传部、乐山市新闻工作者协会评为“新闻名专栏”奖，并获证书。

12月　拍摄、编辑、配音的电视片《甘愿奉献的人》在四川省劳模电视片评选展播活动中，被省劳模评选领导小组、四川省总工会、四川电视台评为三等奖，并获证书。

2008年

2月　作品《改头换面的防盗门》在乐山市广播电视2007年度优秀作品评选中，被乐山市广播电视局评为电视评论提名奖，并获证书。

5月　采、编、制的《“疯人”的遗嘱》节目，在第二届“纪录·中国”评选活动中，被中国广播电视协会纪录片工作委员会评为优秀节目奖，并获证书。

8月　作品《改头换面的“防盗门”》在2007年度第28届四川广播电视节目奖“新闻类”评选中，被四川省广播电视局、四川省广播电视协会评为“电视类 评论 提名”奖，并获证书。

同月　中国国际农业电视协会关于第6届全国农业电视节目电视论文评选表彰活动论文入选的通知，王可的论文《对农电视节目民生化的思考和实践》已经入选。作品：《欢乐乡村竞技赛》（主创人员：王可、杨晓东、刘滨、李文迪、刘霞、苏永华、白鹏骞、刘洋）、

《养鳝之争》（主创人员：陆溢、王可、刘滨、白鹏骞、李文迪、刘霞）、《养鸡赚钱招招鲜》（主创人员：陆溢、王可、白鹏骞、魏仙、刘霞）已经入选。

11 月 作为公共·新农村频道总监采、编、制的《八面风·舒妹说事》在乐山市第 20 届好新闻评选中，被中共乐山市委宣传部、乐山市新闻工作者协会评为“新闻名专栏”奖，并获证书。

2009 年

6 月 担任总制片人的节目《七彩城乡·现场说法》，在 2009 年第三届“纪录·中国”评选活动中，被中国广播电视协会纪录片工作委员会评为“银牌”栏目，并获证书。

同月 参与制作的《创造生命的奇迹》节目在 2009 年第三届“纪录·中国”评选活动中，被中国广播电视协会纪录片工作委员会评为“铜牌”栏目，并获证书。

同月 作品《老胡的麻烦》，在 2007—2008 年度四川广播电视节目奖评选中，被四川省广播电视局、四川省广播电视协会评为“专题类”提名奖，并获证书。

同月 作为第二署名人与陆溢、刘滨、白鹏骞、李文涤、刘霞同志合作创作的电视作品《养鳝之争》，被中国国际农业电视协会评为“第六届农业电视节目、电视论文评选、表彰活动”专题类二等奖。

同月 作为第二署名人与陆溢、刘滨、白鹏骞、魏仙、刘霞同志合作创作的电视作品《养鸡赚钱招招鲜》，被中国国际农业电视协会评为“第六届农业电视节目、电视论文评选、表彰活动”专题类一等奖，并获证书。

同月 作为第一署名人与杨晓东、刘滨、李文涤、刘霞、苏永华、白鹏骞、刘洋同志创作的电视作品《欢乐乡村竞技赛》，被中国国际农业电视协会评为“第六届农业电视节目、电视论文评选、表彰活动”栏目类二等奖。

11 月 策划、创编的节目《生死 5 小时》被选送参加 2009（第十届）四川电视节“金熊猫”奖国际自然灾害影视节目评选中，被四川电视节“金熊猫”奖国际电视节目评选办公室评为“纪录片类 短篇入围奖”，并获证书。

2010 年

4 月 创作的栏目《欢乐乡村竞技赛》在首届中国农业电视节目评估中，被中国广播电视协会评为“栏目类”三等奖节目，并获证书。

同月 创作的栏目《舒妹说事》在首届中国农业电视节目评估中，被中国广播电视协会评为“栏目类”一等奖节目，并获证书。

同月 创作的作品《皮肤下潜伏的怪病》在首届中国农业电视节目评估中，被中国广播电视协会评为“科普类”二等奖节目，并获证书。

同月 作为第二署名人与罗恒、黄雪飞、刘霞同志创作的《大学生村官不在村》，在首届中国农业电视节目评估中，被中国广播电视协会评为“评论类”一等奖节目，并获证书。

同月 作品《小火车司机》入选四川第 25 届中国电视金鹰奖优秀作品。（四川省电视艺术家协会、四川省广播电影电视局宣传管理处联合通知文件）

9 月 创作的电视专题片《百岁夫妻》在四川省第四届《新农村新农民——中国农村小康故事》电视专题片评奖活动中，被四川省电视艺术家协会评为三等奖，并获证书。

同月 作为第二署名人的作品《乡村大厨》在四川省第四届《新农村新农民——中国农村小康故事》电视专题片评奖活动中，被四川省电视艺术家协会评为一等奖，并获证书。

10月 创作的栏目《七彩城乡·创业致富版》在四川省第二届农村艺术节推选活动中，被四川省电视艺术家协会评为优秀“对农电视栏目”三等奖，并获证书。

2011年

7月 作品《政策性农业保险为何理赔难？》在2009—2010年度四川广播电视节目奖评选中，被四川省广播电影电视局、四川省广播电视学会评为“电视评论节目类”优秀奖，并获证书。

同月 作品《城乡晚9点》，在2009—2010年度四川广播电视节目奖评选中，被四川省广播电影电视局、四川省广播电视学会评为“电视十佳新闻栏目类”优秀奖，并获证书。

同月 担任公共·新农村频道总监、总制片人指导（编导：刘洋 编辑：魏仙 记者：王露野 解说：刘霞）的作品《天打雷劈之谜》在2009—2010年度四川广播电视节目奖评选中，被四川省广播电影电视局、四川省广播电视学会评为“电视科普节目类”优秀奖，并获证书。

同月 作品《政策性农业保险为何理赔难？》在第21届中国新闻奖（2010年度）评选中，被中华全国新闻工作者协会评为“电视评论”三等奖，并获证书。

同月 作品《欢乐乡村竞技赛》在四川省第五届“新农村电视节目”评选中，被四川省电视艺术家协会评为“优秀对农电视栏目”一等奖；经2011年名优电视栏目推选委员会推选，被中国电视艺术家协会、电视节目制作委员会评为“2011年十大品牌”电视栏目。均获证书。

同月 作品《青蛙王子创业记》在四川省第五届“新农村电视节目”评选中，被四川省电视艺术家协会评为“农村小康电视节目工程”优秀节目三等奖，被中国电视艺术家协会评为第三届新农村电视艺术节专题片好作品奖，被四川电视艺术家协会评为四川省第五届“新农村电视节目——农村小康电视节目工程”优秀节目三等奖，均获证书。

12月 创作的栏目《城乡晚9点》在2009—2010年度中国广播影视大奖广播电视节目奖评选中，被中国广播电视协会评为“电视栏目”提名奖，并获证书。

2012年

1月 担任公共·新农村频道总监、总制片人创作的栏目《城乡晚9点》荣获2009—2010年度中国广播影视大奖广播电视节目奖提名奖。

2月 作品《再见，小木屋》在乐山市广播电视节目奖2011年度评选中，被乐山市广播电影电视局评为“电视新闻专题”优秀奖；在2011年度四川广播电视节目奖“新闻类”评选中，被四川省广播电影电视局、四川省广播电视学会评为“电视新闻专题类”优秀奖；在第三届中国（寿光）农业电视论坛及节目评估年会表彰活动中，被中国广播电视协会评为二等奖。均获证书。

同月 作品《粮农老胡的希望》在乐山市广播电视节目奖2011年度评选中，被乐山市广播电影电视局评为“电视长消息”优秀奖，并获证书。

4月 策划、创作的栏目《舒妹说事》在第三届中国（寿光）农业电视论坛及节目评估年会表彰活动中，被中国广播电视协会评为“电视栏目”三等奖，并获证书。

7月 策划、创作的栏目《舒妹说事》，在2011年度四川广播电视节目奖新闻类评选中，被四川省广播电影电视局、四川省广播电视学会评为“电视十佳栏目”，并获证书。

2013年

同月 作品《打败红蜘蛛》在2011—2012年度四川广播电视节目评奖评选中，被四川省广播电影电视局、四川省广播电视学会评为“电视科普节目类”优秀奖，并获证书。

同月 作品《来回折腾的店招牌》在2011—2012年度四川省广播电视节目奖评选中，被四川省广播电影电视局、四川省广播协会评为“电视评论节目类”提名奖，并获证书。

同月 策划、创作的作品《冬梅》在2011—2012年度四川广播电视节目奖评选中，被四川省广播电影电视局、四川省广播电视学会评为“纪录片类”提名奖，并获证书。

同月 策划、创作的作品《冬梅》被第二届中国西部(国际)电影节组委会评为第二届中国西部(国际)电影节“纪实类”一等奖，并获证书。

同月 策划、创作的作品《冬梅》被中国电视艺术家协会评为第五届新农村电视艺术节年度“优秀对农电视作品二等奖”，并获证书。

同月 作品《欢乐乡村行——石膏村的快乐老人》在2011—2012年度四川广播电视节目奖评选中，被四川省广播电影电视局、四川省广播电视学会评为“电视综艺节目类”提名奖，并获证书。

9月 担任总监、总制片人的公共•新农村频道被中国电视艺术家协会评为第五届新农村电视艺术节年度“优秀对农电视频道”，并获证书。

附录二

乐山广播电视台台长在王可追悼会上所致的悼词

尊敬的各位领导、各位亲朋、各位好友：

松涛啜泣，苍天呜咽，亲朋落泪，同志伤怀。在这里我们将与我们至亲至爱、朝夕相处的同事洒泪告别。我们的好同志、好兄弟王可因病于2017年6月24日14时永远地离别了我们，离别了仅仅57岁的年轮，离别了相濡以沫的妻子，离别了掌上明珠的女儿，离别了想他念他的朋友同事，离别了他无比钟爱的广电事业。

王可同志，四川广安人，生于1960年12月26日。1976年12月参加工作，中共党员，高级记者。先后任青海地质专科学校矿产地质专业班长，青海省第五地质队1:5万区域地质调查地质组组长，四川省二〇七地质队1:5万区域地质调查地质组组长，乐山有线电视台新闻部主任，乐山电视台新闻中心副主任、对外宣传中心主任，乐山广播电视台党委委员、编委、公共•新农村频道总监，乐山市影视艺术家协会第三届理事会副主席，中国广播电视协会电视文艺研究委员会理事会理事，四川省广播电视协会理事，四川省电视艺术家协会会员，四川省电视与传播研究所特约研究员等职务。

王可同志，1991年调入乐山广播电视系统，从事新闻工作20多年来，先后被乐山市市政府机关党委、乐山市直属机关党工委、乐山市广播电视局直属机关党委、乐山广播电视台党委评为优秀共产党员，6次被乐山市广播电视局评为先进工作者。2005年11月，被评为四川省优秀新闻工作者。2007年11月，被评为乐山市优秀新闻工作者。2008年1月，荣获2007年度乐山市市级广电系统"突出贡献奖"。2011年8月，荣获四川省"十佳电视艺术工作者"称号。2012年12月，当选为乐山市首届学术和技术带头人。

王可同志一直致力于地方电视台广播电视文艺栏目及活动的策划、组织和实施，有着丰富的理论素养和实践经验，取得了显著的工作业绩。

策划、采编成果显著。王可同志具有较强的策划、采、编、播一体和开拓创新能力，在长期的新闻实践中，形成了鲜活、生动、严谨的电视采编风格，出色地完成了历次重大的策划和采编任务。

王可同志采访的稿件有2 000多件，采访摄制了50多部电视专题片。编辑新闻节目2 000多组，其中，30多件在中央电视台播出，200多件在四川电视台播出。主创或参与主创的消息、特写、评论、连续报道、系列报道、专题报道、电视纪录片等100多件作品获全国、省、市各类新闻奖。其中，电视评论《政策性农业保险为何理赔难？》荣获第二十一届中国新闻奖三等奖，开乐山广播电视台之先河。其他国家级和省级一等奖近30多件。主播电视新闻达8年之久，共主播新闻节目2 000多组，先后为40多部电视专题片解说。2011年5—9月，担任乐山有史以来最具影响力的美食评选——"乐山味道"大型电视美食评选活动的总导演，活动受到省内外的广泛关注。

创办十多档具有影响力的栏目。王可同志先后创办了乐山有线电视台的《CATV新闻》《都市报道》和乐山广播电视台的《晚间报道》《公共时空》《共同家园》《八面风》《舒妹说事》《非常冲壳子》《七彩城乡》《欢乐乡村竞技赛》《欢乐乡村行》《城乡晚9点》等栏目，参与创办了《乐山新闻联播》《财经报道》等栏目。

1998年5月，他策划、创办并主编的《都市报道》，开本地新闻杂志性节目之先河，在广大的观众中产生了较大的影响，荣获首届乐山市广播电视局直属台新闻节目第一名。

2001年他创办的《晚间报道》（后改版为《新闻天天报》），开本地报道民生新闻以及“说”新闻风格之先河。这档节目在广大观众中产生了较大影响，连续三年获得四川广播电视新闻节目十佳栏目奖。

2005年他创办的《共同家园》获第二届全国“城市之星”电视节目评选优秀栏目奖。

2007年他创办的《舒妹说事》和《七彩城乡》栏目开乐山电视台大时段、大版块栏目之先河，成为乐山观众最喜爱的品牌栏目，荣获当年乐山市第十九届好新闻评选“特别奖”和2008年度“名牌栏目奖”。《舒妹说事》2010年荣获全国农业电视栏目一等奖和四川省第二届农村艺术节优秀对农电视栏目一等奖，2012年荣获四川广播电视十佳新闻栏目奖。

2008年他创办的原创型乡村大众娱乐竞技栏目《欢乐乡村竞技赛》，荣获由中国电视艺术家协会授予的2011中国电视综艺类十大品牌栏目称号。该栏目已累计有数十万的观众现场观看或参与，很快成为当地一档大受欢迎的户外农民娱乐节目。

2010年他创办的《城乡晚9点》，后更名为《七彩城乡》，荣获2009—2010年度中国广播影视大奖广播电视节目提名奖。这是乐山广播电视台获得的“广播影视类”评奖的最高奖，该栏目还连续两次获四川广播电视十佳新闻栏目奖。

成功探索出地市台开办对农专业频道的路子。2007年，乐山广播电视台开办了全国首家对农专业频道——新农村频道。王可同志以创新思维、大胆探索、进取精神和求真务实的工作作风，带领一支年轻的采编队伍，以创品牌栏目为突破口，不到一年，把一个少有问津的边缘频道打造成了乐山广播电视台的主流频道。尤其是自办栏目《舒妹说事》《七彩城乡》《欢乐乡村竞技赛》《城乡晚9点》等以朴实亲切、充满乡土气息的风格和贴近农村、服务“三农”的节目内容成为农民朋友最喜爱的品牌栏目，乐山267万农民朋友有了自己的电视频道。特别是倾力推出的现代农家小妹“舒妹”的形象已家喻户晓。一档栏目带活一个频道，频道收视份额一直在乐山市落地的49个频道中名列前茅，培养了一支热爱新农村、基本能驾驭对农题材报道、甘愿奉献“三农”的专业采编队伍。2007年11月，频道制作团队荣获四川省新闻工作先进集体称号，受到省委宣传部、省记协的表彰。

频道的经验和做法，经中宣部舆情信息局2007年第17期《宣传信息清样》登载后，引起了多方面的关注，时任四川省委常委、宣传部部长黄新初在该期《宣传信息清样》上专门做了批示，要求全省各电视台借鉴乐山广播电视台的经验。先后有《光明日报》、《四川日报》、《中国新闻出版报》、新华网、人民网、中国新闻出版网等媒体从不同的角度对乐山广播电视台公共·新农村频道进行了专题报道。同时，频道事务经验和做法也引起了省内多位专家学者的关注和研究。这在乐山广播电视台发展史上还是第一次，有效地提高了乐山广播电视台在全省和全国的知名度。王可同志的多篇相关研究论文先后在《电视研究》《南方电视学刊》《中国国际农业影视》《视听界》《北方传媒研究》《西部广播电视学刊》刊载。2010年4月，组织策划和实施的《欢乐乡村——春之行》大型惠农活动取得巨大成功，一个小小的茅桥镇，竟一下子吸引汇集了5万多各地来的群众前往“赶大集，看大戏”，成为乐山有史以来规模最大的惠农活动。

专业理论和研究成果显著。王可同志对所从事的新闻工作和广播电视事业的现状、发展、存在的问题等都做了较多的思考，有些问题还做了较深入的研究，主要研究方向为电视新闻、电视栏目和电视媒体决策与管理。王可同志先后在省级以上各类专业刊物上发表专业论文和文章45篇，其中有13篇发表在核心期刊，2篇获国家广播电视最高专家奖优秀奖，1篇获“第六届全国农业电视节目、电视论文评选“特等奖”，1篇获中国农业影视中心、中国农业影视协会年度评选优秀论文奖，1篇入选《四川新跨越发展论坛》，2篇获省级奖，1篇获乐山市第十次社会科学成果优秀奖。参加了《中国广播电视评优论》课题和四川省哲学社会科学“十五”规划项目的子课题项目研究，其成果或获奖或被出版。2006年1月，王可同志入选《中国电视艺术年鉴2006卷·电视艺术人物篇》。2006年3月《试论电视新闻策划与选题创新》一文入选《2005年度中国广播电视年鉴》。2006年8月，王可同志入选“中国广播电视协会理论人才库”。

2004年，王可同志被聘为乐山师范学院客座教授，讲授“新闻评论学”“电视采访”和“电视编辑”课程，其理论与实践相结合的授课方式，受到学生的普遍好评。另外，还经常到各区、市、县电视台讲课，传授专业理论知识和实际工作经验。

王可同志工作认真，爱岗敬业。他在病重期间，都还一直念念不忘广播电视工作，针对台广播电视节目存在的不足，经常提出卓有见地的意见和建议。就在他离开我们的半个月前，他还为台音乐交通频率广播音乐节目的改善提升撰写了意见和建议，这些意见和建议饱含着他无比珍贵的心血。

王可同志一生勤勤恳恳，任劳任怨。他无论是在哪个工作岗位上，总是一心扑在工作和事业上，干一行、爱一行，钻一行、精一行。

王可同志一生善于学习，刻苦钻研，他不断地把握时代脉搏，攻坚克难，勇于创新，展现了一位优秀新闻工作者的责任和情怀。

王可同志对工作踏踏实实，一丝不苟。工作期间，各项事务有条有理，清清白白。他认真执行各项规定，敢于坚持原则。

王可同志为人忠厚，襟怀坦白；谦虚谨慎，平易近人；生活节俭，艰苦朴素；家庭和睦，邻里团结。

王可同志不幸离开了我们，我们为他这样突然离去而震惊！为失去他这样的好朋友好同事而悲痛！为他的家庭失去这样的好亲人而惋惜。王可同志的逝世，使我们失去了一位好党员、好同志、好朋友。他虽然离我们而去，但他那种勤勤恳恳、为民奉献的精神，那种艰苦朴素、勤俭节约的优良作风，那种为人正派、忠厚老实的高尚品德，仍值得我们学习和记取。我们要化悲痛为力量，努力学习和工作，再创佳绩，以告慰王可同志的在天之灵。

王可同志，一路走好！

附录三

同事、学生代表翟巍的悼念

大家好，我是乐山广播电视台公共•新农村频道的主持人翟巍。今天，我们怀着极其沉痛的心情，在这里悼念我们的好领导、好老师王可老师。

2010年，大学还未毕业的我因为一场主持人选拔比赛而获得了在乐山广播电视台公共•新农村频道的实习机会。刚刚走出校园，我们同来实习的几个年轻人都没有经验，表现也略显青涩。而从开始实习到7月19号新节目开播，两个多月的时间里，作为频道总监，王总除了要主持频道日常的工作，还不厌其烦地一遍一遍带我们上镜练习，从眼神到表情不断调整状态，一字一句地细抠我们配音中的每一个停顿、每一个重音，把握情感的表达。每天和我们见面他都要问：昨天回去练习了没有？要多练啊。那时我们就感受到他是一个特别专业、特别注重细节、对业务要求特别严格的人。他的严谨认真也感染了我们，让我们不敢有一丝懈怠，这也让我们快速地成长蜕变。我们几个都是外地人，王总也非常关心我们生活中遇到的困难，让我们能更快地融入这个陌生的城市。其实在座的很多同事们都有类似的经历，不论是主持人、记者，还是编导、编辑等，因为对每一个刚刚走上工作岗位的年轻人，他都毫无保留地在工作上给予指导，在生活上给予关怀。可以说在我们心中他如父如兄，如师如友。在后来的工作中，我们也慢慢了解到，他从一个门外汉，一步一步成为广播电视新闻行业的专家，创办出老百姓喜爱的电视节目，这都源于他对这份事业的热爱和不懈努力。他对人生不断的追求让作为后辈的我们深深地敬佩，他的言传身教也激励着我们不断前进，他是我们人生的导师，是我们工作、学习、生活的榜样。

然而2013年，他病了，出乎每个人的意料，他生了那么严重的病，他是一个那么热爱生活、崇尚健康的人，不抽烟、不喝酒，每天上班爬楼梯到12楼。而在他生病之后，每次同事们去看他的时候，他的精神状态依然是那么好，和我们聊天依然是中气十足，甚至让我们忽视了他生了那么严重的病，忽视了病魔是那么的可怕。因为他的坚强、他的乐观、他与病魔斗争的勇气都让我们坚信，他一定能够创造奇迹。后来从王总的家人口中，我们了解到，即使他生病后，他依然关心着我们的节目，关心着我们每一个人的成长。每一次大家来看望他，他都是强打精神，把自己最好的一面展现在大家面前，不让大家为他担心。

6月24号，那么突然的，他永远地离开了我们。突闻噩耗，相信不论是我们公共新•农村频道的每一个兄弟姐妹还是和他共事过的每一个人都难以接受，都难过地流下了眼泪。

有一个人，即使不经常联系，不经常见面，但是你知道他在默默地关心着你，心里就会很安稳，很踏实。然而有一天，他突然不在了，可能你才突然意识到，生命中那么重要的一个人真的永远地离开了我们。

王可老师，我们深切悼念您，您高尚的品格、豁达的人生态度将永远留在我们心中，激励我们去好好做人、好好做事。

我们深切悼念您，您充满磁性的嗓音、高大挺拔的身姿、爽朗的笑声将永远留在我们心中，成为我们每个人一生的记忆。

我们深切悼念您，作为您的后辈、您的学生，我们也会将您热爱的广播电视新闻事业继续下去。

您一路走好！

附录四

女儿的悼念

各位叔叔阿姨、挚爱的亲人朋友：

你们好！

今天，我们在这里举行我父亲王可的告别仪式，我谨代表我的母亲向大家致以真诚的感谢！

首先要感谢的是四年多来，在我父亲患病期间，前来看望、慰问、帮助我父亲和母亲的各位叔叔阿姨、挚爱的亲人朋友。尤其是乐山市文广新局、乐山广播电视台的叔叔阿姨们，你们对我父亲工作上的认可和生活上的关怀，你们在百忙之中多次来陪伴我父亲，鼓励他，劝解他，你们所做的这一切时刻鼓舞着他与病魔做顽强的斗争。

还有，需要郑重感谢的是我的母亲——杨霞。大家可能都知道，我的父亲是在2013年4月确诊为肺癌晚期，而后我的爷爷也检查出癌症晚期。在过去四年当中，我们经历了两位至亲之人的病重和离世。在这段时间里我母亲一边工作一边用她纤细的肩膀，撑起了照顾亲人的重担，没有怨言，没有怠慢，始终对她的家人不离不弃。我感谢我的母亲，也代表我的父亲感谢他的妻子，她的坚强是我最好的榜样！

我的父亲，王可生于1960年12月26日，卒于2017年6月24日中午14点11分，享年57岁。我的父亲走得很早，很可惜，辛劳了半辈子，却没能等到享福的那一天。从小到大，父亲给我留下最深刻的印象是“责任感极强”和“孝顺”。因为担负着家庭的责任，他可以一人身兼两份工作，为了给我们更好的生活日夜不分地打拼；由于对工作的负责，他在专业上不断进取，在岗位上兢兢业业，他可以为了频道和节目的创新无时无刻不在构思，经常半夜想到了好的点子，爬起来就是伏案一宿。他用他的一生践行着“兢兢业业工作，清清白白做人”的简单道理。在生活中，他的父爱无处不在，为了我一个不经意流露出的小愿望，他不辞辛劳地奔波，尽量满足我；小学中学十年如一日，风雨无阻地接送我上下学；离家读大学期间，总想着我在外生活不易，每当碰到什么好东西都一定要给我留一份等我回家，点点滴滴都历历在目。但除了给予我的父爱，更值得一提的是他对爷爷奶奶无微不至的照顾。从我记事起，每个周末我们都会带着糕点去探望爷爷奶奶，陪他们吃饭聊天，平时经常电话嘘寒问暖，奶奶病重期间日夜照顾，自己与病魔抗争的时候还无时无刻不在挂念爷爷的冷暖。每逢节日，拖着病体即便长途驱车(重庆)也要看望爷爷。父亲的孝顺深深地感染着我，一直是我心中鲜活的榜样。闭上眼睛，父亲的一举一动都清晰地浮现在脑海。今天站在这里，大家的心情和我的，和我母亲的，是一样的，很沉重。虽然我的父亲还年富力强，但我们的不舍和悲痛并不能挽留他。当他闭上眼睛的那一刻，他已经决定放下这个尘世间所有的羁绊，去向我们每个人终究会去向的归宿。有时我也在想，我的父亲可能已经到了天堂的某个地方，那里没有病痛没有折磨，安详地守护着我们。

所以，在最后，我对大家有一个请求，请大家收起悲伤，去回想你们和我父亲曾经共同度过的时光，你们和他在一起的一点一滴，那些欢乐愉快的、那些开心畅快的瞬间，那些并肩奋斗的日子，请你们回想一下这些宝贵的记忆。虽然我的父亲离开了，那些属于你和我父亲一起创造的、珍贵的、独一无二的回忆却不会消失。因为有了你们，这些回忆才成为永恒。而我的父亲也因此能够永远活在我们和他一起创造的每一个瞬间里，永远永远活在我们的心中，陪伴我们一起迎接未来的日子。

再次感谢大家，我和我的母亲，还有我的父亲，由衷地感谢你们，祝福大家身体健康，生活平平安安！

编后记

虽然王可离开我们已五年了，但时空并没有淡化我心中对他的思念。有人说：记者就是“记着”，记者们用所见所闻所思所感，记录着、传递着这个时代的声音，倾情见证着社会发展的每一个脚印。我觉得，作为记者，他们自己也值得被铭记。虽然王可仅仅是地方电视台的一名小记者，但是通过他和他的同事们在平凡的岗位上坚守职责，兢兢业业，默默奉献，不断创新，实现了乐山电视从无到有（有线电视台），从有到盛，从盛到新，也是值得被“记着”的。于是便整理了王可的所有文稿，经过努力，终于完成初稿。

《王可新闻文集》主要是以王可在新闻活动中的部分作品和发表的论文为主，面对其生平思想发展、事业成就和作品评价则主要反映的是我自己的观点，有待于广大学者和新闻界朋友批评指教。

全书共分三编，第一编是部分发表的论文，第二编是部分获奖的作品、栏目；第三编是王可新闻生涯的年谱。每一编都是按时间顺序编写。

由于研究成果和电视作品发表时间前后跨度近20年，加之当时不同刊物对论文和作品的体例要求不一，因此在辑入本书时，尽量遵从原文，只对原文的摘要、关键词（含英文）进行了删除，对文章的部分标点符号做了改动，以便全书格式统一。有参考文献的也一并注明。所有文章均注明原发表处或交流处，获奖作品和栏目均保留了原状，以便有兴趣的读者了解原文的风格和形态。所有作品的作者署名均为收集到的材料所至，不完善的，深表歉意。

乐山有线电视台至今已过去20多年，所有的资料已很难找到，仅存的王可播音磁带由于保管不善已经脱磁，声音和画面严重受损。感谢乐山有线台王泽伦台长的帮助，使旧磁带里王可播音、采访的画面得以呈现。

特别感谢原四川省广播电视新闻与传播研究所所长、四川省广播电视学会秘书长、四川省电视艺术家协会副主席杨飏老师，原武汉大学的党委书记李健老师，乐山广播电视局、电视台的老局长、台长胡加伦同志给予我的鼓励、支持和指点。杨飏老师在老伴生病期间还通读初稿，并给予我真诚、中肯的修改意见；李健书记为本书挑选和调整图片；胡加伦台长为本书写序。感谢现任台领导杨先贵、江波以及电视台的同事们给予我的热情帮助。特别是有关公共·新农村频道的许多资料和照片均由现频道副总监杨晓东提供。

也感谢我们的好朋友乐山师范学院刘芙蓉教授和姜岸为本书装帧设计，李林、苏炳均、余凤池、宋军为我整理资料、图片提供软、硬件帮助，谢少克对本书做了校对。原乐山晚报编辑刘青元给予了不少建议。感谢中国石油大学出版社高建华编辑给予本书出版的热情帮助。

四川师范大学文化教育高等研究院院长杜学元教授一直关注和督导本书的编辑和出版。我们的女儿和女婿及家人对这项工作给予了长期的支持和鼓励。在此，我一并致谢！

由于本人水平有限，在编写中定有不当之处，敬请各位新闻界的朋友和广大读者批评指正。

王可之妻：杨　霞

2022年夏于大渡河畔之女神苑